DIREITO PROCESSUAL DE POLÍCIA JUDICIÁRIA I
O procedimento de inquérito policial

Curso de Direito de Polícia Judiciária

CURSO DE DIREITO DE POLÍCIA JUDICIÁRIA

Eliomar da Silva Pereira
Márcio Adriano Anselmo
Organizadores

DIREITO PROCESSUAL DE POLÍCIA JUDICIÁRIA I

O procedimento de inquérito policial

4

Belo Horizonte

2020

CURSO DE DIREITO DE POLÍCIA JUDICIÁRIA

Coordenador: Eliomar da Silva Pereira

© 2019 Editora Fórum Ltda.

É proibida a reprodução total ou parcial desta obra, por qualquer meio eletrônico, inclusive por processos xerográficos, sem autorização expressa do Editor.

Conselho Editorial

Adilson Abreu Dallari
Alécia Paolucci Nogueira Bicalho
Alexandre Coutinho Pagliarini
André Ramos Tavares
Carlos Ayres Britto
Carlos Mário da Silva Velloso
Cármen Lúcia Antunes Rocha
Cesar Augusto Guimarães Pereira
Clovis Beznos
Cristiana Fortini
Dinorá Adelaide Musetti Grotti
Diogo de Figueiredo Moreira Neto (*in memoriam*)
Egon Bockmann Moreira
Emerson Gabardo
Fabrício Motta
Fernando Rossi
Flávio Henrique Unes Pereira

Floriano de Azevedo Marques Neto
Gustavo Justino de Oliveira
Inês Virgínia Prado Soares
Jorge Ulisses Jacoby Fernandes
Juarez Freitas
Luciano Ferraz
Lúcio Delfino
Marcia Carla Pereira Ribeiro
Márcio Cammarosano
Marcos Ehrhardt Jr.
Maria Sylvia Zanella Di Pietro
Ney José de Freitas
Oswaldo Othon de Pontes Saraiva Filho
Paulo Modesto
Romeu Felipe Bacellar Filho
Sérgio Guerra
Walber de Moura Agra

FÓRUM
CONHECIMENTO JURÍDICO

Luís Cláudio Rodrigues Ferreira
Presidente e Editor

Coordenação editorial: Leonardo Eustáquio Siqueira Araújo
Aline Sobreira de Oliveira

Av. Afonso Pena, 2770 – 15º andar – Savassi – CEP 30130-012
Belo Horizonte – Minas Gerais – Tel.: (31) 2121.4900 / 2121.4949
www.editoraforum.com.br – editoraforum@editoraforum.com.br

Técnica. Empenho. Zelo. Esses foram alguns dos cuidados aplicados na edição desta obra. No entanto, podem ocorrer erros de impressão, digitação ou mesmo restar alguma dúvida conceitual. Caso se constate algo assim, solicitamos a gentileza de nos comunicar através do *e-mail* editorial@editoraforum.com.br para que possamos esclarecer, no que couber. A sua contribuição é muito importante para mantermos a excelência editorial. A Editora Fórum agradece a sua contribuição.

Dados Internacionais de Catalogação na Publicação (CIP) de acordo com a AACR2

D598	Direito Processual de Polícia Judiciária I: o procedimento de inquérito policial / Eliomar da Silva Pereira, Márcio Adriano Anselmo (Org.). – Belo Horizonte : Fórum, 2020.
	334p.; 14,5cm x 21,5cm
	Curso de Direito de Polícia Judiciária, v. 4
	ISBN: 978-85-450-0619-0
	1. Direito Público. 2. Direito Processual Penal. I. Pereira, Eliomar da Silva. II. Anselmo, Márcio Adriano. III. Curso de Direito de Polícia Judiciária. IV. Título.
	CDD: 341
	CDU: 342

Elaborado por Daniela Lopes Duarte – CRB-6/3500

Informação bibliográfica deste livro, conforme a NBR 6023:2018 da Associação Brasileira de Normas Técnicas (ABNT):

PEREIRA, Eliomar da Silva; ANSELMO, Márcio Adriano (Org.). *Direito Processual de Polícia Judiciária I*: o procedimento de inquérito policial. Belo Horizonte: Fórum, 2020. 334p. (Curso de Direito de Polícia Judiciária, v. 4). ISBN 978-85-450-0619-0.

Aos nossos alunos do curso de Especialização em Direito de Polícia Judiciária na Escola Superior de Polícia.

SUMÁRIO

APRESENTAÇÃO GERAL DO CURSO
Eliomar da Silva Pereira.. 13

PREFÁCIO
Eliomar da Silva Pereira.. 21

O INQUÉRITO POLICIAL COMO FORMA PROCESSUALMENTE
QUALIFICADA DE INVESTIGAÇÃO CRIMINAL
Franco Perazzoni 23
1   Introdução 23
2   O que é a investigação criminal? Definição, características e
           limites jurídicos.. 24
3   Como se investiga um crime? Os principais modelos de
           investigação criminal vigentes no mundo moderno 30
4   A investigação criminal no Brasil: o inquérito policial como
           forma processualmente qualificada... 39
5   Conclusões.. 54
           Referências.. 55

INSTAURAÇÃO DE INQUÉRITO POLICIAL: NOTAS CRÍTICAS
Cleopas Isaías Santos 57
1   Introdução 57
2   Justa causa para a instauração de inquérito policial 58
2.1   Justa causa para a instauração do inquérito policial por
           portaria.. 60
2.2   Justa causa para a instauração do inquérito policial por
           auto de prisão em flagrante 62
3   Cognição delitiva 70
3.1   Cognição imediata, espontânea ou informal.......................... 70
3.2   Cognição mediata, provocada ou formal................................ 72
3.3   Cognição coercitiva 74
4   Atos instauradores.. 74
4.1   Portaria.. 76

4.2	Requisitos da portaria	76
4.3	Prazo para a instauração do inquérito por portaria	76
5	Obrigatoriedade de instauração	77
6	Instauração de inquérito para apurar crime eleitoral	77
7	Instauração de inquérito para apurar conduta de agente com foro especial por prerrogativa de função	78
8	Indeferimento do pedido de instauração de inquérito	79
9	Recurso contra indeferimento de instauração de inquérito	80
10	Conclusão	80
	Referências	81

PRISÃO EM FLAGRANTE

Ruchester Marreiros Barbosa 83

1	Introdução	83
2	Polícia Judiciária como órgão de contenção de poder	85
3	A reserva absoluta e relativa de jurisdição	91
4	Prisão em flagrante como reserva relativa de jurisdição	95
5	A função materialmente judicial na conversão da captura para a detenção em flagrante	99
6	Natureza jurídica da prisão em flagrante	101
7	Fase formal da lavratura do auto de detenção em flagrante	108
8	Etapas da detenção em flagrante	113
8.1	Captura	113
8.2	Condução	114
8.3	Audiência de apresentação	115
8.4	Ordem de detenção – Nota de culpa	117
	Referências	119

AUDIÊNCIA DE CUSTÓDIA

Ruchester Marreiros Barbosa 123

1	Compreensão	123
2	Fonte e vigência da norma	126
3	A epistemologia político-criminológica da audiência (judicial) de custódia	128
3.1	O dever-ser do delegado de polícia no sistema da audiência de custódia	133
3.2	O delegado de polícia como garantidor dos direitos humanos pela Convenção Americana de Direitos Humanos	138

4	Sistema Internacional de proteção de direito humanos e a validade das decisões da Corte IDH no direito interno.........	140
5	A "audiência de custódia" e o sistema de dupla cautelaridade perante os julgados da Corte IDH	144
6	A interpretação equivocadamente nacionalizante de parte da doutrina sobre casos julgados pela Corte IDH	146
6.1	Caso Acosta Calderón *v.* Equador.............................	148
6.2	Caso Cantoral Benavides *v.* Peru...............................	152
6.3	Caso Palamara Iribarne *v.* Chile..............................	153
7	A Lei nº 12.830/13 como garantia de imparcialidade e independência do delegado de polícia conforme exigência preconizada nos casos julgado pela Corte IDH	154
8	Considerações finais....................................	158
	Referências..	161

O DELEGADO DE POLÍCIA E SUA CAPACIDADE POSTULATÓRIA

Francisco Sannini Neto		165
1	Introdução	165
2	Delegado de polícia: autoridade policial e jurídica	169
3	Qual a natureza jurídica da representação do delegado de polícia?	171
4	Representação do delegado de polícia e sua (des) vinculação ao parecer do Ministério Público	175
	Referências..	181

DEFESA NO INQUÉRITO POLICIAL

Marta Saad..		183
1	Introdução	183
2	Funções e finalidades do inquérito policial....................	184
3	Direito de defesa na Constituição da República	187
4	Ciência da acusação como pressuposto do exercício do direito de defesa..	191
4.1	Inoponibilidade de sigilo em relação ao acusado e seu defensor..	192
5	Reação defensiva..	195
5.1	Oitiva do acusado...	195
5.2	Proposição, admissão e produção de meios de prova	197
6	Considerações finais..	199
	Referências..	201

O INDICIAMENTO

Márcio Adriano Anselmo 203

1	Introdução	203
2	Conceito de indiciamento	205
3	Natureza jurídica do indiciamento	206
4	O indiciamento no Código de Processo Penal	210
4.1	O indiciamento no projeto do novo Código de Processo Penal	212
5	Efeitos do indiciamento	212
5.1	O indiciamento e a nova Lei de Lavagem	215
6	O indiciamento como ato privativo do delegado de polícia .	218
7	Conteúdo do ato de indiciamento: análise técnico-jurídica ..	220
8	Do indiciamento na investigação perante os Tribunais Superiores	223
9	O indiciamento como marco para controle da ação do órgão acusador	232
10	Conclusão	235
	Referências	236

RELATÓRIO, ARQUIVAMENTO E DESARQUIVAMENTO

Rodrigo Luís Ziembowicz 239

1	Introdução	239
2	Forma e conteúdo do relatório	240
2.1	Forma	241
2.2	Conteúdo	241
3	Arquivamento	252
3.1	Indicação de arquivamento	252
3.2	Requisitos e características do arquivamento	253
4	Desarquivamento	261
5	Conclusão	262
	Referências	263

A NOTIFICAÇÃO DA VÍTIMA

Rodrigo Luís Ziembowicz 267

1	Introdução	267
2	Notificação da vítima	268
2.1	Vítima privada	277
2.2	Vítima pública	281
3	Conclusão	286
	Referências	288

O CONTROLE DE NULIDADES NA INVESTIGAÇÃO
PRELIMINAR COM JUSTIÇA NEGOCIAL
Alexandre Morais da Rosa 293
1   A investigação preliminar é o novo palco da culpa 293
2   Nulidades e reserva de jurisdição 296
3   Nulidade é má formação e não sanção. Mas só quando o
      julgador reconhece 299
4   Nulidades e prejuízo: absolutas e relativas 301
5   Conclusão 306
      Referências 307

A INVESTIGAÇÃO CRIMINAL NOS TRIBUNAIS SUPERIORES
Márcio Adriano Anselmo 311
1   Introdução 311
2   O estado da arte do problema 312
3   A investigação criminal nos inquéritos de competência
      originária dos tribunais 316
4   Do indiciamento na investigação perante os tribunais
      superiores 320
5   E quanto às soluções? 325
6   Conclusão 329
      Referências 330

SOBRE OS AUTORES 333

APRESENTAÇÃO GERAL DO CURSO

1. O CURSO DE DIREITO DE POLÍCIA JUDICIÁRIA (CDPJ) se estrutura a partir de dois postulados fundamentais que se assumem pela coordenação da obra, quais sejam, (i) *a Polícia Judiciária como instituição essencial à função jurisdicional do Estado*; e (ii) *o inquérito policial como processo penal*, visando à consolidação de um devido processo penal para o Estado de Direito.[1]

Esses postulados se podem remeter a "direitos a organização e procedimento", exigíveis a título de direitos a ações positivas, oponíveis ao legislador, como condições de efetividade prática de direitos fundamentais,[2] pois a proteção desses direitos depende de que o poder punitivo esteja organizado com uma divisão de funções intraprocessuais, que viabilize uma efetiva proporcionalidade no exercício da função jurisdicional.[3]

A considerar tudo que vem implicado nessa concepção, apenas uma dogmática jurídica compartimentada em disciplinas estanques, que já não é possível no atual estágio da ciência jurídica nacional, poderia remeter as matérias de Polícia Judiciária e inquérito policial exclusivamente ao direito administrativo, sem perceber o que há de constitucionalmente relevante e processualmente inevitável na atividade de investigação criminal, além da necessária incursão no campo do direito internacional em virtude da criminalidade organizada transnacional.

Daí a exigência metodológica de estruturar essa obra em volumes de direito constitucional, administrativo, processual (I e II) e internacional de Polícia Judiciária, além do volume dedicado às disciplinas

---

[1] Postulados que defendemos desde o nosso PEREIRA, Eliomar da Silva. Introdução: investigação criminal, inquérito policial e Polícia Judiciária. *In*: PEREIRA, Eliomar da Silva; DEZAN, Sandro Lúcio. *Investigação criminal conduzida por delegado de polícia*: comentários à Lei 12.830/2013. Porto Alegre: Juruá, 2013. p. 21-34 – embora tenhamos usado inicialmente a expressão "função essencial à Justiça", segundo a linguagem constitucional positiva que agora tentamos explicar melhor na perspectiva do direito de polícia judiciária.

[2] Cf. ALEXY, Robert. *Teoria dos direitos fundamentais*. 2. ed. 4. tir. São Paulo: Malheiros, 2015. p. 470 *et seq.*

[3] Cf. GÖSSEL, Karl Heinz. *El derecho procesal penal en el Estado de Derecho*. Buenos Aires: Rubinzal, 2007. p. 20 *et seq.*

extrajurídicas (teoria da investigação criminal, sistemas comparados de investigação criminal, gestão estratégica da investigação criminal, gestão pública da Polícia Judiciária), tudo precedido de uma introdução ao direito de Polícia Judiciária, buscando cobrir a totalidade das disciplinas do curso de Especialização em Direito de Polícia Judiciária do Programa de Pós-Graduação da Escola Superior de Polícia, que tem entre seus professores os coordenadores desta obra.

2. A ideia de uma Polícia Judiciária como instituição essencial à função jurisdicional do Estado, distinta rigidamente de uma polícia de segurança pública, vem acrescida de sua necessária autonomia institucional e funcional, bem como de um controle externo democrático e uma fiscalização interna no inquérito policial, não apenas pelo órgão oficial de acusação, assumido pelo Ministério Público, mas também por um órgão oficial de defesa que se deveria assumir pela Defensoria Pública.

Embora ao pensador jurídico dogmático esse postulado pareça estar em desconformidade com o constitucionalismo formal nacional, em verdade ele está, em perspectiva jurídica zetética, em conformidade material com o Estado (constitucional e democrático) de Direito, segundo a concepção de Luigi Ferrajoli, para quem:

> Na lógica do Estado de direito, as funções de polícia deveriam ser limitadas a apenas três atividades: a atividade investigativa, com respeito aos crimes e aos ilícitos administrativos, a atividade de prevenção de uns e de outros, e aquelas executivas e auxiliares da jurisdição e da administração. Nenhuma destas atividades deveria comportar o exercício de poderes autônomos sobre as liberdades civis e sobre os outros direitos fundamentais. As diversas atribuições, por fim, deveriam estar destinadas a corpos de polícia separados entre eles e organizados de forma independente não apenas funcional, mas também, hierárquica e administrativamente dos diversos poderes aos quais auxiliam. Em particular, a polícia judiciária, destinada à investigação dos crimes e à execução dos provimentos jurisdicionais, deveria ser separada rigidamente dos outros corpos de polícia e dotada, em relação ao Executivo, das mesmas garantias de independência que são asseguradas ao Poder Judiciário do qual deveria, exclusivamente, depender.[4]

Ademais, com essa ideia, pretende-se corrigir uma equivocada concepção do constituinte, que já Fábio Konder Comparato havia

---

[4] FERRAJOLI, Luigi. *Direito e razão*: teoria do garantismo penal. São Paulo: RT, 2002. p. 617.

observado, ao propor ao Conselho Federal da Ordem dos Advogados do Brasil que se fizesse uma PEC para separar rigidamente as funções de polícia de prevenção e polícia de investigação, atribuindo a um Conselho Nacional de Polícia Judiciária o seu controle externo de maneira mais democrática, retirando o controle exclusivo do órgão oficial de acusação.[5]

3. A ideia de inquérito policial como processo penal, por sua vez, vem acrescida da sua indispensabilidade como fase prejudicial, opondo-se à doutrina tradicional que reivindica a investigação criminal como procedimento exclusivamente preparatório da ação penal, reduzido à mera peça informativa que se pode dispensar e, consequentemente, nunca transmite nulidades ao processo, em flagrante ofensa a direitos fundamentais ao devido processo penal.

A considerar a quantidade de provas que efetivamente se produzem no inquérito policial – numa distinção entre provas repetíveis e provas irrepetíveis, sob a perspectiva do que é efetivamente utilizado nas motivações de sentenças –, parece-nos que a ciência jurídico-processual brasileira já não se pode contentar com a tradição de obstruir a efetividade dos princípios jurídico-processuais na fase em que eles mais se fazem necessários ao devido processo. Trata-se, em última análise, de uma questão de justiça, que requer levar a sério os princípios garantistas do direito processual penal desde a fase de inquérito.

O fato de que a Polícia Judiciária atua mediante um aparelho administrativo, à semelhança de qualquer outra atividade estatal, não nos pode levar à confusão de considerar a investigação criminal como matéria exclusiva de direito administrativo, a considerar seus efeitos irremediavelmente processuais penais, bem como a função judicial que exsurge materialmente de parte essencial de seus atos.

Considerado como fase do processo penal, que produz irremedia-velmente prova, o inquérito policial precisa passar a entender-se como fase obrigatória, imprescindível,[6] sem a qual não é possível a efetividade material da jurisdição que requer uma legitimidade cognitiva, trazendo a maior contrariedade possível no juízo de proporcionalidade de medidas restritivas de direito, chamando a Defensoria Pública ao inquérito,

---

[5] Cf., a respeito dessa proposta, COUTINHO, Jacinto Nelson de Miranda. Da autonomia funcional e institucional da polícia judiciária. *Revista de Direito de Polícia Judiciária*, Brasília, v. 1, n. 1, p. 13-23, jan./jul. 2017.

[6] Como se compreende a fase de inquérito no processo penal português, cf. SILVA, Germano Marques. *Processo penal preliminar*. Lisboa: Universidade Católica Portuguesa, 1990. p. 137 *et seq.*

como órgão oficial de defesa, investida na função de fiscalização da efetividade da proteção aos direitos fundamentais, no interesse do indivíduo (proibição de excesso de poder), em igualdade de condições com a fiscalização do Ministério Público, como órgão oficial de acusação, investido na função de fiscalização da efetividade da persecução penal, no interesse da coletividade (proibição de omissão de poder).

Essa nova arquitetura da divisão do poder intraprocessual está em conformidade com a concepção de um direito penal mínimo, cujo objetivo duplo justificante é tanto a prevenção dos delitos quanto a prevenção das penas informais, a exigirem necessariamente um espelhamento na estrutura do processo e na distinção dos interesses,[7] o que se deve observar desde a fase de inquérito, como processo de investigação penal.

4. Trata-se, aqui, de efetivamente distinguir, numa divisão profunda de poder intraprocessual, não apenas o órgão oficial de acusação do órgão de julgamento, mas também do órgão oficial de investigação, bem como de um órgão oficial de defesa,[8] como forma de assegurar uma acusatoriedade não meramente formal ao processo, instituindo assim uma igualdade efetiva de armas, com a limitação dos poderes do Ministério Público, a ser considerado "parte (naturalmente) parcial",[9] enterrando em definitivo o discurso legitimador de poder punitivo que ainda insiste na ideia de uma acusação que também zela pelos direitos de defesa, ao mesmo tempo em que é o titular da investigação criminal.[10]

É preciso, em definitivo, no direito brasileiro, entender-se que o sistema acusatório, ao separar as funções de acusar e julgar, não consente que a acusação possa ter sobre a defesa qualquer proeminência,[11] tampouco que possa produzir provas que serão utilizadas em julgamento, sem controle recíproco das partes, pois isso nos leva

---

[7]   Cf. a respeito, FERRAJOLI, Luigi. *Direito e razão*: teoria do garantismo penal. São Paulo: RT, 2002. p. 267 *et seq.*

[8]   GÖSSEL, Karl Heinz. *El derecho procesal penal en el Estado de Derecho*. Buenos Aires: Rubinzal, 2007. p. 39 *et seq.*

[9]   Cf. expressão de MONTERO AROCA, Juan. *Proceso penal y libertad*: ensayo polémico sobre el nuevo proceso penal. Madrid: Civitas, 2008. p. 122 *et seq.*

[10] A chamar atenção para o criptoautoritarismo desse discurso, presente no Código Rocco, mas incompatível com um "giusto processo", cf. RICCIO, Giuseppe. *La procedura penale*. Napoli: Editoriale Scientifica, 2010. p. 27 *et seq.* A considerar isso um mito, cf. CASARA, Rubens R. R. *Mitologia processual penal*. São Paulo: Saraiva, 2015. p. 152 *et seq.*

[11] Nesse sentido, cf. FERRAJOLI, Luigi. *Direito e razão*: teoria do garantismo penal. São Paulo: RT, 2002. p. 450 *et seq.*

irremediavelmente de volta ao inquisitório, como o advertia Francesco Carrara.[12]

Em suma, é com esse espírito que se desenvolve todo o *Curso de Direito de Polícia Judiciária*, em sete volumes, no objetivo de estabelecer um novo marco à compreensão da Polícia Judiciária, ao mesmo tempo em que tenta atribuir-lhe o primeiro esboço sistemático de uma disciplina negligenciada pela dogmática jurídica nacional.

5. Contudo, embora se trate de um primeiro passo na sistematização doutrinária do direito de Polícia Judiciária, que para evoluir dependerá de discussões mais constantes e aprofundadas em torno das diversas questões jurídicas que se levantam, é importante que se reconheçam as diversas ações acadêmicas que lhe antecederam e viabilizaram essa nossa iniciativa, que possui débito com muitos colaboradores aos quais deixamos aqui nossos agradecimentos.

Em especial, registramos nossos agradecimentos aos componentes do Grupo de Pesquisa sobre Direito de Polícia Judiciária (2016-2017),[13] aos participantes do I Congresso de Direito de Polícia Judiciária (2017),[14] aos Membros do Conselho Científico da *Revista de Direito de Polícia Judiciária* (2017-)[15] e aos professores do Curso de Especialização em Direito de Polícia Judiciária (2017-),[16] pela adesão ao projeto geral de construção e discussão sobre o Direito de Polícia Judiciária. Nomeadamente, pedindo desculpas se tiver esquecido alguém: Alexandre Moraes da Rosa; Américo Bedê Freire Júnior; Anthony W. Pereira; Carlos Roberto Bacila; Célio Jacinto dos Santos; Diana Calazans Mann; Elisângela Mello Reghelin; Francisco Sannini Neto; Franco Perazzoni; Guilherme Cunha Werner; Henrique Hoffmann Monteiro de Castro; Jacinto Nelson de Miranda Coutinho; Jaime Pimentel Júnior; José Pedro Zaccariotto; Luiz Roberto Ungaretti de Godoy; Manuel Monteiro Guedes Valente; Márcio Adriano Anselmo; Mart Saad; Milton Fornazari Júnior; Octavio Luiz Motta Ferraz; Paulo Henrique de Godoy Sumariva; Rafael Francisco

---

[12] CARRARA, Francesco. *Programa do curso de direito criminal*: parte geral. São Paulo: Saraiva, 1957. v. 2. p. 319.

[13] Cf. CNPQ. *Grupo de Pesquisa Direito de Polícia Judiciária*. Disponível em: http://dgp.cnpq.br/dgp/espelhogrupo/4940013669176426.

[14] Cf. DELEGADOS se reúnem em Brasília para congresso da polícia judiciária. *Conjur*, 30 maio 2017. Disponível em: https://www.conjur.com.br/2017-mar-30/delegados-reunem-brasilia-congresso-policia-judiciaria.

[15] Cf. *Revista de Direito de Polícia Judiciária*, v. 2, n. 4, 2018. Disponível em: https://periodicos.pf.gov.br/index.php/RDPJ.

[16] Cf. ACADEMIA NACIONAL DE POLÍCIA. *Pós-Graduação*. Disponível em: http://www.pf.gov.br/anp/educacional/pos-graduacao/.

Marcondes de Moraes; Rodrigo Carneiro Gomes; Ruschester Marreiros Barbosa; Sandro Lucio Dezan; Vinicius Mariano de Carvalho; Wellington Clay Porcino.

Não poderíamos, ainda, deixar de manifestar nosso agradecimento ao apoio e incentivo que recebemos do coordenador da Escola Superior de Polícia, Dr. Júlio Cesar dos Santos Fernandes, quem por primeira vez suscitou a ideia da necessidade de uma disciplina especificamente orientada à discussão das questões de interesse da Polícia Judiciária.

É a todos que entregamos esta publicação, esperando ter atendido às expectativas geradas, desde o primeiro passo dado em 2016, quando anunciamos a criação de uma nova disciplina jurídica nacional: *Direito de Polícia Judiciária.*

Eliomar da Silva Pereira
Coordenador do Curso

PLANO GERAL DO CURSO
COORD. ELIOMAR DA SILVA PEREIRA

VOLUME 1
Introdução ao Direito de Polícia Judiciária
Eliomar da Silva Pereira

VOLUME 2
Direito Constitucional de Polícia Judiciária
Guilherme Cunha Werner

VOLUME 3
Direito Administrativo de Polícia Judiciária
Sandro Lucio Dezan

VOLUME 4
Direito Processual de Polícia Judiciária I
Eliomar da Silva Pereira e Márcio Adriano Anselmo (Org.)

VOLUME 5
Direito Processual de Polícia Judiciária II
Eliomar da Silva Pereira e Márcio Adriano Anselmo (Org.)

VOLUME 6
Direito Internacional de Polícia Judiciária
Eliomar da Silva Pereira e Milton Fornazari Junior (Org.)

VOLUME 7
Disciplinas Extrajurídicas de Polícia Judiciária
Eliomar da Silva Pereira (Org.)

PREFÁCIO

Direito Processual de Polícia Judiciária

A ideia de um *Direito Processual de Polícia Judiciária* poderá parecer inicialmente algo contraditório ao leitor brasileiro acostumado a ler em manuais tradicionais de processo penal que o inquérito policial é mero procedimento administrativo. Contudo, quem tiver a oportunidade de consultar a *Teoria do garantismo penal*, de Luigi Ferrajoli, poderá constatar que o autor dedica um título específico ao "direito processual de polícia", no qual explica:

> As medidas cautelares de polícia consistem numa longa série de poderes instrutórios autônomos, paralelos àqueles de competência da magistratura, que por vezes as forças policiais podem exercitar sem autorização prévia ou mandado da autoridade judiciária, em derrogação ao monopólio da função jurisdicional a esta reservada [...].[1]

A questão é que, no Brasil, essas medidas se realizam especificamente pela Polícia Judiciária como órgão autônomo, relativamente ao juiz e ao órgão de acusação, e distinto de outros corpos de polícia, dirigida por delegado de Polícia no conjunto de atos que se realizam no inquérito policial como procedimento processual penal. Trata-se de um subsistema processual de Polícia Judiciária que se insere no conjunto do sistema geral do processo penal.

O *Direito Processual de Polícia Judiciária* pressupõe, assim, que se compreenda a Polícia Judiciária como sujeito processual imparcial, a considerar sua posição distinta e equidistante tanto da acusação quanto da defesa, e que se compreenda o inquérito policial como procedimento processual penal, a considerar os diversos meios de obtenção de prova que se realizam pela Polícia Judiciária e que depois vão fundamentar a motivação de sentença penal sem maiores incrementos epistêmicos nas fases seguintes do processo penal.

Quanto à consideração da Polícia Judiciária como sujeito processual, pode-se citar na Itália o *Manuale di procedura penale*, de

---

[1] FERRAJOLI, Luigi. *Direito e razão*: teoria do garantismo penal. São Paulo: RT, 2002. p. 634.

Paolo Tonini, que expressamente a inclui no capítulo sobre "I soggetti del procedimento penale",[2] como assim igualmente já o faz, no Brasil, Gustavo Henrique Badaró em seu *Processo penal*, no capítulo sobre os "Sujeitos processuais".[3] Quanto à consideração do inquérito como processo penal, pode-se citar em Portugal o *Processo penal preliminar*, de Germano Marques da Silva, que expressamente o inclui como fase imprescindível sem a qual o processo se torna nulo,[4] o que temos igualmente defendido no Brasil sob o nome de "processo de investigação penal",[5] ao qual remetemos o leitor que queira compreender as razões dessa concepção.

Eliomar da Silva Pereira

---

[2] Cf. TONINI, P. *Manuale di procedura penale*. Milano: Giuffrè, 2013. p. 124 e ss.

[3] Cf. BADARÓ, G. H. *Processo penal*. São Paulo: RT, 2015. p. 288.

[4] Cf. MARQUES DA SILVA, G. *Do processo penal preliminar*. Lisboa: [s.n.], 1990; também, MARQUES DA SILVA, G. *Direito processual penal português*. Lisboa: UCE, 2014. v. III. p. 49 e ss.; p. 72 e ss.

[5] Cf. PEREIRA, E. S. *Saber e poder*. O processo (de investigação) penal. Madrid: Tirant lo Blanch, 2019. p. 201-232.

O INQUÉRITO POLICIAL COMO FORMA PROCESSUALMENTE QUALIFICADA DE INVESTIGAÇÃO CRIMINAL

Franco Perazzoni

1   Introdução

Ao tratarmos dos sistemas investigativo-criminais, no Brasil, o primeiro modelo que nos vem à cabeça é justamente o do inquérito policial. Ocorre, entretanto, que: i) há muito, o próprio ordenamento pátrio já prevê que, nos casos de delitos praticados por magistrados ou membros do Ministério Público, as investigações sejam conduzidas por seus pares; ii) apesar da salutar extinção do inquérito falimentar, assistimos, nestes últimos anos, a uma grave ampliação das hipóteses de investigações a cargo de autoridades judiciárias, sobretudo a partir das sucessivas decisões judiciais que atribuíram, com base nos regimentos internos dos Tribunais Superiores, exclusividade de poderes aos magistrados dessas cortes para investigar crimes praticados por autoridades com prerrogativa de foro; iii) surgiram, ainda, os procedimentos investigativos criminais (PIC) conduzidos diretamente pelo Ministério Público e que se revelam, hoje, flagrante tentativa de instalação, por aqui, de um sistema de investigação ministerial, supostamente nos mesmos moldes que os países da Europa Continental, ainda que, na verdade, os controles e restrições por lá existentes, aqui, sequer sejam cogitados; iv) somam-se a esses instrumentos as já conhecidas comissões parlamentares de inquérito (CPI e CPMI), as investigações administrativas, conduzidas por diversos órgãos da Administração Pública, e até mesmo a recente possibilidade de investigações privadas ou defensivas. Assim, ao sabor de opiniões contraditórias e de circunstâncias, motivos e sentimentos os mais diversos, instalou-se, de fato, no Brasil, um modelo investigativo-criminal eclético e caótico, em que investigações policiais, judiciais, parlamentares, ministeriais, administrativas e até mesmo particulares coexistem, muito embora o grosso do trabalho e o sucesso ou não do eficaz combate ao crime, sobretudo o organizado, continuem a recair quase que exclusivamente sobre a Polícia Judiciária. Cremos, entretanto, estarmos diante de um momento valioso, pois nos permite lançar várias luzes sobre o tema da investigação criminal e compreender, de fato, o verdadeiro valor do inquérito policial, sobretudo quando comparado a todos os demais modelos. Este, aliás, é o escopo deste capítulo: analisar, sob uma perspectiva comparada, o papel do inquérito policial, suas funções e a posição que ocupa no sistema jurídico-processual-penal brasileiro como forma processualmente qualificada de investigação criminal.

2 O que é a investigação criminal? Definição, características e limites jurídicos

Sob uma perspectiva bastante reducionista e pragmática,[1] a investigação criminal pode ser definida como um "método para a reconstrução de fatos passados que pretende responder a quatro perguntas básicas: onde, quando e como ocorreu o fato, e quem o praticou".[2]

Em outras palavras, poderíamos dizer que a investigação criminal consiste, basicamente, na busca da verdade,[3] ou seja: coletar evidências, formular hipóteses e analisá-las, de modo a produzir novo conhecimento, bem como corrigir e integrar conhecimentos preexistentes.

Por óbvio, nesta importante busca, faz-se imperativo que o investigador seja capaz de chegar a conclusões que se sustentem nas

---

[1]   Veremos, mais adiante, que muito mais importante que definir o que seja a investigação criminal, é estabelecer o que, de fato, a lei estabelece como uma investigação criminal juridicamente válida e cujos resultados possam ser efetiva e eficazmente utilizados durante um processo judicial.

[2]   Cf. GARRIDO, Vicente et al. Princípios de Criminologia. [s.l.]: [s.n.], 2006. p. 853 apud PEREIRA, Eliomar da Silva. Teoria da investigação criminal. Coimbra: Almedina, 2011. p. 59.

[3]   Ao tratarmos dos limites jurídicos da investigação criminal veremos que essa verdade é distinta da verdade factual, é uma verdade juridicamente qualificada.

evidências apresentadas e que com elas estejam de acordo, e é justamente nesse ponto que se constata que a própria noção de verdade se revela de suma importância no processo investigativo.

Nessa empreitada, a atividade do investigador pode ser concebida como tendo dois objetivos distintos: a) o primeiro está relacionado à criação de uma base de dados que lhe permita avaliar a hipótese levantada (objetivo médio); b) o segundo consiste na efetiva verificação de uma hipótese ou sua refutação, eventualmente (objetivo final).

Vê-se, portanto, que a investigação é realizada com vistas à busca da verdade, compreendida, neste contexto, como o acordo[4] (ou "consistência") entre a hipótese levantada e as sentenças que informam a respectiva base de dados.

É essa noção de verdade como acordo que dá sentido ao comportamento do investigador. É ela, de fato, não apenas a mola propulsora de seu comportamento, mas a principal ferramenta por meio da qual a investigação pode e deve ser conduzida e garante que os pensamentos do investigador procedam corretamente até conclusões que se fundamentem, de fato, nas evidências coligidas na base de dados.

É, por assim dizer, um processo de reconstrução histórica do fato criminoso, pelo qual o investigador busca a verdade e, nesse ponto, guarda estreita semelhança com as investigações e pesquisas científicas, sobretudo aquelas levadas a efeito por historiadores e arqueólogos.

Noutras palavras, a investigação criminal possui uma estreita semelhança com a investigação científica, que também se caracteriza como uma atividade voltada à formulação e averiguação de hipóteses.

Nessa esteira, tomando por exemplo o inquérito policial, cabe à autoridade policial, a partir do registro da notícia-crime, instaurar o respectivo procedimento, formular hipóteses e traçar uma linha investigativa, ainda que preliminar, com vistas à sua averiguação.

Em seguida, entre os meios investigativos disponíveis, são selecionados aqueles mais adequados ao caso concreto (testemunhas, exames periciais, vigilâncias, monitoramentos telefônicos, quebras de sigilo bancário e fiscal, buscas e apreensões etc.) e as evidências coligidas são avaliadas à luz das hipóteses previamente levantadas.

---

[4] Daí, aliás, é que exsurge a importância de que se reveste a verdade como acordo, tal como concebida por Luiz Henrique A. Dutra, para a investigação criminal (DUTRA, Luiz Henrique de Araújo. *Verdade e investigação*. O problema da verdade na teoria do conhecimento. 1. ed. São Paulo: Editora Pedagógica e Universitária, 2001).

O processo é cíclico e dinâmico: não raro, evidências anteriormente descartadas ou até então desconhecidas são trazidas à baila e outras, até então robustas e consideradas incontestáveis, revelam-se falíveis e, portanto, incapazes de sustentar as hipóteses anteriormente estabelecidas, exigindo-se, portanto, sejam cogitadas novas.

Note-se, entretanto, que não basta ao investigador criminal demonstrar a verdade factual (quem, quando, onde e como praticou o fato-crime). Faz-se imperativo que essa verdade factual seja juridicamente qualificada (verdade processual).

Isso porque, apesar dessa forte aproximação entre a investigação científica e a investigação criminal, esta última é desenvolvida, precipuamente, em função do sistema de justiça criminal, o que sujeita seus métodos e a própria verdade factual passível de ser reconhecida em juízo aos limites normativos impostos pelo ordenamento pátrio, sobretudo em sede de direitos e garantias do investigado.

Noutras palavras, ao investigador criminal não basta, portanto, demonstrar a verdade factual (quem, quando, onde e como praticou o fato-crime). Faz-se imperativo que essa verdade factual seja juridicamente qualificada (verdade processual).

Isso porque se, sob uma perspectiva contratualista e humanista, é o próprio cidadão que legitima o Estado a exercer o poder investigativo e, por conseguinte, a punição penal dos infratores identificados, não se pode, em hipótese alguma, cogitar por uma investigação criminal que desconsidere os valores ínsitos à personalidade humana, como a dignidade.

E mais: a investigação criminal como fenômeno processual possui duas faces, que, apesar de aparentemente opostas, se afiguram indispensáveis no Estado Democrático: tutelar os bens jurídicos mais importantes e ameaçados pela conduta humana, sem, contudo, deixar de proteger o próprio investigado dos excessos e arbítrios outrora cometidos pelo próprio Estado, em total desrespeito à sua condição de pessoa humana e, como tal, titular de garantias e direitos inatos e de caráter inalienável.

Nesse sentido, aliás, bastante pontuais os seguintes ensinamentos:

[...] os direitos fundamentais são os lindes jurídicos da investigação criminal. Embora a lei não diga o que fazer na investigação criminal, estabelecendo o caminho necessário de pesquisa do crime (um método positivo), acaba o delimitando sob certos aspectos na medida em que estabelece limites legais que dizem o que não se pode fazer (um método negativo), ou o que se pode fazer sob certas condições, tendo por balizas os direitos fundamentais.[5]

É, justamente, daí que exsurge a inarredável constatação de que o exercício da atividade investigativa criminal não pode ser dissociado, jamais, de sua abordagem jurídica e que a gestão estratégica da investigação criminal difere dos projetos comumente realizados no âmbito da investigação e pesquisa científica, cujas limitações se circunscrevem, com maior frequência, a fatores como recursos (financeiros, humanos e materiais) e prazos.

Não que não seja possível que um pesquisador-cientista se depare com limitações jurídicas no exercício de suas atividades, como no caso de pesquisas que envolvam o acesso ao patrimônio genético, clonagem ou células-tronco humanas ou, ainda, naqueles casos em que a própria coleta e análise materiais sejam proibidas ou dependam de prévia autorização dos poderes públicos.

Note-se, porém, que, nestes casos, mesmo que tais pesquisas científicas fossem realizadas em dissonância com as respectivas normas que as regulamentam e que esses pesquisadores pudessem sofrer reprimendas nas diferentes esferas (cível, administrativa e criminal), o resultado da pesquisa continuaria a ser aceito pela comunidade científica, pois nas ciências em geral o que pondera é a indução fática ou a chamada *verdade factual*. Em outras palavras: a simples desobediência à norma não possui o condão de desqualificar uma descoberta científica como sendo uma verdade, tampouco de retirar-lhe a eficácia e validade perante o restante da comunidade científica.

No caso da investigação criminal o que ocorre é bem diverso: a desobediência à norma implica a completa invalidade e ineficácia da prova produzida perante a comunidade jurídica.

Trata-se, aqui, de verdadeira interferência legal no método de investigação, que desconsidera a verdade factual quando a prova foi produzida por meios considerados juridicamente inadmissíveis.[6]

A verdade processual aqui tem primazia sobre os fatos e resulta, muitas vezes, na impossibilidade de repetição dos atos, ainda que, desta vez, sejam realizados com estrita observância das normas respectivas, seja

---

[5] PEREIRA, Eliomar da Silva. *Teoria da investigação criminal*. Coimbra: Almedina, 2011. p. 289.

[6] Cf. PEREIRA, Eliomar da Silva. *Teoria da investigação criminal*. Coimbra: Almedina, 2011. p. 289.

porque o fato já se consumou no tempo, sendo impossível a repetição da diligência investigativa (o chamado *princípio da oportunidade* aplicável, por exemplo, nos casos de monitoramento telefônico, entrega controlada, infiltrações etc.) ou por efeitos de fenômenos processuais específicos, a exemplo da prescrição, decadência ou preclusão, que impediriam, da mesma forma, a retomada das investigações.

Daí porque Adriano Mendes Barbosa[7] se refere especificamente à investigação criminal como um projeto *sui generis*, na medida que exige por parte de seu gestor uma estrita obediência aos limites estabelecidos pelo ordenamento jurídico, sob pena, não apenas de eventual responsabilização, mas, sobretudo, de falência de todo o esforço, tempo e recursos despendidos, pela nulidade de todos os meios de prova produzidos e, por conseguinte, da própria empreitada investigativa, muitas das vezes, sem qualquer possibilidade de que sejam repetidas (em face do princípio da oportunidade, dos efeitos da preclusão ou da própria extinção da punibilidade dos agentes envolvidos).

Em sede de inquérito policial, a responsabilidade pela condução desse projeto, assim como pelo controle da sua execução nos estritos contornos estabelecidos pelas normas constitucionais e legais recai, por força de imperativo legal (art. 4º do CPP) sobre o delegado de polícia.[8]

Nesse sentido, o delegado de polícia, no Brasil, cumula tanto funções tipicamente gerenciais (atribuídas em outras nações a xerifes, chefes e comissários de polícia), como deveres e prerrogativas jurídico-processuais (atribuídas, por seu turno, a juízes de instrução e membros do Ministério Público com atribuições investigativas), conforme veremos a seguir.

Eis porque a investigação criminal deve ser vista e compreendida como um fenômeno processual penal, a ser administrado, sempre, sob esse enfoque.[9]

---

[7] BARBOSA, Adriano Mendes. *Notas de aula*. Curso de Gestão Estratégica na Investigação Criminal. Brasília: Academia Nacional de Polícia, 2011.

[8] Importante, portanto, que as autoridades policiais e demais operadores do direito, entre eles, destacadamente, os integrantes da magistratura e do Ministério Público, compreendam que a própria razão da existência da função do delegado de polícia, no Brasil, escuda-se no reconhecimento de que além da investigação preliminar ser um fenômeno a merecer um abordagem estratégico-gerencial, reveste-se, também, numa função tipicamente jurídica, a se pautar pela estrita legalidade e imparcialidade, só plenamente obtenível, por meio da existência de um Estado-investigação, dotado de autonomia e que não se confunda com os futuros personagens que agirão na *persecutio criminis in juditio*.

[9] Daí, aliás, serem as investigações preliminares conduzidas, na maior parte do mundo, por autoridades judiciárias ou ministeriais e, no Brasil, por ocupante de cargo privativo de

Tal constatação é ainda mais reforçada quando temos em mente o recrudescimento, nestas últimas décadas, do chamado "crime organizado" que, há muito, não se encontra mais restrito aos crimes tradicionais, como o tráfico de drogas.

Com frequência, aliás, os noticiários e a imprensa especializada têm nos informado de operações realizadas pela Polícia Federal, que apontam para a existência de grupos organizados, não raro infiltrados no seio estatal, que se dedicam às mais diversas atividades delituosas: corrupção, desvio de verbas públicas, crimes e fraudes financeiras, previdenciárias e tributárias, crimes ambientais etc.

São, portanto, numerosas as organizações criminosas que hoje se dedicam às mais diversas práticas delituosas e que, não raro, dispõem de técnicas persuasivas de recrutamento que vão da propina até a coação daqueles que se oponham aos seus interesses, contando, assim, com a indispensável condescendência de agentes públicos, bem como de profissionais e técnicos especializados (em especial engenheiros, despachantes, advogados, contadores etc.).

Esta nova forma de criminalidade busca, sempre, evadir-se à atuação dos órgãos policiais, de fiscalização e jurisdicionais, valendo-se, não raro, de apoio técnico especializado e das modernas tecnologias disponíveis e, portanto:

> O maior desafio da Justiça será sempre buscar soluções legais contra essa espécie de criminalidade, sem abrir mão da observância aos direitos e garantias individuais. Será quase sempre sensível o ponto exato, estreita a linha divisória, mas temos que buscar incansavelmente esta Justiça – para que o mundo não pereça.[10]

Nessa esteira, parece-nos claro que a efetiva repressão ao crime, sobretudo o crime organizado, demanda conhecimentos e instrumentos próprios, a fim de podermos, efetivamente, fazer frente aos avanços alcançados pelos respectivos grupos criminosos, nestes últimos tempos.

É neste ponto, aliás, que, acreditamos, a atividade de Polícia Judiciária, desenvolvida no âmbito do inquérito policial, se distingue claramente das atividades desenvolvidas pelos demais órgãos que

---

bacharel em direito, submetido a concurso de provas e títulos nos mesmos moldes daqueles que se submetem as demais autoridades do mundo jurídico.

[10] MENDRONI, Marcelo. *Crime organizado* – Aspectos gerais e mecanismos legais. São Paulo: Atlas, 2009. p. 21.

compõem o aparato estatal, sobretudo os órgãos de fiscalização e polícia administrativa, devendo através dos meios que a legislação sabiamente lhe disponibiliza (quebra de sigilo bancário, fiscal e telefônico, busca e apreensão, prisão cautelar, sequestro de bens etc.), bem como por meio das modernas tecnologias de informação e inteligência hoje disponíveis, elucidar, de fato, toda a dinâmica criminosa, possibilitando a efetiva responsabilização e, principalmente, a descapitalização, senão de todos, ao menos dos principais envolvidos.

3   Como se investiga um crime? Os principais modelos de investigação criminal vigentes no mundo moderno

Para entender o papel do inquérito policial no ordenamento pátrio, cremos que é importante apresentarmos, ainda que em linhas gerais, um breve apanhado dos diferentes modelos investigativos existentes, hoje, no mundo, suas características, semelhanças e distinções, esclarecendo, oportunamente, quais deles foram ou vêm sendo aplicados no Brasil.

Por óbvio, o tema dos modelos comparados de investigação preliminar é de tal forma amplo e complexo que, nesta oportunidade, o que propomos é apenas uma rápida panorâmica, apenas no intuito de lançarmos os alicerces necessários ao estudo aqui proposto.[11]

Nessa esteira de raciocínio, parece-nos importante registrar que é possível dividir e subdividir os modelos de investigação preliminar em diferentes grupos, pelos mais diferentes critérios, tais como: i) qual o órgão que detém a titularidade da investigação; ii) investigações judiciais

---

[11]   Uma vez que o tema será oportunamente e detidamente tratado no volume 6 desta coleção *Curso de Direito de Polícia Judiciária*, não iremos, aqui, nos aprofundar demasiadamente nos aspectos referentes aos diferentes sistemas de investigação criminal vigentes hodiernamente, mas apenas oferecer uma panorâmica. Por ora, caso haja interesse em aprofundamento, sugerimos ao leitor que consulte as seguintes produções de nossa autoria e as respectivas referências bibliográficas nelas constantes: I) PERAZZONI, Franco. O delegado de polícia no sistema jurídico brasileiro: das origens inquisitoriais aos novos paradigmas de atuação. *Segurança Pública & Cidadania*, Brasília, v. 4, p. 77-110, 2011; II) PERAZZONI, F.; PEREIRA, E. S.; DEZAN, S. L.; BARBOSA, A. M.; SANTOS, C. J.; COCA, F. M.; WERNER, G. C.; ANSELMO, M. A.; BUSNELLO, P. C. *Investigação criminal conduzida por delegado de polícia –* Comentários à Lei 12.830/2013. 1. ed. Curitiba: Juruá, 2013. v. 1; e III) PERAZZONI, Franco; SILVA, Wellington Clay Porcino. Inquérito policial: um instrumento eficiente e indispensável à investigação criminal. *Revista Brasileira de Ciências Policiais*, Brasília, v. 6, p. 40-70, 2015.

vs. investigações administrativas[12]; iii) investigações compulsórias, realizadas pelo órgão que a lei determina seja, naquele caso, seja o detentor de atribuições para a investigação criminal, e que se funda em critérios de obrigatoriedade e legalidade, ou investigações discricionárias, quando quem investiga se justifica em critérios ou parâmetros de seletividade, realizando, em geral, uma investigação paralela àquela principal, ainda que, eventualmente, disponha de poderes análogos ou até mesmo idênticos aos do investigador criminal oficial.

Assim, obviamente, diferentes estudiosos adotarão classificações distintas, de acordo com o referido critério adotado e objetivos do estudo.

Para os fins deste capítulo e com o escopo apenas de situar o leitor, utilizaremos como critério de distinção aquele que toma por base a titularidade (ou direção) da investigação; subdividindo-as, oportunamente, ao estudarmos os modelos vigentes no Brasil, entre aquelas que podemos considerar como investigações compulsórias e discricionárias.

---

[12] Para parte da doutrina, a investigação criminal pode se afigurar como um procedimento judicial ou administrativo, caso o órgão encarregado pela investigação pertença ou não ao Poder Judiciário, respectivamente. Na primeira hipótese, encontramos, por exemplo, os sistemas de juizados de instrução, conduzidos pela autoridade judiciária, cujos atos, naturalmente, são judiciais. Na segunda, temos o inquérito policial, cujas investigações são titularizadas pela autoridade de Polícia Judiciária. Entretanto, importante ter em mente que essa classificação da instrução prévia como judicial ou administrativa considera apenas a natureza do próprio órgão incumbido de investigar (o Estado-investigação). Ocorre, entretanto, que se focarmos nossa atenção na finalidade da própria investigação estatal, qual seja, a de *persecutio criminis extrajudictio*, com vistas ao esclarecimento de fatos e circunstâncias a cerca de uma possível prática delituosa, até mesmo o inquérito policial poderia ser visto como um procedimento judicial (nesse sentido, PITOMBO, Sérgio M. de Moraes. *Inquérito policial*: novas tendências. Belém: Cejup, 1987. p. 21-22). Ousamos, entretanto, neste trabalho, ir um pouco além e propor uma nova classificação tripartite, em que a investigação criminal estatal, conforme o modelo adotado, pode ser de natureza: i) puramente judicial, quando os atos de investigação são realizados diretamente por autoridade judiciária e submetidos a regramento processual penal específico (competência para investigar, prazos, poderes investigativos, garantias do investigado, demais limites aos poderes investigativos e formas de controle), como no modelo do juizado de instrução; ii) puramente administrativa, quando os atos de investigação são titularizados por autoridade administrativa (ou não judicial, como é o caso dos membros do *Parquet*, em que estes não integram a magistratura) e não se submetem a qualquer regramento processual penal específico e/ou controle pela autoridade judiciária competente, como se dá, hoje, no caso das investigações realizadas pelo Ministério Público brasileiro, no qual a instauração, controle de prazos e até mesmo o arquivamento do PIC (procedimento investigativo criminal) é realizado pelo próprio MP, não raro pelo mesmo membro que preside a investigação; iii) administrativo-judiciais ou mistos, quando, apesar de conduzidos por autoridade que não pertence ao Poder Judiciário, possui regramento estabelecido nas normas processuais penais (atribuição investigativa, prazos, poderes investigativos, garantias do investigado e demais limites a esse poder, assim como formas de controle a cargo da autoridade judicial competente), como se dá, por exemplo, no inquérito policial.

No primeiro caso, temos basicamente 6 modelos possíveis, a saber: 1) o juiz-instrutor; 2) o promotor-investigador; 3) o inquérito policial; 4) a comissão parlamentar de inquérito; 5) a investigação administrativa pura; e 6) a investigação criminal particular.

1) *Juizado de instrução (ou do juiz de instrução)*: É o modelo mais antigo. Nele a presidência da investigação criminal é titularizada por um magistrado, denominado juiz de instrução. Entre as atribuições do juiz instrutor encontram-se, por exemplo, proceder ao formal interrogatório do suspeito, determinar medidas cautelares pessoais ou reais, colher todos os elementos de convicção necessários ao esclarecimento do fato noticiado e requisitar perícias. A iniciativa e os poderes instrutórios encontram-se inteiramente concentrados na figura do juiz instrutor que, posteriormente, submeterá os autos do procedimento investigativo a órgão distinto do Poder Judiciário para o julgamento. A participação da defesa e do órgão acusador limita-se à simples solicitação da realização de diligências, as quais poderão ser deferidas ou não, a seu talante.[13] Neste modelo, à Polícia Judiciária compete, apenas, cumprir as determinações emanadas do juiz de instrução, não dispondo, portanto, a autoridade policial de poderes investigativos próprios. Foi o modelo que vigorou como o principal sistema investigativo criminal no Brasil até 1871, quando foi substituído pelo inquérito policial.[14] É o modelo

---

[13] LOPES JR., Aury. *Sistemas de investigação preliminar no processo penal*. Rio de Janeiro: Lumen Juris, 2003. p. 72.

[14] Entre as principais desvantagens apontadas para este sistema, afigura-se destacadamente o excesso de poderes conferidos a uma única pessoa. Com efeito, em 1871, no Brasil, optamos pela efetiva separação das funções de investigar e julgar, abandonamos o juizado de instrução e passamos a adotar o modelo do inquérito policial. É interessante registrar, aliás, que o Brasil foi uma das primeiras nações a abandonar o juizado de instrução, o que, na Europa continental, só viria a ocorrer mais de um século depois, justamente pelas mesmas razões (concentração de poderes em demasia na pessoa do magistrado). À diferença dos países europeus continentais, em que os juízes de instrução passaram os poderes investigativos diretamente ao Ministério Público, o que houve, por aqui, foi que o próprio juiz de instrução (delegado de polícia) deixou, paulatinamente, de integrar a magistratura para tomar assento no âmbito da própria instituição policial, como um sujeito autônomo e distante da futura relação processual, imparcial, em plena consonância com um sistema jurídico verdadeiramente acusatório. De fato, o Brasil é o único país em que as funções de julgar, acusar e investigar caminharam de maneira paulatina e continuam para uma total e devida separação, pois, como veremos adiante, ainda hoje, na Inglaterra e na Austrália, as polícias exercem funções típicas de órgão acusador, como o oferecimento da denúncia.

principal ainda vigente em diversos países como Espanha, França, Argentina, entre outros.[15]

2) *O promotor-investigador*: Diversamente do juizado de instrução, neste modelo é o órgão acusador quem preside as investigações. Novamente, cabe à Polícia Judiciária, como no sistema do juizado de instrução, apenas auxiliá-lo. Em vários países, sobretudo na Europa Continental, começou a surgir a partir da década de 1990, em substituição ao modelo do "juiz de instrução". É hoje adotado como modelo principal de investigação criminal em diversos países da Europa e América Latina, como Itália, Portugal, Holanda, Alemanha, Colômbia, Peru, entre outros. Na Itália, por exemplo, as investigações preliminares são chamadas de *indagini preliminari*; ao Ministério Público, como titular da investigação, competiria realizar diretamente as diligências investigativas, inclusive oitivas e interrogatórios, produzir o caderno apuratório, autuá-lo, também, por óbvio lhe cabe manter o respectivo cartório (arts. 358 a 378 do CPP italiano).[16]

Merece também registro que, quando da edição do atual Código de Processo Penal, cogitou-se seriamente pela reintrodução do juizado de instrução como principal modelo investigativo no Brasil, o que foi descartado pelas razões que se encontram descritas na respectiva Exposição de Motivos.

[15] Na prática, entretanto, o juiz, nesse sistema, acaba por delegar suas funções investigatórias a outros funcionários, conforme se infere do seguinte trecho que nos mostra o que ocorre, hoje, no Uruguai: "[...] la práctica judicial indica, -por lo menos en nuestra capital - que el juez realiza una delegación de funciones en sus funcionarios administrativos, y 'no procede directamente a la investigación de los hechos', como lo impone la normativa vigente (arts. 115 y 135 CPP), en razón de la acumulación de tareas y del aumento significativo de causas a su estudio" (UBIRIA, Rafael. El processo penal uruguayo actual: virtudes y defectos. *Servicio Paz y Justicia*, 2005. Disponível em: http://www.serpaj.org.uy/serpajph/dcp/seminarios/dcp_pon_ubiria.pdf).

[16] O caráter de mero auxiliar atribuído à Polícia Judiciária fica bastante evidenciado das atribuições que lhe são previstas nos arts. 347 a 357 do CPP italiano, senão vejamos: a) receber a notícia-crime e transmiti-la ao Ministério Público; b) assegurar as fontes de prova, conservando o estado de lugares e coisas úteis à reconstrução dos fatos e individualização do suspeito; c) tomar declarações espontâneas do suspeito, que não poderão ser utilizadas em juízo (fase de *dibattimento*), salvo exceções previstas em lei; d) realizar busca pessoal ou local, em caso de flagrante delito ou fuga, encaminhando os resultados ao Ministério Público em quarenta e oito horas, para convalidação; e) apreender correspondências e documentos e encaminhá-los intactos ao Ministério Público; f) elaborar relatório das atividades desenvolvidas e colocá-lo à disposição do Ministério Público. Na prática, entretanto, o que se verifica, tanto no modelo italiano como em outros, como o português, é que o órgão ministerial acaba por delegar a realização de muitas dessas tarefas diretamente às polícias, seja pela falta de pessoal, seja pelo fato de o órgão-acusador não estar familiarizado e tampouco preparado para a realização desse tipo de tarefa. A consequência é óbvia: embora formalmente esse modelo defina o Ministério Público como o principal órgão responsável pela investigação criminal,

3) *O inquérito policial*: Neste sistema, as investigações são conduzidas diretamente pela Polícia, a qual age em virtude de um poder que lhe é próprio. Na Inglaterra, origem desse sistema, ainda hoje,[17] tanto a abertura como a conclusão e o eventual arquivamento das investigações competem única e exclusivamente à Polícia. Na Inglaterra, ao *chief officer* (equivalente ao delegado de polícia, no Brasil), além do arquivamento das investigações, compete, ainda, dar início à ação penal, passando a acusação (*crown prosecutor*) a agir apenas após iniciada a ação penal.

4) *A comissão parlamentar de inquérito*: É uma investigação conduzida pelo Poder Legislativo, que transforma a própria casa parlamentar em comissão para ouvir depoimentos e tomar informações diretamente. As CPI surgiram na Inglaterra, entre os séculos 14 e 17, passando, a partir daí, a ser adotadas nos mais diversos países, inclusive no Brasil.[18]

5) *A investigação administrativa pura*: Ao lado das investigações judiciais puras,[19] realizadas diretamente por membros do Poder Judiciário,[20] e aquelas que podemos considerar

---

na prática, a investigação é conduzida pelas polícias, que, entretanto, não são dotadas dos poderes, prerrogativas e da independência necessária ao fiel cumprimento dessa tarefa.

[17] São inverídicas, portanto, as afirmações de que, além do Brasil, o inquérito policial existiria apenas em Uganda, Quênia e Indonésia. Em verdade, nenhum dos referidos países adota o inquérito policial. Uganda adotou o juizado de instrução de 1950 a 1995, quando, então, sua nova Constituição passou a adotar o sistema do promotor-investigador (Constituição da República de Uganda, art. 119). O mesmo ocorre na Indonésia, onde o promotor, além de investigar diretamente, também possui poderes típicos de autoridade judiciária, como determinar prisões ou arquivar diretamente as investigações, sem controle jurisdicional (art. 14 do Código de Processo Penal da Indonésia, alíneas "c", "h" e "j"). O Quênia adota o sistema de juizado de instrução: a polícia apenas cumpre as determinações do respectivo magistrado, ou age por sua delegação específica em alguns casos, não dispondo, entretanto, de poderes próprios e autônomos para investigar. Por outro lado, o inquérito policial é o modelo investigativo vigente na Inglaterra, Nova Zelândia, Austrália, Irlanda, Irlanda do Norte, entre outros.

[18] No Brasil, a primeira Constituição a consagrar a CPI foi a de 1934, apenas para a Câmara dos Deputados. Na CF de 1988, as CPI estão regulamentadas no art. 58, §3º, o qual prevê que sua criação se dará para a apuração de fato determinado e por prazo certo, sendo suas conclusões, ao final, encaminhadas ao MP (Ministério Público), para que promova a responsabilidade civil ou criminal dos infratores.

[19] *Vide* sobre a referida classificação, a nota de rodapé nº 9.

[20] Neste ponto é importante registrar que, em vários países, como Itália e Portugal, os membros do Ministério Público pertencem a uma categoria de magistrados, integrantes, portanto do Poder Judiciário, razão pela qual as respectivas investigações criminais enquadram-se nas investigações judiciais, ainda que também não se confundam com aquelas conduzidas sob o juízo de instrução.

administrativo-judiciais, conduzidas por autoridades vinculadas ao Poder Executivo, mas inteiramente regulamentas pela legislação processual penal e submetidas a rigoroso controle de seus atos diretamente pelo Poder Judiciário, como é o caso do inquérito policial, existem sistemas que adotam ou admitem investigações puramente administrativas. Noutras palavras, nesse modelo, os atos investigativos são realizados diretamente por autoridades administrativas, sem a previsão de controles externos, administrativos ou judiciais (exceto, obviamente, quando se faz necessário o deferimento de alguma medida pela autoridade judicial, como na expedição de mandados de busca ou prisão), tampouco qualquer regulamentação processual penal específica quanto a prazos de duração da investigação, sua formalização e até mesmo seu encerramento. É o que ocorre no sistema processual norte-americano, onde a característica geral é exatamente a "inexistência de uma fase investigatória com ares formais"[21] e no qual as ações desempenhadas pelos policiais ou promotor se circunscrevem a determinar a chamada *probable cause* (causa provável), com a definição formal de um suspeito. Definido o suspeito, é que "se poderá solicitar ao juiz a emissão de mandados de busca e apreensão (*search and seizure*), de prisão (*arrestment*) etc.",[22] iniciando-se, em seguida a acusação formal e o processo penal propriamente dito. Noutras palavras, o que se verifica é que o processo penal norte-americano não se preocupa com qualquer formalidade específica em relação à investigação criminal[23] (instauração, prazos, acesso pelo investigado às provas produzidas, controle judicial,[24] requisitos

---

[21] LOPES JR., Aury; GLOECKNER, Ricardo Jacobsen. *Investigação preliminar no processo penal.* São Paulo: Saraiva, 2014. p. 394.

[22] LOPES JR., Aury; GLOECKNER, Ricardo Jacobsen. *Investigação preliminar no processo penal.* São Paulo: Saraiva, 2014. p. 395.

[23] Em verdade, essa é uma característica geral do processo, seja o civil ou penal, em países de *common law*, em que os atos processuais se baseiam fortemente na oralidade.

[24] Segundo Bruno Calabrich, o modelo adotado pelos norte-americanos, entre todos os vigentes, é o que talvez mais se destaca, seja pela completa ausência de "controle judicial valorativo no correr da fase investigativa nem no caso de seu arquivamento", seja pelos superpoderes conferidos ao promotor público, pois: "Seu poder discricionário permite [...] mesmo negociar com o investigado a troca de uma admissão de culpa por uma pena reduzida ou por uma desqualificação do delito para tipos com sanções menos severas ('plea bargaining')" (CALABRICH, Bruno Freire de Carvalho. *Investigação criminal pelo Ministério Público*: fundamentos e limites constitucionais. 2006. Dissertação (Mestrado) – Faculdade de Direito de Vitória, Vitória, 2006. p. 70).

para o arquivamento etc.), excetuando apenas a impossibilidade de utilização de provas obtidas por meios ilícitos, conforme a 4ª emenda da Constituição do EUA. Grosso modo, o modelo investigativo e seu processamento baseiam-se apenas em regulamentos e normas internas de cada agência ou polícia, inexistindo formas de controle externo (administrativo ou judicial), inclusive quanto ao seu arquivamento, assim como prazos para conclusão etc., assemelhando-se, em muito, às apurações puramente administrativas[25] realizadas, aqui no Brasil, por órgãos como a Receita Federal do Brasil, o Ibama etc.[26]

6) *A investigação criminal particular*: É aquela realizada diretamente por particulares. São exemplos desse tipo de modelo a figura da investigação defensiva, expressamente prevista no ordenamento jurídico italiano[27] e recentemente tratada pelo Conselho Federal da OAB em resolução aprovada em 11.12.2018,[28] bem como aquelas realizadas pelo detetive ou investigador particular (atividade que, no Brasil, foi regulamentada de maneira bastante restritiva nos termos da Lei nº 13.432/17).[29]

---

[25] Ou seja, aquelas voltadas à apuração de situações administrativas, como infrações ou violação de deveres funcionais, ainda que, obviamente, por via transversa, alguma ou várias dessas situações tenham ou possam vir a ter repercussão na esfera penal, vindo a instruir o respectivo inquérito policial ou diretamente o processo judicial, quando se reputar dispensável o seguimento e aprofundamento das investigações por meio de regular inquérito policial.

[26] Vamos além e ousamos dizer que, no caso das investigações conduzidas autonomamente pelo Ministério Público no Brasil, longe de termos uma legítima investigação ministerial, nos moldes de alguns países da Europa continental, a completa ausência de controles e qualquer regramento procedimental pelas normas de processo penal faz com que tais investigações criminais, assim como aquelas conduzidas no bojo do inquérito civil, se insiram entre as investigações administrativas puras.

[27] Na Itália, a investigação defensiva foi introduzida pela Lei nº 397/2000, que alterou substancialmente diversos artigos do Código de Processo Penal italiano, buscou viabilizar uma maior paridade de armas entre as partes na persecução penal, prevendo ao defensor a possibilidade de realizar a chamada investigação defensiva, ou seja, realizar atos investigativos cujo valor probatório seja equiparado juridicamente àqueles produzidos pela acusação.

[28] Dispõe a referida resolução que: "Art. 1º Compreende-se por investigação defensiva o complexo de atividades de natureza investigatória desenvolvido pelo advogado, com ou sem assistência de consultor técnico ou outros profissionais legalmente habilitados, em qualquer fase da persecução penal, procedimento ou grau de jurisdição, visando à obtenção de elementos de prova destinados à constituição de acervo probatório lícito, para a tutela de direitos de seu constituinte" (CFOAB, Proposição nº 49.0000.2017.009603-0/COP).

[29] Importante ressaltar que, nos termos da referida lei, o detetive particular não realiza diretamente atividades de investigação criminal, podendo apenas colaborar com investigação

Obviamente, em se tratando de países com tradição jurídica de *civil law* (em contraposição aos sistemas de *common law*, como o norte-americano) os três primeiros modelos apresentados (juizado de instrução, promotor-investigador e inquérito policial) são aqueles adotados como modelos compulsórios de investigação, às vezes optando-se por apenas um deles e, noutras, criando-se uma clara divisão de tarefas entre esses sistemas, com claras hipóteses de atuação para cada autoridade investigativa e sem a desnecessária sobreposição ou confusão de atribuições ou competências investigativas.[30]

Em todos esses casos, seja nos modelos compulsórios ou seletivos, o que se vê é que as características gerais (sigiloso, inquisitório, escrito e de cognição sumária) não diferem gravemente entre si, sendo que, o que diferencia esses sistemas é basicamente: i) a autoridade pública que detém a titularidade da investigação e o papel jurídico (de mero coadjuvante ou de efetivo titular da investigação) que desempenha a Polícia Judiciária em cada um deles; ii) os limites jurídicos ao poder de investigar e respectivos mecanismos de controle impostos ao titular da investigação pelo regramento processual penal em cada um desses modelos.

Note-se que, na prática, entretanto, mesmo nos sistemas de juizado de instrução ou de promotor-investigador, é importante termos em mente que a responsabilidade pelo sucesso ou não das investigações continua a recair quase que exclusivamente sobre as polícias: o órgão titular (juiz ou promotor, conforme o caso) determina as diligências investigativas, em alguns casos atribuindo maior ou menor liberdade ao órgão policial para a sua realização, mas é a polícia, salvo raríssimas exceções, que vai a campo, de fato, investigar a prática delituosa e coligir elementos.[31] [32]

---

policial em curso, desde que expressamente autorizado pelo contratante e haja o aceite da colaboração pelo delegado de polícia, que poderá admiti-la ou rejeitá-la a qualquer tempo (art. 5º), sendo-lhe vedado, entretanto, participar diretamente de qualquer diligência policial (art. 10, inc. IV).

[30] Exemplo disso é o sistema adotado na França, em que os delitos mais simples são submetidos à investigação preliminar sob responsabilidade do *Parquet*, ao passo que que os delitos de maior complexidade seguem rito investigativo diverso, perante um juiz de instrução.

[31] Não por acaso, estudo conduzido em 2017 demonstrou que as taxas de elucidação de crimes, sobretudo homicídios, independem do modelo investigativo-criminal adotado, variando, bastante, até mesmo dentro de um mesmo país. Com efeito, em que pesem as críticas frequentemente feitas ao inquérito policial, é interessante registrar que diversas delegacias de Polícia Civil, no Brasil, têm obtido, nesses últimos anos, inegáveis avanços e excelentes resultados no combate a esse tipo de ilícito, superiores até aos índices obtidos historicamente em países ditos de 1º mundo. Da mesma forma, sistemas que eventualmente

Isso nos conduz a duas importantes conclusões preliminares que reputamos fundamentais: i) o delegado de polícia brasileiro, portanto, não pode nem deve ser visto como o simples chefe de uma unidade policial, a agir por determinação do verdadeiro titular da investigação criminal, como se afigura na esmagadora maioria das instituições policiais no mundo, mas, sim, como o próprio titular do Estado-investigação,[33] exercendo, aqui, funções que em outros países com tradição jurídica semelhante são exercidas por magistrados e membros do Ministério Público; ii) por se tratar de procedimento dirigido pela autoridade policial, imparcial e desvinculada das pretensões de ambas as partes na persecução criminal, somos inclinados a concluir que, em verdade, entre todos os modelos apresentados, o inquérito policial se afigura naquele que, entre todos os demais, mais se aproxima de uma isenta apuração dos fatos relacionados na notícia-crime.[34]

---

são sugeridos pelos opositores do inquérito policial não demonstram ser mais eficientes naqueles países que, nestes últimos anos, passaram a enfrentar graves problemas relacionados ao narcotráfico, à pobreza e ao crescimento e recrudescimento da violência urbana, como se pode verificar da queda (em alguns casos vertiginosa) nas taxas de elucidação enfrentadas no Uruguai (que adota o juizado de instrução), no México e em cidades norte-americanas como Chicago e Nova Iorque (que adotam, por seu turno, o sistema do promotor-investigador). Ainda nessa esteira de raciocínio, a análise dos dados da Superintendência da Polícia Federal em Roraima, referentes ao ano de 2014, demonstrou que, de todas as investigações encerradas naquele período e unidade, 70% (setenta por cento) o foram de forma exitosa, sendo que em 40% (quarenta por cento) houve indicação de autoria e em 30% (trinta por cento) concluiu-se pela inexistência de crime. Da mesma forma, a análise dos dados de toda a Polícia Federal nos três primeiros meses de 2015 parece indicar que os índices da respectiva instituição, como um todo, não se distanciam muito dos obtidos pela região de Roraima, o que, considerando que as taxas de elucidação dos crimes em geral na França, nos Estados Unidos e no Reino Unido, não superaram, via de regra, os 30%, demonstra que o inquérito policial realizado pela Polícia Federal, sob a presidência do delegado de polícia, permite resultados ainda superiores às polícias de outros países, tidas como de 1º mundo. Sobre o assunto, sugerimos a leitura de: PERAZZONI, Franco; SILVA, Wellington Clay Porcino. Inquérito policial: um instrumento eficiente e indispensável à investigação criminal. *Revista Brasileira de Ciências Policiais*, Brasília, v. 6, p. 40-70, 2015.

[32] Eis justamente uma das principais vantagens, a nosso ver, do modelo do inquérito policial: reunir na mesma autoridade os controles jurídico e operacional das respectivas atividades investigativas.

[33] Já há algum tempo, a terminologia Estado-investigação vem se consagrando no meio jurídico para designar o poder/dever atribuído às autoridades de Polícia Judiciária para a apuração dos fatos supostamente tidos como delituosos em oposição ao Estado-acusação (cujas atribuições legais são desempenhadas pelo *Parquet*) e o Estado-juiz (a cargo do Poder Judiciário).

[34] Isto é de suma importância, pois, ao contrário do que prega parte da doutrina, a investigação criminal não busca comprovar a infração penal. Seu objetivo não é confirmar a tese acusatória, mas verificar a plausibilidade da imputação evitando processos desnecessários, daí dizer-se que "a investigação criminal não se volta mais à comprovação de um delito, do que para excluir imputações descabidas e aventuradas" (CARNELUTTI, Francesco. *Direito processual penal*. Campinas: Peritas, 2001. v. 2. p. 113).

Tudo isso se soma, aliás, aos limites e controles jurídicos expressamente previstos no ordenamento pátrio, únicos e extremamente mais rígidos que aqueles existentes para as demais formas de investigação aqui vigentes, o que confere ao inquérito policial brasileiro contornos únicos e *status*[35] de investigação criminal processualmente qualificada, conforme veremos a seguir.

4 A investigação criminal no Brasil: o inquérito policial como forma processualmente qualificada

Por óbvio, como mencionado, ao tratarmos do tema dos modelos investigativos, no Brasil, o primeiro modelo que nos vem à cabeça é justamente o do inquérito policial.

Ocorre, entretanto, que há muito o próprio ordenamento pátrio já prevê que nos casos de delitos praticados por magistrados ou membros do Ministério Público, as investigações sejam conduzidas por seus pares.[36] Nesses casos, a autoridade policial, ao tomar conhecimento de crimes praticados por membros do *Parquet*, deve remeter os autos ao órgão ministerial ou ao juízo competente, a quem competirá prosseguir as investigações, nos termos dos respectivos estatutos.

Para além disso, apesar da salutar extinção do inquérito falimentar, consolidou-se o entendimento jurisprudencial de que a outorga de competência originária para processar e julgar as chamadas autoridades detentoras de foro por prerrogativa de função se estenderia também durante a fase da *persecutio criminis extra judicio*, de tal modo que,

---

[35] Cremos que o termo mais adequado, aqui, seria *natureza jurídica*, ao invés de *status*. Com efeito, encontrar a natureza jurídica de um instituto consiste, justamente, em determinar sua essência para classificá-lo dentro do universo de figuras semelhantes existentes no direito, nesse caso, os modelos de investigação criminal. Por óbvio, dizer que o inquérito policial possui natureza jurídica de procedimento administrativo não é de todo equivocado, porém é de tal forma reducionista, que coloca tal instituto no mesmo patamar que qualquer expediente realizado junto a órgãos públicos, como aqueles referentes à expedição de um passaporte ou renovação de uma CNH.

[36] Nesse sentido dispõe a Lei Orgânica do Ministério Público: "Art. 41. [...] Parágrafo único. Quando no curso de investigação, houver indício da prática de infração penal por parte de membro do Ministério Público, a autoridade policial, civil ou militar remeterá, imediatamente, sob pena de responsabilidade, os respectivos autos ao Procurador-Geral de Justiça, a quem competirá dar prosseguimento à apuração", bem como a Lei Orgânica da Magistratura: "Art. 33 [...] Parágrafo único – Quando, no curso de investigação, houver indício da prática de crime por parte do magistrado, a autoridade policial, civil ou militar, remeterá os respectivos autos ao Tribunal ou órgão especial competente para o julgamento, a fim de que prossiga na investigação".

nesses casos, cabe igualmente à Corte (e não ao órgão jurisdicional de 1ª instância) não apenas supervisionar a respectiva investigação, mas exercer verdadeiro controle jurisdicional dos atos investigatórios, resultando ilegais, por exemplo, a abertura de inquérito policial[37] ou o indiciamento realizados diretamente pela autoridade policial sem a prévia autorização judicial.[38]

Temos, ainda, os procedimentos investigativos criminais (PIC) conduzidos diretamente pelo Ministério Público, a nosso ver sem qualquer previsão legal e que se revelam, hoje, flagrante, porém fracassada, tentativa de instalação, por aqui, de um sistema de acusador-investigador, supostamente nos mesmos moldes que os países da Europa Continental, ainda que, na verdade, os controles e restrições por lá existentes, aqui, sequer sejam cogitados.[39]

Somam-se a esses instrumentos: i) as já mencionadas comissões parlamentares de inquérito; ii) as apurações realizadas diretamente por órgãos da Administração Pública, sem atribuições de Polícia Judiciária, e, até mesmo; iii) a possibilidade de investigações privadas.[40]

---

[37] Nesse sentido: "Reclamação. Constitucional. Alegação de usurpação de competência originária do Supremo Tribunal Federal. Plausibilidade jurídica da questão. Deputado federal. Prerrogativa de foro. Artigo 102, inciso I, alínea b, da Constituição Federal. [...] 1. Revela-se patente, no caso, a usurpação das competências constitucionais da Corte (art. 102, inciso I, alínea b, da CF/88), uma vez que foram instaurados, de ofício, dois inquéritos policiais [...] 2. É da jurisprudência da Corte o entendimento de que a polícia judiciária não está autorizada a instaurar, de ofício, inquérito policial para apurar a conduta de parlamentares federais (PET nº 3.825/MT-QO, Tribunal Pleno, Relator para acórdão o Ministro Gilmar Mendes, DJ de 4/4/08). (STF - Rcl: 12484 DF, Relator: Min. DIAS TOFFOLI, Data de Julgamento: 29/04/2014, Primeira Turma, Data de Publicação: 29-09-2014)".

[38] A nosso ver, em que pese tais investigações continuarem a ser realizadas sob a roupagem de um inquérito policial, tal entendimento, na prática, constituiu verdadeira hipótese de instituição, por via transversa, do modelo do juizado de instrução, com suas evidentes e já há muito discutidas desvantagens.

[39] Como mencionado, a nosso sentir, a total ausência de controles externos ao próprio *Parquet* no âmbito desses procedimentos investigativos, bem como a falta de qualquer previsão legislativa específica a regulamentar a matéria, faz com que o PIC se revele, ao contrário do que se propala, em modelo investigativo que muito se distancia daquele adotado em países como Portugal e Itália, para se aproximar, em verdade, mais ao modelo norte-americano. Assim, ao contrário do que leciona parte da doutrina, parece-nos que a investigação criminal direta levada a cabo pelo órgão ministerial, nos termos hoje realizados em nosso ordenamento, não encontra guarida no sistema acusatório, pois viola sobejamente o princípio da igualdade das partes, pilar de todo o referido sistema, ao: a) atribuir poderes em demasia ao *Parquet*, sem qualquer controle externo; e b) converter a investigação preliminar em mera preparação para a acusação, com inequívocos prejuízos ao investigado e sua defesa.

[40] Por óbvio, não se tratam, em nosso ordenamento jurídico, tanto as CPI, como as investigações administrativas e particulares, pelas suas próprias características gerais e escopos específicos, de investigações criminais propriamente ditas, embora os dados e informações nelas coligidos, sendo legítimos e lícitos, quando demonstrem a prática de um ilícito penal e

Em outras palavras, ao sabor de opiniões contraditórias e de circunstâncias, motivos e sentimentos os mais diversos, instalou-se, de fato, no Brasil, um modelo investigativo-criminal eclético e caótico, em que investigações policiais, judiciais e ministeriais coexistem[41] com investigações administrativas, parlamentares e, até mesmo, particulares, sem que haja, na esmagadora maioria das situações, uma clara repartição de competências, evitando-se, por conseguinte, a replicação e coexistência desnecessária de investigações sobre o mesmo fato, muito embora, justiça seja feita, o grosso do trabalho e a responsabilidade, ao final, pelo sucesso ou não da *persecutio criminis extra juditio* continuem a recair quase que exclusivamente sobre a Polícia Judiciária.[42]

Cremos, entretanto, que esse momento é valioso, pois nos permite lançar várias luzes sobre o tema da investigação criminal e compreender, de fato, o verdadeiro valor do inquérito policial, sobretudo quando comparado aos demais modelos.

Isso porque, como já mencionado anteriormente, em que pese, à primeira vista, constatarmos várias semelhanças entre esses diferentes modelos investigativos, o inquérito policial é aquele que possui o tratamento e regramento processual penal mais exaustivo, fruto, aliás, de uma evolução paulatina que se iniciou lá atrás em 1871 e concretizou-se, efetivamente, apenas com a CF/88.

Assim, ao dar cabo do antigo procedimento judicialiforme[43] e deixar de prever qualquer possibilidade de expedição de mandados de

---

respectiva autoria, poderão, conforme o caso, servir de base à abertura de inquérito policial para aprofundamentos ou ensejar a imediata propositura de ação penal pública ou privada.

[41] Por óbvio, existem casos de países em que mais de um modelo investigativo coexistem. Na França, por exemplo, atualmente coexistem o juizado de instrução e a investigação ministerial. Entretanto, há, por lá, diversamente do que ocorre no Brasil atualmente, uma racionalização das tarefas com a clara definição quanto a quais tipos de delitos competem a cada órgão investigar, sendo, por exemplo, aqueles de investigação menos complexa submetidos à condução pelo órgão ministerial, ao passo que os delitos de maior gravidade e complexidade sempre se sujeitam à investigação conduzida pelo juiz de instrução (a execução das atividade investigativas, entretanto, recaem, como já mencionado, sempre às polícias judiciárias).

[42] Afinal, na esmagadora maioria das vezes, as diligências, perícias, buscas, prisões, oitivas e interrogatórios, assim como todos os demais atos investigativos-criminais propriamente ditos, continuam a ser realizados pela Polícia Judiciária, Civil ou Federal.

[43] O procedimento judicialiforme era previsto nos arts. 26 e 531 do CPP, que dispunham que os processos judiciais referentes a contravenções penais seriam iniciados pelo auto de prisão em flagrante ou por portaria do delegado de polícia ou do juiz. Feria o sistema acusatório na medida que conferia atribuições tipicamente ministeriais (*opinio delicti* e denúncia) às autoridades policial e judiciária.

busca pelas autoridades policiais,[44] mas reforçando, por outro lado, a opção pelo inquérito policial, o que se operou no ordenamento pátrio foi, justamente, uma clara e inequívoca definição do inquérito policial como um modelo investigativo qualificado em estrita consonância com o Estado Democrático de Direito e um processo penal de garantias.

Noutras palavras, os limites e controles jurídicos expressamente previstos no ordenamento pátrio no âmbito do inquérito policial, como hoje estabelecidos, são únicos e extremamente mais rígidos que aqueles existentes para as demais formas de investigação aqui mencionadas, o que confere ao inquérito policial contornos únicos e um *status* de investigação criminal juridicamente qualificada.

Com efeito, o Código de Processo Penal e a legislação correlata regulamentam todos os aspectos do inquérito policial, estabelecendo desde o rol de poderes e deveres de que dispõe o delegado de Polícia, autoridade incumbida de presidi-lo (requisitos e atribuições do cargo, bem como os poderes de que dispõe), até os limites jurídicos ao poder de investigar e respectivos mecanismos de controle impostos (prazos, forma e requisitos dos atos investigativos, direitos e garantias do investigado, procedimentos para instauração, condução e encerramento da investigação e seus respectivos controles etc.), senão vejamos.

1) *Autoridade investigativa*: Muitos processos seriam mais céleres e eficientes se houvesse uma melhor compreensão e exercício, por cada um dos atores que integram a persecução criminal (*Parquet*, Poder Judiciário, advogados e Polícia Judiciária), de seus respectivos papéis, atribuições e competências legais. Nessa esteira de raciocínio, em que pese a já longa escalada histórica da Polícia Judiciária e do delegado de polícia em nosso ordenamento, o que se verifica é que referida autoridade, suas funções e a posição que ocupa no sistema jurídico-penal brasileiro são ainda pouco conhecidas e difundidas, não apenas ao público em geral, mas mesmo no meio jurídico e policial. Ao delegado de polícia incumbe, desde há muito, não apenas proceder à apuração dos ilícitos penais por meio do consagrado instituto do inquérito policial, mas, muitas

---

[44] Da mesma forma, a expedição de mandados de busca domiciliar não se coadunava com o sistema acusatório na medida que conferia ao delegado de polícia poderes tipicamente jurisdicionais.

vezes, atuar, também, como um verdadeiro sujeito processual secundário.[45] No exercício desse *mister*, longe de se afigurar como um simples chefe de uma unidade policial, o delegado de polícia exerce funções e poderes que, como vimos, nos outros dois modelos investigativos principais existentes, são conferidos especificamente a membros da magistratura e do Ministério Público. Tal constatação revela uma vantagem não apenas estratégica das polícias judiciárias brasileiras, mas, sobretudo, de todo o sistema de persecução criminal que nele se funda, garantindo maior imparcialidade às investigações, em estrita consonância com os ditames do Estado Democrático de Direito e os direitos e garantias individuais consagrados na CF/88, só plenamente obtenível por meio da existência de um Estado-investigação que não se confunda com os futuros personagens que agirão na *persecutio criminis in juditio*.[46] Nesta esteira, podemos dizer que o delegado de polícia, como titular do Estado-investigação, no Estado Democrático de Direito possui, portanto, tripla função: a) proteger os bens jurídicos mais importantes e ameaçados pela conduta humana; b) apurar as supostas práticas delituosas que lhe cheguem a conhecimento com zelo, imparcialidade e em estrita consonância com os ditames de um sistema processual de partes, portanto democrático e marcadamente

---

[45] De fato, o delegado de polícia, embora não possa ser considerado um sujeito processual principal ou essencial, vez que não se afigura em parte, com frequência, por expressa previsão legal, interfere ou colabora diretamente no processo, seja como sujeito secundário (*v.g.*, no arbitramento de fianças, na representação por cautelares, sobretudo as de caráter patrimonial, já que visam garantir a futura reparação do dano e descapitalização dos criminosos, assim como na representação pela concessão do perdão judicial do colaborador, nos incidentes de sanidade mental e na aplicação de medida de segurança), seja como terceiro, quando, por exemplo, é chamado, nas hipóteses do art. 13 do CPP a prestar informações e auxílio à autoridade judiciária. Tudo isso, aliás, justifica não apenas a exigida formação jurídica do cargo, mas também a importante inovação legislativa recentemente trazida pela Lei nº 12.830/13, quanto ao reconhecimento do princípio do delegado natural (neste sentido: PERAZZONI, Franco. O delegado de polícia como sujeito processual e o princípio do delegado natural. *Revista de Direito de Polícia Judiciária*, Brasília, ano 1, v. 2, p. 197-215, 2017).

[46] O que, obviamente, ocorre em maior grau naquelas investigações conduzidas diretamente por magistrados e promotores, mas também nas investigações defensivas, particulares e até administrativas puras (já que realizadas diretamente ou no interesse de acusados, vítimas e seus representantes legais), revelando-se, portanto, o inquérito policial, entre todos os modelos apresentados, aquele que apresenta um maior grau de imparcialidade em sua condução.

acusatório;[47] [48] e c) proteger o próprio suspeito/investigado/ indiciado dos excessos e arbítrios outrora cometidos pelo próprio Estado, tendo em vista a sua condição de indivíduo, titular de garantias e direitos fundamentais.[49]

2) *Instauração*: entre todos os modelos investigativos hoje aplicados no Brasil, o inquérito é o único que possui devidamente estabelecida em norma processual penal (art. 5º do CPP) a obrigatoriedade de sua instauração, de ofício, naquelas ocasiões em que a autoridade policial tome conhecimento da prática de qualquer delito sob sua atribuição investigativa, bem como hipóteses em que a respectiva instauração poderá também ser realizada mediante requisição do juiz ou do *Parquet*, assim como requerimento ou representação do ofendido (ou seu representante legal). Sendo o caso de flagrante, a autoridade policial lavrará o respectivo auto, obedecendo às regras dispostas nos arts. 302 a 310 do CPP.

3) *Atribuição investigativa, hipóteses de avocação e o despacho de indiciamento*: as linhas mestras que estabelecem as atribuições investigativas criminais das polícias judiciárias (civil, federal e militar) encontram-se claramente e expressamente definidas

---

[47] Com efeito, a principal inovação da CF/88, no âmbito da *persecutio criminis*, foi definir claramente os papéis de cada um dos diferentes atores de acordo com sua posição e vocação institucional. Assim, ao dar cabo do antigo procedimento judicialiforme e deixar de prever qualquer possibilidade de expedição de mandados de busca pelas autoridades policiais, mas reforçando, por outro lado, a opção pelo inquérito policial, o que se operou no ordenamento pátrio foi, justamente, uma clara e inequívoca definição de papéis em estrita consonância com o Estado Democrático de Direito e um processo penal de garantias.

[48] Isto não significa que a investigação preliminar não continua, pela sua própria natureza e finalidade, a possuir forte caráter inquisitivo. O que se deve ter em mente, sempre, é que a autoridade policial não deve pautar as suas investigações sob o ponto de vista da acusação apenas, mas atuar com imparcialidade na apuração da verdade e na colheita de elementos de convicção que lhe sejam úteis, independentemente de virem, posteriormente, a beneficiar a acusação ou a defesa.

[49] Por se tratar de procedimento dirigido pela autoridade policial, imparcial e desvinculada das pretensões de ambas as partes na persecução criminal, somos inclinados a concluir que, em verdade, entre todos os modelos apresentados, o inquérito policial se afigura naquele que, entre todos os demais, mais se aproxima de uma isenta apuração dos fatos relacionados na notícia-crime. Isto é de suma importância, pois, ao contrário do que prega parte da doutrina, a investigação criminal não busca comprovar a infração penal. Seu objetivo não é confirmar a tese acusatória, mas verificar a plausibilidade da imputação, evitando processos desnecessários, daí dizer-se que "a investigação criminal não se volta mais à comprovação de um delito, do que para excluir imputações descabidas e aventuradas" (CARNELUTTI, Francesco. *Direito processual penal*. Campinas: Peritas, 2001. v. 2. p. 113).

no art. 144 da CF/88,[50] sendo, aliás, ao lado das disposições do art. 58, §3º (que trata da CPI), a única vez que o texto constitucional em vigor trata especificamente de poderes investigativos criminais, o que por si só, a nosso ver, já reforça o papel de destaque que o ordenamento jurídico conferiu a esse modelo investigativo. Todo o arcabouço jurídico referente à investigação criminal seguiu nessa toada e, mais recentemente, a Lei nº 12.830/13 consagrou e declarou expressamente que as atividades de apuração de infrações penais exercidas pelo delegado de polícia são de natureza jurídica e essenciais de Estado, trazendo importantes e oportunas garantias à autoridade policial, a saber: i) vedação de avocação ou redistribuição de inquéritos ou outros procedimentos investigativos em curso, salvo em hipóteses excepcionalmente previstas em regulamento que prejudiquem a eficácia da investigação (art. 2º, §4º); ii) necessidade de fundamentação para a remoção do delegado de polícia (art. 2º, §5º); e iii) o estabelecimento de que o indiciamento é ato privativo do delegado de polícia, mediante análise técnico-jurídica (art. 2º, §6º).[51] Nesta direção, já existe decisão judicial reconhecendo que tais inovações consagraram em nosso ordenamento o princípio do delegado natural, como um direito fundamental da sociedade e das pessoas investigadas, e à luz da

---

50   "Art. 144. [...] §1º A polícia federal, instituída por lei como órgão permanente, organizado e mantido pela União e estruturado em carreira, destina-se a: I - apurar infrações penais contra a ordem política e social ou em detrimento de bens, serviços e interesses da União ou de suas entidades autárquicas e empresas públicas, assim como outras infrações cuja prática tenha repercussão interestadual ou internacional e exija repressão uniforme, segundo se dispuser em lei; II - prevenir e reprimir o tráfico ilícito de entorpecentes e drogas afins, o contrabando e o descaminho, sem prejuízo da ação fazendária e de outros órgãos públicos nas respectivas áreas de competência; [...] IV - exercer, com exclusividade, as funções de polícia judiciária da União [...] §4º Às polícias civis, dirigidas por delegados de polícia de carreira, incumbem, ressalvada a competência da União, as funções de polícia judiciária e a apuração de infrações penais, exceto as militares".

51   "Art. 2º As funções de polícia judiciária e a apuração de infrações penais exercidas pelo delegado de polícia são de natureza jurídica, essenciais e exclusivas de Estado [...] §4º O inquérito policial ou outro procedimento em lei em curso somente poderá ser avocado ou redistribuído por superior hierárquico, mediante despacho fundamentado, por motivo de interesse público ou nas hipóteses de inobservância dos procedimentos previstos em regulamento da corporação que prejudique a eficácia da investigação. §5º A remoção do delegado de polícia dar-se-á somente por ato fundamentado. §6º O indiciamento, privativo do delegado de polícia, dar-se-á por ato fundamentado, mediante análise técnico-jurídica do fato, que deverá indicar a autoria, materialidade e suas circunstâncias".

imprescindibilidade de libertar o delegado de qualquer espécie de pressão política.[52] Trata-se, portanto, de importante inovação legislativa, a garantir, ainda mais, que a autoridade policial possa, efetivamente, desempenhar as suas funções de forma célere e imparcial em estrita consonância com os ditames de um verdadeiro Estado Democrático de Direito.[53]

4) *Prazos*: O art. 10 do CPP dispõe que o inquérito policial deverá ser encerrado, respectivamente, em 10 ou 30 dias, conforme o investigado esteja preso ou solto. Tal regra comporta exceções previstas em leis extravagantes, como exemplo: i) crimes de competência federal (15 dias para indiciado preso e 30 dias para indiciado solto); ii) crimes da Lei de Drogas (30 dias para indiciado preso e 90 dias para indiciado solto, podendo, em ambos os casos, os prazos serem duplicados (art. 51, Lei nº 11.343/2006); iii) crimes contra a economia popular (10 dias tanto para indiciado preso quanto para indiciado solto). Sabiamente, estando o investigado solto, e sendo o fato de difícil elucidação, o CPP prevê expressamente que é possível à autoridade policial requerer à autoridade judiciária competente a dilação de prazo (art. 10, §3º, do CPP).[54] Entretanto, estando o indiciado preso, o prazo para a

---

[52] Processo nº 001985-98.2014.8.26.0297, Comarca de Jales/SP, Juiz de Direito Fernando Antônio de Lima. *DJ*, 2 out. 2014.

[53] Por óbvio, não podemos confundir a existência do princípio do delegado de polícia natural como o estabelecimento de algum tipo de independência funcional ou, pior, a escusa ausência de controles, tanto internos como externos, em relação ao delegado de polícia e, por conseguinte, ao inquérito policial. Pelo contrário, o estabelecimento de tal princípio, além de reforçar os controles já previamente existentes, sacramentam a necessidade e obrigatoriedade de que a atividade desempenhada pelo delegado de polícia se dê em estrita consonância com os valores da imparcialidade e vedando, assim, quaisquer tentativas de ingerência nas investigações. Para tanto, imprescindível, a nosso ver, termos em mente que o referido princípio traz em si duas importantes consequências, inarredáveis: I) reconhecimento de que o delegado de polícia deverá, doravante, se declarar suspeito ou impedido, nos exatos moldes do que ocorre com os magistrados (art. 252 do CPP) e membros do *Parquet* (art. 258 CPP); II) necessidade de regulamentação pelas respectivas corregedorias e/ou pelo Conselho Nacional dos Chefes de Polícia, no sentido de se definir, claramente, quais seriam as hipóteses de interesse público e de inobservância de regulamentos, aptos a prejudicar a eficácia das investigações criminais e, por conseguinte, permitir a avocação e redistribuição dos respectivos apuratórios.

[54] Neste sentido, apesar da expressa previsão legal no art. 10 do CPP, foi editada a Resolução CJF nº 63, de 26.6.2009, que afastou o controle jurisdicional do inquérito e determinou o trâmite direto entre os apuratórios da Polícia Federal para o Ministério Público Federal. A ideia era conferir maior celeridade ao trâmite dos apuratórios que, doravante, iriam diretamente ao Ministério Público para apreciação e concessão de eventuais dilações de prazo. O argumento esposado na resolução é o de que a tramitação com o Poder Judiciário

conclusão das investigações não poderá ser prorrogado (exceto nos crimes da lei de drogas, que lhes permite a duplicação, conforme já mencionado) sob pena de constrangimento ilegal à liberdade do indiciado, ensejando, inclusive, a impetração de *habeas corpus*. Ainda, nos termos do art. 10, §2º, do CPP, ao final dos respectivos prazos, deverá a autoridade policial elaborar relatório de todo o apurado, encaminhando os autos ao juízo competente.[55] Note-se que, em que pese a própria legislação permitir prorrogações sucessivas naqueles inquéritos em que não haja investigado preso, a existência de parâmetros temporais legais à conclusão do inquérito e a necessidade de remessa dos autos à autoridade judiciária e ou ao *Parquet* a cada prorrogação, assim como o controle interno exercido pelas respectivas corregedorias, permitem, no âmbito do inquérito policial, um controle muito maior em relação ao andamento dos respectivos apuratórios que aqueles executados sob outros modelos investigativos, em que, ou não há prazo legal, ou havendo, esses são prorrogados pela própria autoridade que os preside, sem qualquer necessidade de remessa e solicitação formal nesse sentido.

5) *Produção da prova e posição ocupada pelo investigado*: por óbvio, como já mencionado anteriormente ao falarmos dos limites jurídicos da investigação criminal, toda e qualquer investigação criminal, independentemente do modelo adotado, encontra óbice intransponível nas disposições constitucionais que vedam a produção de prova ilícitas. Importante, entretanto, ressaltarmos que a investigação criminal, conduzida no bojo do inquérito policial, sob o paradigma garantista esposado na CF/88, não visa exclusivamente confirmar a tese acusatória, muito pelo contrário: busca verificar a plausibilidade da

---

não estaria de acordo com o sistema acusatório, esposado na CF/88. Ironicamente, nos parece que é justamente o contrário: ao se afastar das investigações e "delegar" a dilação dos prazos ao Ministério Público, o que se prestigia é um sistema estritamente inquisitivo, em que a investigação preliminar é vista como simples preparação para a acusação. De fato, o que se verificou na sequência é o quase que total afastamento das autoridades judiciárias federais das investigações, com inegável enfraquecimento do controle jurisdicional do inquérito, hoje circunscrito, quase que exclusivamente, à apreciação de cautelares.

55 Nos termos do art. 10, §§1º e 2º, o relatório final do inquérito é dirigido à autoridade judiciária, que, por seu turno, encaminhará os autos ao órgão ministerial ou determinará as providências previstas no art. 19 do CPP, nos casos em que ação penal for de iniciativa privada.

imputação, evitando processos desnecessários. Isso porque, apesar do caráter inquisitivo do inquérito, a legislação sabiamente autoriza à defesa e ao investigado diversas possibilidades de interferir e participar ativamente no curso das investigações no sentido de produzir provas que lhe possam ser úteis à sua defesa. Afinal, mesmo que comprovada a prática delituosa e oferecida denúncia pelo *Parquet*, as provas produzidas na fase investigativa continuarão a integrar o processo, independentemente do fato de se tratarem de elementos de convicção que favoreçam a tese acusativa ou de defesa. Em outras palavras: o inquérito policial se dirige não apenas ao *Parquet*, mas também ao investigado (para o exercício de sua atividade defensiva, seja nos autos do próprio inquérito, de maneira deferida, ou no âmbito do posterior processo penal, de maneira ordinária) e à própria autoridade judiciária, constitucionalmente encarregada de zelar pela sua legalidade e pelo deferimento de eventuais medidas judiciais que se façam necessárias ao seu regular curso. Note-se, aliás, que no bojo da investigação criminal podem e devem ser adotadas medidas cautelares que, além de permitir a prisão processual dos envolvidos, a proteção de testemunhas e a apreensão de objetos e instrumentos do crime, também servem à interrupção de atividades que, apesar de ainda não comprovadamente delituosas, estejam a causar danos de difícil ou impossível reparação futura (sobretudo nos crimes contra o meio ambiente e o patrimônio artístico, histórico, arqueológico e cultural), além de medidas de descapitalização voltadas à garantia da futura reparação dos danos ou restituição dos proveitos adquiridos pelos envolvidos (sequestro, arresto e hipoteca legal). É por isso que acreditamos que o sistema do inquérito policial, assim como previsto no ordenamento pátrio, se coaduna perfeitamente ao sistema acusatório consagrado na CF/88. A uma, por respeitar e celebrar o princípio da igualdade das partes (a investigação criminal não se volta à formação da *opinio delicti* mais do que a comprovação da inocorrência do ilícito ou, ainda que comprovada a materialidade em si, da existência de causas excludentes da ilicitude ou ausência de culpabilidade do investigado, nos termos da legislação vigente). A duas, pois, assegura que intervenção da autoridade judiciária durante as investigações se dê para a apreciação de medidas judiciais necessárias à efetiva apuração dos fatos noticiados, quando direitos e garantias fundamentais estejam em jogo, ou ainda para coibir quaisquer abusos e ingerências no curso das investigações.

6) *Participação do advogado e do próprio investigado*: Já dissemos exaustivamente que o inquérito policial não visa exclusivamente confirmar a tese acusatória, muito pelo contrário: busca verificar a plausibilidade da imputação, evitando processos desnecessários. No mesmo diapasão, é importante termos em mente que, apesar do caráter inquisitivo do inquérito policial, a legislação sabiamente autoriza ao investigado diversas possibilidades de interferir e participar ativamente no curso das investigações no sentido de produzir provas que lhe possam ser úteis à sua defesa, seja nos autos do próprio inquérito, de maneira deferida, ou no âmbito do posterior processo penal, de maneira ordinária. Tudo isso tem um fundamento bastante basilar, que é a constatação de que nem sempre o investigado é, verdadeiramente, autor de ilícito penal. A história, aliás, nos demonstra um grande número de investigações e respectivos processos criminais conduzidos, ainda que inconscientemente, sob o véu dos estigmas[56] e cujas conclusões e, consequentemente, as respectivas condenações, revelaram-se, anos mais tarde, flagrantemente equivocadas, com intransponíveis prejuízos à pessoa do acusado.[57] Por óbvio, é da natureza do inquérito policial o sigilo, nos termos do art. 20 do CPP, o que se justifica, aliás, porque, em muitos casos, a investigação resultaria sobejamente infrutífera caso os envolvidos tivessem acesso imediato ou fossem

---

[56] O termo *estigma*, de origem grega, significa marcar, pontuar. Seu emprego original está ligado ao fato de que os gregos antigos tinham o hábito de marcar o corpo das pessoas para evidenciar algo de negativo acerca de seu *status* moral: escravos, criminosos, traidores etc. Contemporaneamente, sob uma perspectiva sociológica, os estigmas passaram a ser compreendidos como o conjunto de atributos negativos ou desabonadores que identificam ou caracterizam determinado indivíduo ou grupo de indivíduos. Sobre o assunto, que exorbita em muito os estreitos limites deste trabalho, recomendamos fortemente a leitura das obras do Delegado de Polícia Federal Carlos Roberto Bacila e do Promotor de Justiça Franscico Bissoli Filho, constantes de nossas referências.

[57] Entre estes, talvez o mais emblemático, no Brasil, seja o conhecido caso dos irmãos Naves.

previamente comunicados quanto às diligências investigativas a se realizar ou em curso,[58] sobretudo as cautelares, como os monitoramentos telefônicos, as buscas e apreensões etc. Por outro lado, a legislação prevê hipóteses de efetiva participação do indiciado e seu advogado nos autos do inquérito, como o acesso aos autos e provas já produzidas, nos termos do art. 7º, XIV, da Lei nº 8.906/94 e Súmula Vinculante nº 14 do STF, além da possibilidade de sugerir diligências. Nessa esteira de raciocínio, cremos oportuno registrar que, não raro, e aqui nos utilizamos de nossa experiência pessoal, diligências sugeridas pelo defensor do investigado, documentos por ele apresentados ou o próprio exercício da autodefesa durante a qualificação e interrogatório, podem ser extremamente úteis no curso das investigações. Da mesma forma, na esteira de autores do escol de Aury Lopes Jr. e Caio Sérgio Paz de Barros, cremos ser possível e salutar que avancemos no sentido de que se reconheça, expressamente, ainda que de maneira mitigada, a aplicabilidade do princípio do contraditório no âmbito do inquérito policial, sobretudo após o despacho de indiciamento, quando o investigado, ciente da tipificação penal que lhe foi atribuída, ainda que indiciariamente, poderá oferecer novos elementos e subsídios ao delegado de polícia que lhe permitam, se for o caso, revisar e revogar tal ato, evitar acusações infundadas e processos desnecessários.[59]

7) *Arquivamento das investigações*: como vimos, a legislação pátria sabiamente assegura a intervenção da autoridade judiciária, em diversos momentos, durante as investigações, notadamente nos seguintes casos: a) para a prorrogação de prazo com vistas à continuidade das investigações, nos casos de difícil elucidação; b) apreciação de medidas judiciais

---

[58] Este raciocínio, inclusive, encontra-se expressamente previsto na Súmula Vinculante nº 14 do STF, senão vejamos: "É direito do defensor, no interesse do representado, ter acesso amplo aos elementos de prova que, já documentados em procedimento investigatório realizado por órgão com competência de polícia judiciária, digam respeito ao direito de defesa". Veja-se, aliás, que a súmula em menção, emitida pelo STF, intérprete e guardião da Constituição, refere-se expressamente à existência de direito de defesa do investigado, ainda durante a fase do inquérito.

[59] A aplicabilidade do contraditório no âmbito do inquérito policial é assunto extremamente fecundo, complexo e apaixonante. Para aprofundamento, remetemos o leitor às obras de Caio Sérgio Paz de Barros e Aury Lopes Jr., em nossas referências.

necessárias à efetiva apuração dos fatos noticiados; c) quando direitos e garantias fundamentais estejam em jogo; ou, ainda, d) para coibir quaisquer abusos e ingerências no curso das investigações.[60] Não por acaso, no ordenamento jurídico brasileiro, o despacho de arquivamento do inquérito policial é determinado pela autoridade judiciária, atribuindo-se ao magistrado função de verdadeiro fiscal, não apenas em relação à autoridade policial, mas também quanto à observância do princípio da obrigatoriedade pelo órgão ministerial.[61]

8) *Formas de controle*: tema pouco explorado pela doutrina nacional, mas que possui fortes reflexos na compreensão do inquérito como forma processualmente qualificada de investigação criminal, é a quantidade de controles internos e externos a que se submete, justamente no intuito de se garantir que os respectivos limites jurídicos ao poder de investigar sejam devidamente cumpridos. Com efeito, as investigações realizadas, no Brasil, por intermédio do inquérito policial, "suportam sete (07) tipos de controles por membros da sociedade, em suas mais diferentes representatividades",[62] a saber:

Como primeiro, apontamos o controle direto do juiz de Direito. Neste o inquérito será enviado ao juiz competente (arts. 10, par. 1º e 3º, e 23 do CPP) [...] o juiz analisa as peças do inquérito policial para evitar vícios e erronias que impeçam a busca da verdade material. O Ministério Público nutrirá duas formas de controle. A primeira, externa, controlando as atividades da Polícia Judiciária. A segunda, interna, mediante a verificação direta dos termos do inquérito policial, em decorrência de suas manifestações, requerendo, requisitando [...]. A Corregedoria da Polícia Civil exerce o seu controle [...]. Há, ainda, o controle exercido pelos membros da comunidade, praticando o ofendido e seus pares, vigiando a

---

[60] Como já havíamos mencionado anteriormente, o inquérito policial brasileiro é o único, entre todos os modelos investigativos adotados no mundo, a consagrar sete (7) mecanismos de controle (BARROS, Caio Sérgio Paz de. *Contraditório na CPI e no inquérito policial*. São Paulo: Thomson, 2005).

[61] Este, aliás, é o grande mérito do Estado Democrático de Direito, ao criar órgãos e autoridades distintas para a realização de atividades específicas, mas sempre prevendo a existência de controles recíprocos entre si, de modo a garantir a efetividade dos valores consagrados na norma e afastar simples equívocos, desmandos e até mesmo abusos.

[62] BARROS, Caio Sérgio Paz de. *Contraditório na CPI e no inquérito policial*. São Paulo: Thomson, 2005. p. 23.

autoridade policial para evitar desmandos e tergiversações. A Ordem dos Advogados do Brasil – também – exerce o seu controle externo – supralegal – das atividades da Polícia Judiciária, pois tem a missão constitucional de 'zelar pelo exercício da Justiça', conforme arts. 133 e 143 da Constituição da República. E por fim, o controle do imputado, que – nos termos do art. 14 do CPP – poderá propor a realização de diligências e oferecer testemunhas comprobatórias de sua versão.[63]

Vê-se, assim, que inquérito policial é "único procedimento investigatório – entre todos os praticados nos diversos países – que permite sete maneiras de controles pelas diversas 'instituições' sociais",[64] o que, aliado às demais características aqui tratadas, reforça ainda mais seu caráter único, colocando-o à frente de todos os demais modelos investigativos aqui mencionados, conforme quadro resumo a seguir.

Quadro-resumo – Modelos investigativos x características

(*Continua*)

Questões fundamentais	Inq. pol.	Invest. judicial	Invest. minist.	CPI	Invest. admin.	Invest. partic.
Autoridade é distinta de quem julga?	Sim	Não	Sim	Sim	Sim	Sim
Autoridade é distinta das partes?	Sim	Sim	Não	Sim	Parcial	Não
Possui previsão na CF/88?	Sim	Não	Não	Sim	Não	Não
Possui regramento em lei?	Sim	Parcial[65]	Parcial[66]	Sim	Não	Parcial

---

[63] BARROS, Caio Sérgio Paz de. *Contraditório na CPI e no inquérito policial*. São Paulo: Thomson, 2005. p. 26.

[64] BARROS, Caio Sérgio Paz de. *Contraditório na CPI e no inquérito policial*. São Paulo: Thomson, 2005. p. 26.

[65] A Loman contempla apenas o que se refere à investigação de magistrados, as investigações relacionadas à prerrogativa de foro se escudam em interpretação jurisprudencial e nos respectivos regimentos internos.

[66] A Lomp contempla apenas o que se refere à investigação de membros do MP, as demais investigações realizadas pelo MP (PIC) se fundamentam em resolução elaborada a partir de interpretação da teoria dos poderes implícitos.

(Continua)

Questões fundamentais	Inq. pol.	Invest. judicial	Invest. minist.	CPI	Invest. admin.	Invest. partic.
Abertura possui requisitos?	Sim	Parcial	Parcial	Sim	Não	Não
Investigação compulsória (não seletiva)?	Sim[67]	Parcial	Parcial	Não	Não	Não
Atribuições ou competências da autoridade definidas em lei?	Sim[68]	Parcial	Parcial	Sim	Não	Não
Prazos estabelecidos em lei?	Sim[69]	Não	Não	Não[70]	Não	Não
Controle pelo juiz competente?	Sim	Prejudicado	Não	Não	Não	Não
Controle pelo MP?	Sim	Não	Prejudicado	Não	Não	Não
Controle interno (corregedoria)?	Sim	Sim	Sim	Não	Parcial[71]	Não
Existem regras de avocação e redistribuição?	Sim[72]	Parcial	Parcial	Não	Não	Não
Relatório final é dirigido ao juiz?	Sim[73]	Prejudicado	Não	Não	Não	Não
Arquivamento pelo juiz?	Sim[74]	Prejudicado	Não	Não	Não	Não

---

[67] Art. 5º do CPP.

[68] Art. 4º do CPP.

[69] Art. 10 do CPP.

[70] A CF88 e a Lei nº 1.579-1952, que regulamenta as CPI, não dispõe sobre prazo, embora os regimentos das casas prevejam que as CPI possam durar 120 dias, prorrogáveis pela metade, no total de 180 dias.

[71] O controle, aqui, limita-se aos controles internos relacionados ao processo administrativo em si, mas não consideram, obviamente, questões de processo penal.

[72] Art. 2º da Lei nº 12.830-13.

[73] Art. 10, §1º, do CPP.

[74] Art. 17 do CPP.

(Conclusão)

Questões fundamentais	Inq. pol.	Invest. judicial	Invest. minist.	CPI	Invest. admin.	Invest. partic.
Todo o apurado integrará os autos da ação?	Sim[75]	Sim	Parcial	Sim	Não	Não
Garantia de acesso e participação pelo advogado e investigado?	Sim[76]	Sim	Parcial	Sim	Não	Prejudicado

5   Conclusões

A visão panorâmica que se buscou traçar ao longo destas linhas, obviamente, não esgota todos os matizes referentes a um tema de tal envergadura.

Verificamos, entretanto, que o inquérito policial, tal como previsto no ordenamento jurídico pátrio, possui características muito específicas que lhe conferem, sem dúvida, uma situação de destaque em relação aos demais modelos investigativos mencionados.

Afinal, o inquérito policial, assim como previsto no ordenamento pátrio, é o que, hoje, entre os modelos estudados, melhor se adéqua ao sistema acusatório consagrado na CF/88.

A uma, por respeitar e celebrar o princípio da igualdade das partes.

A duas, pois, assegura que intervenção da autoridade judiciária durante as investigações se dê apenas para a apreciação de medidas judiciais necessárias à efetiva apuração dos fatos noticiados, quando direitos e garantias fundamentais estejam em jogo, ou ainda para coibir quaisquer abusos e ingerências.

É, ainda, o sistema investigativo que se submete a mais mecanismos de controle (7), internos e externos, em todo o mundo.

Tudo isso, obviamente, não ocorre por acaso, sendo fruto de uma longa, porém bastante frutuosa evolução histórica e da simples, porém importante, constatação, de que o processo penal não se esgota na sua atividade repressiva, possuindo, em verdade, duas faces, que,

---

[75]   Art. 12 do CPP.

[76]   Art. 14 do CPP.

apesar de aparentemente opostas, se afiguram indispensáveis no Estado Democrático de Direito: tutelar os bens jurídicos mais importantes e ameaçados pela conduta humana, sem, contudo, deixar de proteger o próprio acusado dos excessos e arbítrios outrora cometidos pelo próprio Estado, em total desrespeito à sua condição de pessoa humana e, como tal, titular de garantias e direitos inatos e de caráter inalienável.

Referências

BACILA, Carlos Roberto. *Estigmas*: um estudo sobre os preconceitos. 2. ed. Rio de Janeiro: Lumen Juris, 2008.

BARBOSA, Adriano Mendes. Ciclo do esforço investigativo criminal. *Revista Brasileira de Ciências Policiais*, v. 1, p. 100-120, 2010.

BARBOSA, Adriano Mendes. *Notas de aula*. Curso de Gestão Estratégica na Investigação Criminal. Brasília: Academia Nacional de Polícia, 2011.

BARROS, Caio Sérgio Paz de. *Contraditório na CPI e no inquérito policial*. São Paulo: Thomson, 2005.

BISSOLI FILHO, Francisco. *Estigmas da criminalização*: dos antecedentes à reincidência criminal. 1. ed. Florianópolis: Obra Jurídica, 1998.

BRASIL. Constituição (1988). *Constituição da República Federativa do Brasil*. Organização de Alexandre de Moraes. 16. ed. São Paulo: Atlas, 2000.

CALABRICH, Bruno Freire de Carvalho. *Investigação criminal pelo Ministério Público*: fundamentos e limites constitucionais. 2006. Dissertação (Mestrado) – Faculdade de Direito de Vitória, Vitória, 2006.

CARNELUTTI, Francesco. *Direito processual penal*. Campinas: Peritas, 2001. v. 2.

DUTRA, Luiz Henrique de Araújo. *Verdade e investigação*. O problema da verdade na teoria do conhecimento. 1. ed. São Paulo: Editora Pedagógica e Universitária, 2001.

LOPES JR., Aury. *Sistemas de investigação preliminar no processo penal*. Rio de Janeiro: Lumen Juris, 2003.

LOPES JR., Aury; GLOECKNER, Ricardo Jacobsen. *Investigação preliminar no processo penal*. São Paulo: Saraiva, 2014.

MENDRONI, Marcelo. *Crime organizado* – Aspectos gerais e mecanismos legais. São Paulo: Atlas, 2009.

PERAZZONI, F.; PEREIRA, E. S.; DEZAN, S. L.; BARBOSA, A. M.; SANTOS, C. J.; COCA, F. M.; WERNER, G. C.; ANSELMO, M. A.; BUSNELLO, P. C. *Investigação criminal conduzida por delegado de polícia* – Comentários à Lei 12.830/2013. 1. ed. Curitiba: Juruá, 2013. v. 1.

PERAZZONI, Franco. Investigação criminal e prova na CF/88: objetivos, destinatários e limites da atividade probatória no curso do inquérito policial. *Boletim Conteúdo Jurídico*, v. I, 2012.

PERAZZONI, Franco. O delegado de polícia como sujeito processual e o princípio do delegado natural. *Revista de Direito de Polícia Judiciária*, Brasília, ano 1, v. 2, p. 197-215, 2017.

PERAZZONI, Franco. O delegado de polícia no sistema jurídico brasileiro: das origens inquisitoriais aos novos paradigmas de atuação. *Segurança Pública & Cidadania*, Brasília, v. 4, p. 77-110, 2011.

PERAZZONI, Franco; SILVA, Wellington Clay Porcino. Inquérito policial: um instrumento eficiente e indispensável à investigação criminal. *Revista Brasileira de Ciências Policiais*, Brasília, v. 6, p. 40-70, 2015.

PEREIRA, Eliomar da Silva. *Teoria da investigação criminal*. Coimbra: Almedina, 2011.

PITOMBO, Sérgio M. de Moraes. *Inquérito policial*: novas tendências. Belém: Cejup, 1987.

UBIRIA, Rafael. El processo penal uruguayo actual: virtudes y defectos. *Servicio Paz y Justicia*, 2005. Disponível em: http://www.serpaj.org.uy/serpajph/dcp/seminarios/dcp_pon_ubiria.pdf.

Informação bibliográfica deste texto, conforme a NBR 6023:2018 da Associação Brasileira de Normas Técnicas (ABNT):

PERAZZONI, Franco. O inquérito policial como forma processualmente qualificada de investigação criminal. *In*: PEREIRA, Eliomar da Silva; ANSELMO, Márcio Adriano (Org.). *Direito Processual de Polícia Judiciária I*. Belo Horizonte: Fórum, 2020. p. 23-56. (Curso de Direito de Polícia Judiciária, v. 4). ISBN 978-85-450-0619-0.

INSTAURAÇÃO DE INQUÉRITO POLICIAL: NOTAS CRÍTICAS

Cleopas Isaías Santos

1 Introdução

O monopólio estatal do poder punitivo aliado à não autoaplicabilidade do direito penal (dependente, em princípio, do processo para se materializar) exigem, de maneira quase imprescindível, outra atividade pública vocacionada a possibilitar a aplicação da pena: a persecução criminal.

Com efeito, a prática de um fato delituoso gera para o Estado, ao menos como regra, o dever de punir o autor de um tal crime. Essa obrigatoriedade, segundo Roxin,[1] surge também como forma de garantir que os órgãos responsáveis pela persecução criminal, componentes do Executivo, e por isso mesmo vistos com desconfiança, agiriam sem distinção das pessoas envolvidas, possibilitando, assim, um tratamento igualitário e efetivo dos casos penais.

A aplicação da pena pressupõe, portanto, quase sempre, a existência de um processo, em decorrência mesmo dos princípios da presunção de inocência e do devido processo legal. Como se sabe, no Brasil, o processo tem início com a propositura da ação penal pelo órgão acusador, o qual normalmente se baseia em investigação prévia.

Essa investigação, que no Brasil pode ser realizada por diversas instituições, tem como função primária e quase que genética, embora não

---

[1] ROXIN, Claus. *Derecho procesal penal*. Buenos Aires: Editores del Puerto, 2000. p. 89.

exclusivamente, a descoberta de elementos mínimos que possibilitem a propositura da ação penal respectiva. Ou seja, a investigação preliminar deve ser o substrato natural para a formação da justa causa para a inicial acusatória. É a investigação, portanto, o berço natural do lastro probatório mínimo capaz de desencadear, de maneira legítima, a ação penal.

Desse modo, o Estado desenvolve a persecução criminal em dois momentos distintos: no curso do processo e antes do processo. Como dito acima, a persecução prévia ao processo é a investigação criminal, a qual pode ser realizada por diversas instituições, entre as quais, a Polícia Civil e a Polícia Federal (doravante apenas Polícia Investigativa ou Judiciária),[2] responsáveis pela imensa maioria das investigações realizadas no país.

O resultado das investigações policiais pode ser materializado por meio dos seguintes procedimentos formais: a) inquérito policial – IPL, nos crimes de médio e de maior potencial ofensivo (e, de maneira excepcional, nas infrações penais de menor potencial ofensivo, quando a complexidade do caso assim o exigir); b) termo circunstanciado de ocorrência – TCO, nas infrações penais de menor potencial ofensivo; e c) auto de investigação de ato infracional – AIAI, quando se tratar de ato infracional.

Neste trabalho, nosso interesse cognitivo será voltado apenas ao inquérito policial, mais precisamente, à sua instauração. O objetivo deste estudo, portanto, é analisar, de maneira crítica, a forma como tradicionalmente a doutrina tem tratado o tema, bem como lançar novas luzes sobre ele, em seus variados tons.

2 Justa causa para a instauração de inquérito policial

A instauração de um inquérito policial sempre poderá repercutir nos direitos fundamentais do investigado, o que, por si só, já exige uma justificação racional. Nesse sentido é a preocupação de Renato Marcão, principalmente com a forma que a honra do investigado pode ser afetada, ao afirmar que "A honra ofendida aniquila vibrações positivas e

---

[2] Não se desconhece a distinção que parte da doutrina estabelece entre polícia judiciária e polícia investigativa, mas, por opção metodológica, essas expressões serão utilizadas indistintamente neste estudo.

estímulos produtivos, levando o indivíduo à apatia e profundo grau de melancolia; comprime a alma e o coração; inibe momentos de felicidade".[3]

Ou, de outro modo, a persecução criminal preliminar exige *justa causa*, aqui compreendida como a *causa necessária e suficiente para desencadear legitimamente um procedimento penal que restrinja ou possa restringir direitos fundamentais do imputado.*

Isso se dá porque, não só o inquérito policial, mas todo o sistema processual penal deve ser visto sob a lupa dos direitos fundamentais, tendo em conta especialmente o fato de que, nos últimos anos, entre as transformações ocorridas no âmbito da dogmática jurídica, a chamada constitucionalização do direito consolidou um dos mais significativos processos de reestruturação dos ordenamentos jurídicos contemporâneos, ao reconhecer, como princípio interpretativo, a supremacia das Cartas Constitucionais, em razão da qual toda a ordem jurídica tornou-se aberta à irradiação ou *filtragem das normas constitucionais*[4] e, de modo particular, dos direitos fundamentais por elas garantidos.[5]

Considerando que o inquérito policial somente pode ser instaurado de duas formas, quais sejam, portaria ou auto de prisão em flagrante, como será visto em seguida; considerando ainda que estes atos inaugurais restringem, de maneira diversa, os direitos fundamentais do imputado; considerando, por fim, que, no curso de uma investigação criminal, só se podem alcançar os juízos de possibilidade e de probabilidade, vez que o juízo de certeza pressupõe cognição profunda, alcançável somente no curso do processo,[6] com a produção probatória em contraditório e garantida a legítima defesa, faz-se necessário analisar, de maneira separada, a justa causa para a instauração do inquérito mediante portaria e mediante auto de prisão em flagrante.

---

[3] MARCÃO, Renato. *Curso de processo penal*. São Paulo: Saraiva, 2015. p. 143.

[4] Expressão de SCHIER, Paulo Ricardo. Novos desafios da filtragem constitucional no momento do neoconstitucionalismo. *Crítica Jurídica: Revista Latinoamericana de Política, Filosofía y Derecho*, Curitiba, n. 24, 2005, *passim*.

[5] SANTOS, Cleopas Isaías. A nova sistemática da prisão em flagrante. *In*: SANTOS, Cleopas Isaías; ZANOTTI, Bruno Taufner. *Delegado de polícia em ação*: teoria e prática no Estado Democrático de Direito. Salvador: JusPodivm, 2018. p. 231-341.

[6] Sobre a cognição na investigação preliminar, cf. LOPES JR., Aury; GLOECKNER, Ricardo Jacobsen. *Investigação preliminar no processo penal*. São Paulo: Saraiva, 2013. p. 172 e ss.

2.1 Justa causa para a instauração do inquérito policial por portaria

É consenso no discurso jurídico, doutrinário e jurisprudencial, que, para a instauração de um inquérito policial, é suficiente a possibilidade da prática de um crime, traduzida pela aparência do cometimento de um fato típico. Contudo, poderíamos considerar este apenas como um pressuposto positivo para a sua instauração, e, ainda assim, com algumas particularidades, que serão aqui investigadas.

Há ainda um pressuposto negativo, que é a inexistência de causas extintivas ou excludentes da punibilidade, a exemplo da prescrição, da morte do agente ou mesmo das chamadas escusas absolutórias, previstas no art. 181 do CP. É o que poderíamos chamar simplesmente de punibilidade concreta. Não há qualquer razão, lógica ou jurídica, para que um inquérito policial seja instaurado quando não houver a concreta possibilidade de punição.

Portanto, para que um inquérito seja instaurado por portaria, exige-se a *possibilidade* da prática de crime, bem como a inexistência de causas extintivas ou excludentes da punibilidade.

O desconhecimento da autoria, por óbvio, não obsta a instauração de inquérito, até porque uma das suas finalidades é exatamente sua descoberta.

Um caso particular e que merece atenção especial é a possibilidade de o delegado de polícia aplicar o princípio da insignificância, deixando, portanto, de instaurar o respectivo inquérito.

A doutrina majoritária ainda é no sentido negativo, ou seja, que não caberia à autoridade policial a análise desse princípio,[7] por entender que somente o Ministério Público e o juiz poderiam fazê-lo. Um tal entendimento, contudo, parece-nos equivocado.

Por mais que tenhamos que admitir o limite da análise feita pelo delegado, no momento da instauração do inquérito, à tipicidade, como deseja a maioria, não poderíamos nos limitar à tipicidade formal, ou seja, à simples e pura descrição de uma conduta pela lei. Como será visto no tópico seguinte, devemos compreender a tipicidade também no seu âmbito material, em que se localiza a ofensividade significativa do bem jurídico.

---

[7] Por todos, cf. NOGUEIRA, Carlos Frederico Coelho. *Comentários ao Código de Processo Penal* – Arts. 1º ao 90. Bauru: Edipro, 2002. v. I. p. 189-190.

Também é sabido que o direito penal só deve se preocupar com os bens jurídicos mais relevantes em uma sociedade. Mais que isso. Somente com a significativa ofensa a tais bens jurídicos. Isso traduz o caráter fragmentário e subsidiário do direito penal, com sua origem liberal.

Muitas vezes, porém, um bem jurídico, mesmo possuindo dignidade e necessidade penal, é afetado minimamente. Ou, de outro modo: a dignidade e a necessidade penal são condições necessárias, porém, não suficientes, para a punição, de tal forma que não seria legítima, por questões de política criminal, a atuação da máquina estatal em tais casos. Ao menos não por meio dos mecanismos formais de controle social, através da persecução penal completa.

O princípio da insignificância atuaria, desse modo, como controle processual do caráter fragmentário do direito penal,[8] impedindo a persecução criminal para apurar condutas que afetem minimamente bens jurídicos.

Portanto, entendemos plenamente possível e coerente com o papel constitucional exercido pelo delegado de polícia, que ele deixe de instaurar inquérito policial por condutas insignificantes. Obviamente que deve fazê-lo de maneira fundamentada e sempre submetida ao controle do Ministério Público.[9]

Por outro lado, não nos parece haver espaço para a análise, no momento da instauração, por portaria, do inquérito policial, da incidência de causas excludentes da antijuridicidade nem da culpabilidade. A análise feita neste âmbito deve limitar-se, como dito acima, à tipicidade e à inexistência de causas extintivas ou excludentes da punibilidade.

---

[8] Expressão tomada de empréstimo de LOPES JR., Aury. *Direito processual penal*. São Paulo: Saraiva, 2018. p. 197.

[9] Por todos, cf. NICOLITT, André. *Manual de processo penal*. São Paulo: RT, 2014. p. 191; MACHADO, Leonardo Marcondes. Flagrante de bagatela: considerações sobre a aplicação do princípio da insignificância pelo delegado de polícia. In: SANTOS, Cleopas Isaías; ZANOTTI, Bruno Taufner. *Temas atuais de polícia judiciária*. Salvador: JusPodivm, 2016. p. 226 e ss.

2.2 Justa causa para a instauração do inquérito policial por auto de prisão em flagrante[10]

No caso da lavratura do auto de prisão em flagrante, tendo em conta que ela implica restrição ao direito fundamental à liberdade do imputado, bem como que uma tal restrição ocorre, de modo excepcional no nosso sistema, independente de ordem judicial, a exigência é maior que no caso da portaria.

Enquanto para a instauração de inquérito por portaria se exige, como visto, apenas a *possibilidade* da prática de crime, bem como a inexistência de causas extintivas de punibilidade, a lavratura do auto de prisão em flagrante exige a *probabilidade* do cometimento do crime e, de igual modo, que não haja causa extintiva da punibilidade. Isso porque a justa causa para a lavratura do auto de prisão em flagrante é a mesma exigida para o indiciamento.

Por esta razão é que uma das mais importantes questões, no que tange aos atos administrativos praticados pelo delegado de polícia, entre os quais a lavratura de um auto de prisão em flagrante, é saber se esses atos devem ser motivados ou não.

Embora sem previsão no Código de Processo Penal, entendemos que o delegado de polícia tem o dever constitucional e legal de fundamentar sua decisão de formalizar a prisão em flagrante de alguém, indicando a justa causa e a hipótese flagrancial ocorrida e justificando as razões que o levaram a tipificar a conduta como sendo este ou aquele crime.[11]

Em verdade, não só a formalização da prisão em flagrante, mas "toda e qualquer decisão administrativa deve ser acompanhada de um 'porquê' claramente indicado", como bem observou Marçal Justen Filho.[12]

No âmbito constitucional, esta obrigatoriedade decorre, primeiramente, da regra da liberdade (art. 5º, *caput*, e incs. XV e LXI, da CF), bem como da exigência de fundamentação dos atos jurisdicionais

---

[10] Um aprofundamento do tema pode ser encontrado em SANTOS, Cleopas Isaías. A nova sistemática da prisão em flagrante. *In*: SANTOS, Cleopas Isaías; ZANOTTI, Bruno Taufner. *Delegado de polícia em ação*: teoria e prática no Estado Democrático de Direito. Salvador: JusPodivm, 2018. p. 317 e ss.

[11] Para Marcellus Polastri Lima, não há necessidade de o delegado de polícia fazer constar, na nota de culpa, "o dispositivo penal em que se enquadra o agente" (LIMA, Marcellus Polastri. Comentários sob a perspectiva brasileira referente ao capítulo II. *In*: AMBOS, Kai. *Processo penal europeu*. Rio de Janeiro: Lumen Juris, 2008. p. 144).

[12] JUSTEN FILHO, Marçal. *Curso de direito administrativo*. Belo Horizonte: Fórum, 2011. p. 320.

(art. 93, incs. IX e X, da CF). Desse modo, as decisões que restrinjam, ou possam restringir, direitos fundamentais do imputado, devem ser fundamentadas.

Na lição de Bandeira de Mello:[13]

> [...] se os próprios julgamentos proferidos pelo Poder Judiciário devem ser fundamentados, pena de nulidade (art. 93, IX da Constituição e Código de Processo Civil, art. 458, II), e as decisões administrativas dos Tribunais terão de ser motivados (inciso X do citado artigo 93), *a fortiori* deverão sê-lo os atos administrativos oriundos de quaisquer dos outros Poderes.

A Convenção Americana sobre Direitos Humanos, por sua vez, estabelece que "Toda pessoa detida ou retida deve ser informada das razões da detenção e notificada, sem demora, da acusação ou das acusações formuladas contra ela" (art. 7º, 4).

Já no que se refere ao aspecto legal, temos a previsão, inicialmente, da Lei nº 4.717/1965 (Ação Popular), a qual afirma que serão nulos os atos lesivos ao patrimônio de alguma das entidades previstas no art. 1º, entre as quais, a União, o Distrito Federal, os estados e os municípios, em decorrência de: a) incompetência; b) vício de forma; c) ilegalidade do objeto; d) *inexistência dos motivos*; e e) desvio de finalidade (art. 2º).

Para evitar dúvidas, a própria lei resolveu dizer o que se deve entender por cada uma dessas hipóteses. No caso de maior interesse cognitivo neste tópico, *inexistência de motivos*, o parágrafo único, "d", do art. 2º da referida lei, proclama que os motivos serão considerados inexistentes "quando a matéria de fato ou de direito, em que se fundamenta o ato, é materialmente inexistente ou juridicamente inadequada ao resultado obtido".

Interpretando esse dispositivo (art. 2º), Carlos Horbach conclui que o legislador da ação popular, ao estabelecer as causas de nulidade, firma os "requisitos de validade do ato administrativo no ordenamento jurídico pátrio".[14]

Ainda no âmbito legal, e de maneira mais enfática, a Lei nº 9.784/1999 (art. 50, inc. I) impõe à Administração Pública o dever de motivar os seus atos, indicando os fatos e fundamentos jurídicos

---

[13] BANDEIRA DE MELLO, Celso Antônio. *Curso de direito administrativo.* 29. ed. São Paulo: Malheiros, 2012. p. 406.

[14] HORBACH, Carlos Bastide. *Teoria das nulidades do ato administrativo.* São Paulo: RT, 2010. p. 226.

quando "neguem, limitem ou afetem direitos ou interesses", entre tantas outras razões.

Ora, a formalização de uma prisão em flagrante amolda-se perfeitamente na última hipótese, vez que se trata de uma restrição à liberdade de locomoção do indivíduo. Deve, pois, ser fundamentada.

Nas lições de Bandeira de Mello, a motivação deve conter: "(a) a regra de Direito habilitante; (b) os fatos em que o agente se estribou para decidir e, muitas vezes, obrigatoriamente (c) a *enunciação da pertinência lógica* entre os fatos ocorridos e o ato praticado".[15] Esses elementos devem ser expostos de maneira *explícita, clara e congruente* (art. 50, §1º da Lei nº 9.784/1999).

A *inexistência de motivação* de um ato administrativo, tanto no que tange à sua existência material e legal, segundo Cirne Lima,[16] o qual acompanha Roger Bonnard, é uma *causa material de nulidade*.

No caso específico das nulidades na investigação preliminar, aplica-se o *princípio da extensibilidade jurisdicional*, o qual, nas palavras de Ricardo Gloeckner,[17] "torna passível de controle de validade aquele ato praticado em investigação preliminar e cujo ingresso no processo, por acompanhar a denúncia, se jurisdicionaliza". Este princípio foi expressamente introduzido no sistema processual penal pátrio, por meio da Lei nº 13.245/2016, a qual alterou o Estatuto da OAB e estabeleceu que a falta de assistência do advogado ao cliente pode gerar nulidade absoluta do interrogatório ou depoimento realizados na fase de investigação, bem como de quaisquer outros atos deles decorrentes (art. 7º, inc. XXI, da Lei nº 9.906/94). Não é, contudo, o posicionamento dos discursos doutrinário e jurisprudencial pátrios dominantes.

Seria o caso de se reconhecer, também na lavratura do auto de prisão em flagrante, como ato administrativo que é, o atributo da presunção de legalidade? Sim, porém, esta presunção deve ser considerada, irremediavelmente, relativa. Nesta senda, uma vez mais, os direitos fundamentais do investigado devem servir de parâmetro para esta análise.

Com razão, seria ilógico sustentar-se que a liberdade, que é a regra no nosso sistema constitucional, pudesse ceder, sendo restringida, a uma

---

[15] BANDEIRA DE MELLO, Celso Antônio. *Curso de direito administrativo*. 29. ed. São Paulo: Malheiros, 2012. p. 404.

[16] LIMA, Ruy Cirne. *Princípios de direito administrativo*. São Paulo: Malheiros, 2007. p. 256.

[17] GLOECKNER, Ricardo Jacobsen. *Nulidades no processo penal*. Salvador: JusPodivm, 2013. p. 564.

presunção. Somente quando justificada, e exclusivamente nas hipóteses constitucionais e legais, a liberdade de locomoção pode ser limitada.

Ademais, *a fundamentação dos atos restritivos de direitos fundamentais serve, a um só tempo, como justificativa e como meio de controle da legalidade do ato praticado*. Como ensina Ferrajoli,[18] "[...] a motivação permite a fundação e o controle das decisões, seja de *direito*, por violação de lei ou defeito de interpretação ou subsunção, seja de *fato*, por defeito ou insuficiência de provas ou por inadequada explicação do nexo entre convencimento e provas".

Ou seja, em um Estado Constitucional, o imputado tem o direito de conhecer as razões que levam o delegado de polícia a formalizar sua prisão. Este conhecimento é o pressuposto básico para o citado controle da legalidade do ato, enfim, para pôr à prova os próprios argumentos estatais para seus atos.

Além disso, até a regulamentação da audiência de custódia, nos casos de prisão em flagrante, o respectivo auto era o principal, senão o único, parâmetro para a tomada de decisão do juiz sobre que medida adotar: relaxamento da prisão; liberdade provisória, com ou sem fiança; decretação de outra medida cautelar alternativa à prisão; ou, em último caso, decretação da prisão preventiva. Agora a audiência de custódia passa a complementar o auto de prisão em flagrante na formação da convicção do juiz acerca das medidas a serem tomadas.

Por fim, com a publicação da recente Lei nº 12.830/2013, a qual versa sobre a investigação criminal conduzida pelo delegado de polícia, resta indubitável a necessidade de fundamentação da justa causa da prisão em flagrante. De acordo com o art. 2º, §6º da referida lei, "o indiciamento, privativo do delegado de polícia, dar-se-á por ato fundamentado, mediante análise técnico-jurídica do fato, que deverá indicar a autoria, materialidade e suas circunstâncias".

Ora, na formalização da prisão em flagrante, o indiciamento se dá no exato momento da lavratura do respectivo auto. Portanto, sua fundamentação é imperativo legal.

Por tudo isso, entendemos que o delegado de polícia está obrigado a fundamentar sua decisão em autuar alguém em flagrante, indicando,

---

[18] FERRAJOLI, Luigi. *Diritto e ragione*: teoria del garantismo penale. 9. ed. Bari: Laterza, 2008. p. 640. No original: "Precisamente, la motivazione consente la fondazione e il controlo dele decisioni sia in diritto, per violazione di legge o difetti d'interpretazione o sussunzione, sia di fatto, per difetto o insufficienza di prove ovvero per inadeguata esplicazione del nesso tra convencimento e prove".

inclusive, as razões que o levaram a subsumir a conduta praticada em um ou em outro tipo penal.

Esta fundamentação deve ser compreendida como o *substrato inaugural para o futuro regular exercício do contraditório e da ampla defesa*.

Por tudo o que se disse neste tópico, constata-se que há um incremento na exigência da justa causa para a lavratura do auto de prisão em flagrante, razão pela qual entendemos que o delegado de polícia deve analisar e levar em conta, além da tipicidade e da inexistência de causas extintivas ou excludentes da punibilidade, também a antijuridicidade e suas excludentes.

A maior parte da doutrina nacional, como já referido, manifesta-se no sentido de que a análise do delegado de polícia sobre um fato aparentemente criminoso deve limitar-se à tipicidade. Mas os que assim pensam referem-se exclusivamente à chamada *tipicidade formal*, ou seja, à mera descrição da conduta em um tipo penal. Esta visão nos parece, contudo, bastante estreita.

Com efeito, sabe-se que a previsão legal de uma conduta criminosa é apenas o primeiro estágio da análise da configuração de um crime. Mas não é suficiente. Há muito a doutrina assentou o entendimento de que, além da tipicidade formal, também é necessário que haja ofensividade ao bem jurídico tutelado pela norma penal, ou seja, que se configure a tipicidade material.

Desse modo, sempre que a conduta, embora típica formalmente, tiver sido praticada sob o manto de uma causa excludente de tipicidade, como a coação física irresistível, os movimentos reflexos e a mais comumente verificável, a insignificância da ofensa, a autoridade policial não formalizará a prisão em flagrante, sob pena de ilegalidade e consequente responsabilização.

O mesmo deve-se dizer quando se tratar de causa excludente de ilicitude. Porém, lamentavelmente a Lei nº 12.403/2011 não previu a possibilidade de o delegado de polícia deixar de formalizar a prisão do agente que, mesmo tendo sido capturado em situação de flagrância, agiu, de maneira inequívoca, acobertado por uma causa excludente de ilicitude, como está previsto expressamente no Substitutivo do PLS nº 156, o qual busca reformar inteiramente o Código de Processo Penal.

Como efeito, uma das maiores e mais eficazes novidades, em matéria de prisão, trazidas pelo substitutivo (§6º do art. 552), em completa harmonia e coerência com a proteção dos direitos fundamentais do imputado, especialmente o de liberdade, é a possibilidade de a autoridade policial deixar de formalizar a prisão em flagrante, em despacho fundamentado, quando vislumbrar qualquer causa justificante ou de exclusão da antijuridicidade.

A comissão que elaborou o anteprojeto, acertadamente, reconhece que o delegado de polícia, assim como o membro do Ministério Público e o juiz, tem formação jurídica e plena capacidade de avaliar a existência dessas situações. Nunca foi razoável, aliás, o argumento daqueles que defendiam que a autoridade policial só deveria fazer o juízo de tipicidade, devendo, pois, prender em flagrante mesmo quando estivesse presente uma causa excludente da ilicitude. Além disso, se a presença de alguma dessas causas é suficiente para a não propositura da ação penal, por falta de justa causa,[19] ou para o seu não recebimento pelo juiz, ou ainda, para a absolvição sumária do réu, também não é justificável que se formalize a prisão em flagrante. Isso não impede, contudo, que o delegado de polícia tome todas as providências necessárias à investigação do fato, como o próprio parágrafo sexto dispõe, instaurando o respectivo inquérito policial, mediante portaria.

Mesmo no estado atual da arte, antes da entrada em vigor do novo Código de Processo Penal, já é defensável a não obrigatoriedade da lavratura do auto de prisão em flagrante, pela autoridade policial, quando o autor de um fato típico formalmente praticá-lo em uma das causas excludentes da antijuridicidade, a partir da interpretação sistemática dos arts. 310, par. único e 314, ambos do CPP.

Além disso, no âmbito doutrinário, também é defensável a mesma tese, a partir da teoria da tipicidade conglobante, de Raul Zaffaroni, da teoria dos elementos negativos do tipo ou mesmo da imputação objetiva. Tomemos como parâmetro de análise o exercício regular de direito ou o estrito cumprimento de um dever legal a partir da tipicidade conglobante, para limitarmo-nos apenas a esta.

Segundo Raul Zaffaroni, a tipicidade penal não pode ser reduzida à descrição legal de uma conduta (tipicidade formal). É necessário

---

[19] Corroborando este posicionamento, Aury Lopes Jr. professora que "a justa causa não está apenas para condicionar a ação penal, mas também deve ser considerada quando do decreto de uma prisão cautelar e mesmo de uma sentença penal condenatória no caso concreto" (LOPES JR., Aury. (Re)pensando as condições da ação processual penal. *In*: GAUER, Ruth Maria Chittó (Org.). *Criminologia e sistemas jurídico-penais contemporâneos*. Porto Alegre: Edipucrs, 2008. p. 297). No mesmo sentido, e tratando com profundidade da matéria, cf. MOURA, Maria Thereza Rocha de Assis. *Justa causa para a ação penal*: doutrina e jurisprudência. São Paulo: Revista dos Tribunais, 2001; JARDIM, Afrânio Silva. *Direito processual penal*. Rio de Janeiro: Forense, 2005.

ainda que exista uma tipicidade conglobante, que reúna lesividade ou ofensa a bem jurídico e antinormatividade.[20] Este último elemento é o que desperta maior interesse cognitivo para esta análise.

Alicerçado no princípio da coerência ou da não contradição do sistema jurídico, decorrente do princípio republicano, o autor argentino argumenta, com acerto, que o Estado não tem legitimidade para punir uma conduta que seja permitida pelo ordenamento jurídico não penal, e menos ainda que seja por ele fomentada. Admitir o contrário seria tão irracional quanto permitir que se faça o que é proibido.[21]

Desta forma, não seria razoável se admitir a formalização da prisão em flagrante de alguém que atua no regular exercício de um direito, sendo, portanto, uma conduta normativa ou permitida pelo ordenamento, tampouco no cumprimento estrito de um dever legal. Veja-se que nesta última hipótese, mais que um direito, que pode ser exercido ou não, o cidadão tem um dever imposto pela lei, o que lhe obriga a agir, sob pena de cometer algum crime, ou por meio de alguma conduta descrita diretamente em um dos tipos legais, como o de prevaricação, ou por meio da norma de extensão do art. 13, §2º, a do CP, o chamado crime comissivo por omissão. Portanto, nestes casos, as condutas mostram-se como atípicas.

Não por outra razão que a autoridade policial deixa de prender em flagrante, por exemplo, os agentes de polícia que cumprem um mandado de prisão, cerceando a liberdade de alguém, ou que realizam busca e apreensão, devidamente autorizados judicialmente, em uma residência. Do mesmo modo que não se determina a prisão de um médico que realiza uma cirurgia, segundo a *leges artis*, provocando lesões corporais no paciente, mesmo que estas condutas estejam descritas em um tipo penal incriminador, como de fato estão. E mais, nem o Ministério Público, tampouco o Judiciário, questionam a omissão do delegado de polícia, bradando sobre a necessidade de prisão daqueles agentes públicos, para depois demonstrarem, no curso de um processo, que atuaram em estrito cumprimento de um dever legal.[22]

---

[20] ZAFFARONI, Eugenio Raul; ALAGIA, Alejandro; SLOKAR, Alejandro. *Derecho penal*. Parte general. Buenos Aires: Ediar, 2002. p. 484 e ss.

[21] ZAFFARONI, Eugenio Raul; ALAGIA, Alejandro; SLOKAR, Alejandro. *Derecho penal*. Parte general. Buenos Aires: Ediar, 2002. p. 485.

[22] De modo semelhante, embora posterior, e sem fazer referência, cf. MACIEL, Silvio. Art. 310. *In*: GOMES, Luiz Flávio; MARQUES, Ivan Luís (Org.). *Prisão e medidas cautelares*: comentários à Lei 12.403, de 4 de maio de 2011. São Paulo: RT, 2011. p. 136-138.

O ideal é que o mesmo raciocínio seja igualmente aplicado quando se tratar de excludente de culpabilidade. Mas devemos deixar claro que nem sempre será tão evidente a configuração, por exemplo, de uma inexibilidade de conduta diversa. Além disso, quando se tratar de inimputabilidade (não etária), o mais adequado nos parece o imediato encaminhamento do conduzido à presença do juiz, para a audiência de custodia, oportunidade em que poderá ser decretada sua internação provisória. Isso porque, neste caso, poderá haver a aplicação de medida de segurança. E, para isso, o processo é necessário.

Está em consonância com esse entendimento o teor das súmulas nºs 6 e 8, aprovadas no *I Seminário Integrado da Polícia Judiciária da União e do Estado de São Paulo: Repercussões da Lei 12.830/13 na Investigação Criminal*, realizado na Academia de Polícia Coriolano Nogueira Cobra, em 26.9.2013, com a participação de delegados da Polícia Civil do Estado de São Paulo e da Polícia Federal:

> Súmula nº 6. É lícito ao Delegado de Polícia reconhecer, no instante do indiciamento ou da deliberação quanto à subsistência da prisão-captura em flagrante delito, a incidência de eventual princípio constitucional penal acarretador da atipicidade material, da exclusão de antijuridicidade ou da inexigibilidade de conduta diversa.
>
> Súmula nº 8. Constitui poder-dever do Delegado de Polícia reconhecer eventual causa de exclusão de ilicitude e, fundamentadamente, abster-se de elaborar auto de prisão em flagrante delito em desfavor do indivíduo autor do fato meramente típico, sem prejuízo da imediata instauração de inquérito policial.

Reforçando esse entendimento, o 1º Congresso Jurídico dos Delegados da Polícia Civil do Estado do Rio de Janeiro, realizado nos dias 17 e 18.11.2014, editou os seguintes enunciados:

> Enunciado nº 10: O Delegado de Polícia pode, mediante decisão fundamentada, deixar de lavrar o auto de prisão em flagrante, justificando o afastamento da tipicidade material com base no princípio da insignificância, sem prejuízo de eventual controle externo.
>
> Enunciado nº 11: O Delegado de Polícia, no exame fático-jurídico do estado flagrancial, pode, mediante decisão fundamentada, afastar a lavratura do auto de prisão em flagrante, diante do reconhecimento de causa excludente de ilicitude, sem prejuízo de eventual controle externo.
>
> Enunciado nº 12: O Delegado de Polícia poderá deixar de lavrar o auto de prisão em flagrante, através de decisão fundamentada, se reconhecer

a existência manifesta de uma causa de exclusão da culpabilidade, sem prejuízo de eventual controle externo.

3 Cognição delitiva

Como dito acima e detalhado no próximo tópico, ao contrário do que defende a doutrina majoritária, o ato inaugural do inquérito policial não depende da forma pela qual o delegado de polícia toma conhecimento da prática de um crime. Contudo, a cognição do crime é importante para a instauração do inquérito e se relaciona estreitamente com ela, afinal, é a forma como a autoridade policial toma conhecimento da prática de uma infração penal.

Nesse sentido, o delegado de polícia pode conhecer da prática de um crime de três formas básicas, a saber: a) cognição imediata ou informal; b) cognição mediata ou formal; e c) cognição coercitiva.

3.1 Cognição imediata, espontânea ou informal

A *notitia criminis* será imediata quando a autoridade policial tomar conhecimento da infração independente de provocação formal, ou seja, por meio do desempenho rotineiro de suas atividades. Por isso, diz-se espontânea.

No desempenho de suas atividades, o delegado de polícia pode ficar sabendo da prática de uma infração penal de diversas formas: a) registro de boletim de ocorrência; b) *delatio criminis*, feita por qualquer do povo (art. 5º, §3º, do CPP), podendo ser verbal ou escrita; c) noticiário na imprensa televisiva, radiofônica, jornalística ou por meio das mídias sociais; d) relatórios policiais, normalmente feitos em cumprimento a ordens de missão expedidas pelo delegado de polícia; e) delação apócrifa; f) encontro fortuito de crimes, também conhecido por serendipidade, principalmente nos casos de confissão do investigado, interceptações telefônicas e buscas e apreensões; g) comunicação obrigatória de crimes de ação penal pública incondicionada, nas hipóteses do art. 66 da Lei das Contravenções Penais; h) encontro do corpo de delito, como no caso de achado de cadáver; i) infiltração policial; j) colaboração premiada.

Nestes casos, tratando-se de crimes de ação penal pública incondicionada, o delegado de polícia deverá instaurar inquérito independente de qualquer provocação, mediante portaria. Se se tratar de crime de ação penal pública condicionada, a instauração do respectivo inquérito dependerá da representação do ofendido (art. 5º, §4º, do CPP) ou da requisição do Ministro da Justiça. De igual modo, tratando-se de crime de ação penal privada, o inquérito somente poderá ser instaurado se o ofendido ou seu representante legal assim o desejar (art. 5º, §5º, do CPP).

A denúncia anônima, embora regulamentada recentemente pela Lei nº 13.608/2018, a qual dispõe sobre o serviço telefônico de recebimento de denúncias e sobre recompensa por informações policiais, o chamado Disque Denúncia, não pode, por si só, ensejar a instauração de um inquérito policial, conforme jurisprudência sedimentada nos tribunais de sobreposição.

Havendo delação apócrifa, deve o delegado de polícia instaurar primeiramente uma VPI – verificação preliminar de informações ou verificação de procedência das informações, com base no art. 5º, §3º, do CPP.[23] Somente após essa investigação preliminar, e havendo justa causa, deverá o inquérito ser instaurado.

Em sentido contrário ao posicionamento aqui sustentado, posiciona-se Fauzi Hassan, para quem, "[...] admitir investigações 'prévias', as quais não possuem qualquer fundamento e regramento legal, pode acarretar sérios riscos à legalidade estrita que norteia o processo penal, ainda que bem intencionada sua finalidade".[24]

Contudo, como visto acima, uma tal verificação preliminar da delação apócrifa encontra fundamento normativo no art. 5º, §3º, do CPP e se justifica também por ser um mecanismo coibidor de perseguições, evitando, desse modo, a prática de denunciação caluniosa, e, caso não seja possível evitá-la, ao menos resta a possibilidade de responsabilização, cível e penal, do agente, tudo pautado na proibição constitucional do anonimato.

Também não nos parece defensável o argumento segundo o qual a verificação preliminar de informação estaria imune ao controle externo do Ministério Público, já que o próprio delegado de polícia poderia arquivá-lo diretamente, uma vez que o art. 28 do CPP é expresso ao exigir que o arquivamento, não só do inquérito policial, mas de quaisquer peças de informação, seja controlável pelo Ministério Público e pelo Judiciário.

---

[23] No mesmo sentido, cf. NICOLITT, André. *Manual de processo penal*. São Paulo: RT, 2014. p. 190-191.

[24] CHOUCK, Fauzi Hassan. *Código de Processo Penal*: comentários consolidados & crítica jurisprudencial. Belo Horizonte: D'Plácido, 2018.

3.2 Cognição mediata, provocada ou formal

Sempre que a autoridade policial for expressamente instada a instaurar inquérito policial, teremos aquilo que se convencionou chamar de cognição formal, provocada ou mediata.

São exemplos de cognição formal: a) requisição da autoridade judiciária; b) requisição do membro do Ministério Público; c) requisição do Ministro da Justiça, nos casos de ação penal pública condicionada; d) representação do ofendido ou do seu representante legal, nos casos de ação penal pública condicionada; e) requerimento do ofendido ou de seu representante legal, nas hipóteses de crimes de ação penal privada; f) determinações das autoridades superiores aos delegados, como delegados regionais, superintendestes, delegado geral e secretário de Segurança Pública, no caso das Polícias Civis estaduais; e, no âmbito da Polícia Federal, como é o caso dos superintendentes da Polícia Federal nos estados e no Distrito Federal, e do ministro da Justiça.

Apesar da previsão legal do poder requisitório do juiz, neste particular, parece-nos que o mais correto e coerente com o sistema acusatório é o juiz encaminhar qualquer *notitia criminis* que lhe chegar ao Ministério Público, para que este requisite a instauração de inquérito policial, aplicando-se o art. 40 do CPP.

Com efeito, segundo Badaró:[25]

> Não é possível considerar recepcionada pela nova ordem constitucional o art. 5º, caput, II, do CPP, na parte em que prevê a possibilidade de o juiz, ex officio, requisitar a instauração de inquérito policial, mormente diante da regra do art. 83 do CPP, prevendo que esse juiz, se decidir alguma medida cautelar, ficará vinculado, por prevenção, para julgar a ação penal. A imparcialidade do juiz é evidentemente comprometida quando o magistrado realiza pré-juízos ou pré-conceitos sobre o fato objeto do julgamento. Como ainda não há imputação formulada, ao requisitar a instauração do inquérito policial o magistrado acaba por exercer funções típicas do titular da ação penal, violando a essência do sistema acusatório, consistente na separação das funções de julgar, acusar e defender, confiadas a sujeitos distintos.

---

[25] BADARÓ, Gustavo Henrique. *Processo penal*. São Paulo: RT, 2015. p. 121. No mesmo sentido, cf. MACHADO, Antonio Alberto. *Curso de processo penal*. São Paulo: Atlas, 2014. p. 99; e LIMA, Renato Brasileiro de. *Código de Processo Penal comentado*. Salvador: JusPodivm, 2017. p. 70-71.

Em outro sentido, Dezem[26] assere:

Com o devido respeito, parece-nos que o sistema acusatório não é ferido com a possibilidade de o magistrado requisitar a instauração de inquérito policial. Longe disso, trata-se de ação que visa possibilitar maiores esclarecimentos sobre aquilo que, em tese, possa ser visto como crime. O problema se dá quando o sistema permite que este mesmo juiz que tenha requisitado a instauração de inquérito policial possa julgar o processo que se originou de sua requisição. Aí sim temos violação do sistema acusatório. O juiz que requisitou a instauração do inquérito policial não pode julgar os processos que se originaram desta requisição. Portanto entendemos que não viola o sistema acusatório a possibilidade de o juiz requisitar a instauração de inquérito policial, desde que este mesmo juiz seja impedido de julgar processos que se originem de sua requisição.

A doutrina majoritária entende que o delegado de polícia é obrigado a instaurar inquérito quando houver requisição do Ministério Público, uma vez que se trata de ordem, mandamento, e não de pedido ou requerimento. Contudo, este não parece o melhor entendimento. Não se discute a natureza de uma requisição do Ministério Público. Obviamente que se trata de uma ordem. Porém, mesmo uma ordem encontra limites na legalidade, na convencionalidade e na constitucionalidade. Por não ser o objeto deste trabalho, não discorreremos sobre a análise, pela autoridade policial, da convencionalidade e constitucionalidade dos atos administrativos e das leis. Mas não se pode admitir que haja obrigatoriedade de instauração de inquérito diante de uma requisição ilegal ou sem justa causa. Imagine-se, por exemplo, que o membro do Ministério Público requisite a instauração de inquérito para a apuração de fato evidentemente atípico, ou que já tenha sido alcançado pela prescrição ou qualquer outra causa extintiva da punibilidade.

É de se observar que, em todos estes casos, a autoridade policial apenas toma conhecimento por meio de uma comunicação formal. Mas nenhuma dessas formas é ato inaugural do inquérito policial.

Nas hipóteses de requisição do Ministro da Justiça, de representação do ofendido ou de requerimento do ofendido, o inquérito policial não poderá ser instaurado sem esses atos, os quais são verdadeiras

---

[26] DEZEM, Guilherme Madeira. *Curso de processo penal*. São Paulo: RT, 2018. p. 184; e CAMPOS, Walfredo Cunha. *Curso completo de processo penal*. Salvador: JusPodivm, 2018. p. 133.

condições objetivas de procedibilidade, não só para a propositura da ação penal, mas também para a instauração do inquérito, como se vê no art. 5º, §§4º (este aplicável, por analogia, à requisição do Ministro da Justiça[27]) e 5º, do CPP.

3.3 Cognição coercitiva

Por fim, o delegado de polícia também poderá tomar conhecimento da prática de um crime pela prisão em flagrante do agente, razão pela qual se diz coercitiva essa cognição.

Entendendo, após análise técnico-jurídica, haver justa causa para a formalização da prisão em flagrante, e tratando-se de crime de ação pública incondicionada, deverá fazê-lo a autoridade policial.

Porém, se se tratar de crime de ação penal pública condicionada à representação do ofendido ou de ação penal privada, a formalização da prisão em flagrante dependerá da manifestação de vontade do ofendido ou do seu representante legal.

4 Atos instauradores

Segundo a quase totalidade da doutrina nacional, o inquérito policial pode ser instaurado de seis formas: a) de ofício (art. 5º, I, do CPP), nas hipóteses dos crimes de ação penal pública incondicionada; b) mediante representação (art. 5º, §4º, do CPP), nos crimes de ação penal pública condicionada à representação do ofendido; c) mediante requisição do ministro da Justiça (art. 145, par. único, do CPP), nos crimes de ação penal pública condicionada à autorização do ministro da Justiça; d) mediante requerimento do ofendido (art. 5º, II e §5º, do CPP), no caso de ação penal privada; e) mediante requisição de membro do Poder Judiciário e do Ministério Público (art. 5º, II, do CPP), em qualquer crime, inclusive nas hipóteses de ação penal pública condicionada e ação penal privada, desde que satisfeitas as condições objetivas de procedibilidade; f) mediante auto de prisão em flagrante

---

[27] No mesmo sentido, SOUZA, José Barcelos de. *Teoria e prática da ação penal*. São Paulo: Saraiva, 1979. p. 53; MIRABETE, Júlio Fabrini. *Processo penal*. São Paulo: Atlas, 2004. p. 91; MARCÃO, Renato. *Curso de processo penal*. São Paulo: Saraiva, 2017. 152-153; e FREITAS, Jayme Walmer de; SILVA, Marco Antonio Marques da. *Código de Processo Penal*. São Paulo: Saraiva, 2012. p. 34.

(art. 8º, do CPP). Apesar dessa predominância, este não nos parece o melhor posicionamento. Com efeito, se somente o delegado de Polícia pode presidir o inquérito policial (art. 2º, §2º, da Lei nº 12.830/2013), por óbvio, apenas um ato do delegado pode instaurá-lo. Portanto, o auto de prisão em flagrante é, sem dúvida, forma de instauração de inquérito policial, vez que presidido pela autoridade policial.

Porém, a representação, a requisição do ministro da Justiça e o requerimento do ofendido são apenas condições objetivas de procedibilidade, sem as quais o Estado não pode iniciar a persecução criminal. A requisição do Poder Judiciário ou do Ministério Público configura uma ordem para a instauração do inquérito. E se é ordem, ela não pode ser a forma instauradora. Seria um contrassenso afirmar que a ordem de um juiz ou promotor para que o delegado de polícia instaure inquérito policial é, ao mesmo tempo, sua peça inaugural.

Também não parece acertada a doutrina segundo a qual, nestas hipóteses, a autoridade policial deve fazer um simples despacho, na própria requisição, determinando as providências a serem realizadas pelo escrivão.[28]

A doutrina que assim entende confunde aquilo que provoca uma investigação com o que a inaugura (ato administrativo instaurador).

O critério determinante para se saber a forma de instauração do inquérito policial não é a cognição do delito, como a maioria entende, mas a liberdade ou a prisão em flagrante do investigado.

Em verdade, o inquérito policial só pode ser instaurado de duas formas,[29] ambas a serem realizadas pelo delegado de polícia: a) mediante portaria, em todas as hipóteses em que não houver prisão em flagrante, atendidas as condições objetivas de procedibilidade, claro; e b) mediante auto de prisão em flagrante, quando esta for formalizada. Vejamo-las.

---

[28] Neste sentido, cf. BRITO, Alexis Couto de; FABRETTI, Humberto Barrionuevo; LIMA, Marco Antônio Ferreira. *Processo penal brasileiro*. São Paulo: Atlas, 2014. p. 61; e NOGUEIRA, Carlos Frederico Coelho. *Comentários ao Código de Processo Penal* – Arts. 1º ao 90. Bauru: Edipro, 2002. v. I. p. 200.

[29] Em sentido semelhante, cf. MARCÃO, Renato. *Curso de processo penal*. São Paulo: Saraiva, 2015. p. 142; NICOLITT, André. *Manual de processo penal*. São Paulo: RT, 2014. p. 189; ROSA, Alexandre Morais. *Guia compacto do processo penal conforme a teoria dos jogos*. Rio de Janeiro: Lumen Juris, 2014. p. 105; e CHOUCK, Fauzi Hassan. *Código de Processo Penal*: comentários consolidados & crítica jurisprudencial. Belo Horizonte: D'Plácido, 2018. p. 119.

4.1 Portaria

A portaria é o documento hábil a inaugurar uma sindicância, como é o caso do inquérito policial. Segundo Diogenes Gasparini, portaria

> é a fórmula pela qual as autoridades de qualquer escalão de comando, desde que inferiores ao Chefe do Executivo, expedem orientações gerais ou especiais aos respectivos subordinados ou designam servidores para o desempenho de certas funções ou, ainda, determinam a abertura de sindicância ou inquérito administrativo.[30]

No mesmo sentido é a previsão da Lei paulista nº 10.177/1998, a qual versa sobre o processo administrativo estadual. De fato, a referida lei prevê que são atos administrativos de competência comum "a todas as autoridades, até o nível de Diretor de Serviço; às autoridades policiais; aos dirigentes das entidades descentralizadas, bem como, quando estabelecido em norma legal específica, a outras autoridades administrativas, a Portaria" (art. 12, inc. II, "a").

4.2 Requisitos da portaria

A lei não estabelece requisitos formais para a confecção da portaria. Contudo, é importante que o delegado de polícia narre o fato que será investigado, informe a maneira pela qual tomou conhecimento dele e, se já existir, que indique o nome ou elementos identificadores do suposto autor.

Normalmente não se tem, no momento da portaria, a autoria definida, tampouco se sabe, ao certo, qual crime foi praticado. Aliás, o inquérito será instaurado para investigar exatamente isso. Porém, é possível que, desde o início, a autoridade policial já tenha essas informações, instaurando o inquérito para reunir elementos de prova sobre o crime e sobre o autor, bem como em que circunstâncias ele ocorreu.

Não é essencial a tipificação da conduta já no ato inaugural do inquérito. Essa essencialidade só existe no indiciamento.

4.3 Prazo para a instauração do inquérito por portaria

Até a edição da Lei nº 13.344/2016, o CPP não havia estabelecido prazo para a instauração do inquérito policial, somente o fazendo para a sua conclusão. Porém, pela dicção do art. 6º, *caput*, do CPP, no qual

---

[30] GASPARINI, Diogenes. *Direito administrativo*. São Paulo: Saraiva, 2000. p. 81.

o legislador estabelece um rol exemplificativo de diligências a serem tomadas pelo delegado de polícia, pode-se concluir que a instauração do inquérito deveria se dar logo após o conhecimento, pela autoridade policial, da prática do crime.

A Lei nº 13.344/2016, a qual dispõe sobre a prevenção e repressão do tráfico de pessoas, alterou o Código de Processo Penal, introduzindo, no art. 13-B, a exigência de que o inquérito policial para a apuração dos crimes previstos nos arts. 148, 149 e 149-A, no §3º do art. 158 e no art. 159, do Código Penal, e no art. 239 do Estatuto da Criança e do Adolescente seja instaurado no prazo máximo de 72 (setenta e duas) horas após o registro de ocorrência.

Seria importante a extensão desse prazo, ou o estabelecimento de outro, para todos os crimes.

5 Obrigatoriedade de instauração

Apesar de predominar na doutrina pátria que o inquérito policial é discricionário ou facultativo, isso é um equívoco decorrente do parâmetro utilizado pela doutrina que defende esse posicionamento. Assim entendem pelo fato de ser o inquérito dispensável. A dispensabilidade, porém, tem como parâmetro o sistema de investigação preliminar, como gênero que é. Ou seja, ele é dispensável para a propositura da ação penal. Isso é inquestionável.

Já a obrigatoriedade tem como parâmetro apenas a investigação policial. Assim, havendo justa causa, a autoridade policial deve instaurar o respectivo inquérito policial, caso se trate de crime de ação penal pública incondicionada.

Obviamente quando se tratar de crime de ação penal pública condicionada ou ação penal privada, a instauração do inquérito dependerá da satisfação das condições objetivas de procedibilidade, no caso, da representação da vítima ou da requisição do ministro da Justiça, no caso de ação penal pública condicionada, e do requerimento da vítima, na hipótese de ação penal privada, como analisado acima.

6 Instauração de inquérito para apurar crime eleitoral

Apesar de os crimes eleitorais serem de ação penal pública incondicionada, o TSE editou a Resolução nº 23.3963, cujo art. 8º estabelece que "O inquérito policial eleitoral somente será instaurado mediante determinação da Justiça Eleitoral, salvo a hipótese de prisão em flagrante".

Essa resolução, porém, teve sua constitucionalidade questionada, por meio da ADI nº 5.104, proposta pelo procurador-geral da República, o qual requereu a concessão de liminar para suspender os efeitos dos arts. 3º ao 13, por considerá-los incompatíveis com os princípios da legalidade, do acusatório e o da inércia da jurisdição.

O Plenário do STF suspendeu, por maioria de votos, cautelarmente a eficácia dos dispositivos, entre os quais, o referido art. 8º. Decisão acertada, no nosso entendimento. Com efeito, um ato normativo secundário é que a resolução não pode subtrair do Ministério Público e das Polícias Civil e Federal funções que lhes são atribuídas pelo constituinte. Além disso, não poderia deixar a iniciativa da investigação nas mãos do Estado-juiz, único que não pode legitimamente exercê-la, sob pena de macular sua imparcialidade.

Desse modo, o delegado de polícia pode e deve instaurar inquérito para investigar crime eleitoral e conexos, independentemente de qualquer tipo de provocação.

7   Instauração de inquérito para apurar conduta de agente com foro especial por prerrogativa de função

Tema dos mais relevantes e com uma grande repercussão prática na atividade policial diz respeito à instauração de inquérito em face de pessoa com foro especial por prerrogativa de função. Infelizmente é um tema sobre o qual o STF ainda não sedimentou um posicionamento em relação às autoridades com prerrogativa de foro. A análise que segue, portanto, é provisória e condicionada pelos futuros julgamentos da matéria nos tribunais de sobreposição.

Até o julgamento da Ação Penal nº 937, julgada pelo STF no começo de 2018, tínhamos, de maneira sumária, o seguinte quadro.

Tratando-se de pessoas com foro especial no STF, a instauração do respectivo inquérito dependia de expresso requerimento do procu-rador-geral da República, da autoridade policial ou do ofendido, além de prévia autorização do ministro relator, conforme preconiza o art. 21, inc. XV, do RISTF.

Nos demais casos de pessoas com foro especial por prerrogativa de função (exceto membros do Ministério Público e do Judiciário, os quais não são investigados em inquéritos policiais), embora sem fundamento normativo, a doutrina e a jurisprudência entendem que a instauração de inquérito dependerá de autorização do respectivo relator do caso, à semelhança do que ocorre no STF. Porém, esse quadro mudou, ao menos em parte, com o novo entendimento do STF sobre o tema, ao julgar a AP nº 937. Em síntese, o STF decidiu que o foro especial de deputados federais e senadores da República somente se aplica aos crimes cometidos durante o mandato, ou seja, a partir da diplomação, e que sejam relacionados ao exercício das funções parlamentares.

Pouco tempo depois dessa decisão do STF, o STJ também aplicou o mesmo entendimento para conselheiros de Tribunais de Contas e governadores, nas ações penais nºs 857 e 866, respectivamente.

Resta uma decisão definitiva em relação a todas as autoridades com foro especial. Até que isso aconteça, em relação a deputados federais, senadores da República, governadores e conselheiros de Tribunais de Contas, caso se trate de crimes praticados antes da diplomação ou do exercício do cargo, ou ainda, que, não guarde com eles relação de pertinência, o inquérito policial poderá ser instaurado diretamente pelo delegado de polícia, independentemente de prévia autorização.

Por fim, importa destacar que também será o inquérito policial instaurado diretamente pelo delegado de polícia, sem necessidade de qualquer autorização, no caso de o agente com foro especial ter cometido o crime quando exercia outro cargo anterior, igualmente com prerrogativa de foro.

8 Indeferimento do pedido de instauração de inquérito

O delegado não está obrigado a instaurar inquérito policial requerido pelo ofendido ou seu representante legal. Pode, portanto, deferir ou indeferir esse pedido.

O indeferimento pode se dar por diversas razões, entre as quais: a) sua falta de atribuição para o caso; b) a manifesta atipicidade da conduta; c) a presença de alguma causa extintiva ou excludente da punibilidade; d) tratar-se de infração penal de menor potencial ofensivo, investigada por meio de termo circunstanciado de ocorrência; ou e) tratar-se de ato infracional, a ser investigado por meio de auto de investigação próprio.

O indeferimento deverá ser sempre fundamentado, até porque o requerente precisa saber das razões pelas quais o inquérito policial não será instaurado, bem como porque do indeferimento caberá recurso, como será visto no tópico a seguir.

Como já analisado acima, não pode o delegado de polícia deixar de instaurar inquérito por entender que a conduta foi praticada sob o manto de uma excludente de ilicitude ou de culpabilidade.

9 Recurso contra indeferimento de instauração de inquérito

O indeferimento de instauração de inquérito policial é remediável por meio de vários meios, entre os quais o recurso administrativo ao chefe de polícia, como previsto no art. 5, §2º, do CPP.

O Código de Processo Penal não regulamentou esse recurso, deixando a cargo do Executivo Estadual e Federal fazê-lo, nas suas respectivas esferas de atribuição.

Além desse recurso, o ofendido poderá também socorrer-se ao Ministério Público e até ao Judiciário, os quais, após sua ouvida, poderá requisitar diretamente ao delegado de polícia a instauração de inquérito policial.

10 Conclusão

Por tudo o quanto antes se disse, podemos concluir que a instauração de inquérito policial sempre poderá afetar direitos fundamentais do investigado, razão pela qual exige uma justa causa, compreendida como a causa necessária e suficiente para fazer desencadear um procedimento penal que restrinja ou possa restringir direitos fundamentais do imputado.

Considerando os diferentes graus de afetação a tais direitos fundamentais nas formas de instauração do inquérito, teremos igualmente diferentes níveis de exigência de justa causa para a instauração por portaria e por auto de prisão em flagrante.

Apesar de a maioria da doutrina entender que o inquérito pode ser instaurado de diversas formas, entendemos ser equivocada essa compreensão, pois há uma confusão entre aquilo que provoca uma investigação com o que a inaugura (ato administrativo instaurador).

O critério determinante para se saber a forma de instauração do inquérito policial não é a cognição do delito, como a maioria entende, mas a liberdade ou a prisão em flagrante do investigado.

Em verdade, o inquérito policial só pode ser instaurado de duas formas, ambas a serem realizadas pelo delegado de polícia: ou por portaria ou mediante auto de prisão em flagrante. Ambos os atos são formalizados pelo delegado de polícia.

Referências

BADARÓ, Gustavo Henrique. *Processo penal*. São Paulo: RT, 2015.

BANDEIRA DE MELLO, Celso Antônio. *Curso de direito administrativo*. 29. ed. São Paulo: Malheiros, 2012.

BRITO, Alexis Couto de; FABRETTI, Humberto Barrionuevo; LIMA, Marco Antônio Ferreira. *Processo penal brasileiro*. São Paulo: Atlas, 2014.

CAMPOS, Walfredo Cunha. *Curso completo de processo penal*. Salvador: JusPodivm, 2018.

CHOUCK, Fauzi Hassan. *Código de Processo Penal*: comentários consolidados & crítica jurisprudencial. Belo Horizonte: D'Plácido, 2018.

DEZEM, Guilherme Madeira. *Curso de processo penal*. São Paulo: RT, 2018.

FERRAJOLI, Luigi. *Diritto e ragione*: teoria del garantismo penale. 9. ed. Bari: Laterza, 2008.

FREITAS, Jayme Walmer de; SILVA, Marco Antonio Marques da. *Código de Processo Penal*. São Paulo: Saraiva, 2012.

GASPARINI, Diogenes. *Direito administrativo*. São Paulo: Saraiva, 2000.

GLOECKNER, Ricardo Jacobsen. *Nulidades no processo penal*. Salvador: JusPodivm, 2013.

HORBACH, Carlos Bastide. *Teoria das nulidades do ato administrativo*. São Paulo: RT, 2010.

JARDIM, Afrânio Silva. *Direito processual penal*. Rio de Janeiro: Forense, 2005.

JUSTEN FILHO, Marçal. *Curso de direito administrativo*. Belo Horizonte: Fórum, 2011.

LIMA, Marcellus Polastri. Comentários sob a perspectiva brasileira referente ao capítulo II. *In*: AMBOS, Kai. *Processo penal europeu*. Rio de Janeiro: Lumen Juris, 2008.

LIMA, Renato Brasileiro de. *Código de Processo Penal comentado*. Salvador: JusPodivm, 2017.

LIMA, Ruy Cirne. *Princípios de direito administrativo*. São Paulo: Malheiros, 2007.

LOPES JR., Aury. (Re)pensando as condições da ação processual penal. *In*: GAUER, Ruth Maria Chittó (Org.). *Criminologia e sistemas jurídico-penais contemporâneos*. Porto Alegre: Edipucrs, 2008.

LOPES JR., Aury. *Direito processual penal*. São Paulo: Saraiva, 2018.

LOPES JR., Aury; GLOECKNER, Ricardo Jacobsen. *Investigação preliminar no processo penal*. São Paulo: Saraiva, 2013.

MACHADO, Antonio Alberto. *Curso de processo penal*. São Paulo: Atlas, 2014.

MACHADO, Leonardo Marcondes. Flagrante de bagatela: considerações sobre a aplicação do princípio da insignificância pelo delegado de polícia. *In*: SANTOS, Cleopas Isaías; ZANOTTI, Bruno Taufner. *Temas atuais de polícia judiciária*. Salvador: JusPodivm, 2016.

MACIEL, Silvio. Art. 310. *In*: GOMES, Luiz Flávio; MARQUES, Ivan Luís (Org.). *Prisão e medidas cautelares*: comentários à Lei 12.403, de 4 de maio de 2011. São Paulo: RT, 2011.

MARCÃO, Renato. *Curso de processo penal*. São Paulo: Saraiva, 2015.

MARCÃO, Renato. *Curso de processo penal*. São Paulo: Saraiva, 2017.

MIRABETE, Júlio Fabrini. *Processo penal*. São Paulo: Atlas, 2004.

MOURA, Maria Thereza Rocha de Assis. *Justa causa para a ação penal*: doutrina e jurisprudência. São Paulo: Revista dos Tribunais, 2001.

NICOLITT, André. *Manual de processo penal*. São Paulo: RT, 2014.

NOGUEIRA, Carlos Frederico Coelho. *Comentários ao Código de Processo Penal* – Arts. 1º ao 90. Bauru: Edipro, 2002. v. I.

ROSA, Alexandre Morais. *Guia compacto do processo penal conforme a teoria dos jogos*. Rio de Janeiro: Lumen Juris, 2014.

ROXIN, Claus. *Derecho procesal penal*. Buenos Aires: Editores del Puerto, 2000.

SANTOS, Cleopas Isaías; ZANOTTI, Bruno Taufner. *Delegado de polícia em ação*: teoria e prática no Estado Democrático de Direito. Salvador: JusPodivm, 2018.

SCHIER, Paulo Ricardo. Novos desafios da filtragem constitucional no momento do neoconstitucionalismo. *Crítica Jurídica: Revista Latinoamericana de Política, Filosofía y Derecho*, Curitiba, n. 24, 2005.

SOUZA, José Barcelos de. *Teoria e prática da ação penal*. São Paulo: Saraiva, 1979.

ZAFFARONI, Eugenio Raul; ALAGIA, Alejandro; SLOKAR, Alejandro. *Derecho penal*. Parte general. Buenos Aires: Ediar, 2002.

Informação bibliográfica deste texto, conforme a NBR 6023:2018 da Associação Brasileira de Normas Técnicas (ABNT):

SANTOS, Cleopas Isaías. Instauração de inquérito policial: notas críticas. *In*: PEREIRA, Eliomar da Silva; ANSELMO, Márcio Adriano (Org.). *Direito Processual de Polícia Judiciária I*. Belo Horizonte: Fórum, 2020. p. 57-82. (Curso de Direito de Polícia Judiciária, v. 4). ISBN 978-85-450-0619-0.

PRISÃO EM FLAGRANTE

Ruchester Marreiros Barbosa

1 Introdução

O presente estudo pretende demonstrar que a denominada "prisão em flagrante" deve ser relida à luz da Constituição da República e das decisões proferidas pelos órgãos que compõem o sistema internacional de direitos humanos, seja o universal ou o regional americano, no qual o Brasil se encontra inserido, adotando-se o diálogo das fontes como método interpretativo de eventuais antinomias, incluindo-se a hermenêutica sugerida pela Corte Interamericana de Direitos Humanos denominada interpretação intercortes.

É necessário analisar a Convenção Americana de Direitos Humanos e demais documentos internacionais de mesma natureza a respeito do tratamento normativo sobre retenção, detenção e prisão de uma pessoa, haja vista que há orientação no sentido de se atribuir compreensões distintas a cada uma das expressões relacionadas à *pessoa retida*, à pessoa *detida* e à pessoa *presa*, pois o Brasil não realiza nenhuma distinção, ao contrário do que retratam os princípios sobre pessoas retidas, detidas e presas elaborados pela ONU, da qual o Brasil faz parte, consequentemente é fonte normativa no direito brasileiro.

Associada aos textos internacionais há ainda a análise sobre questões relacionadas a esses temas e a essas expressões, que repercutem diretamente no sentido que deve ser preconizado no Brasil, inclusive que se coadunam com a Constituição da República, já que a interpretação que se deve realizar deve seguir o sentido definido pelo sistema interamericano de direitos humanos no direito interno e não uma interpretação nacionalizante desse sistema à luz do direito interno, sob pena de se criar uma hermenêutica doméstica sobre os tratados e convenções internacionais, o que não é possível diante da universalização dos direitos humanos.

Diante deste confronto entre as normas internas e as de direito internacional, destacamos o estudo da função materialmente judicial que o delegado de polícia possui em razão das tomadas de decisões que o sistema constitucional lhe impõe, como de decisões sobre a intimidade, defesa e, em especial, a *detenção* em flagrante, que no nosso ordenamento, denomina-se, inadequadamente, *prisão* em flagrante.

Este instituto processual possui conteúdo de verdadeira ordem de detenção provisória, perfeitamente compatível com o ordenamento internacional de direitos humanos, porém, salutar uma releitura do Código de Processo Penal e da Constituição da República à luz dos tratados e convenções internacionais de direitos humanos, bem como o manancial de decisões, relatórios e opiniões consultivas, verdadeiro bloco de convencionalidade, que delimita a interpretação da Convenção Americana de Direitos Humanos.

Com a pesquisa realizada com análise de casos já decididos sobre investigação criminal e sobre as detenções/prisões questionadas perante a Corte Interamericana de Direitos Humanos, pudemos chegar a algumas conclusões e proposta de releitura do texto constitucional e infraconstitucional para uma melhor adequação do significado semântico de determinadas expressões, realizando verdadeira mutação constitucional, perante a análise dos tratados e convenções de direitos humanos, o que se denomina, em linhas gerais, um verdadeiro controle de convencionalidade posto no direito, notadamente sobre suas fontes.

Ao passar pela readequação de nosso sistema processual penal por meio da releitura proposta, teremos algumas consequências sobre a detenção em flagrante, inclusive em sua forma e espécies, como consequências do papel do delegado de polícia neste contexto, cuja legitimidade se dá em razão da necessária quebra de paradigmas e preconceitos que se têm da função jurídico-policial no desenvolvimento das atividades do Estado-investigação.

Para compreendermos a complexidade do tema, que implica uma efetivação de direitos e garantias fundamentais equacionada com a efetividade da descoberta do oculto, precisamos trazer à baila a natureza jurídica convencional e constitucional da função jurídica do delegado de polícia, condutor do órgão de execução investigativo da Polícia Judiciária e presidente da formalização dos atos praticados pelo Estado-investigação.

Diante dessas premissas, dividimos a explicação sobre a natureza da detenção em flagrante, sua forma e espécies após realizarmos uma digressão sobre o papel da Polícia Judiciária como função essencial à administração da justiça.

2   Polícia Judiciária como órgão de contenção de poder

Esta parte do estudo visa demonstrar as razões democráticas ínsitas aos órgãos que decidem sobre o primordial direito de liberdade das pessoas. É, também, como se opera na Polícia Judiciária. Este poder constitucional é inquestionável. Porém, a forma como hodiernamente o interpreta já está ultrapassado e contribui para uma política criminal estigmatizante e seletiva, consequentemente antidemocrática, razão pela qual mister adequá-la, antes de adentramos ao tema da "prisão" em flagrante.

Cabe então um questionamento das razões dessa reflexão. As práticas refletem os ideais democratizantes do sistema de garantias convencionais e constitucionais?

Como leciona Cançado Trindade, ao criticar a resistência do Poder Judiciário em avançar na jurisprudência comparada de direitos humanos: "O problema não é de direito, mas sim de vontade, e para resolvê-lo, requer-se sobretudo uma nova mentalidade".[1]

Kelsen[2] tenta corrigir estas diferenças valorativas distantes entre a moral e o dogmático, asseverando que "do ponto de vista de um conhecimento dirigido ao Direito Positivo, uma norma jurídica pode ser considerada como válida ainda que contrarie a ordem moral". Mas Geraldo Prado[3] alerta ao contraponto de que "O positivismo cassa a historicidade das ciências sociais. [...] o positivismo se demite do contato com a dura realidade e joga o tema do Poder para escanteio".

---

[1]   CANÇADO TRINDADE, Antônio Augusto. Memorial em prol de uma nova mentalidade quanto à proteção dos direitos humanos nos planos internacional e nacional. *Boletim da Sociedade Brasileira de Direito Internacional*, Brasília, n. 113/118, jan./dez. 1998. p. 91.

[2]   KELSEN, Hans. *Teoria pura do direito*. Tradução de João Baptista Machado. 6. ed. São Paulo: Martins Fontes, 1988. p. 77.

[3]   PRADO, Geraldo; MARTINS, Rui Cunha; CARVALHO, L. G. Grandinetti Castanho de. *Decisão judicial*. A cultura jurídica brasileira na transição para a democracia. Madrid, Barcelona, Buenos Aires, São Paulo: Marcial Pons, 2012. p. 39-40.

Robert Alexy,[4] criticando o positivismo constrói um "constitucionalismo principialista", no qual as regras e os princípios são igualmente normas jurídicas, sendo aquelas "comandos definidos", que têm baixa abstração e alta densidade normativa, enquanto os princípios, "comandos de otimização", possuem alta abstração e baixa densidade normativa, atendendo, respectivamente, a fórmulas de subsunção e de ponderação de valores. Contudo, Habermas[5] entende que "faltam critérios racionais para isso", ao mesmo tempo que também afirma que "sob as condições da política socioestatal, o legislador democrático mais cuidadoso, não consegue, só e igualmente, ligar justiça e administração, mediante a forma semântica da lei".[6]

Enfim, como imergir, então, nas profundezas da complexidade das relações sociais atuais do século XXI e suas consequentes e necessárias transformações jurídicas, sem perdermos os valores humanísticos conquistados, principalmente no Pós-Segunda Guerra Mundial, em especial, na transição de regimes autoritários para os democráticos?

Segundo Maier,[7] "todo doutrinador de um ramo jurídico, ou um problema específico deste ramo, inicia seu estudo com uma análise do desenvolvimento histórico da respectiva disciplina ou instituto que se preocupa, procurando situá-lo neste processo cultural". Em outras palavras, entender a função da Polícia Judiciária em um contexto democrático, mais do que acusatório, depende de se compreender a evolução cultural e política desta instituição e suas funções de conectividade democrática.

Esse mencionado conteúdo político está presente em determinado momento histórico, quando o interesse das pessoas, ou seja, a questão humana passa a não ter mais relevância. A verdade de cada um[8] é substituída pela verdade do rei, a *vere dicta* (verdade real). Conforme

---

[4] ALEXY, Robert. *Teoria discursiva do direito*. Organização, tradução e estudo introdutório de Alexandre Travessoni Gomes Trivissonno. Rio de Janeiro: Forense Universitária, 2014. p. 146.

[5] *Apud* ALEXY, Robert. *Teoria discursiva do direito*. Organização, tradução e estudo introdutório de Alexandre Travessoni Gomes Trivissonno. Rio de Janeiro: Forense Universitária, 2014. p. 331.

[6] HABERMAS, Jürgen. *Direito e moral*. Tradução de Sandra Lippert. Lisboa: Piaget, 1992. p. 50.

[7] MAIER, Julio B. J. *Derecho procesal penal*. Fundamentos. 2. ed. 2. reimpr. Buenos Aires: Del Puerto, 2012. t. I. p. 259.

[8] KANT, Immanuel. *Para a paz perpétua*. Tradução de Bárbara Kristensen. Estudo introdutório de Joám Evans Pim. Rianxo: Instituto Galego de Estudos de Segurança Internacional e da Paz, 2006. p. 58.

Cordero,[9] "A política dos reis exigia um automatismo incompatível com o sistema das acusações privadas [...]". Nasce no século XIII após o IV Concílio de Latrão, a revolução inquisitorial, "um sistema legalmente amorfo [...]: o que conta é o resultado".

Este estudo não passou despercebido por Foucault,[10] ao analisar a justiça criminal e seu sistema de formas e estabelecimento das verdades, como um "fenômeno político complexo". E segue aduzindo, "todo o grande movimento cultural que, depois do século XII, começa a preparar o Renascimento, pode ser definido em grande parte como o desenvolvimento, o florescimento do inquérito como forma geral de saber".

Como estamos diante do estudo da prisão em flagrante, sendo este entendido sob o aspecto investigativo, como uma forma de cognição coercitiva que inicia o inquérito policial, não podemos deixar de contextualizar a influência deste aspecto histórico e científico em nossa reflexão.

No contexto de um sistema processual penal democrático, a Polícia Judiciária deve ser vista como um filtro contra a acusações infundadas, devendo exercer a função de um *dispositivo*[11] republicano, um poder para contenção de outro poder no sistema processual, pois este, na visão de Rui Cunha Martins:[12]

> é o microcosmo do Estado de Direito, [...] não é apenas o instrumento de composição do litígio, mas, sobretudo, um instrumento político de participação, com maior ou menor intensidade, conforme evolua o nível de democratização da sociedade, afigurando-se para tanto imprescindível a coordenação entre direito, processo e democracia, o que ocorre pelo desejável caminho da Constituição.

Torna-se, portanto, imperioso contextualizar a Polícia Judiciária em suas funções no âmbito político-constitucional, perpassando a sua historicidade do regime militar ao democrático, seu cotejo político na tripartição dos poderes e das mutações quem vem sofrendo o direito, sobretudo sobre as fontes da norma jurídica.

---

[9]   CORDERO, Franco. *Procedimiento penal*. Santa Fé de Bogotá: Temis, 2000. t. I. p. 18-19.
[10] FOUCAULT, Michel. *A verdade e as formas jurídicas*. 3. ed. Rio de Janeiro: Nau, 2003. p. 75.
[11] AGAMBEM, Giorgio. *O amigo & O que é um dispositivo?*. Tradução de Vinícius Nicastro Honesko. Chapecó: Argos, 2014. p. 29.
[12] MARTINS, Rui Cunha. *A hora dos cadáveres adiados*: corrupção, expectativa e processo penal. São Paulo: Atlas, 2013. p. 3.

Partindo-se do conceito de um dos autores de referência sobre a justiça transicional, Jon Elser:[13] "[...] a justiça transicional compreende os processos de ensaios, expurgos e reparos realizadas em um período de transição de regime político para outro".

Ainda neste jaez as Nações Unidas, por meio do documento S/2004/616,[14] intitulado "O Estado de Direito e a justiça de transição em sociedades em conflito ou pós-conflito", conceitua a justiça de transição como:

> O conjunto de processos e mecanismos judiciais e extrajudiciais, com diferentes níveis de envolvimento internacional (ou nenhum), bem como abarcar o juízo de processos individuais, reparações, busca da verdade, reforma institucional, investigação de antecedentes, a destituição de um cargo ou a combinação de todos esses procedimentos.

Pela delimitação ao tema, focaremos, no âmbito da justiça de transição, no viés específico da reforma institucional e as necessárias garantias ao exercício das funções do Estado-investigação e sua transformação (mutação)[15] em órgão de justiça criminal, já tendo sido reconhecido com esta roupagem pela Corte Interamericana de Direitos Humanos.[16]

No processo de redemocratização, respectivos fortalecimentos institucionais devem ocorrer como forma de separar as funções de governo e de justiça criminal. Desta forma, no Brasil, atribuíram-se garantias e prerrogativas à magistratura, ao Ministério Público, à OAB e à Defensoria Pública, deixando enfraquecida a Polícia Judiciária, que, não obstante ter assento constitucional explícito de suas atribuições, o

---

[13] ELSTER, Jon. *Rendición de cuentas*: la justicia transicional en perspectiva histórica. Buenos Aires: Katz, 2006. p. 16.

[14] NAÇÕES UNIDAS. O Estado de Direito e a justiça de transição em sociedades em conflito ou pós-conflito. *Revista Anistia Política e Justiça de Transição*, n. 1. Disponível em: http://www.portalmemoriasreveladas.arquivonacional.gov.br/media/2009RevistaAnistia01.pdf. Acesso em: 16 jul. 2015.

[15] AOLAIN, F. N.; CAMPBELL, C. The paradox of transition in conflicted democracies. *Human Rights Quaterly*, v. 27, n. 1, p. 172-213, fev. 2005. Referem-se à necessidade de certa mudança institucional: "No contexto pós-transição, as violações dos direitos humanos que antes eram negadas podem ser reconhecidas. Pode-se descrever esse processo como uma antinomia entre o reconhecimento e a negação. O reconhecimento dessas falências prepara o caminho para uma mudança institucional significativa ou 'transformativa'".

[16] Corte IDH. Caso Vélez Loor Vs. Panamá. Excepciones Preliminares, Fondo, Reparaciones y Costas. Sentencia de 23 de noviembre de 2010 Serie C No. 218.

texto constitucional se omitiu quanto à inamovibilidade e autonomia institucional.

Assevera Rui Cunha Martins:[17]

o sistema processual de inspiração democrático-constitucional só pode conceber um e um só ‹‹princípio unificador››: a democraticidade; tal como só pode conceder um e um só modelo sistémico: o modelo democrático. Dizer ‹‹democrático›› é dizer contrário de ‹‹inquisitivo››, é dizer contrário de ‹‹misto›› e é dizer mais do que ‹‹acusatório››.

Em outras palavras, parafraseando Geraldo Prado:[18]

o fato de vivermos em uma democracia política exige é claro o respeito a lei, mas também requisita a denúncia da presença e atualidade de elementos autoritários, mesmo em regimes democráticos, a contaminar de modo negativo a legitimidade invocada pelo Direito Penal e, conseqüentemente, o próprio Sistema Penal.

Em suma, o fato de haver um Ministério Público ou uma magistratura independente não basta para um sistema processual democrático. São necessárias garantias a outra função, qual seja a investigativa, tão ou mais invasiva quanto a acusação ou um julgamento.

Com a evolução do pós-positivismo, ou seja, do (neo)constitucionalismo e do Estado pós-moderno, e para sofisticar o ideal democrático foi necessário transmudar a ideia original de tripartição de poderes, da mesma forma que ocorreu de Aristóteles para Locke e deste para Montesquieu, pois se tornaram insuficientes para dar conta das necessidades de controle democrático do exercício do poder.

Dessa forma, o Constituinte de 1988 superou a ideia de três poderes para se chegar a uma organização de órgãos autônomos reunidos em mais funções, partindo-se da ideia de que o Estado é uno, consequentemente seu poder também o é. Para a máxima efetividade democrática é salutar a distribuição de funções, e estas exercidas com

---

[17] PRADO, Geraldo; MARTINS, Rui Cunha; CARVALHO, L. G. Grandinetti Castanho de. *Decisão judicial*. A cultura jurídica brasileira na transição para a democracia. Madrid, Barcelona, Buenos Aires, São Paulo: Marcial Pons, 2012. p. 80.

[18] PRADO, Geraldo. *A transição democrática no Brasil e o sistema de justiça criminal*. Disponível em: http://www.geraldoprado.com/Artigos/Geraldo%20Prado%20-%20Palestra%20Coimbra%20-%20A%20transi%C3%A7%C3%A3o%20democr%C3%A1tica%20no%20Brasil.pdf. Acesso em: 17 jul. 2015.

independência, por meio de seus órgãos, sem se falar necessariamente em poder do órgão, pois esse poder é do próprio Estado como um todo.

Nesse diapasão, é uníssono na doutrina que o Judiciário exerce função tipicamente jurisdicional, mas possui função atípica de administração e atipicamente legislativa; bem como a existência de autonomia dos Tribunais de Contas e do Ministério Público, exercendo funções tipicamente de *custus legis*, somente comprova este avanço republicano. Por mais esforço de raciocínio que os teóricos tenham feito na tentativa de adequar esses órgãos em um dos três poderes, restou absolutamente artificial e, mais, inadequado.

O mesmo ocorre com a Polícia Judiciária em sua função de investigar e de garantir direitos e garantias fundamentais por *decisões próprias* em seus contornos de responsabilidade criminal, pelos elementos verdade, democraticidade e constitucionalidade, principalmente em sua função de concessão de cautelar da liberdade, reconhecido pela Corte IDH como função materialmente judicial, ainda que emanado de autoridade administrativa, ao interpretar o art. 7.5 da CADH, "ou outra autoridade que exerce função judicial", *in verbis*:

> as ditas características não correspondem somente aos órgãos estritamente jurisdicionais, mas que as disposições do artigo 8.1 da Convenção se aplicam também as decisões de órgãos administrativos.[19]

Apesar deste avanço democrático e humanístico, o que vemos é a tentativa de os demais poderes tolherem a Polícia Judiciária, quando esta desenvolve interpretação normativa no âmbito do exercício de suas funções, realizando o papel de um dispositivo processual democrático, como exemplo, a incidência do princípio da insignificância, dispensa de fiança para detido pobre etc., e ao contrário de o Judiciário e o Ministério Público respeitarem o exercício da função de Estado, enveredam, nas palavras de Tzvetan Todorov, em um *messianismo político*.[20]

Não há dúvidas de que o delegado de polícia exerce verdadeiro poder decisório sobre os contornos da responsabilidade criminal, e, para isso, após o processo de redemocratização, tornou-se mais do que ultrapassada a ideia estanque de divisão de poderes, não se confundindo

---

[19] Corte IDH. Caso Vélez Loor Vs. Panamá. Excepciones Preliminares, Fondo, Reparaciones y Costas. Sentencia de 23 de noviembre de 2010 Serie C No. 218, párr. 108.

[20] TZVETAN, Todorov. *Os inimigos íntimos da democracia*. Tradução de Joana Angelica d'Avila Melo. São Paulo: Companhia das Letras, 2012. p. 18.

com funções do Estado. E a esta, explicitamente disposta no art. 2º da Lei nº 12.830/13, que no microcosmo político democrático implica dizer em total possibilidade de exercer verdadeiro controle difuso de constitucionalidade e, no plano internacional, para efetivação dos tratados de direitos humanos, controle de convencionalidade.

Como protagonista da investigação criminal, exercendo função essencial à justiça,[21] e, portanto, um órgão de justiça criminal, o art. 2º, *caput* e seus §§4º e 5º da Lei nº 12.830/13, inauguram referências principiológicas garantidoras de direitos fundamentais do investigado, como a ideia do delegado natural, de conotação materialmente constitucional, consolidando a garantia de autonomia de decisão no feixe de atribuições necessárias ao exercício da função do Estado-investigação, função esta que serve, inclusive de contenção de outros poderes, como já ficou decidido em jurisprudência que o juiz não poderia determinar o indiciamento ao delegado por invasão de funções, conforme a 2ª Turma do STF.[22]

3 A reserva absoluta e relativa de jurisdição

O ordenamento constitucional, ao adotar o sistema acusatório como sistema processual penal norteador da *persecutio criminis* no Estado Democrático de Direito, atribui ao Estado-investigação, presentado pelo delegado de polícia, um feixe de poderes-deveres-meios, muitas das vezes de natureza decisória e também cautelar para consecução dos fins da investigação criminal, qual seja a apuração a verdade eticamente construída da infração penal e dos indícios de sua autoria.

A Constituição da República e por intermédio das normas infraconstitucionais adotou um sistema de reserva absoluta e relativa da jurisdição, ou seja, na investigação criminal haverá medidas de natureza investigatória que deverão ser decididas exclusivamente pelo Estado-juiz, hipótese de reserva absoluta, e outras medidas decididas pelo Estado-investigador, hipótese de reserva relativa, que passa por um controle posterior ao Estado-juiz.

Insta salientar que este controle posterior em algumas vezes será de ofício e em outras ocasiões somente quando provocado, que, na nossa visão, deve ser comunicado ao Judiciário imediatamente

---

[21] NICOLITT, André. *Manual de processo penal*. 5. ed. São Paulo: RT, 2014. p. 172.
[22] HC nº 115.015/SP.

após a decisão por restrição ou privação de direitos de ir e vir, ante o necessário atendimento a um sistema de dupla cautelaridade.[23] É imperioso destacar que não estamos sozinhos neste posicionamento, concordando com ele o Professor Luiz Flávio Gomes.[24]

Por oportuno, registramos que a natureza cautelar de atos administrativos não é novidade na doutrina de João Gualberto Garcez:[25]

> O inquérito policial é uma medida complexa, pois é formada por diversas outras medidas, todas direcionadas à sua meta optata: servir de base e apoio a atividades que se desenvolverão em juízo. Não parece, outrossim, que haveria inconveniência em designar o inquérito policial como um procedimento administrativo cautelar.

Não é por outra razão que defendemos há muito tempo que o delegado de polícia não é autômato no âmbito da investigação criminal, pois a todo instante exerce função imanente de decidir, e uma das mais importantes, que dá sentido à sua função democrática, além da exclusiva função de investigar, é assegurar que ninguém será levado à prisão ou nela mantido quando for cabível liberdade provisória, ou até mesmo decidir pela não lavratura do auto de prisão em flagrante por estar calçada em prova ilícita, exercendo o papel de verdadeira *autoridade de garantias*,[26] função *tipicamente judicial*, que não se confunde com a *estritamente jurisdicional*, segundo interpretação da Corte Interamericana de Direitos Humanos,[27] conforme dialogaremos mais adiante.

---

[23] BARBOSA, Ruchester Marreiros. Audiência de custódia (garantia) e o sistema da dupla cautelaridade como direito humano fundamental. *In*: DELGADO, Ana Paula Teixeira; MELLO, Cleyson de Moraes; PACHECO, Nívea Maria Dutra (Coord). *As novas fronteiras do direito* – Estudos interdisciplinares em homenagem ao Professor Francisco de Assis Maciel Tavares. Juiz de Fora: Editar, 2015. p. 176-177.

[24] GOMES, Luiz Flávio. *Nucci, como juiz, rasgou a Convenção Americana*. Disponível em: http://luizflaviogomes.com/nucci-como-juiz-rasgou-a-convencao-americana/. Acesso em: 6 dez. 2015.

[25] RAMOS, João Gualberto Garcez. *A tutela de urgência no processo penal brasileiro*. Belo Horizonte: Del Rey, 1998. p. 260.

[26] Sobre a natureza decisória de determinados atos praticados pelo delegado de polícia citamos trabalho científico: BARBOSA, Ruchester Marreiros. O inquérito penal de garantias, sigilo e direito à informação do investigado. *Revista Síntese Direito Penal e Processual Penal*, Porto Alegre, v. 13, n. 74, jun./jul. 2012. p. 26-28. Sugerimos no referido artigo científico a alteração do nome *delegado de polícia* para *autoridade de garantias*, por não mais subsistirem as razões do termo empregado hoje, apesar de ser ainda empregado não só pelo projeto do novo Código de Processo Penal, como também pelo art. 144, §4º, da CRFB/88.

[27] Corte IDH. Caso Vélez Loor Vs. Panamá. Excepciones Preliminares, Fondo, Reparaciones y Costas. Sentencia de 23 de noviembre de 2010 Serie C N.218, par. 108. Disponível em: http://www.corteidh.or.cr/docs/casos/articulos/seriec_218_esp2.pdf. Acesso em: 8 ago. 2014.

Há um mito de que todas as garantias fundamentais para serem afastadas dependam única e exclusivamente de uma decisão primeira do Judiciário, ou seja, uma autorização prévia do juiz para que o Estado-investigação possa empregar seus métodos de investigação para alcançar sua finalidade precípua que é a apuração dos fatos.

Nem mesmo nas lições de Canotilho encontramos tamanha leviandade epistemológica.

Também não é verdade que a atuação da Polícia Judiciária seja toda ela pautada em atos urgentes, razão de algumas medidas invasivas no âmbito das garantias individuais. Qualquer medida ou mecanismo que vislumbre a reconstrução histórica dos fatos com o fim de se delinear a responsabilidade criminal em sede de investigação criminal é um caminhar para atos mais ou menos invasivos na esfera da intimidade do investigado.

Todos os atos de Polícia Judiciária devem possuir controle prévio do Judiciário? Todos são invasivos? Em qual grau se dá esta afetação de direitos e garantias fundamentais? É evidente que não é nossa pretensão esgotarmos o tema posto não ser o objeto da pesquisa, mas devemos saber com que premissa lidamos para que enveredemos um posicionamento acadêmico despido de ranços maniqueístas e não demonizarmos qualquer ato de Estado. Estes, também possuem legitimidade e não há inconstitucionalidade em se realizar controle posterior de determinados provimentos do delegado e a Constituição é o norte a ser seguido e sem que se estabeleça com isso um Estado policialesco.

A reposta gira em torno do que se entende por reserva da jurisdição. Nas lições de Canotilho e Paulo Castro Rangel, esta se divide em relativa (reserva de Tribunal) e absoluta (reserva de juiz). A distinção, em síntese, consiste em se compreender que na absoluta a ingerência na esfera subjetiva das pessoas é realizada primeiramente pelo juiz, na qual é garantida a revisão desta decisão no próprio âmbito do Judiciário. Trata-se, portanto, do que ele denomina esfera da primeira e última palavra pelo Judiciário. Em outras palavras, o Judiciário é o primeiro e o último chamado a decidir, porquanto responsável pela revisão desta primeira decisão.

Na reserva relativa a ingerência é realizada por outra autoridade pública, podendo ser revisada pelo Judiciário. Neste caso a revisão se dará por ato de ofício, por força de lei, ou por provocação do interessado. Vale a pena trazer à colação a explicação do festejado autor, *ipsis literis*:

Esta garantia de justiça tanto pode ser reclamada em casos de lesão ou violação de direitos e interesses particulares por medidas *e decisões de outros poderes e autoridades públicas (monopólio da última palavra contra actos do Estado)* como em casos de litígios particulares e, por isso, carecidos de uma decisão definitiva e imparcial juridicamente vinculativa (monopólio da última palavra em litígios jurídicos-privados).[28] (Grifos nossos)

A conclusão do estudo em Canotilho e Paulo Castro Rangel nos permite inferir que a Constituição definirá quais direitos estarão sob a exigência de uma reserva absoluta e quais sob a reserva relativa.

Esta distinção é de suma importância para se delinear o liame dos atos do Estado-investigação como ator da primeira palavra, sendo o Judiciário o detentor, sempre, da última palavra. A última palavra não se confunde com o princípio da inafastabilidade de controle jurisdicional ou o princípio de acesso à justiça.

A reserva de jurisdição tem relação com o princípio da separação de poderes, ou seja, o atuar do Estado-investigação sem interferência do Judiciário, ponto nodal de um princípio republicano e, no âmbito do processo penal, do acusatório, sob pena de se retroceder a um sistema de juizado de instrução.

Em outras palavras, o estudo da reserva de jurisdição, ao mesmo tempo que não afasta o princípio da inafastabilidade, posto que eventual ato que viole ou ameace direito de alguém, possa esta pessoa se socorrer do Poder Judiciário, não significa que o sistema já defina previamente a função do Estado-investigação, estabelecendo previamente atos que somente devam ser analisados *a posteriori*, como exemplo, o esgotamento das vias administrativas nos casos de ações relativas à justiça desportiva, conforme art. 217, §1º, da CR ou a contrariedade à súmula vinculante, conforme art. 7º, §1º, da Lei nº 11.417/06 ou o manejo do *habeas data* sem a prova *anterior indeferimento do pedido de informação de dados pessoais, ou da omissão em atendê-lo*, conforme art. 8, parágrafo único, da Lei nº 9.507/97.

O desafio é traçar limites ou situações nas quais o órgão será detentor da primeira palavra na investigação criminal, ou seja, o Estado-investigação ou o Estado-juiz, já que este exercerá sempre a última palavra, seja de quem for a primeira (delegado ou juiz).

---

[28] CANOTILHO, J. J. Gomes. *Direito constitucional e teoria da Constituição.* 7. ed. 11. reimpr. Coimbra: Almedina, 2012. p. 584.

4 Prisão em flagrante como reserva relativa de jurisdição

Um dos temas mais polêmicos sobre este limite está na decisão sobre o afastamento da reserva da intimidade de maneira geral em razão do art. 5º, X da CR, como exemplo o afastamento de sigilo sobre a identificação de usuários de telefonia, e seus dados correspondentes.

A este respeito defendemos que o Estado-investigação possui a primeira palavra por se tratar de uma reserva relativa da jurisdição, sendo a absoluta, jungida às hipóteses do conteúdo das relações, mas não seus vestígios, como os dados referentes a com quem os interlocutores se comunicaram. É esse o sentido do sigilo das comunicações telefônicas, telegráficas e telemáticas previsto no art. 5º, XII, CR.

A doutrina já aponta esta interpretação, conforme se destaca a seguir:

> Pelo sentido inexoravelmente comunicacional da convivência, a vida privada compõe, porém, um conjunto de situações que, usualmente, são informadas sem constrangimento. São dados que, embora privativos – como o nome, endereço, profissão, idade, estado civil, filiação, número de registro público oficial, etc., condicionam o próprio intercâmbio humano em sociedade, pois constituem elementos de identificação que tornam a comunicação possível, corrente e segura. Por isso, a proteção desses dados em si, pelo sigilo, não faz sentido.[29]

Por uma questão de premissa e não de conclusão, ousamos discordar da conclusão do ilustre jurista sobre a sua perspectiva de privacidade. Na verdade, esses dados podem estar protegidos pelo sigilo, posto que a ninguém é resguardado o direito de ter acesso a essas informações acaso o usuário não conceda autorização para divulgação de suas informações, seus dados.

No entanto, tais sigilos, em verdade não estão sujeitos à reserva absoluta da jurisdição, mas sim sob a reserva relativa, o que significa dizer que o Estado-investigação tem o poder-dever de requisitar tais informações no profícuo propósito de identificar os sujeitos (autor,

---

[29] FERRAZ JUNIOR, Tercio Sampaio. Sigilo de dados: o direito à privacidade e os limites à função fiscalizadora do estado. *In*: PIZOLIO, Reinaldo; GAVALDÃO JR., Jayr Viégas (Coord.). *Sigilo fiscal e bancário*. São Paulo. Quartier Latin, 2005. p. 28-29.

partícipe e vítimas) relacionados ao fato crime, como se depreende da inclusão do art. 13-B, §4º no CPP, pela Lei nº 13.344/16.

Impende salientar que estamos diante do debate sobre o exercício do poder de investigação, sem que isso seja uma afronta aos direitos e garantias fundamentais à Constituição. Não se trata, ainda, de inafastabilidade de controle jurisdicional, posto que essa etapa é posterior ao resultado da coleta de evidências e independente de arguição de violação por alguém, que deve obedecer ao princípio da eficiência, sob pena de se estabelecer os fins da investigação, sem provê-los de meios.

Ao Estado-investigação é permitido enveredar por medidas invasivas, e que eventualmente estejam relacionadas ao sopesamento de direitos e que devam decidir qual deles tenha que prevalecer, quando a estes direitos não tenha sido albergada prioritariamente a primeira palavra ao Judiciário, como exemplo a interceptação telefônica, a qual a Constituição definiu como hipótese de reserva absoluta.

Até mesmo a busca e apreensão domiciliar é muito bem delineada em relação ao que está sobre a reserva absoluta e relativa de jurisdição, haja vista que o próprio constituinte originário autoriza que a decisão sobre a busca tenha como primeira palavra o Estado-investigação, nas hipóteses delineadas pela concepção do flagrante delito, e, naquelas fora deste contexto, a primeira palavra pertence ao Judiciário. Como se percebe, tema que gravita em torno do exercício do poder investigativo no sistema acusatório e não da inafastabilidade do controle jurisdicional.

Primeira ou última palavra implica dizer quem definirá a constitucionalidade ou não desta decisão de determinar ou legitimar a busca e apreensão domiciliar e não quem a executa. Defendemos essas hipóteses aqui elencadas como exemplo de tutelas da esfera de decisão do delegado de polícia como a autoridade que possua a atribuição da primeira palavra, seja para determinar ou para exercer o controle de legitimação da medida executada por terceiros, como agentes da autoridade que não façam parte da instituição da Polícia Judiciária, como agentes patrulheiros ou particulares.

Outro exemplo de como se efetiva a primeira palavra definida pelo delegado de polícia, numa hipótese de reserva relativa, podemos destacar o instituto do Código de Processo Penal da "prisão em flagrante".

Imagine que seja levado ao conhecimento do delegado um fato narrado por agentes da autoridade de Polícia Judiciária, como exemplo, agentes da polícia militar, do soldado ao coronel, qualquer do povo, fato, em tese, apreciado por eles como flagrante delito, conduzindo coercitivamente um suspeito de furtar um relógio.

Orientados pela própria vítima, chegaram à casa do suspeito, que não possuía muros, e lá chegando, viram pela janela que o relógio objeto do crime estava no interior da residência em cima da cômoda. Os agentes, de cujo cargo não é exigida formação de bacharel em direito, embora alguns deles possam tê-la, supondo estar o suspeito em situação de flagrante delito, ingressam na residência, apreendem o bem e conduzem o homem até a presença do delegado, narrando este fato. Narra a vítima que o furto teria ocorrido há duas semanas.

Ora, não há outra resposta senão entender que se trata de uma prova ilícita, pela simples razão de o ingresso em domicílio ter ocorrido fora das hipóteses flagranciais elencadas no art. 302 do CPP, haja vista que o crime de furto é instantâneo e a utilização do objeto é mero exaurimento dele.

O delegado nesta hipótese não poderia lavrar auto de prisão em flagrante. Trata-se de uma hipótese em que o conduzido coercitivamente, em regra, algemado, será imediatamente libertado por se tratar de uma captura ilegal, cujas evidências sequer poderão ser utilizadas como prova para justificar eventual justa causa para a denúncia ou queixa (ação penal subsidiária).

Este exemplo deixa muito claro que foi o delegado de polícia quem decidiu pela não detenção em flagrante e atendeu à Constituição da República, de cuja norma anuncia em seu art. 5º, LXI, que ninguém será *preso senão em flagrante delito*.

Salientamos que o art. 301, do CPP, faculta que a captura e condução coercitiva possa ser efetivada por qualquer pessoa, dispensando qualquer conhecimento jurídico, inclusive, contudo a detenção com a segregação cautelar da liberdade somente pelo delegado de polícia, obrigatoriamente bacharel em direito, conforme detalharemos mais adiante.

Como já dissemos na obra jurídica *Diálogos jurídicos na contemporaneidade*,[30] é plenamente pacífico o convívio de medidas cautelares sob a gestão da autoridade de garantias e o monopólio da jurisdição,

---

[30] BARBOSA, Ruchester Marreiros. Poder geral de natureza administrativo-cautelar pelo delegado de polícia e sua função inerente ao sistema acusatório garantista. *In*: MELLO, Cleyson de Moraes; GÓES, Guilherme Sandoval (Coord.). *Diálogos jurídicos na contemporaneidade* – Estudos interdisciplinares em homenagem ao Professor José Maria Pinheiro Madeira. Juiz de Fora: Editar, 2015. p. 252.

ou seja, coexistem no ordenamento constitucional mecanismos aptos a ensejar um procedimento investigatório criminal com autonomia e efetividade garantista, nas quais engendram decisões fora da reserva absoluta da jurisdição, sob controle posterior.

Em outras palavras, a reserva absoluta da jurisdição não significa que o Estado-investigação não possa praticar atos de natureza decisória na esfera de direitos fundamentais,[31] pelo contrário, a Constituição e as normas infraconstitucionais preveem *medidas acautelatórias* sob a nomenclatura indiscriminada de *requisições* pelo delegado de garantias, *v.g.*, arts. 23, VII; 30; 31, §4º; 32 e 33, III, todos da Lei nº 12.527/11; art. 17-B da Lei nº 12.683/12; art. 2º, §2º da Lei nº 12.830/13; art. 15 da Lei nº 12.850/13 e art. 13-B, §4º do CPP, introduzido pela Lei nº 13.344/16, mas que a toda evidência estão no âmbito da reserva relativa de jurisdição, cujos atos são praticados sem prejuízo do controle judiciário.

Não nos deixa mentir a decisão do STF, da lavra do eminente constitucionalista Min. Luís Roberto Barroso, por ocasião do julgamento do HC nº 124.322/RS, a qual não deixou dúvidas de que a obtenção direta de dados cadastrais telefônicos pelo delegado de polícia não configura quebra de sigilo das comunicações telefônicas, estas sob a reserva absoluta da jurisdição.

Ao negar seguimento ao referido *writ*, o ministro confirmou jurisprudência da Corte,[32] consignando que o fornecimento de registros sobre hora, local e duração de chamadas, ainda que sem decisão judicial, não contraria o art. 5º, XII, da Constituição da República, que protege apenas o conteúdo da comunicação telefônica. Esta decisão ratificou, no caso concreto, o mesmo posicionamento do STJ[33] e do TRF da 4ª Região,[34] consequentemente, também excluiu da reserva absoluta da jurisdição que o fornecimento de tais dados violariam o art. 5º, X da CR, por se tratar de uma decisão do Estado-investigação.

Como demonstramos, nosso sistema jurídico interno, seja pela Constituição, ou legislação infraconstitucional, bem como a doutrina e a

---

[31] Sobre a natureza decisória de determinados atos praticados pelo delegado de polícia citamos trabalho científico: BARBOSA, Ruchester Marreiros. O inquérito penal de garantias, sigilo e direito à informação do investigado. *Revista Síntese Direito Penal e Processual Penal*, Porto Alegre, v. 13, n. 74, jun./jul. 2012. p. 10-17.

[32] Pedido de Reconsideração no MS nº 23.576/DF. Rel. Min. Celso de Mello, 14.12.1999; STF, MS nº 23.851-8/DF. Rel. Min. Celso de Mello, Pleno, Ementário nº 2074-2. *DJ*, 21 jun. 2002.

[33] HC nº 131.836/RJ. Rel. Min. Jorge Mussi, 4.11.2012. *DJe*, 6 abr. 2011 e cf. voto no MS nº 21.729, Pleno, 5.10.1995. Red. Néri da Silveira. *RTJ*, 179/225, 270.

[34] HC nº 0002029-54.2012.404.0000/RS. Rel. Juiz Fed. José Paulo Baltazar Junior, 7ª T. *DJe*, 31 maio 2012. p. 563.

jurisprudência, deixam evidenciar a existência de medidas acautelatórias sob a gestão do delegado, consequentemente o reconhecimento do poder geral cautelar administrativo como função imanente à investigação criminal, verdadeiro elemento de democraticidade, para além de um sistema acusatório.

5 A função materialmente judicial na conversão da captura para a detenção em flagrante

Atualmente a *prisão em flagrante* tomou contornos muito mais cautelares diante das inovações legislativas, notadamente por conta da Lei nº 12.403/11, e não o contrário, como vem preconizando parcela da doutrina, que lê o instituto como medida pré-cautelar, que se pauta na equivocada retórica da judicialização como única forma de efetivação das liberdades públicas e não na judicialização como escopo da reserva relativa de jurisdição, porquanto mecanismo de controle da salvaguarda das garantias e não como mecanismo de salvaguarda das garantias em si, sob pena de engessamento da efetivação das garantias fundamentais da vítima, por exemplo, em regra esquecida de ser protegida no âmbito do processo penal.

Alertamos à crescente emancipação da prisão em flagrante como antecipação de pena e aos contornos que vem tomando na qualidade de maior cautelaridade da detenção em flagrante em razão da ênfase e atenção aos tratados de direitos humanos, notadamente à Convenção Americana de Direitos Humanos e o Pacto Internacional de Direitos Civis e Políticos, ambos ratificados pelo Brasil, há aproximadamente mais de 20 anos, mas somente agora nossos juristas resolveram se debruçar sobre eles, lamentavelmente, ainda em sua literalidade, e não estudando os precedentes da Corte IDH (Corte Interamericana de Direitos Humanos) e da CID (Comissão Interamericana de Direitos Humanos).

O Pacto de San Jose da Costa Rica passou por uma (re)análise histórica em 3.12.2008 pelo Pleno do STF, em que julgou em sede do HC nº 87.585-TO e RE nº 466.343-SP que a referida norma internacional, por ter sido ratificada antes da Emenda Constitucional nº 45/04 e ter adotado o rito legislativo de lei ordinária e, portanto, formalmente contrário ao art. 5º,§3º da CR, possui, então, *status* de norma supralegal, não obstante toda a doutrina de direito internacional público entender que o referido documento goza de *status* de norma materialmente constitucional.

Diante deste quadro constitucional e o novo *status* dos tratados sobre direitos humanos (antes de 2008 o STF entendia que a CADH tinha *status* de lei ordinária), surge um novo paradigma a respeito da hierarquia das leis e a Constituição, fortalecendo, por um lado, o apego pelo positivismo do século XIX, representado pela pirâmide de Kelsen,[35] mas, por outro lado, ao editarem a Súmula Vinculante nº 25, sacramentaram a lógica da "permeabilidade do trapézio centrado no human rights approach", oriunda do diálogo das fontes[36] de Erik Jayme em exclusão ao critério de solução de conflito de normas clássico.

Flávia Piovesan afirma categoricamente que o Estado deve adotar emergencialmente um novo paradigma jurídico, saindo "da hermética pirâmide de Kelsen centrada no state approach à permeabilidade do trapézio centrado no Human rights approach".[37]

Neste sentido, o delegado de polícia no exercício de sua função deve se localizar como garantidor de direitos fundamentais e humanos, sob o prisma do *human centered approach*, a lógica empregada por Norberto Bobbio,[38] qual seja *lente ex parte populi*, que significa que o Estado serve e protege direitos e não o oposto, ou seja, hodiernamente o Estado deve abandonar a lógica imanente da *lente ex parte principe*.

Mesmo diante da necessidade de se incluir os tratados e convenções sobre direitos humanos formalmente entre a Constituição e as leis, o que significa, em outras palavras, é que esses tratados estão acima das leis federais e, portanto, acima do Código de Processo Penal.

Associado ao dever de cotejo dos documentos internacionais com a Constituição da República e suas jurisprudências constitucionalizantes, *v.g.*, ADPF nº 54, nosso constituinte originário adotou um sistema, oriundo de uma ponderação de valores, também, originária, que comporta a previsão de uma reserva absoluta e outra relativa da jurisdição, ou seja, há no ordenamento, como ocorre na investigação criminal, medidas

---

[35] GOMES, Luiz Flávio. *Controle de convencionalidade*: STF revolucionou nossa pirâmide jurídica. Disponível em: http://www.oab.org.br/editora/revista/users/revista/1242742038174218181901. pdf. Acesso em: 14 fev. 2016.

[36] MARQUES, Claudia Lima. *Manual de direito do consumidor*. 2. ed. rev., atual. e ampl. por Antonio Herman V. Benjamin, Claudia Lima Marques e Leonardo Roscoe Bessa. São Paulo: Revista dos Tribunais, 2009. p. 89-90.

[37] MARINONI, Luiz Guilherme; MAZZUOLI, Valério de Oliveira (Coord.). *Controle de convencionalidade*: um panorama latino-americano: Brasil, Argentina, Chile, México, Peru, Uruguai. Brasília: Gazeta Jurídica, 2013. p. 118.

[38] BOBBIO, Norberto. *Era dos direitos*. Tradução de Carlos Nelson Coutinho. Rio de Janeiro: Campus, 1998. p. 120.

com finalidade investigatória que deverão ser decididas exclusivamente pelo Estado-juiz, como a interceptação telefônica, hipótese de reserva absoluta, e outras medidas decididas pelo Estado-investigador, como a detenção[39] em flagrante, hipótese de reserva relativa, que passa por um controle posterior do Estado-juiz, autorizando a adoção do que denominamos *sistema de dupla cautelaridade*.[40]

Este sistema também é apontado pelo jurista Luiz Flávio Gomes,[41] que, citando-nos em artigo de sua lavra sobre audiência de custódia, deixa clara a sua manifestação pela total constitucionalidade de se reconhecer o poder decisório de liberdade provisória pelo delegado, que por sua vez possui natureza de contracautela.

Passemos à análise da "prisão em flagrante".

6 Natureza jurídica da prisão em flagrante

Após a edição da Lei nº 12.403/11 e a consequente previsão no art. 310, II do CPP da conversão da prisão em flagrante em prisão preventiva, parte da doutrina passou a entender que essa modalidade de detenção teria perdido sua natureza cautelar e passado a se vestir de conteúdo pré-cautelar.

Antes da Lei nº 12.403/11 a comunicação da prisão em flagrante ao juiz tinha por finalidade o exame sobre a legalidade e formalidade da prisão, sem maiores fundamentações sobre a necessidade de manutenção da prisão cautelar, transformando-se, na prática em uma prisão automática, em face da frequente omissão judicial de não esposar os motivos do *periculum libertatis*, tonando esse fundamento implícito e, por isso, criticado pela doutrina.

Contudo, a nova redação sobre essa regra, qual seja, "converter a prisão em flagrante em preventiva", prevista no dispositivo em comento,

---

[39] Abordaremos o termo *detenção* à luz dos tratados internacionais de direitos humanos e não conforme a doutrina brasileira e nossa Constituição o fazem, que, por sua vez, não distinguem captura, detenção e prisão, o que viola o conjunto de princípios da ONU para pessoas nessas circunstâncias.

[40] BARBOSA, Ruchester Marreiros. Audiência de custódia (garantia) e o sistema da dupla cautelaridade como direito humano fundamental. *In*: SOUZA, David Tarciso Queiroz de; GUSSO, Rodrigo Bueno (Coord.). *Estudos sobre o papel da Polícia Civil em um Estado Democrático de Direito*. Florianópolis: Empório do Direito, 2016.

[41] GOMES, Luiz Flávio. *Nucci, como juiz, rasgou a Convenção Americana*. Disponível em: http://luizflaviogomes.com/nucci-como-juiz-rasgou-a-convencao-americana/. Acesso em: 29 nov. 2016.

obriga o juiz a fundamentar o resultado da análise da prisão em flagrante, e como não o fazia, antes da Lei nº 12.403/11, a nova redação incluiu o instituto da prisão preventiva na redação do art. 310, II do CPP.

Nesta feita, ao assim dispor, impeliu o Judiciário à obrigatoriedade da motivação ante a nova denominação de "conversão em prisão preventiva", inclusive, trouxe a reboque a redação do art. 315 do CPP, substituindo a nomenclatura anterior que se referia a "despacho" para "decisão", justamente para forçar a alteração de uma prática anterior de "despachar" (despacho não precisa fundamentar) a prisão em flagrante, para "decidir" (precisa de fundamento) sobre a cautelaridade da medida.

Não obstante, a mesma doutrina que atribui essa nova natureza jurídica à prisão em flagrante denomina a liberdade provisória, seja pelo delegado ou juiz, de contracautela.

Não nos parece coerente tal assertiva. Ora, se a liberdade provisória é reconhecidamente uma contracautela, isso significa, então, que a *detenção* em flagrante decidida pelo delegado de polícia possui natureza cautelar. Ou, então, em nome da lógica, a liberdade provisória deveria ser denominada medida *contra-pré-cautelar.*

Não enxergamos amparo teórico ôntico-ontológico na teoria geral das cautelares para esta conclusão, salvo se o intérprete transportar, de maneira inadequada, categorias do processo civil para o processo penal, confusão que é muito comum e prática corriqueira nos manuais de processo penal.

A doutrina, sabedora deste equívoco epistemológico, no escólio de Aury Lopes Jr.,[42] apresenta o ponto de tensão desta distinção: "São a ausência da liberdade e a relação de poder instituída (em contraste com a liberdade e a igualdade) os elementos fundantes de uma diferença insuperável entre processo civil e o penal".

Neste jaez é forçoso concluir que estes elementos indicadores se distinguem do processo civil, porém são ponto comum à investigação criminal, porquanto de processo penal se trata.

Isso significa dizer que não resta outra inferência senão admitir que a investigação, ao menos, possui o que denominamos *zonas de interseção processual*, consequentemente, medidas de caráter cautelar, principalmente quando o instituto é o da *liberdade*, notadamente, por força constitucional, art. 5º, LXVI, ao delinear que "ninguém será levado

---

[42] LOPES JR., Aury. *Direito processual penal e sua conformidade constitucional.* 8. ed. Rio de Janeiro: Lumen Juris, 2011. v. 1. p. 30.

à prisão ou nela mantido, quando a lei admitir a liberdade provisória, com ou sem fiança".

Destacamos, no entorno da reserva de jurisdição que a garantia constitucional da liberdade não depende só e exclusivamente do juiz, porquanto o inc. LXVI foi claro em asseverar que será a "lei" e não o juiz que irá definir o cabimento da liberdade, o que nos permite concluir que essa garantia não está sob a reserva absoluta da jurisdição, podendo a lei permitir que o delegado a conceda, seja em que modalidade for.

Notadamente, o instituto da liberdade provisória assume a posição político-criminal, principalmente após a Lei nº 12.403/11, de regulamentação como medida cautelar pelo delegado de polícia, porém de maneira restrita, criando verdadeira proibição *ex lege* de liberdade provisória a qualquer crime, e de maneira indevida, haja vista a ausência de reserva absoluta da jurisdição para o instituto da liberdade, seja ela plena ou provisória.

Por uma questão de coerência, se a doutrina é uniforme em entender que a liberdade provisória é uma espécie de medida cautelar, na qualidade de contracautela,[43] não há outra conclusão lógica senão a de admitir que o delegado de polícia, ao conceder liberdade provisória, seja mediante fiança ou não, emite uma decisão de natureza cautelar, por decorrência da natureza precária da sua própria decisão de detenção, após a apresentação da pessoa capturada ou conduzida coercitivamente, em aparente estado de flagrante, avaliação jurídica esta que está a cargo somente do delegado de polícia.

Após o procedimento de lavratura do *auto de prisão em flagrante*, restando presentes os indícios de autoria e prova do crime por crime cuja pena máxima seja superior a 4 anos, a norma processual penal, equivocadamente, proíbe liberdade provisória *ex lege* pelo delegado de polícia, obrigando-o a emitir uma ordem de detenção com a emissão da nota de culpa, criando uma figura detentiva desprovida de caráter processual, não obstante ainda ter natureza provisória, contudo de flagrante efeito antecipatório da pena. Verdadeira *tutela penal antecipada*, por sua vez, eivada de inconstitucionalidade.

O encarceramento do detido é um efeito da ordem de detenção e consequente emissão da nota de culpa, verdadeira fundamentação da ordem de detenção. Seja esta ordem emanada de autoridade

---

[43] TÁVORA, Nestor; ALENCAR, Rosmar Rodrigues. *Curso de direito processual penal*. 10. ed. Salvador: JusPodivm, 2015. p. 920.

administrativa ou judiciária, o rótulo não altera o conteúdo e a finalidade, porquanto autorizado pela Constituição, a questão gira sob a legitimidade do poder dever do Estado-investigação, instituído pelo poder constituinte originário, portanto do sistema democrático.

Não é por outro motivo que o legislador reconheceu em nosso ordenamento que o delegado de polícia realiza *análise jurídica do fato e suas circunstâncias*, conforme conteúdo do disposto no art. 2º, *caput* e §1º da Lei nº 12.830/13, cujo sentido é atribuir ao cargo função de hermeneuta das circunstâncias fáticas com profícuo propósito de engendrar contornos jurídicos aos atos do Estado-investigador, atos de poder de polícia, revestidos de autoexecutoriedade e atos jurídicos revestidos de hermenêutica constitucional e convencional.[44]

Não à toa o governador do estado do Rio de Janeiro, consolidando o conteúdo da análise técnico-jurídica previsto na Lei nº 12.830/13 por meio do Decreto nº 46.601, de 18.3.2019, publicado em 19.3.2019, esclareceu que é poder-dever do delegado de polícia dar efetividade às garantias fundamentais e de direitos humanos em sede de investigação criminal, *ipis literis*:

> Art. 4º À Polícia Civil incumbe, com exclusividade, as funções de polícia judiciária, exceto as relacionadas às infrações penais militares, cabendo-lhe garantir:
> a) a *proteção à dignidade humana;*
> b) o *respeito e a proteção dos direitos humanos;*
> c) a promoção dos direitos e garantias fundamentais;
> d) a preservação da ordem e segurança públicas, a incolumidade das pessoas e o patrimônio; e,
> e) o *respeito e obediência ao ordenamento jurídico.*

A doutrina de direitos humanos vem evoluindo e reconhece a possibilidade de controle de convencionalidade de leis pelo delegado de polícia, conforme os estudos do Prof. Dr. Valério Mazzuoli,[45] precursor do tema controle de convencionalidade no Brasil:

> Certo, portanto, é que tanto a Polícia Federal quanto a Polícia Civil têm o dever de aplicar as garantias previstas nos tratados internacionais de direitos humanos ratificados pelo Brasil no exercício de suas funções, da

---

[44] MAZZUOLI, Valério de Oliveira. Teoria geral do controle de convencionalidade no direito brasileiro. *Revista Informação Legislativa*, Brasília, ano 46, n. 181, p. 113-137, jan./mar. 2009.

[45] MAZZUOLI, Valério de Oliveira. *Curso de direitos humanos*. 4. ed. São Paulo: GEN/Método, 2017. p. 464-469.

mesma forma que também devem destinar aos cidadãos (investigados, detidos etc.) todas as garantias estabelecidas pela Constituição Federal.

Assim, não há dúvida ter a Polícia Judiciária papel importante a desempenhar na defesa dos direitos humanos, à luz tanto da Constituição Federal quanto dos tratados internacionais de direitos humanos ratificados e em vigor no Brasil. [...] Poderá o Delegado de Polícia, assim, detectar a inconvencionalidade de norma interna que inviabilize, v. g., a efetivação de uma garantia amparada pelo sistema internacional de proteção de direitos humanos.

O decreto espanca de vez o discurso de senso comum e de tradição fulcrada na mentalidade do século XIX de que a aplicação da lei seja cega e antissistêmica ao dispor explicitamente que cabe ao delegado de polícia, frise-se, a obediência ao ordenamento jurídico, isto é, o direito como sistema, incluindo todas as fontes da norma, cuja interpretação acarreta, por fim, um resultado de hermenêutica jurídica, considerando os efeitos concretos das jurisprudências dos Tribunais Superiores, princípios constitucionais, tratados e convenções internacionais de direitos humanos, que por sua vez são declaradamente normas supralegais, quando não aprovadas na forma do art. 5º, §3º da CR/88.

Realizadas essas premissas, destacamos como característica do auto de prisão em flagrante a exclusividade do exercício da função jurídica e exclusiva de Estado pelo delegado de polícia, tendo em vista que o ordenamento jurídico atribui a esse cargo o único provido da função de se pronunciar juridicamente sobre os fatos, aplicando a lei ao caso concreto, função essa materialmente judicial, restando não recepcionado pela Constituição o art. 307 do CPP.

Não olvidamos em sistematizar, neste contexto, a estrita legalidade inserida no art. 37 da CR, segundo o qual a Administração Pública age somente quando autorizada por lei. Neste aspecto, a Lei nº 12.830/13 pode ser entendida como a *ponte de diamante*, por ser uma norma que contém o núcleo duro irrenunciável ao direito de liberdade ante a exclusividade da análise jurídica da captura/condução coercitiva do imputado pelo delegado, restando inconvencional qualquer norma que crie obstáculos ao exercício desta função pelo delegado de polícia, devendo ser aplicada pelo delegado a fonte que maior garantia possa ser efetivada em nome do princípio *pro homine*.[46]

---

[46] MAZZUOLI, Valério de Oliveira. *O controle jurisdicional da convencionalidade das leis*. 3. ed. rev., atual. e ampl. São Paulo: Revista dos Tribunais, 2013. p. 146.

Neste condão, defendemos a total possibilidade de se afastar norma que crie obstáculo à efetivação de direito de liberdade, como é o caso do art. 322 do CPP, que limita irracionalmente a análise do direito de liberdade do suspeito capturado em sede policial apenas para os crimes cuja pena máxima não ultrapasse 4 anos, criando distinção arbitrária, despida de fundamentação lógica e razoável.

Nos parece que essa percepção está sendo observada pelos olhos mais atentos do Poder Judiciário, ao concordar conosco em um caso em que realizamos controle de convencionalidade em uma hipótese de flagrante tráfico privilegiado, na qual concedemos liberdade provisória com dispensa de fiança, conforme pode se conferir nos autos do Processo nº 0005629-82.2019.8.19.0066[47] da Comarca de Vara Única de Piraí, estado do Rio de Janeiro, na qual destacamos trecho da decisão:

> [...] cabe ao Delegado, primeira autoridade em contato com o fato, tipificá-lo segundo o exame técnico das circunstâncias fáticas, o que abarca, além destas, a autoria e materialidade. Nesta toada, deverá proferir decisão fundamentada recolhendo o suposto autor do fato à prisão ou liberando-o, o que poderá ser feito com ou sem fiança, nos claros termos do art. 304, §1º do CPP. [...].

Ante o ineditismo do caso e sua complexidade, pedimos vênia ao leitor para transcrever parte importante da decisão acima referida. Prossegue a magistrada:

> A excepcionalidade da questão em espécie resta demonstrada pela extensa fundamentação da autoridade policial, a qual proferiu decisão exaustiva e de profunda cognição (mais de 50 páginas), analisando todos os elementos e circunstâncias fáticas do rotineiro delito de tráfico de entorpecentes, e não apenas a quantidade apreendida (1,8kg de cocaína - fls. 19). Curioso que para garantir-se um direito fundamental, o direito à liberdade, insculpido no caput do art. 5º da Constituição Federal, necessite um operador do Direito, o Delegado de Polícia, com competência técnica para tal (pois graduado nesta área), se prolongar por tanto e tão intensamente na fundamentação, quando em verdade, a restrição dos direitos fundamentais é que deveria demandar tamanha dedicação. No entanto, de fato, na forma como vige o sistema penal hoje, a liberdade concedida sem o mínimo de fundamento plausível, o que não é o caso, frise-se, ensejaria estranheza e desconfiança nos demais personagens

---

47   Decisão disponível no *site*: www.tjtj.jus.br.

processuais envolvidos, inclusive nesta magistrada que aqui decide.

Todavia, como dito, a situação posta demandou aprofundado exame do contexto da prática delitiva imputada, o que não se vê comumente em situações semelhantes, notadamente as flagranciais. Dessa forma, não vislumbro, sob esse prisma, o cometimento de qualquer ilegalidade, como sustenta o Ministério Público, o que faz sem apontar embasamento jurídico, pois limita-se a afirmá-la, sem fundamentar no que se revelaria tal ilegalidade. Quanto à manifestação ministerial, ainda, esta sustenta a necessidade de prisão ('restabelecimento do flagrante'), mas baseada tão somente na gravidade em abstrato do delito (tráfico de considerável quantidade de entorpecente), o qual é fundamento absolutamente inidôneo para decretação da prisão preventiva. A gravidade abstrata do crime não justifica a custódia cautelar, notadamente se for dissociada de elementos concretos e individualizados. E foram destes que se ocupou o Delegado de Polícia. Em sentido contrário, nada constatou o Ministério Público, ou mesmo indicou para sustentar o pedido de 'restabelecimento de flagrante'. A irresignação do Parquet restringe-se ao delito em si, ao inconformismo social habitualmente presente nestes casos, como se depreende da cota de fls. 106-v, ao afirmar que 'O tráfico não escole' (sic). Note-se que, quanto ao pedido ministerial ('restabelecimento do flagrante'), não encontra este respaldo no ordenamento jurídico, revelando-se juridicamente impossível, já que além de não possuir previsão para tanto, a situação flagrancial revela-se como situação fática, impossível de ser ressuscitada. Desta forma, eventual reversão da decisão da autoridade policial ocorreria por decretação da prisão preventiva pelo magistrado. Nos autos não restaram demonstrados, num juízo de cognição inicial, qualquer periculosidade da indiciada, que possui bons antecedentes, é ré primária, não possui núcleo familiar relacionado ao tráfico (consulta de fls. 24/37) e possui filho de 1 ano e 2 meses, que a acompanhava no momento do flagrante. Assim, possuindo também residência fixa (fls. 17, 22 e 23) e tendo firmado compromisso de comparecimento nos autos quando instada a tanto (fls. 12), não vislumbro razão para ser decretada a custódia preventiva, a qual se revelaria como típica antecipação de cumprimento de pena, já que emanada apenas de um juízo geral e frequente de reprovabilidade da conduta considerada socialmente grave, sem outros fundamentos a sustentá-la. Os direitos fundamentais são justamente contrapesos à vontade da maioria, por darem primazia ao indivíduo, considerado singularmente como um fim em si mesmo. Antes de pertencer à esfera social, o ser humano possui direitos fundamentais pela sua simples condição de pessoa. Esse é o mote dos direitos humanos. Por meio da função contramajoritária, os direitos fundamentais servem justamente como um 'escudo protetor' em face da vontade da dita maioria, isto é, existem justamente para contê-la, e no caso em apreço esta se revelaria pelo costumeiro decreto de prisão preventiva em virtude da flagrância por tráfico de entorpecente. O ministro do Superior Tribunal de Justiça, Luis Felipe Salomão, em entrevista recente afirmou que os juízes devem dar 'uma interpretação mais expansiva quando é um caso de afirmação de direitos fundamentais em posições contramajoritárias', e é disto que se trata a presente decisão. Ao contrário do que sustenta o Ministério Público, então, não se vislumbra qualquer fator de ordem concreta que recomende a custódia cautelar da indiciada, diante da possibilidade, inclusive, de deferimento de medidas alternativas por ocasião da deflagração do processo penal, hipótese em que, frustradas, poderá ser decretada a prisão nos termos do art. 312, parágrafo único do CPP, bem como se verificado que aquela se furta à aplicação da lei penal, o que igualmente autorizaria o decreto em tela. Assim, HOMOLOGO a prisão em flagrante de RVF, bem como a liberdade provisória já aplicada. Retornem ao Ministério Público para ciência e oferecimento da denúncia.

7 Fase formal da lavratura do autor de detenção em flagrante

Os tratados e precedentes da Corte IDH reconhecem expressamente a legitimidade de órgãos não jurisdicionais que exerçam a função igualmente jurídica e "materialmente judicial",[48] de deter e soltar.

Não é por outra razão que o pacto dispôs sobre o direito dos detidos de se socorrerem de juízes e tribunais acaso as decisões daqueles órgãos que avaliaram a condução do capturado perante o juiz ou outra autoridade autorizada por lei a exercer funções judiciais, prevista no art. 7.5, determinem a manutenção da detenção ou sua decretação se socorra da revisão "sem demora" a um juiz (no caso da decisão por outra autoridade/delegado) ou tribunal (no caso de decisão de um juiz), conforme o art. 7.6 do Pacto de San Jose da Costa Rica, *verbis*:

> Toda pessoa privada da liberdade tem direito a recorrer a um juiz ou tribunal competente, a fim de que este decida, *sem demora*, sobre a legalidade de sua *prisão ou detenção* e ordene sua soltura, *se a prisão ou a detenção forem ilegais*. Nos Estados-partes cujas leis prevêem que toda pessoa que se vir ameaçada de ser privada de sua liberdade tem direito a recorrer a um juiz ou tribunal competente, a fim de que este decida sobre a legalidade de tal ameaça, tal recurso não pode ser restringido

---

[48] Corte IDH. Caso Vélez Loor Vs. Panamá. Excepciones Preliminares, Fondo, Reparaciones y Costas. Sentencia de 23 de noviembre de 2010 Serie C No. 218, párr. 142.

nem abolido. O recurso pode ser interposto pela própria pessoa ou por outra pessoa. (Grifos nossos)

Neste mesmo sentido dispõe outro documento das Nações Unidas sobre Direitos Humanos, denominado "Conjunto de Princípios para a Proteção de Todas as Pessoas Sujeitas a Qualquer forma de Detenção ou Prisão – 1988".[49] Este documento, *que elenca 39 princípios sobre pessoas, capturadas, detidas e presas*, realiza uma interpretação teleológica sobre o alcance de "ou outra autoridade autorizada por lei a exercer funções judiciais", disposto em seu anexo o princípio 11.3, *in verbis*:[50]

Para los fines del Conjunto de Principios:
Para efeitos do Conjunto de Princípios: a) *"captura"* designa o *ato de deter um indivíduo por suspeita da prática de infração ou por ato de uma autoridade*; b) *"pessoa detida"* designa a *pessoa privada de sua liberdade*, exceto se o tiver sido em conseqüência de condenação pela prática de uma infração; c) *"pessoa presa"* designa a pessoa privada da sua liberdade conseqüência de *condenação pela prática de uma infração*; d) "detenção" designa a condição das pessoas detidas nos acima referidos; e) "prisão" designa a condição das pessoas presas nos termos acima referidos; f) A expressão "autoridade judiciária ou outra autoridade" designa autoridade judiciária ou outra autoridade estabelecida nos termos cujo estatuto e mandato ofereçam as mais sólidas garantias de competência, imparcialidade e independência."
Princípio 11
1. Ninguém *será mantido em detenção* sem ter a possibilidade efetiva de ser ouvido prontamente por uma autoridade judiciária *ou outra autoridade.* A pessoa detida tem o direito de se defender ou de ser assistida por um advogado nos termos da lei.
2. *A pessoa detida e o seu advogado*, se o houver, devem *receber notificação, pronta e completa da ordem de detenção, bem como dos seus fundamentos.*
3. *A autoridade judiciária ou outra autoridade* devem ter poderes para apreciar, se tal se justificar, *a manutenção da detenção.* [...]
Princípio 13
As autoridades responsáveis pela captura, detenção ou prisão de uma pessoa, respectivamente, no momento da captura e no início da detenção ou da prisão, ou pouco depois, preste-lhe informação ou explicação sobre os seus direitos e sobre o modo de os exercer.

---

[49] Grupo de Trabalho sobre Detención Arbitraria, Conclusiones y Recomendaciones de 15 de diciembre de 2003, UN DOC E/CN.4/2004/3, párr. 86.

[50] *Site* do Alto Comissariado das Nações Unidas para os Direitos Humanos.

A expressão "no momento da captura e no início da detenção ou da prisão" denota relação de imediatidade entre o momento fático do *flagrante delito*, e a decorrente interrupção da prática criminosa com a *captura* do agente por qualquer pessoa, o que nos permite concluir esteja o conjunto de princípios se referindo a outra autoridade autorizada por lei a exercer função judicial. Ora, nosso ordenamento não adota o juizado de instrução, restando somente a figura do delegado de polícia como *a outra autoridade* referido nos diplomas internacionais como órgão autorizado a exercer a função materialmente judicial.

Regra semelhante e garantida pelo delegado de polícia no procedimento de lavratura do auto se encontra no *art. 5º*: "LXIII - o preso será informado de seus direitos, entre os quais o de permanecer calado, sendo-lhe assegurada a assistência da família e de advogado", bem como o inciso seguinte, por se tratar de um direito a ser exercido a eventual representação pelos responsáveis por sua captura, detenção ou prisão, "LXIV - o preso tem direito à identificação dos responsáveis por sua prisão ou por seu interrogatório policial"; não obstante nosso constituinte não ter realizado a distinção entre capturado, detido e preso.

Seguindo ainda na fase da captura do suspeito, aduz o princípio 21:

> *Princípio 21* [...]
> 2. Nenhuma pessoa detida pode ser submetida, *durante o interrogatório*, a violência, ameaças ou *métodos de interrogatório* suscetíveis de comprometer a sua capacidade de decisão ou de discernimento.

Este princípio que deixa claro o direcionamento à *pessoa detida durante o interrogatório*, procedimento exatamente previsto no art. 304, *caput* do CPP, nos termos da expressão "Apresentado o preso à autoridade competente [...] Em seguida, procederá à oitiva das testemunhas que o acompanharem e ao interrogatório do acusado (rectius, capturado ou conduzido)".

Os únicos locais em que uma pessoa é interrogada após capturada/conduzida é perante o delegado de polícia ou o juiz, posto que não raras as vezes o réu está detido e algemado enquanto é interrogado, o que poderá ensejar até mesmo responsabilidade civil, criminal e administrativa, além da nulidade do ato processual realizado de maneira a comprometer a capacidade de decisão em responder às perguntas das autoridades, como já anulou o STJ (Plenário do júri) em razão do réu ter sido ouvido na condição de algemado, sem que se justificasse a razão da medida.

Outro princípio reafirma a existência da precariedade da etapa da captura/condução coercitiva, denotando se tratar da primeira etapa após a interrupção da prática criminosa:

> Princípio 37
> A pessoa detida pela prática de uma infração penal deve ser *apresentada sem demora* a uma autoridade judiciária *ou outra autoridade* prevista por lei, *prontamente após sua captura*. Essa autoridade decidirá sem demora da legalidade e necessidade da detenção.

Este princípio é de uma clareza solar e de lógica cartesiana a se concluir que a captura mencionada no princípio 11.1 se refere ao correlato em nosso ordenamento situado no art. 301 do CPP, a qual a doutrina denomina flagrante facultativo. Esta nomenclatura diz respeito à captura do suspeito realizada por qualquer pessoa, seja por um particular, agentes da autoridade e até mesmo a própria autoridade. Nesta toada, vale o brocardo "quem pode o mais, pode o menos".

Em outras palavras, em cotejo deste princípio com a) princípio 11.1, pela expressão "Ninguém será *mantido em detenção*"; b) no princípio 13, o termo: "no *momento da captura e no início da detenção* (prisão provisória) ou da prisão (prisão pena)"; c) no princípio 21.2, nas dicções: "pessoa detida" e "durante o interrogatório"; d) por fim, no princípio 37, nas assertivas: "apresentada sem demora", a "outra autoridade" e "prontamente após sua captura", podemos concluir que, na redação "Essa autoridade decidirá sem demora da legalidade e necessidade da detenção", não é outra pessoa, no Brasil, senão o delegado de polícia.

É este quem possui o poder de relaxar a prisão, conforme se convencer das respostas das testemunhas e do conduzido, conforme art. 304, §1º do CPP, consoante entendimento doutrinário,[51] bem como conceder liberdade provisória com ou sem fiança (arts. 322 e 325, CPP) e conceder liberdade plena equivalente ao livrar-se solto, previsto no art. 69, parágrafo único da Lei nº 9.099/95, art. 48, §2º da Lei nº 11.343/06 e art. 301 da Lei nº 9.503/97.

---

[51] NUCCI, Guilherme de Souza. *Manual de processo penal e execução penal*. 7. ed. São Paulo: RT, 2011. p. 600-601; LIMA, Renato Brasileiro de. *Curso de Processo Penal*. Rio de Janeiro: Impetus, 2013. p. 887-888 (este último autor chegar a criticar a locução "relaxamento da prisão em flagrante", afirmando que essa possibilidade está permitida ao juiz, por força da CF. Na verdade, o mesmo poder é reservado ao delegado, por força da Convenção Americana de Direitos Humanos, art. 7, 5).

Com esses exemplos, como dizer que liberdade provisória é instituto afeto à reserva absoluta da jurisdição e que o delegado não exerce, ainda que de maneira atípica, função materialmente judicial?

Em outras palavras, o ordenamento jurídico processual penal de 1941, ao realizar a lógica da detenção automática para determinados crimes e outros não, reproduz somente uma lógica autoritária e irracional de detenções nitidamente com força de antecipação de pena, limitando a análise da liberdade que possa ser plenamente apreciada, sem nenhum embargo ontológico da Constituição ou dos tratados e convenções sobre direitos humanos, por força da função materialmente judicial do delegado.

A referida limitação, em especial, jungida ao art. 322 do CPP, viola os documentos sobre direitos humanos, por afronta ao que se coaduna com o princípio 39 adiante, não havendo sentido em se admitir, ainda, em pleno século XXI e em décadas de vigência dos documentos de direitos humanos, que o Código de Processo Penal, de 1941, ainda restrinja direitos humanos, o que também é vedado pela denominada "Cláusula Geral" do presente documento:

> Nenhuma disposição do presente conjunto de Princípios será interpretada no sentido de restringir ou derrogar algum dos direitos definidos pelo Pacto Internacional sobre os Direitos Civis e Políticos.

Ora, se o documento não pode restringir outro tratado internacional de direitos humanos, o que diremos no cotejo de um Código de Processo Penal inspirado no regime fascista italiano de 1930. Neste diapasão:

> Princípio 39
> Salvo em circunstâncias especiais previstas por lei, a pessoa detida pela prática de infração penal tem direito, a menos que uma autoridade judiciária ou outra autoridade decidam de outro modo no interesse da administração da justiça, *a aguardar julgamento em liberdade sujeita às condições impostas por lei*. Essa autoridade manterá em apreciação a questão da necessidade de detenção.

Podemos ainda afirmar que no Brasil o nosso Código de Processo Penal estabelece a emissão de nota de culpa e a Lei nº 12.830/13 determina os fundamentos do indiciamento pelo delegado, no caso de *prisão em flagrante*, verdadeira medida de detenção para o tratado, o que podemos facilmente concluir se tratar a expedição da *nota de culpa* como verdadeira ordem de detenção, que determina o indiciamento, consequentemente deve ser fundamentada, sob pena de nulidade.

Em outras palavras, se o delegado deve fundamentar o indiciamento, que pode ser com o investigado solto, com muito mais razão o deve fundamentar aquele que ficará detido por ordem sua até a comunicação de prisão (*rectius*, detenção) ao juiz, conforme o art. 7.6 do Pacto de San Jose da Costa Rica e princípio 37, evidenciado pela expressão "decidirá" e "necessidade da detenção", em cotejo com o conteúdo do princípio 10:

> A pessoa capturada deve ser informada, no momento da captura, dos motivos desta e prontamente notificada das acusações contra si formuladas.
> 2. A pessoa detida e o seu advogado, se o houver, devem *receber notificação, pronta e completa da ordem de detenção, bem como dos seus fundamentos.*

Como se pode observar, o sistema de proteção internacional de direitos humanos possui uma hermenêutica própria, na qual o país signatário não pode dispor, ou seja, não lhe pode atribuir se quer uma nomenclatura disforme, como ocorre no Brasil, por exemplo, que confunde conduzido/capturado com detido ou preso com capturado.

8 Etapas da detenção em flagrante

Diante da análise dialógica entre a Constituição de República e os sistemas de proteção aos direitos humanos, tomando como método a análise das decisões da Corte Interamericana de Direitos Humanos, sistema do qual o Brasil faz parte, podemos concluir que a doutrina vem classificando as etapas da prisão em flagrante com vistas às análises da doutrina clássica.

Em uma visão contemporânea, e com a devida deferência aos respeitáveis autores de outrora, urge refletirmos com profundidade multidisciplinar, o que nos força a concluir por uma classificação distinta à clássica, com algumas poucas nuances em suas variações.

8.1 Captura

Em razão do já exposto, não podemos denominar o momento de interrupção da prática criminosa com a expressão comumente utilizada de *prisão-captura*, mas somente *captura*, haja vista que o termo *prisão* possui sentido próprio, restando inaplicável às duas expressões, quais sejam *prisão* e *captura* em um mesmo contexto jurídico.

A captura ocorre tanto na modalidade conhecida como flagrante facultativo ou flagrante obrigatório, considerada uma ação de interrupção da prática da infração penal na hipótese do art. 302, I ou a retenção do suspeito nas demais tipicidades flagranciais do art. 302, II, III e IV.

Para nós a distinção entre flagrante facultativo e obrigatório previsto no art. 301 do CPP é somente a qualidade da pessoa que a efetua. A distinção está na qualidade de agente garantidor na segunda hipótese, ante o dever de agir do policial que esteja em serviço. Acaso esteja em qualquer outra circunstância a ação está no âmbito da ética, por força da Constituição da República, que não estabelece em seu art. 5º restrições às liberdades públicas às pessoas que ocupem cargos policiais, como também não há normas mandamentais exigindo sobreaviso por 24 horas no capítulo que trata da Administração Pública e na parte dos servidores públicos, restando inconstitucional qualquer norma que coloque o policial como agente garantidor em tempo integral, sendo necessário adequar o regime jurídico de cada polícia ao regime democrático.

Da captura decorrerá como consequência a condução do suspeito ao delegado de polícia, sendo vedada qualquer norma que o substitua por um magistrado, haja vista adotarmos o sistema acusatório e não o de juizado de instrução, que prevê o juiz investigador, variação de um sistema inquisitorial.

Há precedente na Corte Suprema de declaração de inconstitucionalidade de norma que previa um juiz de instrução, que estava disposto no art. 3º da revogada Lei nº 9.034/95, antiga Lei do Crime Organizado, declarado inconstitucional na ADI nº 1.570, porque conferia poder de investigação criminal ao magistrado.

8.2 Condução

Não entendemos como uma etapa da detenção em flagrante; contudo, como alguns autores a incluem como uma segunda etapa da detenção em flagrante, por uma questão de didática a colocamos em um tópico para esclarecer porque ousamos discordar.

Quem captura uma pessoa que não seja em razão de situação flagrancial, seja adulto, criança ou adolescente, comete crime de abuso de autoridade ou de sequestro, razão pela qual a condução é efeito imanente da captura. Em outras palavras, a condução é efeito e não o ato em si. É a inteligência dos arts. 299, 684 e 763, todos do CPP. Ademais a condução é ato de deslocamento coercitivo não somente para capturados na prática da infração penal em flagrante como também do ofendido, que no art. 201 do CPP assevera que "o ofendido poderá ser conduzido à presença da autoridade.

Para ilustrarmos a ideia, seria o mesmo que dividir a ordem de detenção (prisão) em mandado de prisão (preventiva ou temporária) e condução ao cárcere. Ainda que a pessoa não seja conduzida ao cárcere, a ordem de prisão existe e o mandado de prisão não desaparece por isso, nem se torna inválido, contudo, o cumprimento da ordem tem como corolário lógico da sua correspondente efetividade. Alguém que cumpre uma ordem de prisão e não conduz ao encarceramento também comete crime, porquanto descaracteriza-se o mandamento.

Em suma: o mandamento (ordem) e a condução são facetas da mesma moeda como são a captura e a condução. São dimensões de um mesmo ato.

Outro exemplo, para ficar bem claro, é a pessoa que pratica um crime e resolve se entregar, pedindo para que alguém a leve até a delegacia ou telefone para a polícia para se entregar, comunicando ela mesma a prática criminosa. Nesta circunstância a pessoa será conduzida, porém não foi capturada, consequentemente não terá se iniciado a detenção em flagrante, por desnaturar a situação flagrancial, razão pela qual se denomina apresentação espontânea e desqualifica o flagrante.

A condução é o ato de deslocamento, uma realização meramente mecânica de trasbordo da pessoa de um lugar a outro, um efeito, e não a causa, efeito da captura e não o ato em si.

Assim, alguém que foi capturado e não conduzido até a autoridade com atribuição, qual seja o delegado de polícia nos crimes comuns, foi sequestrado, o que também desnatura o flagrante.

8.3   Audiência de apresentação

Após a captura o capturado é conduzido até o delegado natural para que este realize avaliação do conceito analítico do crime e, posteriormente, se se configuraria uma circunstância flagrancial.

Trata-se de um ato complexo por compreender um conjunto de atos que vai da oitiva do condutor e todas as pessoas relacionadas como a vítima ou vítimas e testemunha ou testemunhas às diligências ao local do crime com arrecadação e apreensão de objetos, requisições de documentos, perícias etc. que corroborem a prova do ilícito penal flagrante e dos indícios de autoria.

Imperioso ressaltar que esta etapa é a que poderá delinear o *fumus comissi delicti*, consubstanciado na prova do ilícito penal flagrancial e nos indícios de autoria.

Chamamos a atenção para o fato de que nessa etapa ocorre a documentação ou registro do ato, o que se denomina lavratura do auto de prisão em flagrante. Neste momento poderão ocorrer duas variáveis que não ensejarão o encarceramento, quais sejam a existência da prova do ilícito penal, porém sem autoria provável, ou a presença desta, porém sem a certeza da existência do crime, como ocorreria, por exemplo na incidência do princípio da insignificância, cuja tipicidade formal resta presente, contudo a material poderá depender de exame pericial de avaliação do bem, ou crimes que dependam de exames técnicos profundos, como ocorre comumente em crimes ambientais e contra a ordem tributária.

Dito isso, é possível se subdividir esta etapa em outras subetapas variadas, a depender do caso concreto, restando, entretanto, a exigência de requisitos mínimos previstos no art. 304, §2º, ao dispor que a "falta de testemunhas da infração não impedirá o auto de prisão em flagrante; mas, nesse caso, com o condutor, deverão assiná-lo pelo menos duas pessoas que hajam testemunhado a apresentação do preso (*rectius*, capturado) à autoridade".

Deduz-se, da redação, que basta o depoimento do condutor, seja qualquer pessoa, inclusive um policial, que não seja testemunha, ou a vítima, para a lavratura do auto de prisão em flagrante.

É imperioso destacar que a lavratura do auto de prisão em flagrante por si só não acarreta o encarceramento de maneira automática, por força do art. 304, §1º, que dependerá do resultado das respostas para a comprovação da existência de indícios de autoria ("Resultando das respostas fundada a suspeita contra o conduzido") e diligências (art. 6º, do CPP), para "[...] recolhê-lo à prisão [...]".

O art. 304 é interpretado em conjunto com o art. 6º, por se tratar da lavratura do auto de prisão em flagrante, uma das formas de instauração de uma investigação criminal.

Outrossim, a identificação de requisitos mínimos a ensejar lavratura do auto de prisão em flagrante não os desassocia do dever de se coletar as evidências deixadas pela infração, se for o caso, do resultado das respostas às perguntas realizadas pelo delegado ao condutor.

8.4 Ordem de detenção – Nota de culpa

Outra observação a que o leitor deve se ater é quanto à nomenclatura da expressão "auto de prisão em flagrante". A expressão não é o resultado ou ato de prender. Trata-se do *nomen iuris* do ato de se registrar em documento escrito (art. 9º do CPP) todas as diligências realizadas, necessárias para se esgotar, ainda que sob uma cognição não exauriente, a avaliação do caso penal levado até o delegado. Esse conjunto de diligências e oitivas, repetimos, é o que poderá resultar ou não na prova do crime e nos indícios de autoria, que resultará ou não em uma ordem de detenção pelo delegado.

Esta afirmativa se dá em razão do que se extrai do art. 304, §1º do CPP, que deixa muito claro a total separação entre o ato de lavratura do "auto de prisão em flagrante" e a ordem de detenção, e o consequente encarceramento.

Art. 304. [...]
§1º Resultando das respostas fundada a suspeita contra o conduzido, a autoridade mandará recolhê-lo à prisão, exceto no caso de livrar-se solto ou de prestar fiança, e prosseguirá nos atos do inquérito ou processo, se para isso for competente; se não o for, enviará os autos à autoridade que o seja.

O delegado está condicionado a "mandar recolhê-lo à prisão" ao resultado das respostas (e diligências), que consubstanciará a "fundada suspeita", que nada mais é do que os indícios suficientes de autoria.

Assim não fosse, não haveria denúncia pelo Ministério Público quando do encaminhamento dos autos do auto de prisão em flagrante, como frequentemente ocorre.

O encarceramento do detido é efeito da ordem de "recolhimento à prisão", consequência da prova do crime e dos indícios de autoria (fundada suspeita).

O art. 304, §1º, parte final, deve ser interpretado com o art. 306, §2º já que se tratam de normas que dizem respeito ao capturado que teve contra ele uma ordem de detenção pelo delegado de polícia, rezando este dispositivo como uma garantia de que os motivos de seu encarceramento sejam lhe passado por meio da nota de culpa, funcionando como um ato motivado e de conteúdo mandamental.

O sistema penitenciário recebe a ordem de recolhimento ao cárcere, que possui conteúdo requisitório, obviamente sem questionar a legalidade da detenção, ficando somente o órgão competente do Poder Judiciário como único responsável pela reanálise da decisão do delegado, atuando o Ministério Público como agente de controle externo e a defesa, como uma garantia fundamental.

Como se percebe, ao todo são três as etapas da prisão em flagrante: a) captura; b) audiência de apresentação; e c) ordem de detenção.

O nosso Código de Processo Penal trata as expressões como preso, capturado, conduzido e detido de maneira indiscriminada e sem nenhum critério técnico, dificultando sobremaneira a interpretação em conjunto com a Constituição, que, por sua vez, também utiliza indiscriminadamente as expressões *detenção* (art. 136, §3º, III e 139, II) e *prisão* (art. 5º, LXI, LXIII e LXIV).

Esta ausência sistêmica, no Brasil, de proteção da pessoa conduzida/capturada, detida e presa contribui para uma interpretação destoante dos escopos trazidos nas decisões da Corte IDH e a máxima efetivação de direitos fundamentais de nossa Constituição, diante de um Código de Processo Penal que proporciona a concentração de poder de liberdade equivocadamente no Judiciário.

Essa hermenêutica internacionalizante da ONU, que busca uniformizar uma sistemática jurídica universalizante sobre captura (conduzido), detenção e prisão e que integra o sistema de proteção dos direitos humanos da pessoa atingida em seu direito de liberdade, é nada mais nada menos do que uma tipicidade processual, ou seja, a aplicação da legalidade estrita e seu alcance ampliativo para garantia da liberdade, por um lado. E, por outro, é restritivo para a "retenção" ou "detenção" da liberdade no ordenamento interno dos países signatários do sistema regional e global de proteção aos direitos humanos.

Essa análise pode ser observada pelos princípios ora esposados em consonância com o art. 7, item 5 da CADH, conforme casos concretos sobre os quais a Corte IDH os interpretou e uniformizou o entendimento de que órgão com função judicial não significa estritamente jurisdicional, mas que a revisão da privação da liberdade, tendo sido ela mantida por um juiz ou outra autoridade, deverá ser realizada por outro juiz, num sistema que representa um duplo grau de audiência de garantia, uma investigativa/preservatória no âmbito da Polícia Judiciária e outra no âmbito do Poder Judiciário, conforme interpretação sistêmica e teleológica do arts. 7,5; 7,6 c/c 8, item 1 c/c 25, todos da Convenção Americana de Direitos Humanos.

Nesta toada podemos afirmar seguramente que o delegado de polícia tem poder de cessar por ele mesmo detenções ou como referenciado no "Conjunto de Principios para la Protección de Todas las Personas Sometidas a Cualquier Forma de Detención o Prisión, Adoptado por la Asamblea General en su resolución 43/173, de 9 de diciembre de 1988", capturas/conduções coercitivas arbitrárias, diante da possibilidade de analisar juridicamente a ausência de situação flagrancial e relaxar a captura/condução coercitiva ou conceder liberdade nos termos já referidos.

Referências

AGAMBEM, Giorgio. *O amigo & O que é um dispositivo?*. Tradução de Vinícius Nicastro Honesko. Chapecó: Argos, 2014.

ALEXY, Robert. *Teoria discursiva do direito*. Organização, tradução e estudo introdutório de Alexandre Travessoni Gomes Trivissonno. Rio de Janeiro: Forense Universitária, 2014.

BARBOSA, Ruchester Marreiros. Audiência de custódia (garantia) e o sistema da dupla cautelaridade como direito humano fundamental. *In*: DELGADO, Ana Paula Teixeira; MELLO, Cleyson de Moraes; PACHECO, Nívea Maria Dutra (Coord). *As novas fronteiras do direito* – Estudos interdisciplinares em homenagem ao Professor Francisco de Assis Maciel Tavares. Juiz de Fora: Editar, 2015.

BARBOSA, Ruchester Marreiros. Audiência de custódia (garantia) e o sistema da dupla cautelaridade como direito humano fundamental. *In*: SOUZA, David Tarciso Queiroz de; GUSSO, Rodrigo Bueno (Coord.). *Estudos sobre o papel da Polícia Civil em um Estado Democrático de Direito*. Florianópolis: Empório do Direito, 2016.

BARBOSA, Ruchester Marreiros. Função de Magistratura da Autoridade de Polícia Judiciária. *In*: HOFFMANN, Henrique *et al*. *Polícia Judiciária no Estado de Direito*. Rio de Janeiro: Lumen Juris, 2017.

BARBOSA, Ruchester Marreiros. Poder geral de natureza administrativo-cautelar pelo delegado de polícia e sua função inerente ao sistema acusatório garantista. *In*: MELLO, Cleyson de Moraes; GÓES, Guilherme Sandoval (Coord.). *Diálogos jurídicos na contemporaneidade* – Estudos interdisciplinares em homenagem ao Professor José Maria Pinheiro Madeira. Juiz de Fora: Editar, 2015.

BARBOSA, Ruchester Marreiros. O inquérito penal de garantias, sigilo e direito à informação do investigado. *Revista Síntese Direito Penal e Processual Penal*, Porto Alegre, v. 13, n. 74, jun./jul. 2012.

BOBBIO, Norberto. *Era dos direitos*. Tradução de Carlos Nelson Coutinho. Rio de Janeiro: Campus, 1998.

CANÇADO TRINDADE, Antônio Augusto. Memorial em prol de uma nova mentalidade quanto à proteção dos direitos humanos nos planos internacional e nacional. *Boletim da Sociedade Brasileira de Direito Internacional*, Brasília, n. 113/118, jan./dez. 1998.

CANOTILHO, J. J. Gomes. *Direito constitucional e teoria da Constituição*. 7. ed. 11. reimpr. Coimbra: Almedina, 2012.

CORDERO, Franco. *Procedimiento penal*. Santa Fé de Bogotá: Temis, 2000. t. I.

ELSTER, Jon. *Rendición de cuentas*: la justicia transicional en perspectiva histórica. Buenos Aires: Katz, 2006.

FERRAZ JUNIOR, Tercio Sampaio. Sigilo de dados: o direito à privacidade e os limites à função fiscalizadora do estado. *In*: PIZOLIO, Reinaldo; GAVALDÃO JR., Jayr Viégas (Coord.). *Sigilo fiscal e bancário*. São Paulo. Quartier Latin, 2005.

FOUCAULT, Michel. *A verdade e as formas jurídicas*. 3. ed. Rio de Janeiro: Nau, 2003.

HABERMAS, Jürgen. *Direito e moral*. Tradução de Sandra Lippert. Lisboa: Piaget, 1992.

HOFFMANN, Henrique; MACHADO, Leonardo Marcondes; ANSELMO, Márcio Adriano; GOMES, Rodrigo Carneiro; BARBOSA, Ruchester Marreiros. *Investigação criminal pela Polícia Judiciária*. Rio de Janeiro: Lumen Juris, 2016.

HOFFMANN, Henrique; MACHADO, Leonardo Marcondes; ANSELMO, Márcio Adriano; GOMES, Rodrigo Carneiro; BARBOSA, Ruchester Marreiros. Moderno conceito de inquérito policial. *In*: HOFFMANN, Henrique *et al*. *Temas avançados de Polícia Judiciária*. Salvador: JusPodivm, 2018.

KANT, Immanuel. *Para a paz perpétua*. Tradução de Bárbara Kristensen. Estudo introdutório de Joám Evans Pim. Rianxo: Instituto Galego de Estudos de Segurança Internacional e da Paz, 2006.

KELSEN, Hans. *Teoria pura do direito*. Tradução de João Baptista Machado. 6. ed. São Paulo: Martins Fontes, 1988.

LIMA, Renato Brasileiro de. *Curso de Processo Penal*. Rio de Janeiro: Impetus, 2013.

LOPES JR., Aury. *Direito processual penal e sua conformidade constitucional*. 8. ed. Rio de Janeiro: Lumen Juris, 2011. v. 1.

MAIER, Julio B. J. *Derecho procesal penal*. Fundamentos. 2. ed. 2. reimpr. Buenos Aires: Del Puerto, 2012. t. I.

MARINONI, Luiz Guilherme; MAZZUOLI, Valério de Oliveira (Coord.). *Controle de convencionalidade*: um panorama latino-americano: Brasil, Argentina, Chile, México, Peru, Uruguai. Brasília: Gazeta Jurídica, 2013.

MARQUES, Claudia Lima. *Manual de direito do consumidor*. 2. ed. rev., atual. e ampl. por Antonio Herman V. Benjamin, Claudia Lima Marques e Leonardo Roscoe Bessa. São Paulo: Revista dos Tribunais, 2009.

MARTINS, Rui Cunha. *A hora dos cadáveres adiados*: corrupção, expectativa e processo penal. São Paulo: Atlas, 2013.

MAZZUOLI, Valério de Oliveira. *Curso de direitos humanos*. 4. ed. São Paulo: GEN/ Método, 2017.

MAZZUOLI, Valério de Oliveira. Teoria geral do controle de convencionalidade no direito brasileiro. *Revista Informação Legislativa*, Brasília, ano 46, n. 181, p. 113-137, jan./mar. 2009.

NUCCI, Guilherme de Souza. *Manual de processo penal e execução penal*. 7. ed. São Paulo: RT, 2011.

PRADO, Geraldo; MARTINS, Rui Cunha; CARVALHO, L. G. Grandinetti Castanho de. *Decisão judicial*. A cultura jurídica brasileira na transição para a democracia. Madrid, Barcelona, Buenos Aires, São Paulo: Marcial Pons, 2012.

RAMOS, João Gualberto Garcez. *A tutela de urgência no processo penal brasileiro*. Belo Horizonte: Del Rey, 1998.

RANGEL, Paulo Castro. *Reserva da jurisdição*: sentido dogmático e sentido jurisprudencial. Porto: Universidade Católica Portuguesa, 1997.

TÁVORA, Nestor; ALENCAR, Rosmar Rodrigues. *Curso de direito processual penal*. 10. ed. Salvador: JusPodivm, 2015.

Informação bibliográfica deste texto, conforme a NBR 6023:2018 da Associação Brasileira de Normas Técnicas (ABNT):

BARBOSA, Ruchester Marreiros. Prisão em flagrante. *In*: PEREIRA, Eliomar da Silva; ANSELMO, Márcio Adriano (Org.). *Direito Processual de Polícia Judiciária I*. Belo Horizonte: Fórum, 2020. p. 83-121. (Curso de Direito de Polícia Judiciária, v. 4). ISBN 978-85-450-0619-0.

AUDIÊNCIA DE CUSTÓDIA

Ruchester Marreiros Barbosa

1 Compreensão

O Brasil é o terceiro país no mundo em taxa de encarceramento, mas, da leitura mais detida da estatística, do perfil do preso e da natureza de sua prisão, não se trata de um lugar no pódio a se comemorar, mas sim a triste explicação em números de um Brasil com um sistema penal seletivo, punitivista e autoritarista, que, expresso em números, totaliza 602.217[1] pessoas presas, segundo dados divulgados em 2018 pelo Banco Nacional de Monitoramento de Presos do Conselho Nacional de Justiça. Outras fontes informam que a quantidade de presos ultrapassa 726 mil.[2]

A realidade demonstra que o Brasil tem prendido muito como consequência de uma política criminal seletiva de perspectiva interacionista,[3] tendo como cliente uma massa populacional pobre e, pior ainda, 41% deste número se refere a pessoas presas provisoriamente, ou seja, sem uma decisão penal condenatória transitada em julgado. Em alguns estados esse número pode ser ainda pior, como no estado da Bahia, onde entre os 13 mil detentos 64% são provisórios. São índices considerados altos pelos organismos internacionais de direitos humanos.

Diante deste quadro surge a ideia da audiência de custódia, mas resultante de um discurso reducionista, porque vem apregoada como

---

[1] CNJ. *BNMP 2.0 revela o perfil da população carcerária brasileira*. Disponível em: http://www. cnj.jus.br/noticias/cnj/87316-bnmp-2-0-revela-o-perfil-da-populacao-carceraria-brasileira. Acesso em: 29 maio 2019.

[2] VERDÉLIO, Andreia. Com 726 mil presos, Brasil tem terceira maior população carcerária do mundo. *Agência Brasil*, 8 dez. 2017. Disponível em: http://agenciabrasil.ebc.com.br/geral/noticia/2017-12/populacao-carceraria-do-brasil-sobe-de-622202-para-726712-pessoas. Acesso em: 29 maio 2019.

[3] "De acordo com essa perspectiva interacionista, não se pode compreender os crimes prescindindo da própria reação social, do processo social de definição ou seleção de certas pessoas e condutas etiquetadas como delitivas. O desvio não é uma qualidade intrínseca da conduta, senão uma qualidade que lhe é atribuída por meio de complexos processo de interação social, processos estes altamente seletivos e discriminatórios" (MOLINA, Antonio García-Pablos; GOMES, Luiz Flávio. *Criminologia – Introdução a seus fundamentos teóricos*. 3. ed. São Paulo: Revista dos Tribunais, 2002. p. 385).

uma garantia prevista na Convenção Americana de Direitos Humanos, mas como um ato estritamente jurisdicional, ou seja, a garantia somente é efetivada se o detido é levado diante de um juiz, por partir-se da premissa de se tratar de um ato sob a égide da reserva absoluta da jurisdição, o que demonstraremos ser um equívoco epistemológico, portanto, um sofisma.

Entre os pontos importantes destacados por seus defensores, ressalta o de que a audiência representaria uma "forma eficiente de combater a superlotação carcerária" e evitar "disseminar a tortura", como apregoa Maria Laura Canineu, Diretora da Human Rights Watch/Brasil:[4]

> O risco de maus-tratos é frequentemente maior durante os primeiros momentos que seguem a detenção quando a polícia questiona o suspeito. Esse atraso torna os detentos mais vulneráveis à tortura e outras formas graves de maus-tratos cometidos por policiais abusivos [sic].

Com vista nestes dados, nosso parlamento apresentou o PLS nº 554/2011,[5] que visa alterar o art. 306, §1º, do CPP, conferindo-lhe a seguinte redação:

> *Art. 306.* [...]
> §1º No prazo máximo de vinte e quatro horas depois da prisão, o preso deverá ser *conduzido à presença do juiz competente*, ocasião em que *deverá ser apresentado o auto de prisão em flagrante acompanhado de todas as oitivas colhidas e*, caso o autuado não informe o nome de seu advogado, cópia integral para a Defensoria Pública. (Grifos nossos)

Segundo a exposição de motivos do projeto de lei, o Brasil viola sistematicamente o art. 7.5 do Pacto de San Jose da Costa Rica, ratificado pelo Decreto nº 678 de 6.11.1992.

O projeto de lei inspirou, inicialmente, os tribunais do Maranhão e de São Paulo a editarem atos administrativos normativos, com o intuito de regulamentarem a audiência de custódia, respectivamente pelo Provimento nº 14/2014, de 24.10.2014, e o Provimento Conjunto nº

---

[4] CANINEU, Maria Laura. Dez razões para aprovar o projeto de lei que institui a audiência de custódia. *Informativo Rede Justiça Criminal*, ano 3, 5. ed., 2013. Disponível em: http://www.iddd.org.br/Boletim_AudienciaCustodia_RedeJusticaCriminal.pdf. Acesso em: 7 fev. 2015.
[5] SENADO FEDERAL. *PLS 554/2011*. Disponível em: http://www.senado.gov.br/atividade/materia/getPDF.asp?t=95848&tp=1. Acesso em: 7 fev. 2015.

3/2015, de 22.1.2015, e, por fim, foi editada a Res. nº 213/2015 do CNJ, entrando em vigor em 1º.1.2016, cuja natureza jurídica é um misto de procedimento e processo em matéria processual penal, extrapolando seu poder de controle externo do Judiciário, criando regra até mesmo para os delegados de polícia, o que a toda evidência não poderia alcançar normativamente o Poder Executivo nesse mister.

No Maranhão a audiência de custódia seria implantada somente nos plantões judiciários, enquanto que em São Paulo, contrariamente, somente ocorreria durante a semana, o que importa em se atribuir uma eficácia limitada a um direito humano e a um direito fundamental, além de uma interpretação míope dos casos já decididos sobre o tema pela Corte Interamericana de Direitos Humanos. O Brasil demorou 23 anos para efetivar um direito e quando o faz é de maneira lamentavelmente açodada e absolutista.

E esta audiência *judicial* de custódia será mesmo uma "forma eficiente de combater a superlotação carcerária"? Impactará o sistema carcerário, diminuindo o número de presos provisórios?

A audiência deve ter o propósito de promover as liberdades fundamentais, assim como servir como esclarecimento dos mecanismos de garantias e proteção a tais direitos.

Realizar mudanças por meio de fabulosos atos administrativos, no contexto complexo que se tornou o sistema penal e de justiça criminal brasileiro, sem o devido debate com o saber e o conhecimento dos delegados de polícia, acadêmicos e estudiosos do mesmo sistema penal no qual estão inseridos os juízes, é elaborar um emaranhado de interpretação sistemicamente disforme, no sentido do que L. A. Becker chama de "micro-legislação esterilizante da Constituição".[6]

E é de conhecimento notório que a ausência de Lei em sentido estrito não autoriza a ato administrativo revogar ou modificar o Código de Processo Penal. Mas estamos no paraíso dos atos administrativos manipuladores da Constituição em nome da eficiência.[7]

---

[6] BECKER, Laércio Alexandre. *Qual é o jogo do processo?* Porto Alegre: S.A. Fabris, 2012. p. 138.

[7] ROSA, Alexandre Morais da; KHALED JR., Salah H. Polícia Militar não pode lavrar Termo Circunstanciado: cada um no seu quadrado. *Justificando*, 1º jul. 2014. Disponível em: http://justificando.com/2014/07/01/policia-militar-nao-pode-lavrar-termo-circunstanciado-cada-um-seu-quadrado/. Acesso em: 23 jul. 2014.

Não é por outro motivo que o ex-juiz brasileiro, que já compôs a Corte Interamericana de Direitos Humanos entre 1994 e 2008 e ocupou o cargo de presidente da Corte entre 1999 e 2004, atualmente, juiz da Corte Internacional de Justiça, ao criticar a resistência do Poder Judiciário em avançar na jurisprudência comparada, alertou: "O problema não é de direito, mas sim de vontade, e para resolvê-lo, requer-se sobretudo uma nova mentalidade",[8] em uma palestra proferida na III Conferência Nacional de Direitos Humanos, realizada em 13.5.1998, intitulada Memorial em Prol de uma Nova Mentalidade quanto à Proteção dos Direitos Humanos nos Planos Internacional e Nacional.

Em outras palavras, a audiência de custódia é muito mais do que judicial. É audiência de cautelaridade, que pode ser analisada, também, pelo delegado de polícia, ante a ausência do famigerado sistema de juizado de instrução, cabendo àquele diligências tais que, se realizadas pelo juiz, ainda que de custódia, faria as vezes do inconstitucional juízo de instrução, modelo notadamente inquisitorial, incompatível com nosso sistema acusatório.

2   Fonte e vigência da norma

Os atos administrativos supramencionados foram editados por tribunais até que o Conselho Nacional de Justiça, com o intuito de uniformizar o instituto da audiência de custódia, editou a Resolução nº 213 de 15.12.2015, que, na prática, atribuiu eficácia ao projeto de lei acima referenciado, por ocasião de uma decisão liminar nos autos da Arguição de Descumprimento de Preceito Fundamental nº 347, no STF, de 2015, tendo sido deferida cautelar para realização da audiência de custódia em 9.9.2015, impulsionando a criação da referida Res. nº 213 do CNJ, contudo, ainda, em março de 2019 não teve seu mérito julgado.

É salutar destacar que a Convenção Americana de Direitos Humanos, apelidada de Pacto de San Jose da Costa Rica, é uma norma de *status materialmente constitucional* no escólio da esmagadora maioria e mais balizada doutrina de direito internacional.

Apesar disso, a jurisprudência do STF,[9] contrariando diversos países que compõem a comunidade internacional, definiu que tratados

---

[8]   CANÇADO TRINDADE, Antônio Augusto. Memorial em prol de uma nova mentalidade quanto à proteção dos direitos humanos nos planos internacional e nacional. *Boletim da Sociedade Brasileira de Direito Internacional*, Brasília, n. 113/118, jan./dez. 1998. p. 91.

[9]   No RE nº 466.343/SP e no HC nº 87.585/TO.

e convenções de direitos humanos ratificados antes da EC nº 45/04 possuem *status* de norma *supralegal,* tese do Min. Gilmar Mendes, vencedora por 5 x 4, à tese vencida do Min. Celso de Mello, de que esses tratados e convenções ratificados antes da EC nº 45/04 teriam *status* de garantia constitucional.

De qualquer maneira, em quaisquer das teses, a Convenção Americana de Direitos Humanos (CADH) possui eficácia plena e imediata,[10] por se tratar, conforme o direito interno, de fonte da norma sobre direitos humanos, de natureza supralegal, portanto, hierarquicamente acima das leis ordinárias criminais, e invalida qualquer norma jurídica em sentido contrário, por meio de mecanismo denominado controle de convencionalidade.[11]

Ademais, o que determina de fato e direito a submissão do Brasil às decisões, opiniões consultivas, relatórios e demais documentos, além dos princípios e costumes que orientam o direito internacional, e além do próprio Decreto nº 678/92, é o Decreto Legislativo nº 89/98, ato declarativo de que o Estado brasileiro se submete à jurisdição da Corte Interamericana, ratificado pelo Decreto nº 4.463/02, que promulga a Declaração de Reconhecimento da Competência Obrigatória da Corte Interamericana de Direitos Humanos, sob reserva de reciprocidade, em consonância com o art. 62 da Convenção Americana sobre Direitos Humanos (Pacto de São José), de 22.11.1969.

Desde então, 2002, passa o Estado brasileiro e seus agentes públicos, a ter a obrigação, entenda-se, dever, de cumprir as sentenças pelas quais seja condenado, inclusive já o tendo sido por oito vezes[12] perante a Corte Interamericana, e reportado violador por noventa e oito vezes (entre 1970 e 2008),[13] já tendo ultrapassado mais de 100 vezes, perante a Comissão Interamericana, órgão da Organização dos Estados Americanos.

---

[10] RAMOS, André de Carvalho. *Teoria geral dos direitos humanos na ordem internacional.* 4. ed. São Paulo: Saraiva, 2014. p. 228.

[11] FERRAJOLI, Luigi. *Direito e razão:* teoria do garantismo penal. São Paulo: Revista dos Tribunais, 2002. p. 290-291. Ferrajoli faz distinção entre "vigência" como validade formal e "eficácia" como validade substancial. De forma que uma lei que seja menos protetiva que conflite com os tratados será inválida e não produz efeitos que o ato almejava, não possuindo "legitimidade jurídica substancial". É uma forma de conter o poder político externo que influenciou ou criou uma norma materialmente não protetiva.

[12] GIACOMOLLI, Nereu José. *O devido processo penal* – Abordagem conforme a Constituição Federal e o Pacto de São José da Costa Rica. São Paulo: Atlas, 2014. p. 41-73.

[13] PIOVESAN, Flávia. *Direitos humanos e o direito constitucional internacional.* 13. ed. São Paulo: Saraiva, 2012. p. 395.

Adotar um ato administrativo, como marco teórico de regulação, para um instituto fundamentado em norma de direito internacional de direitos humanos, e não aos organismos considerados competentes para a interpretação e sua aplicação, é vulnerar mecanismos de proteção à universalização desses direitos. Em leitura atenta, podemos observar essa advertência na lição de Carlos Villán Durán:[14]

> El derecho internacional de los derechos humanos es un sistema de principios y normas que rigen la cooperación internacional de los Estados y cuyo propósito es *promover* el respeto de los derechos humanos y *las libertades fundamentales* universalmente reconocidos, *así como aclaran los mecanismos de garantía y protección de tales derechos*. (Grifos nossos)

3 A epistemologia político-criminológica da audiência (judicial) de custódia

Por razões didáticas, em síntese, devemos lembrar que a epistemologia é o estudo crítico das ciências, com o objetivo de determinar a sua origem lógica e o seu valor. É a teoria do conhecimento e da sua validade.

E qual o argumento de saber que valida ou legitima a audiência (judicial à brasileira) de custódia regulamentada pela resolução do CNJ já citada, alusiva ao art. 9, item 3 do Pacto Internacional de Direitos Civis e Políticos (PIDCP) e o art. 7, item 5 da Convenção Americana de Direitos Humanos (CADH)?

É bem previsível que o Tribunal de Justiça de São Paulo, como fundador da pedra filosofal,[15] e posteriormente o CNJ, tenham sido "seduzidos pela simplicidade das fórmulas para duplicar o ouro [...]", visando diminuir a patamares aceitáveis pela ONU o número de pessoas encarceradas, em especial, dos presos provisórios, haja vista que tal objetivo foi ratificado por todos os expositores do curso

---

[14] VILLÁN DURÁN, Carlos. *Curso de derecho internacional de los derechos humanos*. Madrid: Trota, 2002. p. 85.

[15] "Além destas coisas, Melquíades deixou amostras dos sete metais correspondentes aos Sete planetas, as fórmulas de Moisés e Zózimo para a duplicação do ouro, e uma série de notas e desenhos sobre os processos do Grande Magistério, que permitiam a quem os soubesse interpretar a tentativa de fabricação da pedra filosofal. Seduzido pela simplicidade das fórmulas para duplicar o ouro, José Arcádio Buendía adulou Úrsula durante várias semanas, para que lhe permitisse desenterrar as suas moedas coloniais e aumentá-las tantas vezes quantas fosse possível subdividir o azougue" (MARQUEZ, Gabriel Garcia. *Cem anos de solidão*. Tradução de Eliane Zagury. 48. ed. Rio de Janeiro: Record, [s.d.]. p. 8).

de Capacitação para Audiências de Custódia ministrado pela Escola Paulista da Magistratura, entre os dias 4.2.2015 e 12.2.2015, em que tive a oportunidade de participar como ouvinte (sem respostas às perguntas realizadas).

Mas perguntemos: por que a produção de saber, simbolizada pelo curso de 7 dias ministrado por expositores juízes, promotores, defensores públicos e advogados, não tendo sido incluídos os delegados, ditou a regra de que o poder de liberdade é um passaporte emitido somente pelo juiz?

Desde o início do processo inaugurado pela justiça transicional ou justiça de transição, sob o aspecto das reformas institucionais, como método de transição de um regime político autoritário (1964 a 1985) para um regime democrático, se investiu no fortalecimento da Magistratura e do Ministério Público e, ainda, com muita resistência política, da Defensoria Pública, e totalmente esquecida ficou a Polícia Judiciária deste processo de fortalecimento como órgão essencial à administração da justiça, e, portanto, da democracia.

Deixemos claro que o ponto nevrálgico deste trabalho repousa no corpo do preso e sob que aspecto o Estado (necessariamente democrático) atuará sobre ele, não nos deixando mentir Michel Foucault, na obra *Vigiar e punir*, e Rusche e Kircheimer,[16] ao explicitarem o paralelismo que possuem os regimes punitivos e os sistemas de produção (economia servil, feudal e capitalista), *in verbis*:

> Mas podemos sem dúvida ressaltar esse tema geral de que, em nossas sociedades, os sistemas punitivos devem ser recolocados em uma certa 'economia política' do corpo: ainda que não recorram a castigos violentos ou sangrentos, mesmo quando utilizam métodos 'suaves' de trancar ou corrigir, é sempre do corpo que se trata - do corpo e de suas forças, da utilidade e da docilidade delas, de sua repartição e de sua submissão.[17]

Em outras palavras, a audiência (judicial) de custódia (à brasileira) foi produzida como resultado de uma interpretação reducionista do alcance atribuído ao art. 7, item 5 e 8, item 1 da CADH, bem diferente do alcance que se realiza na Corte Interamericana de Direitos Humanos,

---

[16] RUSCHE, Georg; KIRCHHEIMER, Otto. *Punição e estrutura social*. Trad. Gizlene Neder. 2. ed. Rio de Janeiro: Revan, 2004. p. 138.

[17] FOUCAULT, Michel. *Vigiar e punir*: nascimento da prisão. Trad. Raquel Ramalhete. Petrópolis: Vozes, 1987. p. 98.

o que implica transformar o ato do Estado em mais uma forma de suplício[18] ao suspeito, como método de submissão e demonstração de poder pelo poder de se encarcerar e não do poder pelo poder de se conceder a liberdade. Explicitaremos melhor adiante.

Sabemos que ainda vivemos sob a égide de um sistema que convive com o populismo penal midiático[19] que, em dialética com a atuação das instâncias oficiais (polícia, agentes ministeriais e juízes), promove a criminalização do suspeito, que é condenado pela chamada imprensa inquisitiva, o que nos retrocede à fenomenologia criminológica do entiquetamento e, assim, o sistema realiza um verdadeiro método de *labelling approuch*, não contribuindo em nada para o atual discurso criminológico sustentado como forma de diminuição do encarceramento.

Basta refletir nas palavras de Alessandro Barata[20] para enxergar com facilidade que, sem a expansão da liberdade ou medidas cautelares diversas da prisão pelo delegado de polícia, notadamente sobre o do poder decisório da liberdade, a audiência de custódia em nada diminuirá a realidade das prisões provisórias:

> [...] esta direção de pesquisa parte da consideração de que não se pode compreender a criminalidade se não se estuda a ação do sistema penal, que a define e reage contra ela, começando pelas normas abstratas até a ação das instâncias oficiais (polícia, juízes, instituições penitenciárias que as aplicam), e que, por isso, o status social de delinqüente pressupõe, necessariamente, o efeito da atividade das instâncias oficiais de controle social da delinqüência, enquanto não adquire esse status aquele que, apesar de ter realizado o mesmo comportamento punível, não é alcançado, todavia, pela ação daquelas instâncias. Portanto, este não é considerado e tratado pela sociedade como "delinquente". Nesse sentido, o labeling approach tem se ocupado principalmente com as reações das instâncias oficiais de controle social, consideradas na sua função constitutiva em face da criminalidade. Sob este ponto de vista

---

[18] "O suplício judiciário deve ser compreendido também como um ritual político. Faz parte, mesmo num modo menor, das cerimônias pelas quais se manifesta o poder" (FOUCAULT, Michel. *A verdade e as formas jurídicas*. 3. ed. Rio de Janeiro: Nau, 2003. p. 47).

[19] "Esta política, que se dirige a secundar el miedo y las pulsiones represivas presentes en la sociedad, fue justamente llmada por el jurista francés Denis Salas, y luego por el penalista dominicano Eduardo Jorge Prats, 'populismo penale'" (ZAFARONI, Eugenio Raúl; FERRAJOLI, Luigi; TORRES, Sergio Gabriel *et al. La emergencia del miedo*. Buenos Aires: Ediar, 2012. p. 60).

[20] BARATTA, Alessandro. *Criminologia crítica e crítica do direito penal*: introdução à sociologia do direito penal. 3. ed. Rio de Janeiro: Revan, 2002. p. 86.

tem estudado o efeito *estigmatizante* da atividade da polícia, dos órgãos de acusação pública e dos juízes.

Em outras palavras, a audiência (judicial) de custódia (à brasileira) é reflexo de uma política com discurso humanista, mas com manutenção da prática do *labeling approach*, pois de nada adianta o juiz ver o conduzido ou "olhar no olho" dele,[21] se a prática reproduz um conteúdo de uma mentalidade rotulante (entiquetamento).

A visão do instituto da audiência de custódia (AC) deveria ultrapassar a esfera da forma, do procedimento, e alcançar uma política criminal de alterações estruturais com vistas à expansão da liberdade, aumentando as ferramentas para a manutenção da presunção de inocência, o que também é previsto no art. 8, item 2, da Convenção Americana de Direitos Humanos, identificando no ordenamento as causas do encarceramento em massa, como exemplo, os mecanismos de prisões automáticas, com pouquíssimo espaço para uma análise de cautelaridade na fase policial (Polícia Judiciária/Estado-investigação).

Tal assertiva não é fruto de devaneio jurídico nosso. Os juízes responsáveis pela instalação da audiência de custódia, ao se pronunciaram no curso de Audiência de Custódia ministrado por uma semana na Escola da Magistratura do Estado de São Paulo, deixaram isso bem claro.

No dia 11.2.2015, a Juíza Titular da 16ª Vara Criminal Cental/AP, Maria Domitila Prado Mansur, em sua palestra "O juiz e a audiência de custódia" deixou bem explícito que "a audiência de custódia dará um *maior empoderamento ao juiz*".

No dia 12.2.2015, no mesmo curso, a Juíza Assessora da Corregedoria-Geral de Justiça Marcia Helena Bosch, em sua palestra "Audiência de custódia – Aspectos práticos do procedimento" declarou, *in verbis*: "mesmo que não tenha advogado ou defensor irá fazer a audiência de custódia"; "Soltar e prender, nada vai mudar"; "A audiência é para formar maior convencimento para analisar prisão".

No mesmo dia 12, na palestra "O projeto piloto no Departamento de Inquéritos Policiais da Capital (Dipo) – Aspectos sistemáticos e operacionais", o Juiz Coordenador do Dipo Antônio Maria Patiño Zors afirma que "estão lançando a pedra fundamental" e que "cadeia é para o mau sujeito".

---

[21] Expressão cunhada por Aury Lopes Jr.

Estamos diante, portanto, de evidente projeto de expansão do poder da magistratura sobre o corpo, e não de mudanças estruturais, como exemplo, o aumento do rol de garantias do preso expandindo as possibilidades de o delegado de polícia conceder liberdade provisória. Nos deparamos com discursos conservadores de manutenção de uma *banalização do mal*,[22] a desvalorização e inutilização de um dos atores do sistema penal, o delegado de polícia, e, pior de tudo, ao argumento de que se protegerão, com isso, direitos humanos.

O que em verdade ocorre, com a sistematização nacionalizante da interpretação do art. 7, item 5 e 8, item 1 da CADH, é o fortalecimento da criminalização secundária[23] e o reforço da seletividade punitiva, como ocorreu e ocorre com a má aplicação da transação penal e da conciliação previstas na Lei nº 9.099/95, institutos que, diante de um discurso de implementação de uma justiça penal consensual, transformaram-se em mais um sistema violador de garantias mínimas no processo penal.[24]

Não deixemos de registrar que, havendo de um lado o nobre propósito de se defender direitos humanos, há de outro a resistência em se buscar alterações na legislação para se expandir o direito de liberdade também para decisão de um delegado de polícia, o que esconde uma constante suspeita advinda de um defeituoso processo de transição do regime militar para o democrático, a partir de 1985, que construiu um estigma social[25] para o delegado de polícia, como se fosse um cargo especializado em constantes abusos, além de se tentar reafirmar a todo instante do processo de implementação da audiência (judicial) de custódia que se trata e um operador do direito incapaz de avaliar

---

[22] ARENDT, Hannah. *Eichmman em Jerusalém*: um relato sobre a banalidade do mal. Tradução de José Rubens Siqueira. São Paulo: Companhia das Letras, 1999. p. 32.

[23] "criminalização primária consiste na criação de uma lei incriminadora direcionada a determinada classe e criminalização secundária na ação punitiva que recai sobre pessoas concretas, a criminalização secundária se verifica mais facilmente no segmento das agências policiais" (ZAFFARONI, Eugenio Raúl; BATISTA, Nilo; ALAGIA, Alejandro; SLOKAR, Alejandro. *Direito penal brasileiro*: teoria geral do direito penal. Rio de Janeiro: Revan, 2003. v. 1. p. 43).

[24] GOMES, Luiz Flávio. *Juizados criminais federais, seus reflexos nos juizados estaduais e outros estudos*. São Paulo: Revista dos Tribunais, 2002. Série As Ciências Criminais no Século XXI. v. 8. p. 87.

[25] A afirmativa: "A posterior perseguição por parte das autoridades com rol de suspeitos permanentes, incrementa a estigmatização social do criminalizado" demonstra a cabal mentalidade da magistratura e Ministério Público em marginalizar a Polícia Judiciária e estigmatizá-la como órgão estritamente represssor, fomentando uma sociedade de medo como já afirmado acima, discurso que acentua uma política populista penal (ZAFFARONI, Eugenio Raúl; PIERANGELI, José Henrique. *Manual de direito penal brasileiro*. Parte geral. 9. ed. São Paulo: Revista dos Tribunais, 2011. v. 1).

uma condução coercitiva de maneira técnico-jurídica e (r)estabelecer o direito de liberdade, por meio da liberdade provisória ou até mesmo de outra medida cautelar alternativa à privação da liberdade, inclusive, contrariando frontalmente a *mens legis* da Lei nº 12.830/13.

Como se pode verificar nessa análise, não houve um estudo sério sobre o que significa realmente a *audiência de custódia*. Não há nenhum estudo de capacitação sobre a compreensão do sistema internacional de proteção dos direitos humanos. Não há sequer, no Brasil, tradição em aplicação dos casos já julgados pela Corte IDH. É o sistema político do populismo penal de empoderamento do poder pelo poder, e não do poder pelo saber.

Rubem Alves,[26] psicanalista e doutor em filosofia nos Estados Unidos, ensinando sobre a epistemologia e a validade do discurso científico, leciona:

> [...] é somente o teste das declarações que irá tornar possível a decisão de serem elas verdadeiras ou falsas. Se houver uma declaração qualquer que não possa ser testada, essa mesma declaração estará fora do jogo em que é fundamental poder dizer "falso", "verdadeiro".

3.1 O dever-ser do delegado de polícia no sistema da audiência de custódia

É sobre esta declaração de verdade científica, mencionada por Rubem Alves, supostamente válida, que apresentamos um estudo em sentido de contramão do que se apregoa como antídoto contra o abuso na utilização das prisões provisórias e o mal do encarceramento arbitrário de massa.

Um estudo inédito sobre *usos e abusos da prisão provisória no Rio de Janeiro* realizado pela Associação pela Reforma Prisional, Centro de Estudos de Segurança e Cidadania e a Universidade Cândido Mendes, com apoio da Open Society Foundations, coordenado pela Socióloga Julita Lemgruber, revelou dados sobre a prisão provisória antes e depois do advento da Lei nº 12.403/11, que indicam cientificamente qual ponto da legislação é preciso mudar para ocorrer uma verdadeira expansão do direito de liberdade e da efetivação da presunção de inocência,

---

[26] ALVES, Rubem. *Filosofia da ciência*: introdução ao jogo e suas regras. 7. ed. São Paulo: Loyola, 2003. p. 178.

consequentemente o direito humano que tanto a audiência (judicial) de custódia (à brasileira) persegue.

A Associação para a Reforma Prisional (ARP) desenvolveu de janeiro de 2009 a junho de 2011, na cidade do Rio de Janeiro, um experimento controlado de prestação de assistência jurídica a presos provisórios mantidos em delegacias de polícia do município. Graças ao apoio da Open Society Foundations, à parceria estabelecida entre a ARP e a Polícia Civil do Estado do Rio de Janeiro, e à colaboração do Tribunal de Justiça do Estado, foi possível assistir diretamente a 130 presos provisórios, acusados de crimes contra o patrimônio sem violência nem grave ameaça, e de tráfico de drogas sem ligação com facções criminosas – ou seja, de tipos de delitos para os quais a legislação brasileira faculta liberdade durante o processo.

O trabalho revelou que cerca de 2/3 dos presos provisórios com desfecho processual conhecido estavam encarcerados ilegalmente, quer pelo fato de os juízes não concederem a liberdade, mesmo quando garantida pela legislação, quer porque os promotores não exerciam seu papel de fiscais da lei e/ou porque os defensores públicos não formulavam pedidos de liberdade nos primeiros 20 dias após a distribuição do auto de flagrante.

Comprovou-se também que a assistência de advogados particulares – geralmente só acessível a quem tem recursos para pagá-la, mas oferecida gratuitamente aos presos incluídos no experimento da ARP – é mais eficaz em obter a liberdade do que aquela prestada pela defensoria pública. Isso atesta claramente o caráter seletivo do sistema de justiça criminal brasileiro, com sua "opção preferencial pelos pobres", e mostra o quanto o funcionamento de tal sistema ainda está distante do mínimo compatível com um Estado Democrático de Direito.[27]

Foram estudados 4.859 casos de acusados, os quais se referiam a casos não arquivados e nos quais havia informação sobre a primeira medida cautelar imposta pelo juiz logo após a distribuição do auto de prisão em flagrante. Deles, 2.653 (55%) acusados foram detidos antes e 2.206 (45%), depois da entrada em vigor da Lei nº 12.403/2011.

O trabalho científico, de critério epistemológico sério e adequado às hipóteses sobre os reais problemas jurídicos do processo

---

[27] Os resultados completos do estudo foram divulgados na publicação UCAM CESEC. *Impacto da assistência jurídica a presos provisórios: um experimento na cidade do Rio de Janeiro.* Disponível em: http://www.ucamcesec.com.br/wordpress/wp-content/uploads/2011/09/PresosProvisorios_final.pdf.

de aprisionamento, focou exatamente no mesmo problema que a audiência (judicial) de custódia (à brasileira) promete resolver, qual seja o elevadíssimo percentual de presos provisórios no sistema carcerário, conforme denota a introdução da pesquisa:[28]

> Um dos problemas mais dramáticos do sistema penitenciário brasileiro é o grande número de presos provisórios que ele abriga: são 195 mil e representam 35% das pessoas encarceradas no país como um todo. No Rio de Janeiro, somam aproximadamente 11 mil, ou 39% do total de presos do estado.

Preliminarmente, insta salientar que esses dados são de 2011 e em 2019, após 4 (quatro anos) da audiência (judicial) de custódia (à brasileira), em absolutamente nada reduziu o encarceramento, pelo contrário, como narramos acima, em texto escrito em 2015, o Rio de Janeiro contabilizou que, entre os 56.372 casos, mais de 52% são de presos provisórios, ou seja, 29.313 mil presos provisórios, um aumento de mais de 100% de presos provisórios, o que nos força a concluir que a referida audiência é um instrumento meramente formal.

Após esse pequeno parêntese, os resultados que serão esposados adiante são frutos de uma mentalidade dos atores jurídicos, principalmente promotores e magistrados, que efetivam, respectivamente, em suas promoções e decisões, uma forte carga de um discurso do *labelling approach*, agravando o sistema do entiquetamento como reação social à criminalidade, elevando assim a potência deletéria do populismo penal, e mantendo o venal sistema da seletividade punitiva. Destacamos o seguinte trecho da pesquisa:[29]

> Tal como entre os juízes, há entre os agentes do Ministério Público uma forte convicção de *que a Lei das Cautelares vai contra os anseios de proteção dos cidadãos*, pois favorece a soltura de pessoas *que, aos olhos da sociedade, deveriam ficar presas*. Para eles, a população supostamente clama por uma atitude "mais firme" do Estado no combate à criminalidade, mas, em vez disso, *criam-se mecanismos de garantias individuais que destoam das aspirações coletivas*, e prejudicam a "ordem pública", a "paz" e a "tranquilidade"

---

[28] DEPEN/MINISTÉRIO DA JUSTIÇA. *População carcerária* – sintético, dezembro de 2012. p. 5. Disponível em: http://portal.mj.gov.br/data/Pages/MJD574E9CEITEMID C37B2AE94C6840068B1624D28407509CPTBRIE.htm.

[29] DEPEN/MINISTÉRIO DA JUSTIÇA. *População carcerária* – sintético, dezembro de 2012. p. 35. Disponível em: http://portal.mj.gov.br/data/Pages/MJD574E9CEITEMID C37B2AE94C6840068B1624D28407509CPTBRIE.htm.

social – termos cuja definição, contudo, os próprios agentes admitem ter dificuldade de precisar. (Grifos nossos)

Prosseguindo:[30]

Comprova-se a partir dessa análise a impressão de juízes, promotores e defensores de que um dos impactos da Lei 12.403 foi estimular fundamentações mais detalhadas para a imposição da prisão preventiva. Antes dela, prevaleciam justificativas "de etiqueta", com poucas linhas, adaptáveis a uma vasta gama de situações. Depois dela, promotores e magistrados parecem ter-se sentido na obrigação de explicar melhor as razões da sua opção pela prisão provisória, já que passaram a dispor de um leque muito maior de medidas a indicar e aplicar. Como afirmou um promotor já citado, agora dá "mais trabalho" justificar a prisão processual do que antes da vigência da lei.

Como disse Cançado Trindade,[31] já citado, não adianta mudar a lei, "o problema não é do direito mas da mentalidade" irracional, que se enraíza nas entranhas do sistema penal como uma erva daninha, repetindo práticas autoritárias, que remontam à época do regime militar. Destacamos novamente o discurso dos atores apresentados na pesquisa com esse teor:[32]

Como afirmou um promotor já citado, agora dá "'mais trabalho' justificar a prisão processual do que antes da vigência da lei" (lei 12.403/11).
"Tanto promotores como juízes justificam frequentemente o recurso à prisão como necessário à "garantia da ordem pública" – *argumento que aparece até mesmo em casos de baixíssima gravidade, como tentativa de furto.* Também é comum invocarem a gravidade abstrata do delito e, mais ainda, os já mencionados argumentos da falta de documentação comprovadora de residência fixa e trabalho, ou da existência de antecedentes criminais – todos eles, como também já dito, em desacordo com os princípios da presunção de inocência e do ônus da prova para quem acusa.

---

[30] DEPEN/MINISTÉRIO DA JUSTIÇA. *População carcerária* – sintético, dezembro de 2012. p. 43. Disponível em: http://portal.mj.gov.br/data/Pages/MJD574E9CEITEMID C37B2AE94C6840068B1624D28407509CPTBRIE.htm.

[31] CANÇADO TRINDADE, Antônio Augusto. Memorial em prol de uma nova mentalidade quanto à proteção dos direitos humanos nos planos internacional e nacional. *Boletim da Sociedade Brasileira de Direito Internacional*, Brasília, n. 113/118, jan./dez. 1998.

[32] DEPEN/MINISTÉRIO DA JUSTIÇA. *População carcerária* – sintético, dezembro de 2012. Disponível em: http://portal.mj.gov.br/data/Pages/MJD574E9CEITEMID C37B2AE94C6840068B1624D28407509CPTBRIE.htm.

Por esse tipo de mentalidade totalmente contrária à Constituição e ao sistema de proteção aos direitos humanos e aos direitos fundamentais, a pesquisa chegou aos seguintes resultados:[33]

1 - A prisão provisória como primeira medida cautelar, dos 4.859 pesquisados foi de 83,8% antes da lei 12.403/11 e de 72,3% depois da lei. 2 - De 3.672 processos concluídos em 2013 23.4% resultam em regime fechado; 18,7% no semi-aberto; 4.6% em regime aberto; 15,9% outras penas; 7,8 absolvidos; 20,7% outras situações processuais; e 1,4% réu revel. Esses percentuais se mantiveram com diferença para mais ou para menos de 1.0 percentual, antes e depois da lei 12.403/11, ou seja, tecnicamente não houve diferença antes ou depois da lei 12.403/11, o que revela uma desproporção entre a prisão provisória e sua real necessidade com o resultado final do processo.

Um dos dados que mais se destaca é o da liberdade provisória proferida pelo delegado de polícia em razão da fixação da fiança. Antes da lei era de 0,7% e, após a Lei nº 12.403/11, foi para 22,4% de liberdades concedidas; enquanto a fiança pelo juiz era de 1,0% e aumentou para 1,2% após a lei.

Segundo a pesquisa,[34] apesar desses avanços, cerca de metade dos acusados de furto, receptação e estelionato seguiu recebendo como primeira medida cautelar a prisão provisória, mesmo após a entrada em vigor da Lei nº 12.403.

Em outras palavras, a *verdadeira redução da prisão cautelar*, em que foi realmente observado o direito de liberdade, *foi na fase da investigação criminal presidida pelo delegado de polícia*, carreira jurídica, quando efetivamente se garantiu o direito humano e fundamental da liberdade, tendo em vista que, após a realização de uma audiência de custódia (apresentação) ao delegado, houve interrogatório do conduzido em sede flagrancial, em que aquele analisou com técnica e reconheceu a desnecessidade da prisão, arbitrando fiança ao capturado, sendo certo que a lei possibilita negar a fiança quando o delegado vislumbre motivos para a prisão preventiva, o que consolida uma verdadeira *audiência de*

---

[33] DEPEN/MINISTÉRIO DA JUSTIÇA. *População carcerária* – sintético, dezembro de 2012. Disponível em: http://portal.mj.gov.br/data/Pages/MJD574E9CEITEMID C37B2AE94C6840068B1624D28407509CPTBRIE.htm.

[34] DEPEN/MINISTÉRIO DA JUSTIÇA. *População carcerária* – sintético, dezembro de 2012. p. 51. Disponível em: http://portal.mj.gov.br/data/Pages/MJD574E9CEITEMID C37B2AE94C6840068B1624D28407509CPTBRIE.htm.

apresentação ou de garantia, não sendo adequada a expressão *audiência de custódia*.

3.2 O delegado de polícia como garantidor dos direitos humanos pela Convenção Americana de Direitos Humanos

Vista a pesquisa acima, fica fácil concluir sob que aspecto deve haver o fortalecimento institucional da Polícia Judiciária para se concretizar a transição do sistema autoritário vigente no regime militar em um sistema verdadeiramente democrático, incluindo as leis aprovadas em sua ocasião, que continuam em vigor.

Além da mentalidade humanística que se deve instituir no saber produzido pelas instituições, é salutar que o fortalecimento de prerrogativas ao delegado de polícia seja visto como uma das portas de entrada para a expansão do direito de liberdade como garantia dos direitos humanos e direitos fundamentais.

Para além da fenomenologia do Estado Policial, como figura que aproxima a democracia de um Estado autoritário, evidentemente desnaturando aquela, vivemos atualmente diante de uma perigosa generalização destorcida e preconceituosa do papel do delegado de polícia, que em verdade é o "primeiro garantidor da lei e da justiça", na feliz assertiva do Min. Celso de Melo em sede do HC nº 84.548/SP, o mesmo magistrado que mostrou lucidez humanística ao interpretar o Pacto de San Jose da Costa Rica como norma de *status* constitucional.

O delegado de polícia não tem papel de garantir uma política criminal de direito penal máximo denominada lei e ordem (*law and order* – política norte-americana de "tolerância zero"), mas sim uma política criminal racional em respeito aos direitos humanos e direitos fundamentais, e seu papel garantidor tem sido pouco estudado, além de sistematicamente ser colocado à margem do debate sobre o tema.

Veja-se que a própria Corte Interamericana de Direitos Humanos, no caso *Palma Mendoza v. Equador*, entendeu que não teria havido violação dos direitos humanos por ter o Estado rejeitado a denúncia na qual se acusavam todas as pessoas vinculadas ao delito, *com base na* "ponderação das provas obtidas na investigação criminal".

A *contrario sensu*, a forma com que as provas são obtidas numa investigação criminal é determinante para se entender se o procedimento estatal viola ou não o Pacto de San Jose da Costa Rica, sendo forçoso concluir, então, a elevada responsabilidade do delegado de polícia diante do sistema interamericano de direitos humanos.

No mesmo sentido o caso *Nadege Dorzema e outros v. República Dominicana*, no parágrafo 195, ao analisar em conjunto os arts. 7.5 e 8.1 do Pacto de San Jose da Costa Rica e citando como precedente a opinião consultiva, OC-9/87 del 6 de octubre de 1987. Serie A N° 9, párr. 27, *ipsis literis*:

> Dichas garantías (do conduzido ser ouvido por um juiz ou outra autoridade que exerca funcões judiciais) deben ser observadas en cualquier órgano *del Estado que ejerza funciones de carácter materialmente jurisdiccional, es decir, cualquier autoridad* pública, *sea administrativa, legislativa o judicial, que decida sobre los derechos o intereses de las personas a través de sus resoluciones.* (Grifos nossos)

Basta ter olhos para se ver que a Corte IDH adota um sistema descentralizador de garantia da liberdade aos direitos humanos, discurso este bem harmônico e uníssono com a denominada reserva relativa da jurisdição, na qual Canotilho já nos ensina que o juiz não tem o monopólio da primeira palavra, mas sim da última, distinto do que ocorre na reserva absoluta da jurisdição, em que o juiz tem a primeira e última palavra sobre uma decisão.

Salutar para nossos estudos que entendamos como funciona o sistema internacional de proteção aos direitos humanos, já que a audiência de custódia vem apregoada como uma garantia prevista na Convenção Americana de Direitos Humanos, e ela somente seria efetivada, segundo Gustavo Badaró e Aury Lopes Jr.,[35] se o detido for levado diante de um juiz, por se tratar, segundo eles, de um ato *estritamente jurisdicional*, ou seja, sob a égide da reserva absoluta da jurisdição.

Neste sentido, manifestou-se o Professor Aury Lopes Jr., em sua palestra "Audiência de custódia – Cautelaridade e processo penal: novas luzes sobre o sistema de justiça criminal", ministrada no curso sobre audiência de custódia ocorrido na Escola da Magistratura Paulista, no dia 6.2.2015, reafirmando o que já havia escrito em seu artigo "Audiência de custódia e a imediata apresentação do preso ao juiz: rumo à evolução civilizatória do processo penal", publicado a duas mãos por ele e o

---

[35] Ambos palestrantes do curso de Audiência de Custódia, promovido pela Escola Paulista de Magistratura, respectivamente entre 5 e 6.2.2015.

Defensor Público Caio Paiva, na *Revista Liberdades* do IBCCRIM,[36] na qual afirmaram que a audiência de custódia dos tratados no Brasil somente poderia ser realizada pelo Poder Judiciário, entendimento este equivocado, ao nosso ver, como enfrentaremos mais adiante.

4 Sistema Internacional de proteção de direito humanos e a validade das decisões da Corte IDH no direito interno

O conjunto de normas de direito constitucional internacional humanístico complementam as garantias fundamentais da pessoa humana trazida pela Constituição da República, formando um sistema ou "bloco de convencionalidade",[37] à semelhança do conhecido bloco de constitucionalidade, que tem como escopo, primordialmente, servir de anteparo para contenção das massas, ou seja, da vontade da maioria, ao contrário do populismo penal midiático:[38]

> A maioria não pode dispor de toda a "legalidade", ou seja, não lhe está facultado, pelo simples facto de ser maioria, tornar disponível o que é indisponível, como acontece, por ex., com direitos, liberdades e garantias

---

[36] LOPES JR., Aury; PAIVA, Caio. Audiência de custódia e a imediata apresentação do preso ao juiz: rumo à evolução civilizatória do processo penal. *Revista Liberdades*, n. 17, set./dez. 2014. Disponível em: http://www.ibccrim.org.br/revista_liberdades_artigo/209-Artigos. Acesso em: 15 jan. 2015.

[37] "Tais decisões das cortes somadas demonstram claramente que o controle nacional da convencionalidade das leis há de ser tido como o principal e mais importante, sendo que apenas no caso da falta de sua realização interns (ou de seu exercício insuficiente) é que deverá a Justiça Internacional atuar, trazendo para si a competência de controle em último grau (decisão da qual tem o Estado o dever de cumprir. [...] Os direitos previstos em tais tratados, assim, formam aquilo que se pode chamar de 'bloco de convencionalidade', à semelhança do conhecido 'bloco de constitucionalidade'; ou seja, formam um *corpus iuris* de direitos humanos de observância obrigatória aos Estados-partes" (MAZZUOLI, Valério de Oliveira. *O controle jurisdicional da convencionalidade das leis*. 3. ed. rev., atual. e ampl. São Paulo: Revista dos Tribunais, 2013. p. 99-100).

[38] "O ponto culminante desse contínuo e crescente processo de midiatização (da Justiça e da política) reside não só no controle externo que a mídia exerce sobre alguns membros dos demais poderes senão também na própria concretização de uma justiça paralela, com investigação, acusação e julgamento dos responsáveis pela 'situação problemática'. [...]" (GOMES, Luiz Flávio; ALMEIDA, Débora de Souza de. *Populismo penal midiático*: caso mensalão, mídia disruptiva e direito penal crítico. 2. reimpr. São Paulo: Saraiva, 2013. p. 98-130).

e, em geral, com toda a disciplina constitucionalmente fixada (o princípio da constitucionalidade sobrepõe-se ao princípio maioritário).[39]

Diante disso, a Constituição da República e os tratados e convenções de direitos humanos passam a ser o documento legitimador, que seleciona a divisão de atuação dos órgãos públicos na persecução criminal, separando e delimitando a atuação de cada qual, explicitamente,[40] sendo os destinatários o próprio legislador e os operadores do direito. Normas que se revertem como um verdadeiro manto protetor e de abrangência universal, esculpido no mármore das garantias, contra o abuso do poder punitivo do Estado, no qual é evidente que se engloba o poder persecutório.

As decisões da Corte IDH tecem verdadeiras teias protetoras contra interpretações nacionalistas dos tratados, ou seja, suas interpretações em seus julgados formam um emaranhado de sub normas que costuram os dispositivos do Pacto de San Jose a uma interpretação internacional, evitando que os Estados façam interpretações "particulares", prevenindo que se realizem mundo a fora "saltos triplos carpados hermenêuticos" parafraseando o Ex-Ministro do STF Ayres Britto.[41]

Em outras palavras, as sentenças proferidas pela Corte IDH devem ter observância obrigatória e vinculante do Estado-parte condenado no caso concreto, e sua fundamentação consolida a uniformização da interpretação da Convenção por todos os Estados-parte, inclusive os que não forem réus condenados pela Corte. Não é outra a lição da doutrina estrangeira sobre o tema:

> Por ende, importa parar mientes en que tanto en Barrios Altos como en los casos Tribunal Constitucional de Perú y La Cantatuta, la Corte Interamericana se comportó como un Tribunal Constitucional anulando las leyes de amnistía, con efeito erga omnes. Obsérvese, entonces, cómo dicho órgano ha "amplificado" notadamente su tradicional postura, sosteniendo ahora que la obligatoriedad de sus pronunciamientos no se agota en su parte resolutiva (que vale para el caso particular), a los

---

[39] CANOTILHO, J. J. Gomes. *Direito constitucional e teoria da Constituição*. 7. ed. 11. reimpr. Coimbra: Almedina, 2012. p. 329.

[40] Em primoroso parecer ao IBCCrim, o Prof. José Afonso da Silva deixou claro que a Constituição deixou explícitas todas as atribuições dos órgãos responsáveis pela persecução penal, em breve síntese resume: "Como falar em poder implícito onde ele foi explicitado, expressamente estabelecido, ainda que em favor de outra instituição?" (parecer pode ser consultado em http://s.conjur.com.br/dl/parecer-jose-afonso-silva-pec-37.pdf).

[41] Durante julgamento, em 22.9.2010, na sessão plenária do RE nº 630.147.

fundamentos del fallo, obligando a los tres poderes del Estado para la generalidad de los casos similares.[42]

Novamente se reafirma, com a assertiva acima, que, além da vinculação dos Estados à parte dispositiva da sentença, todos estão obrigados a seguir a fundamentação da mesma tese como metodologia de uniformização da jurisprudência perante a Corte IDH, todos os poderes, Legislativo, Executivo (delegado de polícia) e Judiciário.

Por isso, preconizar um modelo de audiência de custódia ignorando completamente os diversos precedentes da Corte IDH, para limitar a incidência dos tratados de direitos humanos, e o que é pior, por meio de ato administrativo, é adotar metodologia centralizadora, oposta à disseminada nos precedentes, como o acima apontado. Em outras palavras, é "nacionalizar" o Pacto de San Jose, descaracterizando-o como documento internacional.

Atribuir somente ao Poder Judiciário o único órgão efetivador do alcance jurídico e político da eficácia do princípio internacional *pro homine*[43] é engessar a eficácia dos direitos humanos e criar uma interpretação "nacionalista"[44] e não "intercortes",[45] como já ocorre nas Cortes Supremas da Costa Rica, Bolívia, República Dominicana, Peru, Colômbia e Argentina.[46]

---

[42] HITTERS, Juan Carlos. El controle de convencionalidad y el cumplimiento de las sentencias de la corte interamericana (supervisión supranacional cláusula federal). *In*: MARINONI, Luiz Guilherme; MAZZUOLI, Valério de Oliveira (Coord.). *Controle de convencionalidade*: um panorama latino-americano: Brasil, Argentina, Chile, México, Peru, Uruguai. Brasília: Gazeta Jurídica, 2013. p. 368-369.

[43] MAZZUOLI, Valério de Oliveira. *O controle jurisdicional da convencionalidade das leis*. 3. ed. rev., atual. e ampl. São Paulo: Revista dos Tribunais, 2013. p. 146.

[44] Segundo Mazzuoli, na obra supracitada, o direito interno de um Estado-parte não pode criar uma interpretação particular em detrimento daquela já realizada pela Corte IDH, tendo em vista que o Brasil declarou expressamente que se submete à jurisdição da Corte Internacional pelo Decreto Legislativo nº 89/1998, sendo obrigatória não somente a observância de decisões contrárias ao Estado-parte, como também a forma com que os tratados são interpretados pela Corte em casos de outro Estado-parte. Não há, portanto, discricionariedade e livre interpretação do pacto, que o autor denomina "nacionalização" dos tratados internacionais de direitos humanos (MAZZUOLI, Valério de Oliveira. *O controle jurisdicional da convencionalidade das leis*. 3. ed. rev., atual. e ampl. São Paulo: Revista dos Tribunais, 2013).

[45] Mazzuoli, na sua obra supracitada, também faz menção a uma outra expressão sinônima da "inter-cortes", denominada de "viva interação", cunhada pelo juiz Diego Garcia-Sayán (MAZZUOLI, Valério de Oliveira. *O controle jurisdicional da convencionalidade das leis*. 3. ed. rev., atual. e ampl. São Paulo: Revista dos Tribunais, 2013. p. 104).

[46] Na Suprema Corte Argentina os Casos Simón (2005) e Mazzeo (2007).

Quanto ao Brasil, não há histórico em obedecer às decisões da Corte IDH, quem dirá à interpretação realizada por ela, como ocorreu no caso *Gomes Lund e outros v. Brasil*, explicitado na ADPF nº 153.[47] Este emaranhado de interpretação sistemicamente disforme forma, como já dissemos acima, *microlegislação esterilizante da Constituição* e acrescentamos: *dos tratados internacionais de direitos humanos*, também. Ora, estamos diante de ditames constitucionais de garantias de que o cidadão possa se valer de agências jurídicas previstas na Carta Política. Não é à toa que o delegado de polícia, quem preside a investigação criminal seja qual nome receber o procedimento, inquérito policial (CPP), termo circunstanciado (Lei nº 9.099/95), boletim de ocorrência circunstanciado (Lei nº 8.069/90), auto de investigação de ato infracional (Lei nº 8.069/90), é bacharel em direito,[48] concursado para o cargo que tem por função exercer o papel de verdadeiro filtro processual contra imputações infundadas,[49] cabendo-lhe deslegitimar ações penais temerárias, bem como ser mais um agente de expansão das liberdades. É essa a visão que deve possuir o delegado de polícia no hodierno Estado Democrático de Direito. Em nossa visão, uma autoridade de garantias,[50] a primeira a realizar uma audiência de custódia.

A viabilidade jurídica de o delegado de polícia conceder medidas cautelares foi reconhecida pela Lei nº 13.827/19, que incluiu o art. 12-C na Lei nº 11.340/06 como mecanismo de proteção à mulher vítima de violência doméstica, consagrando em nosso ordenamento um mecanismo de efetivação do direito humano da mulher previsto na Convenção sobre a Eliminação de Todas as Formas de Violência contra a Mulher (Cedaw, 1979) e na Convenção Interamericana para Prevenir, Punir e Erradicar a Violência contra a Mulher (Convenção de Belém do Pará, 1994).

---

[47] Neste sentido, RAMOS, André de Carvalho. *Processo internacional de direitos humanos*. 3. ed. São Paulo: Saraiva, 2013. p. 381-384.

[48] Art. 3º da Lei nº 12.830/13.

[49] GOMES, Luiz Flávio; SCLIAR, Fábio. *Investigação preliminar, polícia judiciária e autonomia*. Disponível em: http://www.lfg.com.br. Acesso em: 23 jul. 2014.

[50] BARBOSA, Ruchester Marreiros. O inquérito penal de garantias, sigilo e direito à informação do investigado. *Revista Síntese Direito Penal e Processual Penal*, Porto Alegre, v. 13, n. 74, jun./ jul. 2012. p. 26-28. Sugeri no referido artigo científico a alteração do nome *delegado de polícia* para *autoridade de garantias*, por não mais subsistiram as razões do termo empregado hoje, apesar de ser ainda empregado não só pelo projeto do novo Código de Processo Penal, como também pelo art. 144, §4º, da CRFB/88.

5 A "audiência de custódia" e o sistema de dupla cautelaridade perante os julgados da Corte IDH

Essas garantias não passaram despercebidas pelos tratados e convenções internacionais sobre direitos humanos, que dispõem como garantia do cidadão que na condução coercitiva deve o suspeito ser levado imediatamente *perante um juiz ou outra autoridade jurídica que exerça a função de decidir sobre a liberdade* do conduzido, de modo que se possa restabelecer sua liberdade, função que, em nosso ordenamento jurídico constitucional, é do juiz e do delegado de polícia, cada um na sua atribuição, definida pelo Código de Processo Penal.

Em outras palavras, o que querem os países signatários dos tratados e convenções sobre direitos humanos e a ONU é que o preso seja levado perante um *agente público* que tenha conhecimento jurídico para poder decidir sobre a legalidade de sua prisão, e garantir o seu direito de ser considerado presumidamente inocente e de participar da instrução processual em liberdade.

Este é o sentido do Pacto Internacional dos Direitos Civis e Políticos em seus arts. 5º, §2º e 9º, §3º:

> Artigo 5º [...]
> §2. Não se admitirá qualquer restrição ou suspensão dos direitos humanos fundamentais reconhecidos ou vigentes em qualquer Estado-parte no presente Pacto em virtude de leis, convenções, regulamentos ou costumes, sob pretexto de que o presente Pacto não os reconheça ou nos reconheça em menos grau. [...]
> Artigo 9º [...]
> §3. Qualquer pessoa presa ou encarcerada em virtude de infração penal deverá ser conduzida, *sem demora*, à presença do juiz *ou de outra autoridade habilitada por lei a exercer funções judiciais* e terá o direito de ser julgada em prazo razoável ou de ser posta em liberdade. A prisão preventiva de pessoas que aguardam julgamento não deverá constituir a regra geral, mas *a* soltura poderá estar condicionada a garantias que assegurem o comparecimento da pessoa em questão à audiência e a todos os atos do processo, se necessário for, para a execução da sentença. (Grifos nossos)

Bem como o art. 7º, item 5, da Convenção Americana dos Direitos Humanos (Pacto de San Jose da Costa Rica), *in verbis*:

> Artigo 7º [...]
> 5. Toda pessoa presa, detida ou retida deve ser conduzida, *sem demora*, à presença de um juiz ou outra *autoridade autorizada por lei a exercer funções*

judiciais e tem o direito de ser julgada em prazo razoável ou de ser posta em liberdade, sem prejuízo de que prossiga o processo. Sua liberdade pode ser condicionada a garantias que assegurem o seu comparecimento em juízo. (Grifos nossos)

Se os tratados não reconhecessem a legitimidade de órgãos não jurisdicionais, que exercem função igualmente jurídica, ou materialmente judicial,[51] de prender e soltar, o Pacto não iria dispor sobre o direito dos presos de se socorrerem de juízes e tribunais acaso a decisão daqueles órgãos, de não soltar, fosse arbitrária, conforme o art. 7.6 do Pacto de San Jose da Costa Rica, *verbis*:

> *Toda pessoa privada da liberdade tem direito a recorrer a um juiz ou tribunal competente*, a fim de que este decida, sem demora, *sobre a legalidade de sua prisão ou detenção e ordene sua soltura*, se a prisão ou a detenção forem ilegais. Nos Estados-partes cujas leis prevêem que toda pessoa que se vir ameaçada de ser privada de sua liberdade tem direito a recorrer a um juiz ou tribunal competente, a fim de que este decida sobre a legalidade de tal ameaça, tal recurso não pode ser restringido nem abolido. O recurso pode ser interposto pela própria pessoa ou por outra pessoa. (Grifos nossos)

Neste mesmo sentido, dispõe outro documento das Nações Unidas sobre Direitos Humanos, denominado "Conjunto de Princípios para a Proteção de Todas as Pessoas Sujeitas a Qualquer forma de Detenção ou Prisão – 1988",[52] que elenca 39 princípios sobre pessoas capturadas, detidas e presas, e realiza uma interpretação teleológica sobre o alcance de "ou outra autoridade autorizada por lei a exercer funções judiciais", já explicado no capítulo sobre prisão em flagrante, ao qual remetemos o leitor.[53]

A hermenêutica internacionalizante da ONU, que buscar uniformizar o discurso jurídico sobre o sistema de proteção dos direitos humanos da pessoa atingida em seu direito de liberdade, é nada mais nada menos do que uma *tipicidade processual*, ou seja, a aplicação da

---

[51] Corte IDH. Caso Vélez Loor Vs. Panamá. Excepciones Preliminares, Fondo, Reparaciones y Costas. Sentencia de 23 de noviembre de 2010 Serie C No. 218, par. 142 (Disponível em: http://www.corteidh.or.cr/tablas/fichas/velezloor.pdf. Acesso em: 8 ago. 2014).

[52] Grupo de Trabajo sobre Detención Arbitraria, Conclusiones y Recomendaciones de 15 de diciembre de 2003, UN DOC E/CN.4/2004/3, párr. 86.

[53] *Site* do Alto Comissariado das Nações Unidas para os Direitos Humanos: http://www2.ohchr.org/spanish/law/detencion.htm.

legalidade estrita no caso de privação da liberdade, e sua interpretação ampliativa para garantia da liberdade.

Esta análise pode ser observada pelos princípios ora esposados, pelas interpretações a estes princípios e ao art. 7, item 5 da CADH, conforme traremos em casos concretos em que a Corte IDH interpretou e uniformizou o entendimento de que órgão com função judicial não significa estritamente jurisdicional, e somente a revisão da prisão, tendo sido ela mantida por um juiz ou outra autoridade, deverá ser realizada por outro juiz, num sistema de duplo grau de audiência de garantia (custódia) ou o que denominamos de *sistema de dupla cautelaridade*, conforme interpretação sistêmica e teleológica do art. 7, item 5 c/c 8, item 1 c/c 25, todos da CADH.

6 A interpretação equivocadamente nacionalizante de parte da doutrina sobre casos julgados pela Corte IDH

Alguns doutrinadores citam alguns casos julgados pela Corte IDH como paradigmas impeditivos de se interpretar os dispositivos supramencionados como aplicáveis ao delegado de polícia, notadamente a expressão "[...] ou outra autoridade autorizada por lei a realizar funções judiciais", impressa no art. 7, item 5.

Não conseguimos identificar uma razão plausível de tal interpretação, pois com uma leitura atenta sobre os julgados citados, é possível se verificar, de maneira cristalina, que não é possível inferir que a referida autoridade tenha que ser pessoa que ocupe exclusivamente cargo no Poder Judiciário.[54]

Destacamos alguns trechos doutrinários:

> Desta forma, a Corte IDH já recusou considerar como "juiz ou outra autoridade por lei a exercer funções judicias" (a) a jurisdição militar [*Corte IDH. Caso Cantoral Benavides Vs. Perú. Sentença de 18.08.2000*], (b) o Agente Fiscal do Ministério Público[*Corte IDH. Caso Acosta Calderón Vs. Equador. Sentença de 24.06.2005*], e (c) o Fiscal Naval [*Corte IDH. Caso Palamara Iribarne Vs. Chile. Sentença de 22.11.2005*]. Fácil perceber, portanto, a partir da jurisprudência da Corte IDH, que juiz ou autoridade habilitada a exercer função judicial *somente pode ser o funcionário público*

---

[54] Aury Lopes Jr., em palestra já citada em referência acima.

incumbido da jurisdição, que, na grande maioria dos países (a exemplo do Brasil), é o magistrado[19]. (Grifos nossos)

Curiosa a observação realizada pelo autor em sua nota de rodapé número 19, que pedimos vênia para transcrever a fim de refletirmos em conjunto com o leitor, em especial, a parte por nós destacada:

Registra-se, aqui, uma curiosidade: em pleitos individuais ajuizados na Justiça Federal de Manaus/AM, nos quais se requereu a efetivação do direito à audiência de custódia, um dos motivos que têm ensejado o indeferimento é o de que o Defensor Público (assim como a autoridade policial – Delegado) exerceria, no Brasil, "função judicial". De tão descabido, o argumento sequer merece considerações. *Tivesse o Defensor (ou o Advogado) "função judicial", poderia ele próprio, então, cessar a ilegalidade/ desnecessidade da prisão, colocando o cidadão em liberdade?*

A despeito do sentido e alcance do termo "função judicial", por nós já explicado, porém à luz da interpretação da doutrina que advoga contrariamente à essa interpretação realizada pela Corte IDH, ter o autor concluído que o defensor público (aqui em *contrario sensu* ao TRF de Manaus) e o advogado não podem cessar a arbitrariedade da prisão porque não possuem função judicial está certíssimo. Não há absolutamente nenhuma norma que atribua ao defensor ou advogado analisar prisão em flagrante. O que já não ocorre com o cargo de delegado de polícia.

O delegado tem poder de cessar por ele mesmo detenções ou, como referenciado no "Conjunto de Principios para la Protección de Todas las Personas Sometidas a Cualquier Forma de Detención o Prisión, Adoptado por la Asamblea General en su resolución 43/173, de 9 de diciembre de 1988", conduções coercitivas arbitrárias, diante da possibilidade de analisar juridicamente a ausência de situação flagrancial e relaxar a condução coercitiva (auto de prisão em flagrante) ou conceder liberdade provisória com ou sem fiança (art. 322 c/c 325, ambos do CPP).

Por isso não enxergamos, *Data maxima venia*, coerência no argumento, de negar esta função ao delegado de polícia, se o que determina a função judicial é possuir o poder de cessar a ilegalidade/ desnecessidade da prisão segundo a Corte IDH, com a qual concordamos.

Diante da seriedade do tema, que impinge um discurso de flagrante empoderamento autoritário (na contramão ao fortalecimento institucional de expansão da liberdade, que se pretende pela justiça transicional), o oligopólio da liberdade por um único órgão do sistema penal, sem a devida compreensão sobre o significado da audiência de custódia, resta salutar se analisar os casos julgados na Corte IDH sobre o instituto.

6.1 Caso Acosta Calderón *v.* Equador

Por uma questão de retórica epistemológica, não podemos citar um caso com paradigma sem que ele se apresente como regra que guarde identidade à legislação brasileira, sob pena de estarmos diante de um sofisma e consequentemente possibilitar uma conclusão cientificamente falsa.

O ponto nevrálgico reside na interpretação e alcance do art. 7, item 5, da CADH, no trecho sob destaque:

> 5. Toda pessoa *presa, detida ou retida* deve ser *conduzida*, sem demora, *à presença de um juiz ou outra autoridade autorizada por lei a exercer funções judiciais* e tem o direito de ser julgada em prazo razoável ou de ser posta em liberdade, sem prejuízo de que prossiga o processo. Sua liberdade pode ser condicionada a garantias que assegurem o seu comparecimento em juízo. (Grifos nossos)

De forma eloquente, a doutrina pátria busca a interpretação do significado e alcance do trecho "ou outra autoridade autorizada por lei a exercer funções judiciais", como órgão legitimado a realizar a devida interpretação, qual seja, a Corte Interamericana de Direitos Humanos, sustentando que *função judicial* seria aquela *estritamente jurisdicional*, e conclui que nos casos Cantoral Benavides, Acosta Calderón e Palamara Iribarne não o exerceriam o juiz militar, o Ministério Público e o Fiscal Naval. Consequentemente, não poderia ser também o delegado de polícia.

Data maxima venia, esta interpretação contraria basilar regra de hermenêutica, qual seja de que a lei não possui palavras inúteis, bem como a regra epistemológica de que discursos sem objeto verdadeiro não evidenciam verdades válidas.

Por que a convenção não se limitou a dizer apenas "juiz ou tribunal competente", como o faz no art .7, item 6 da CADH? Para que a Convenção perderia seu tempo em criar esta regra no art. 7, item 5 e torná-la inútil logo em seguida em seu mesmo artigo, item 6? Qual o objeto destas normas para que possam ser utilizadas como argumentos de validade cientificamente "verdadeiros" e não "falsos"?

Como afirmou Karl Popper,[55] "aceitar-se-á, como credencial de qualquer teoria, sua capacidade de ser 'ser testada pela experiência', sendo que os únicos testes possíveis são aqueles que, eventualmente podem demonstrar a falsidade de seus enunciados". O Poder Judiciário, com coro da maioria da doutrina, vem sustentando que somente ele, isolada e exclusivamente, protege direitos humanos, consequentemente, somente ele serviria como freio ao poder punitivo e ao direito penal máximo do encarceramento desmedido, como foi a máquina de condenar da inquisição.[56]

Evidentemente que esta afirmativa não prospera e se trata de um lamentável erro de interpretação e de contextualização da expressão com as decisões da Corte IDH.

No caso Acosta Calderón, por exemplo, o colombiano Acosta Calderón, preso em flagrante pela Polícia Militar na aduana por tráfico de drogas, aguardou 2 anos para ser ouvido por um juiz pela primeira vez. Antes disso ele foi ouvido apenas pela Polícia e pelo Ministério Público, e, segundo a Corte, este contato não teria atendido à regra do art. 7, item 5 acima referido. A doutrina utiliza esta decisão da Corte IDH para afirmar que ela teria chegado à conclusão de que o Ministério Público não seria considerado a outra autoridade autorizada pela lei a exercer funções judiciais, pois essas funções judiciais são aquelas estritamente jurisdicionais.

Não podemos concordar com tal afirmativa, pois da sentença do caso em tela não se extrai esta assertiva, nem ela possui linha alguma que se permita concluir desta maneira. Ou se tratou de um erro de interpretação ou erro de tradução. Pedimos *venia* ao leitor e vejamos a interpretação, agora, contextualizada e no original da sentença:

> 78. [...] En primer lugar, los términos de la garantía establecida en el artículo 7.5 de la Convención son claros en cuanto a que *la persona detenida debe ser llevada sin demora ante un juez o autoridad judicial competente*, conforme a los principios de control judicial e inmediación procesal.

---

[55] POPPER, Karl. *The logic of scientific discovery*. Nova York: Harper & Row, 1963. p. 6 *apud* ALVES, Rubem. *Filosofia da ciência*: introdução ao jogo e suas regras. 7. ed. São Paulo: Loyola, 2003. p. 185.

[56] THUMS, Gilberto. *Sistemas processuais penais*. Rio de Janeiro: Lumen Juris, 2006. p. 217.

Esto es esencial para la protección del derecho a la libertad personal y para otorgar protección a otros derechos, como la vida y la integridad personal. *El simple* conocimiento por parte de un juez de que una persona está detenida no satisface esa garantía, ya que el detenido debe comparecer personalmente y rendir su declaración ante el juez o autoridad competente.

79. *En el caso en análisis, el señor Acosta Calderón, al momento de su detención, sólo rindió declaración ante la Policía y un Fiscal, sin la presencia de su abogado.* No consta en el expediente que el señor Acosta Calderón haya rendido declaración alguna ante un juez, sino hasta transcurridos casi dos años de su detención. En este sentido, el 8 de octubre de 1991 el mismo Tribunal de Lago Agrio expresó que "dentro del proceso no consta[ba el testimonio indagatorio de la presunta víctima], presumiéndose que el actuario de ese entonces no ha[bía] incorporado en el expediente dicha diligencia", por lo que ésta se tomó el 18 de octubre de 1991 (supra párr. 50.23, 50.25 y 50.27).

80. *En segundo lugar, un "juez u otro funcionario autorizado por la ley para ejercer funciones judiciales" debe satisfacer los requisitos establecidos en el primer párrafo del artículo 8 de la Convención. En las circunstancias del presente caso, la Corte entiende que el Agente Fiscal del Ministerio Público que recibió la declaración preprocesal del señor Acosta Calderón no estaba dotado de atribuciones para ser considerado "funcionario autorizado para ejercer funciones judiciales",* en el sentido del artículo 7.5 de la Convención, ya que la propia Constitución Política del Ecuador, en ese entonces vigente, establecía en su artículo 98, cuáles eran los órganos que tenían facultades para ejercer funciones judiciales y no otorgaba esa competencia a los agentes fiscales. *Por tanto, el agente fiscal que actuó en el caso no poseía facultades suficientes para garantizar el derecho a la libertad y la integridad personales de la presunta víctima.* (Grifos nossos)

Para ser mais fiel à contextualização do sistema penal, à Constituição e ao Código de Processo Penal equatorianos, não há previsão de um cargo equivalente ao de delegado de polícia, como ocorre no Brasil, que possa lavrar o auto de prisão em flagrante e decidir pela sua liberdade, mas *o sistema equatoriano* determina que o *preso em flagrante deva ser apresentado a um juiz, in verbis*:

nadie será privado de su libertad sino en virtud de orden escrita de autoridad competente, en los casos, por el tiempo y con las formalidades prescritas por la ley, *salvo delito flagrante, en cuyo caso tampoco podrá mantenérsele sin fórmula de juicio por más de 24 horas [...].*[57]

---

[57] Tradução livre: "Ninguém será privado da sua liberdade, salvo por ordem escrita da autoridade competente, onde, para o tempo e com as formalidades prescritas em lei,

E prossegue em seu CPP, no art. 174, vigente à época:

[...] en caso de delito flagrante cualquier persona puede aprehender al autor y conducirlo a presencia del Juez competente o de un Agente de la Policía Nacional o de la Policía Judicial. En este último caso, el Agente inmediatamente pondrá al detenido a órdenes del Juez, junto con el parte respectivo. [...].

O Código de Procedimento Penal do Equador adota o *sistema processual de juizado de instrução*, em que o juiz possui o monopólio do contato com a investigação criminal e, por esta razão, as prisões são apresentadas a ele para decidir se mantém preso ou concede liberdade provisória, ou seja, possui a gestão de toda a prova. Realiza um papel de delegado de polícia e juiz.

Ademais, o sistema processual de juizado de instrução está em pleno declínio na Europa, por se caracterizar como um sistema inquisitorial e, portanto, autoritário. A título de exemplo, a Corte Constitucional de Portugal, que adota expressamente o sistema acusatório em seu art. 32, nº 5, declarou o art. 40 do Código de Processo Penal português inconstitucional, visto que permitia a participação do juiz da instrução no julgamento da causa.[58] Decisão semelhante há em nosso STF sobre o juiz instrutor na revogada Lei de Organizações Criminosas.

Contextualizado o caso com o sistema equatoriano autoritário, percebe-se que a Constituição e o Código de Procedimento Penal não conferem à polícia nem ao Ministério Público de lá o poder de conceder liberdade provisória, que possui o delegado de polícia no Brasil, restando fácil *a conclusão de que este caso não serve de paradigma para nosso sistema de garantias.*

Em outras palavras, se equivoca a doutrina, quando asseverou que a Corte IDH não considerava o Ministério Público como a outra autoridade autorizada por lei a exercer funções judiciais, pois no ordenamento equatoriano, na ocasião do julgado, o MP não possuía autorização legal para exercer a função de analisar a liberdade, como possui o delegado de polícia no Brasil, e isso não autoriza afirmar que

---

ressalvado o flagrante delito, caso em que não podem ser detidos sem apresentação ao juízo por mais de 24h [...]".

[58] CANOTILHO, J. J. Gomes; MOREIRA, Vital. *Constituição da República portuguesa anotada.* 3. ed. Coimbra: Coimbra Editora, 1993. p. 205-206.

a Corte desconsidere a atuação do delegado de polícia como a outra autoridade autorizada por lei a exercer função judicial.

6.2 Caso Cantoral Benavides *v*. Peru

Trata-se de um outro caso totalmente incomparável com a situação brasileira e não serve em absoluto como uma hipótese paradigmática a se afirmar que a Corte IDH tenha inadmitido um juiz militar como outra autoridade, e comparativamente ao sistema brasileiro, desqualificar a função judicial do delegado, ainda que se insira na qualidade de um órgão do Poder Executivo.

À época dos fatos, o Peru tinha decretado estado de emergência por meio do Decreto Ley nº 25.475 y 13 del Decreto Ley nº 24.475, pelos quais os crimes de traição à pátria passaram a ser julgados pela Justiça Militar, daí a razão de um caso aparentemente de crime comum ter sido julgado na Justiça Militar.

Em certo aspecto o caso é inclusive semelhante ao do Equador, haja vista que a Polícia Nacional peruana não tinha o poder de conceder liberdade provisória e a legislação inquisitorial determinava que esta liberdade somente poderia ser determinada pelo juiz militar, que no caso concreto não permitiu ao preso o direito à audiência, tendo sido este o contexto pelo qual a Corte entendeu que o juiz militar não cumpriu o papel do juiz disposto no art. 7, item 5.

Igualmente, a Corte entendeu que ele não poderia ser o juiz que prevê o artigo da CADH porque este Tribunal interamericano, em diversos outros precedentes, entendeu que a Justiça Militar não pode ser competente para investigar e processar crimes que não sejam estritamente militares, sob pena de violação do princípio do juiz natural, como deixa bem claro o §112 do caso em estudo:

> 112. Es necesario señalar que la jurisdicción militar se establece en diversas legislaciones para mantener el orden y la disciplina dentro de las fuerzas armadas. Por ello, su aplicación se reserva a los militares que hayan incurrido en delitos o faltas en el ejercicio de sus funciones y bajo ciertas circunstancias. [...] El traslado de competencias de la justicia común a la justicia militar y el consiguiente procesamiento de civiles por el delito de traición a la patria en este fuero, como sucede en el caso, supone excluir al juez natural para el conocimiento de estas causas. Al respecto, la Corte ha dicho que "[c]*uando la justicia militar asume competencia sobre un asunto que debe conocer la justicia ordinaria, se ve afectado el derecho al juez natural y, a fortiori, el debido proceso*, el cual, a

su vez, encuéntrase íntimamente ligado al propio derecho de acceso a la justicia. (Grifos nossos)

Como se observa claramente, foi um equívoco utilizar este julgado como paradigma objeto de estudo para contextualizar o art. 7, item 5 da CADH à audiência de custódia no Brasil, pois em nenhum aspecto o fato se assemelha à nossa realidade. Sequer a Polícia Judiciária de lá era civil, posto que o país apresenta uma única polícia, totalmente militarizada, subordinada ao Ministério Público que é civil, enfim, uma aberração.

6.3   Caso Palamara Iribarne *v*. Chile

Por fim, e lamentavelmente, este caso, pelas mesmíssimas razões de equívocos epistemológicos já referidos acima, em nenhuma hipótese se equipara a uma situação brasileira, bem como a Corte IDH em nenhum momento concluiu que a violação do art. 7, item 5 da CADH teria ocorrido, porque um fiscal naval (Ministério Público Militar) não poderia ser a outra autoridade autorizada por lei a exercer funções judiciais, como já estudado acima.

Para entender o caso, o Sr. Palamara era militar e teria escrito um livro que fazia referência ao trabalho das forças armadas, que foi considerado uma obra que atentava contra a segurança pública.

Assim, os militares procederam a uma busca e apreensão domiciliar e aprenderam livros e o HD do computador dele contendo os textos, tendo sido preso preventivamente por ordem do Ministério Público Militar (Fiscal Naval), que é responsável pela investigação militar e pela propositura de eventual ação penal militar.

Como se pode verificar neste caso, novamente o exemplo dado pela doutrina em absolutamente nada se assemelha ao sistema processual penal brasileiro, e, ainda assim, a Corte IDH não afirmou que o MP não poderia ser a "outra autoridade autorizada pela lei a exercer funções judiciais". Pelo contrário! A Corte afirmou que o MP tinha autorização pela lei para *exercer funções judiciais* pois era um órgão que poderia decidir pela prisão e pela liberdade, mas, no entanto, violou o art. 7, item 5, porque para ser esta "outra autoridade" deve *exercer estas funções com independência e imparcialidade*, porém, como cumulava a função de órgão investigador e acusador não possuía esta última característica (a imparcialidade) exigida pela Corte IDH.

Para não cometermos o mesmo equívoco interpretativo que vem realizando a doutrina, data máxima vênia, citemos a parte da sentença que aborda a violação dos arts. 7 e 8, item 1 da CADH, *ipsis literis*:

> 191, g) si una *detención* es llevada a cabo *por una persona que no es juez*, esta debe cumplir con tres requisitos: estar *autorizado por ley para ejercer funciones jurisdiccionales, cumplir con la garantía de independencia e imparcialidad* y tener *la facultad de revisar los motivos de la detención de una persona y, de ser el caso, decretar su libertad*. El fiscal naval que ordenó la detención del señor Palamara estaba autorizado por ley para cumplir funciones jurisdiccionales y tenía la facultad de decretar la libertad de la persona. *Sin embargo, no era independiente e imparcial.* (Grifos nossos)

Como se percebe com clareza solar e lógica cartesiana, o que emerge deste parágrafo da sentença da Corte IDH é que a outra "autoridade autorizada por lei a exercer funções judiciais", quando não se tratar de um juiz, deve preencher 3 (três) requisitos: i) ser autorizada por lei; ii) possa decretar a liberdade do detido; e iii) ser independente e imparcial.

Com estas características, denota-se que a Lei nº 12.830/13, quando garante ao cargo do delegado de polícia a prerrogativa contra remoções infundadas, e impede a avocação das investigações por superior hierárquico, completa o requisito III exigido pela Corte IDH, incluindo-se esta norma no rol de garantias trazidas pelos precedentes da Corte, fortalecendo o *bloco de convencionalidade*, acima mencionado, sendo, portanto, uma norma materialmente convencional, possuindo *status* de norma supralegal, bem como materialmente constitucional, por guardar simetria com uma garantia fundamental de a prisão em flagrante ser lavrada pela Polícia Judiciária.

7 A Lei nº 12.830/13 como garantia de imparcialidade e independência do delegado de polícia conforme exigência preconizada nos casos julgado pela Corte IDH

No Brasil, o delegado de polícia sempre teve competência, imparcialidade e independência, visto que não está subordinado ao Poder Judiciário ou ao Ministério Público, tendo a Lei nº 12.830/13 lhe concedido ainda mais garantias, como a sua inamovibilidade legal, que se distingue do Judiciário e do Ministério Público apenas pela hierarquia das normas que a confere, mas, de acordo com os tratados sobre direitos humanos, a inamovibilidade possui *status* de *norma supralegal, portanto, materialmente convencional*, por se tratar de uma garantia de proteção aos direitos humanos, acima da garantia do órgão ou da pessoa que o ocupa.

Para não cometermos a leviandade de interpretar as referidas normas sobre direitos humanos de maneira desassociada com a hermenêutica da própria Corte Interamericana de Direitos Humanos, trazemos à baila trechos da sentença, no *Caso Vélez Loor v. Panamá*,[59] na qual o Panamá foi condenado por violação aos direitos humanos, *in verbis*:

> 108. Este Tribunal considera que, para satisfacer la garantía establecida en el artículo 7.5 de la Convención en materia migratoria, la *legislación interna* debe *asegurar* que el *funcionario autorizado por la ley para ejercer funciones jurisdiccionales* cumpla con las características de *imparcialidad e independencia* que deben regir a *todo órgano encargado de determinar derechos y obligaciones de las personas*. En este sentido, el Tribunal ya ha establecido que dichas *características no solo deben corresponder a los órganos estrictamente jurisdiccionales, sino que las disposiciones del artículo 8.1 de la Convención se aplican también a las decisiones de órganos administrativos. Toda vez* que en relación con esta *garantía corresponde al funcionario la tarea de prevenir o hacer cesar las detenciones ilegales o arbitrarias*, es imprescindible que dicho funcionario esté facultado para poner en libertad a la persona si su detención es ilegal o arbitraria.[60] (Grifos nossos)

Ora, se em nosso ordenamento qualquer pessoa possa capturar e conduzir, e é dever dos agentes policiais as realizar à presença do

---

[59] Corte IDH. Caso Vélez Loor Vs. Panamá. Excepciones Preliminares, Fondo, Reparaciones y Costas. Sentencia de 23 de noviembre de 2010 Serie C N.218, par. 108 (Disponível em: http://www.corteidh.or.cr/docs/casos/articulos/seriec_218_esp2.pdf. Acesso em: 8 ago. 2014).

[60] Em tradução livre: "Esta Corte considera que, para atender à garantia estabelecida no artigo 7.5 da Convenção em matéria migratória, a legislação interna deve assegurar que o funcionário autorizado pela lei para exercer funções jurisdicionais preencha as características de imparcialidade e independência que devem orientar todo órgão encarregado de determinar direitos e obrigações das pessoas. Nesse sentido, o Tribunal já estabeleceu que essas características não apenas devem corresponder aos órgãos estritamente jurisdicionais, mas que as disposições do artigo 8.1 da Convenção se aplicam também às decisões de órgãos administrativos (Delegados de Polícia, destaque nosso). Uma vez que, em relação a essa garantia, que cabe ao funcionário a tarefa de prevenir ou fazer cessar as detenções ilegais ou arbitrárias, seja imprescindível que esse funcionário esteja autorizado a colocar em liberdade a pessoa, caso sua detenção seja ilegal ou arbitrária".

delegado de polícia, salta aos olhos que este se trata de um órgão autorizado por lei "a colocar em liberdade a pessoa, caso sua detenção seja ilegal ou arbitrária".

O caso foi um julgamento do imigrante equatoriano Jesús Tranquilino Vélez Loor, ilegal no Panamá, onde foi preso pela Polícia Nacional de La Zona, e somente após 25 dias a autoridade administrativa competente para verificar a ilegalidade ou legalidade da detenção, La Dirección de Migración y Naturalización de Darién, conforme art. 67 do Decreto-Lei panamenho nº 16 de 1960, ratificou a sua condução coercitiva sem nenhuma fundamentação, não tendo havido no período a comunicação ao juiz nem a nomeação de defensor público.

Neste caso concreto, entre outras fundamentações sobre violações a direitos humanos, ressaltou-se a importância de a *autoridade administrativa do Panamá exercer a função materialmente judicial de maneira imediata*, para que o Judiciário e a defensoria pudessem atuar, bem como deveria o ato de detenção (prisão em flagrante) decidido pelo diretor ser necessariamente fundamentado.

Para a Corte Interamericana, a proteção aos direitos humanos desde o início, com a análise imediata, pelo órgão administrativo com função materialmente judicial, da condução realizada pela polícia, com direito à revisão pelo Judiciário e à defesa técnica, tudo de maneira fundamentada, é a maneira de assegurar o acesso à Justiça.

Pouquíssimos estudiosos se aprofundam em estudos de casos de maneira contextualizada, como o fazem a Professora Flávia Piovesan,[61] Nereu José Giacomolli,[62] e por nós, por meio de publicação de livros e artigos[63] com os títulos "A autoridade policial e a garantia dos presos nos tratados de direitos humanos", "Controle de convencionalidade pelo delegado de polícia diante da CADH" e "A inconvencionalidade da lei 12.234/10 não observada pelo Supremo Tribunal Federal e a duração (ir)razoável da prescrição retroativa".

O Professor Giacomolli publicou sua obra no final de 2014 e comentou o caso *Vélez Loor v. Panamá*, julgado em 2010,[64] quando já

---

[61] PIOVESAN, Flávia. *Direitos humanos e o direito constitucional internacional*. 13. ed. São Paulo: Saraiva, 2012. p. 395-430.

[62] GIACOMOLLI, Nereu José. *O devido processo penal* – Abordagem conforme a Constituição Federal e o Pacto de São José da Costa Rica. São Paulo: Atlas, 2014. p. 134-143.

[63] Disponível: http://ruchesterbarbosa.jusbrasil.com.br/artigos.

[64] GIACOMOLLI, Nereu José. *O devido processo penal* – Abordagem conforme a Constituição Federal e o Pacto de São José da Costa Rica. São Paulo: Atlas, 2014. p. 137-139.

havíamos publicado uma análise no artigo "A autoridade policial e a garantia dos presos nos tratados de direitos humanos" disponibilizado no *site* jurídico *JusBrasil*, informando, tal como na obra do renomado jurista, que o Panamá foi condenado a garantir o direito a ser ouvido ("audiência de custódia"), inclusive pelo órgão executivo, e à defesa.

Em outras palavras, a Corte IDH em nenhum momento decidiu que este direito a ser ouvido somente deva ser exercido em sede judicial e que a liberdade seja uma função estritamente jurisdicional, pois entendeu que o órgão de imigração, por sua lei interna, teria errado por não ter ouvido o imigrante e não ter lhe oportunizado defesa para poder decidir pela sua liberdade em um prazo razoável (já que demorou 25 dias para ser levado ao diretor de imigração). Ou seja, o direito de liberdade *deve* ser analisado também por órgão administrativo quando a lei assim permitir.

Afirmou Giacomolli em sua análise que: "[...] a pessoa submetida a um processo administrativo sancionador deve ter acesso à defesa técnica, desde o início".[65] Observe-se que, no caso Véles Loor, este foi condenado a uma pena de prisão por 2 anos, mas o direito de ser ouvido e a análise de sua liberdade deveriam ter sido garantidos desde o início de sua condução coercitiva, inclusive a defesa técnica, ainda na fase administrativa, segundo o julgado.

Isso significa dizer que não há violação alguma a direitos humanos quando a lei autoriza a *audiência de custódia* ser realizada por outro órgão distinto do judicial, como preconiza o art. 7, item 5 da CADH. *O que viola direitos humanos é a lei impedir que a "outra autoridade" realize a análise sobre a manutenção da liberdade*, como ocorre em nosso ordenamento pelo art. 322 do CPP, que ao nosso ver é um dispositivo inconvencional e inconstitucional.

Além disso, veja-se que nosso Código de Processo Penal, quando autoriza ao delegado de polícia conceder liberdade provisória somente a crimes cuja pena máxima seja igual ou inferior a 4 anos, está prestando um desserviço à Corte IDH e violando frontalmente direitos humanos e o direito fundamental de liberdade, sendo uma regra arbitrária que afronta os tratados internacionais de direitos humanos e a Constituição.

Neste sentido, esta norma deve ser considerada inválida, por impedir o delegado de analisar todo o caso de liberdade provisória com

---

[65] GIACOMOLLI, Nereu José. *O devido processo penal* – Abordagem conforme a Constituição Federal e o Pacto de São José da Costa Rica. São Paulo: Atlas, 2014.

ou sem fiança, pois os tratados são normas que estão acima do Código de Processo Penal, e as dezenas de precedentes das cortes autorizam a invocação do princípio *pro homine* para afastar norma inconvencional, inclusive normas trazidas pela própria Constituição, que contrariem o tratado.

8 Considerações finais

O que ocorre no Brasil é a insistência em manter a legislação processual ultrapassada em vigor, sem a devida alteração para além da Lei nº 12.403/11, e não permitir que o delegado de polícia conceda liberdade provisória ou qualquer outra medida diversa da prisão, para qualquer crime.

A partir daí, acaso a captura/condução seja convertida em detenção pelo delegado, na independência técnico-jurídica que lhe cabe, por não ser hipótese de liberdade provisória, o conduzido deve ser levado à presença de um juiz porque o Pacto também prevê o direito de *revisão imediata da prisão e de recurso contra ela*, como fica claro no §221 da sentença do caso *Palamara Iribarne v. Chile, verbis*:

> 221. Este Tribunal estima necesario realizar algunas precisiones sobre este punto. Los términos de la garantía establecida en el artículo 7.5 de la Convención son claros en cuanto a que la persona detenida debe ser llevada sin demora ante un juez o autoridad judicial competente conforme a los principios de control judicial e inmediación procesal. Esto es esencial para la protección del derecho a la libertad personal y para otorgar protección a otros derechos, como la vida y la integridad personal. El simple conocimiento por parte de un juez de que una persona está detenida no satisface esa garantía, ya que *el detenido debe comparecer personalmente y rendir su declaración ante el juez o autoridad competente.*[66] (Grifos nossos)

O que demonstramos no presente estudo é a possibilidade de um sistema ainda mais depurado e garantidor da liberdade do que somente uma única audiência (judicial) de custódia implantada pelo STF, via CNJ, que em verdade se traduz em uma audiência jurisdicional de custódia, e o que o Pacto prevê é uma audiência de apresentação (judicial – juiz ou outra autoridade que exerça função materialmente

---

[66] No mesmo sentido, Caso Acosta Calderón, par. 77; e Caso Tibi, par. 118.

judicial). Judicial aqui teria o escopo de considerar a função e não o cargo, o que incluiria o delegado de polícia no sistema como mais uma garantia, não retirando a revisão judicial, também em audiência de custódia. Seriam duas audiências de custódia, em verdade

Podemos dizer seguramente que o Brasil terá maior impacto humanístico nas estatísticas aberrantes sobre presos provisórios se houver uma expansão da liberdade pela Polícia Judiciária, e não a concentração de poder da liberdade na magistratura.

A concentração de poder da primeira palavra sobre a liberdade nas mãos exclusivamente da magistratura, hipótese de reserva absoluta da jurisdição, somente se dá quando da decretação da prisão preventiva, fora das situações flagranciais.

A análise fundamentada da ordem de detenção realizada pelo delegado de polícia é equivalente a um "recurso de ofício" previsto no ordenamento processual penal de revisão automática da ordem de prisão pelo delegado, obviamente somente em casos em que ele conclui pela flagrância da infração penal, como um mecanismo de dupla avaliação da cautelaridade de uma medida privativa de liberdade; e em que a denominar "conversão da prisão em flagrante em preventiva" não altera essa realidade, pois o rótulo não altera seu conteúdo. A prisão em flagrante é uma medida cautelar.

Quanto à análise da liberdade provisória, o Poder Judiciário não é a detentor exclusivo da primeira palavra, mas sim a do delegado de polícia, *ex vi* do art. 325 do CPP, por uma razão constitucional e convencional: *a liberdade é a regra* e, portanto, deve ser expandida, situando-se, ontologicamente, no âmbito da *reserva relativa da jurisdição*, em que o controle jurisdicional é a última palavra.

Convertida a prisão em flagrante em preventiva, que nada mais é do que a revisão da detenção do delegado por uma detenção judicial, tem agora o detido o direito de recurso a um juiz (turma recursal) ou tribunal (art. 7, item 6 c/c art. 8, item 1 da CADH).

O que falta para a audiência de garantia (audiência de apresentação ao delegado e audiência de apresentação ao juiz) ser implementada no Brasil é torná-la racional, pois se está enfatizando somente a custódia, criando-se uma espécie de criminalização secundária diante da concentração do Estado policial (controle por prisão) nas mãos da magistratura, e não um processo de expansão de direitos da liberdade.

Veja-se que, no modelo de audiência que se implementou por resolução, a pessoa "presa" (*rectius*, detida) é conduzida ao juiz porque o delegado em muitos casos é *impedido de garantir o direito de liberdade*, uma verdadeira vedação à liberdade *ex lege*, mas se dissemina a falaciosa ideia de que a garantia de liberdade só é possível pelo juiz, o que é um ledo engano. E os casos em que o delegado garante a liberdade porque a lei lhe permite assim decidir? Nesses casos a pessoa não é levada a um juiz, pois a audiência de custódia é para aferir a cautelaridade da prisão e não da liberdade, pois esta já foi aferida pelo delegado.

Mas, ao que parece, ao argumento de proteção de direitos humanos, agigantam-se os poderes para liberdade nas mãos de poucos, que sequer mudaram sua mentalidade de dominação do poder sobre o corpo, resquício do sistema penal medieval.

O delegado de polícia é o primeiro jurista, portanto, a atribuir juridicamente os efeitos pretendidos pela norma ao ter acesso à infração penal, ou seja, é o primeiro juiz do caso concreto, tendo a atribuição de analisar juridicamente os fatos ocorridos e promover eficiente investigação criminal, subsumindo diariamente fatos às normas penais e processuais penais. Tem o dever de agir com atenção e cautela diante de suas atribuições com o direito fundamental de liberdade da pessoa humana, tendo sido esta a razão da promulgação da Lei nº 12.830/13, na qual o delegado de polícia figura como cargo de natureza jurídica inserido no sistema de justiça criminal, o que leva a doutrina a lhe atribuir "função essencial à justiça, como garantia implícita na Constituição",[67] não restando dúvidas, portanto, da necessária natureza cautelar da nota de culpa como ordem de detenção pelo delegado, restando o auto de prisão em flagrante o procedimento formal de documentação da captura/condução do criminoso por qualquer pessoa, sob a presidência do delegado, que, ao final, decidirá pela detenção ou liberdade, seja plena ou provisória, consequentemente, por uma medida cautelar prisional ou libertária.

As medidas provenientes do delegado certamente baterão às portas do Judiciário, seja em razão do arquivamento ou da propositura da ação penal. É necessário que a prática forense seja fundamentada em outras fontes da norma.

É imperioso que o delegado como intérprete da norma não deixe de fundamentar seus atos à luz da Constituição e dos tratados e convenções internacionais de direitos humanos, bem como da jurisprudência constitucionalizante e internacionalizante dos tratados.

---

[67] NICOLITT, André. *Manual de processo penal*. 5. ed. São Paulo: RT, 2015. p. 172.

O exercício da interpretação é função imanente da atividade jurídica do delegado de polícia e, quando fundamentada em estudos acadêmicos, que por sua vez refletem o conteúdo de manifestações provenientes de organismos internacionais aos quais o Brasil está vinculado, não se poderá deduzir o estapafúrdio discurso de que agindo assim poderia estar atuando contrariamente à "lei" em sentido estrito, consequentemente estaria sujeito à esdrúxula conclusão de agir contra o ordenamento jurídico.

Lei é no sentido sistêmico, ou seja, de sistema jurídico, e este possui fontes diversas, inclusive acima delas, como os tratados de todos os gêneros e a Constituição.

Assim agindo, efetivamente, a função investigativa não se põe de refém da inapetência do legislador em compatibilizar um Código de Processo Penal arcaico e autoritário, que não pode ser considerado válido, naquilo que se contrastar com a democraticidade da atuação dos órgãos que compõem o sistema de justiça criminal, em que, a toda evidência, inclui-se a Polícia Judiciária, chefiada pelo delegado de polícia, seja no âmbito estadual seja no federal.

Referências

ALVES, Rubem. *Filosofia da ciência*: introdução ao jogo e suas regras. 7. ed. São Paulo: Loyola, 2003.

ARENDT, Hannah. *Eichmann em Jerusalém*: um relato sobre a banalidade do mal. Tradução de José Rubens Siqueira. São Paulo: Companhia das Letras, 1999.

BARATTA, Alessandro. *Criminologia crítica e crítica do direito penal*: introdução à sociologia do direito penal. 3. ed. Rio de Janeiro: Revan, 2002.

BARBOSA, Ruchester Marreiros. O inquérito penal de garantias, sigilo e direito à informação do investigado. *Revista Síntese Direito Penal e Processual Penal*, Porto Alegre, v. 13, n. 74, jun./jul. 2012.

BECKER, Laércio Alexandre. *Qual é o jogo do processo?* Porto Alegre: S.A. Fabris, 2012.

CANÇADO TRINDADE, Antônio Augusto. Memorial em prol de uma nova mentalidade quanto à proteção dos direitos humanos nos planos internacional e nacional. *Boletim da Sociedade Brasileira de Direito Internacional*, Brasília, n. 113/118, jan./dez. 1998.

CANOTILHO, J. J. Gomes. *Direito constitucional e teoria da Constituição*. 7. ed. 11. reimpr. Coimbra: Almedina, 2012.

CANOTILHO, J. J. Gomes; MOREIRA, Vital. *Constituição da República portuguesa anotada*. 3. ed. Coimbra: Coimbra Editora, 1993.

FERRAJOLI, Luigi. *Direito e razão*: teoria do garantismo penal. São Paulo: Revista dos Tribunais, 2002.

FOUCAULT, Michel. *A verdade e as formas jurídicas*. 3. ed. Rio de Janeiro: Nau, 2003.

FOUCAULT, Michel. *Vigiar e punir*: nascimento da prisão. Trad. Raquel Ramalhete. Petrópolis: Vozes, 1987.

GIACOMOLLI, Nereu José. *O devido processo penal* – Abordagem conforme a Constituição Federal e o Pacto de São José da Costa Rica. São Paulo: Atlas, 2014.

GOMES, Luiz Flávio. *Juizados criminais federais, seus reflexos nos juizados estaduais e outros estudos*. São Paulo: Revista dos Tribunais, 2002. Série As Ciências Criminais no Século XXI.

GOMES, Luiz Flávio; ALMEIDA, Débora de Souza de. *Populismo penal midiático*: caso mensalão, mídia disruptiva e direito penal crítico. 2. reimpr. São Paulo: Saraiva, 2013.

HITTERS, Juan Carlos. El controle de convencionalidad y el cumplimiento de las sentencias de la corte interamericana (supervisión supranacional cláusula federal). *In*: MARINONI, Luiz Guilherme; MAZZUOLI, Valério de Oliveira (Coord.). *Controle de convencionalidade*: um panorama latino-americano: Brasil, Argentina, Chile, México, Peru, Uruguai. Brasília: Gazeta Jurídica, 2013.

MARQUEZ, Gabriel Garcia. *Cem anos de solidão*. Tradução de Eliane Zagury. 48. ed. Rio de Janeiro: Record, [s.d.].

MAZZUOLI, Valério de Oliveira. *O controle jurisdicional da convencionalidade das leis*. 3. ed. rev., atual. e ampl. São Paulo: Revista dos Tribunais, 2013.

MOLINA, Antonio García-Pablos; GOMES, Luiz Flávio. *Criminologia* – Introdução a seus fundamentos teóricos. 3. ed. São Paulo: Revista dos Tribunais, 2002.

NICOLITT, André. *Manual de processo penal*. 5. ed. São Paulo: RT, 2015.

PIOVESAN, Flávia. *Direitos humanos e o direito constitucional internacional*. 13. ed. São Paulo: Saraiva, 2012.

RAMOS, André de Carvalho. *Processo internacional de direitos humanos*. 3. ed. São Paulo: Saraiva, 2013.

RAMOS, André de Carvalho. *Teoria geral dos direitos humanos na ordem internacional*. 4. ed. São Paulo: Saraiva, 2014.

RUSCHE, Georg; KIRCHHEIMER, Otto. *Punição e estrutura social*. Trad. Gizlene Neder. 2. ed. Rio de Janeiro: Revan, 2004. p. 138.

THUMS, Gilberto. *Sistemas processuais penais*. Rio de Janeiro: Lumen Juris, 2006.

VILLÁN DURÁN, Carlos. *Curso de derecho internacional de los derechos humanos*. Madrid: Trota, 2002.

ZAFARONI, Eugenio Raúl; FERRAJOLI, Luigi; TORRES, Sergio Gabriel *et al*. *La emergencia del miedo*. Buenos Aires: Ediar, 2012.

ZAFFARONI, Eugenio Raúl; BATISTA, Nilo; ALAGIA, Alejandro; SLOKAR, Alejandro. *Direito penal brasileiro*: teoria geral do direito penal. Rio de Janeiro: Revan, 2003. v. 1.

ZAFFARONI, Eugenio Raúl; PIERANGELI, José Henrique. *Manual de direito penal brasileiro*. Parte geral. 9. ed. São Paulo: Revista dos Tribunais, 2011. v. 1.

Informação bibliográfica deste texto, conforme a NBR 6023:2018 da Associação Brasileira de Normas Técnicas (ABNT):

BARBOSA, Ruchester Marreiros. Audiência de custódia. *In*: PEREIRA, Eliomar da Silva; ANSELMO, Márcio Adriano (Org.). *Direito Processual de Polícia Judiciária I*. Belo Horizonte: Fórum, 2020. p. 123-163. (Curso de Direito de Polícia Judiciária, v. 4). ISBN 978-85-450-0619-0.

O DELEGADO DE POLÍCIA E SUA CAPACIDADE POSTULATÓRIA

Francisco Sannini Neto

1 Introdução

O objetivo deste estudo é defender a capacidade postulatória do delegado de polícia, materializada por meio do seu poder de representação. Para tanto, será desenvolvida uma análise sobre a natureza jurídica deste ato, meio pelo qual a autoridade policial expõe ao Poder Judiciário os fatos e fundamentos que justificam a decretação de uma medida cautelar sujeita à reserva de jurisdição ou outra medida essencial para o correto exercício do *jus puniendi* estatal.

Além disso, demonstraremos que esta representação não está vinculada ao parecer do Ministério Público, que na condição de fiscal da lei e titular da ação penal pública deve apenas opinar sobre a necessidade da medida representada, cabendo a decisão final ao magistrado. Veremos, por fim, que o entendimento em sentido contrário coloca em risco toda a investigação, que não poderia sequer ser iniciada sem a manifestação do titular da *opinio delicti*.

Infelizmente a doutrina processual penal, de um modo geral, jamais deu a devida atenção ao inquérito policial, sendo que vários institutos existentes nessa fase de instrução preliminar foram negligenciados pela maioria dos nossos doutrinadores. Temas como a possibilidade de contraditório e ampla defesa na investigação, indiciamento, fiança, portaria inaugural, entre outros, passam praticamente despercebidos pelos estudiosos da área.

É nesse contexto que se desenvolve o presente estudo, que tem o objetivo de preencher um vácuo doutrinário no que se refere à capacidade postulatória do delegado de polícia e à representação formulada por esta autoridade. Afinal, qual seria a natureza jurídica dessa representação? Qual a sua finalidade e sua razão de existência? É o que estudaremos a partir de agora, expondo as nossas considerações sobre o tema.

Contudo, para que o assunto possa ser compreendido, é indispensável a análise do sistema acusatório que, de acordo com a maioria da doutrina, seria o sistema processual adotado pelo nosso ordenamento jurídico.

A origem deste modelo está ligada ao direito grego, em que a persecução penal se desenvolvia com a participação direta do povo no exercício da acusação. O problema desse sistema na sua versão original residia exatamente nesse fato, uma vez que a acusação realizada pelos particulares era falha e passou a exigir uma postura mais ativa por parte dos magistrados, o que, eventualmente, acabou desencadeando o surgimento do sistema inquisitivo.

Entretanto, com a Revolução Francesa e suas novas ideologias de valorização do homem e dos direitos fundamentais, o sistema inquisitivo perdeu força e o sistema acusatório foi paulatinamente ressurgindo das cinzas. Dessa vez, todavia, percebeu-se que o mesmo erro não poderia ser repetido, ou seja, a acusação não poderia ficar nas mãos de particulares.

Assim, foi necessária uma divisão da persecução penal em duas fases distintas, sendo que a responsabilidade pela acusação agora ficaria a cargo do próprio Estado, porém, por meio de um órgão distinto do juiz. É exatamente nesse ponto que surge o Ministério Público.

Aury Lopes Jr., ao citar Carnelutti, ensina-nos que há um nexo entre o sistema inquisitivo e o Ministério Público, justamente devido à necessidade de dividir a atividade estatal em duas partes. Nesse contexto, o Ministério Público seria uma *parte fabricada*, que surge da necessidade do sistema acusatório e garante a imparcialidade do juiz (LOPES JR, 2013, p. 118).

Dentro dessa nova perspectiva, é impossível não reconhecer que o Ministério Público é parte no processo penal, parte esta responsável pelo exercício de uma pretensão acusatória. Somente com essa divisão de funções o sistema processual fica perfeito, havendo, assim, uma parte acusadora, outra responsável pela defesa e um juiz imparcial na ponta da pirâmide.

É preciso que a doutrina processual penal desmistifique o mito de que o Ministério Público é um sujeito imparcial, que só objetiva promover a justiça. Aliás, quando tratamos de processo penal, o ideal seria que os representantes do Ministério Público fossem chamados de "promotores de acusação" e não "promotores de justiça". O fato de um promotor pleitear, por exemplo, a absolvição do réu em alegações finais, não significa que ele seja um sujeito imparcial. Lembramos que, como agente público, o promotor deve pautar sua atuação pelo princípio da legalidade, o que impossibilita a efetivação da acusação sem que haja, ao menos, a prova da materialidade do crime e indícios suficientes de autoria.

Ora, seria mesmo absurdo que um órgão pertencente ao Estado, que deve atuar de acordo com a lei (expressão da vontade geral), procedesse ao seu arrepio, pleiteando a condenação de um suspeito sem respaldo probatório para tanto. Não podemos, destarte, incidir no erro de acreditar que uma mesma pessoa possa ser capaz de executar duas funções tão antagônicas como acusar e defender, não se podendo, outrossim, confundir a observância da legalidade com uma suposta imparcialidade.

Nessa mesma linha de raciocínio, justamente em virtude de o Ministério Público ser parte no processo penal, somos absolutamente contrários ao seu poder investigatório. Isto, pois, como pode um agente do Estado conduzir uma investigação com a devida e necessária imparcialidade, se ele já vislumbra no horizonte uma futura batalha judicial a ser travada?! Mais do que isso, quais seriam as garantias do investigado diante de uma investigação conduzida pelo próprio órgão responsável pela acusação posterior?

Não podemos olvidar que a investigação preliminar não se direciona exclusivamente à acusação, sendo que em inúmeras situações a investigação acaba atuando em sentido contrário, ou seja, fornecendo elementos que servem ao próprio investigado, demonstrando, assim, a desnecessidade de submetê-lo a uma fase processual. É exatamente esse o papel do inquérito policial, que não tem vínculo com a acusação nem com a defesa, sendo compromissado apenas com a verdade e justiça, servindo como um verdadeiro filtro processual, impedindo que acusações infundadas desemboquem em um processo.

Isto posto, consignamos que a adoção do sistema acusatório, além de exigir a divisão da persecução penal em duas fases distintas (investigação e processo), concentrando as ações processuais (acusação, defesa e julgamento) em pessoas diferentes, também demanda a observância de outras características, especialmente no que se refere à postura do juiz, que, necessariamente, deve abster-se de participar da produção de provas, deixando essa função apenas para as partes (acusação e defesa). Somente assim a imparcialidade do juiz restará preservada e o sistema acusatório será respeitado.

Aury Lopes Jr. destaca que o juiz "deve resignar-se com as consequências de uma atividade incompleta das partes, tendo que decidir com base no material defeituoso que lhe foi proporcionado" (LOPES JR., 2013, p. 109). É essa a premissa elementar do sistema acusatório, que exige a inércia judicial mesmo diante de eventuais falhas oriundas da atividade acusatória.

Raciocínio semelhante deve ser observado no que diz respeito à defesa. Com a criação do Ministério Público o Estado conseguiu mitigar os problemas decorrentes de uma atividade acusatória mal administrada. Nesse sentido, se faz necessário que o Estado também se preocupe em criar e manter um serviço público de defesa, o que deve ser feito por meio do fortalecimento das defensorias públicas.

Além disso, para a perfeita observância do sistema acusatório, é necessário que a fase de investigação preliminar seja conduzida por um agente estatal desvinculado do processo posterior, separando-se, assim, o Estado-Investigador (Polícia Judiciária), Estado-Acusador (Ministério Público), Estado Defensor (Defensoria Pública) e Estado-Julgador (Poder Judiciário).

Como prova de que o nosso legislador já vislumbrava uma indesejável relação incestuosa entre investigador e acusador em potencial, destacamos expressa previsão legal nesse sentido, senão vejamos.

Dispõe o Código de Processo Penal que se uma pessoa houver funcionado me dado caso como autoridade policial, não poderá atuar como juiz no mesmo caso (art. 252, I, CPP). Em seguida, o art. 258 do mesmo Codex estende aos membros do Ministério Público os mesmos impedimentos dos juízes, o que leva à conclusão de que se uma pessoa atuou como delegado de polícia num caso, não pode ser o promotor do mesmo caso. Tudo isso, seja com relação ao juiz ou ao promotor, está ligado ao princípio da imparcialidade e ao princípio acusatório pleno com divisão bem determinada de funções. Então, por que um promotor poderia investigar e acusar ao mesmo tempo, se quando ele investiga como delegado não o pode de acordo com a lei? Ora, mas esse Código é considerado por quase todos, senão por todos, uma legislação forjada na mais obscura fórmula autoritária, tendo como modelo o Código Rocco italiano. Será possível que a chamada "Constituição Cidadã" é que pretende misturar acusador potencial com investigador e desequilibrar, tornar parcial, tudo quando se pretende preservar de um sistema acusatório no bojo de um Código de Processo Penal considerado autoritário? Não seria isso um retrocesso bárbaro? Não haveria aí algo de distorcido no raciocínio? Percebe-se, pois, a importância do delegado de polícia como uma autoridade desvinculada do processo, o que constitui uma enorme garantia para as partes interessadas (acusação e defesa), assegurando, outrossim, a imparcialidade na produção probatória.

2 Delegado de polícia: autoridade policial e jurídica

Entre todas as carreiras jurídicas, a de delegado de polícia talvez seja aquela que mais exija vocação por parte do estudante de direito, justamente por se tratar de um cargo híbrido, com um aspecto jurídico e outro policial. Aliás, é justamente a faceta policial do cargo que o torna tão diferenciado, seja pelo dinamismo da função, seja pelos riscos a ela inerentes.

Dentro de um "universo concurseiro" em que muitos candidatos escolhem seus cargos com foco na estabilidade financeira, pouco se importando com as funções que serão exercidas, o delegado de polícia não escolhe esse caminho com base no salário constante do edital, mas nas atribuições que lá estão previstas.

Para que possamos compreender o aspecto jurídico do cargo, é imprescindível que façamos uma breve análise histórica que nos remeta à origem do delegado de polícia. Pois bem, em 1808, com a chegada da Corte portuguesa ao Brasil, surgiu a Intendência Geral de Polícia, que foi o primeiro órgão com função específica de investigação criminal e chefiado por um desembargador. Ocorre que em virtude da extensão do território nacional, o intendente-geral de polícia podia autorizar que outra pessoa o representasse nas províncias, sendo que dessa atribuição nasceu a figura do delegado.

Com a independência do Brasil e após a reforma processual de 1841, a Lei nº 261, de 3 de dezembro do mesmo ano passou a determinar que os chefes de polícia seriam escolhidos entre desembargadores e juízes de direito, sendo que os delegados também seriam nomeados entre juízes, tendo, destarte, a atribuição de julgar e punir infratores.

Posteriormente, em 1871, uma nova alteração legislativa cuidou da separação das funções judiciais e policiais, vedando às autoridades policiais a possibilidade de julgar infrações penais. Percebe-se, pois, que o cargo de delegado de polícia está umbilicalmente ligado à magistratura. Não por acaso, as Polícias Civis e Federal são chamadas de Polícia Judiciária, uma vez que servem de apoio ao Poder Judiciário. Não por acaso, os delegados de polícia exercem, de maneira atípica, funções judiciais, decretando prisões em flagrante, concedendo liberdade provisória mediante fiança ou expedindo mandados de condução coercitiva.

Nesse ponto, é mister destacar as semelhanças existentes entre as fases que compõem a persecução penal, senão vejamos: a) o processo é instruído pelo juiz e a investigação é instruída pelo delegado de polícia; b) o juiz deve ser imparcial, sem interesse na causa discutida, assim como o delegado de polícia; c) em observância ao sistema acusatório, o magistrado deve se manter equidistante das partes, assim como o delegado de polícia no inquérito policial, não sendo, esta autoridade, parte em eventual processo posterior, tendo o dever de promover a investigação com a observância das regras legais e proporcionando a "paridade de armas" entre os envolvidos, tal qual o juiz durante o processo; d) o juiz deve conduzir a instrução processual de modo a chegar o mais próximo possível da verdade real dos fatos, sendo que o delegado de polícia deve agir da mesma forma, buscando a produção de provas e informações que esclareçam os fatos e promovam a justiça, sem se preocupar se os elementos coligidos irão prejudicar o investigado ou beneficiá-lo.

Frente ao exposto, tendo em vista que ao delegado de polícia foi atribuído pela lei e pela Constituição um poder decisório, apto a restringir direitos fundamentais e, da mesma forma e com a mesma intensidade, assegurá-los, é inegável que estamos diante de uma carreira jurídica. Como decretar a prisão em flagrante de uma pessoa sem dominar o conceito jurídico de crime e todos os institutos que influenciam na sua caracterização?! Como representar por uma medida cautelar sujeita à cláusula de reserva de jurisdição, sem a técnica jurídica para expor os fatos de maneira adequada e legal ao magistrado?!

A investigação criminal constitui, sem dúvida, uma ciência repleta de técnicas e metodologias essenciais para comprovar a existência do crime e sua autoria. Justamente por isso, os policiais que integram as polícias judiciárias são submetidos a um período de formação em academias de polícia ou escolas de polícia, tudo com o objetivo de prepará-los para o exercício de tão importante mister.

O delegado de polícia, como responsável pela presidência das investigações, deve estar atento e inteirado sobre todas as inovações ligadas à ciência da investigação criminal. Nesse ponto, aliás, nos parece que o modelo adotado pelo sistema jurídico brasileiro representa um avanço se comparado aos de outros países. Isto, pois, em nosso sistema a investigação de infrações penais é presidida por uma autoridade com formação policial, mas também jurídica.

Salta aos olhos, nesse contexto, o respeito demonstrado pelo nosso ordenamento jurídico à figura do investigado, deixando claro que a investigação criminal não pode desenvolver-se de maneira aleatória, ao arrepio das leis e da Constituição. O delegado de polícia com formação jurídica garante que a apuração de crimes evolua sem qualquer violação da lei ou de direitos, assegurando, destarte, que as provas e elementos de informações produzidos nesta fase da persecução penal possam subsidiar o titular da ação penal e até a decisão final do magistrado.

Seria, de fato, um disparate colocar em risco o direito de punir pertencente ao Estado em virtude de uma investigação criminal conduzida às margens da lei, em que se produzem provas ilícitas ou ilegais que não poderão ser utilizadas na fase processual, caracterizando um verdadeiro "Estado Policial". Em contraponto, a existência de uma autoridade com formação jurídica no comando da investigação demonstra que vivemos sob o império de um "Estado Democrático de Direito", em que são respeitados os direitos e garantias individuais, não havendo espaço para o chamado "direito penal do inimigo".

É preciso ficar claro que a essência policial do cargo de delegado, diferentemente do que muitos possam imaginar, não se restringe aos aspectos operacionais da função, mas, sobretudo, ao domínio de técnicas investigativas que viabilizem a identificação de fontes de prova aptas ao esclarecimento do delito.

Assim, pode-se afirmar que o inquérito policial, como principal instrumento de investigação criminal, deve acompanhar as evoluções tecnológicas e jurídicas, cabendo ao delegado de polícia, como titular deste procedimento administrativo de polícia judiciária, manter-se atualizado sobre as técnicas de apuração de crimes e, ao mesmo tempo, não descurar das inovações legislativas, jurisprudenciais e doutrinárias. Deveras, somente uma autoridade com uma formação híbrida (jurídica e policial) é capaz de atuar nesse cenário, o que vai ao encontro de um ideal de justiça característico dos Estados Democráticos de Direito.

3   Qual a natureza jurídica da representação do delegado de polícia?

Feitas as devidas considerações acerca do sistema acusatório, passamos agora a analisar a natureza jurídica da representação do delegado de polícia, objeto principal do presente estudo. Primeiramente, com o objetivo de deixar clara a imparcialidade da autoridade policial, chamamos a atenção do leitor para o termo utilizado pelo legislador ao fazer menção às manifestações do delegado de polícia. Diferentemente do Ministério Público, por exemplo, que "requer" determinadas medidas ao juiz, a autoridade policial "representa" pela sua decretação, sendo que isso não ocorre por acaso, mas em virtude de o delegado de polícia não ser parte interessada no processo penal.

O *requerimento* ofertado pelas partes, nesse contexto, tem o sentido de pedido, de solicitação. Assim, nos casos em que houver indeferimento pelo juiz, o interessado poderá interpor o recuso adequado nos termos da lei. A *representação*, por outro lado, não se caracteriza como um pedido, pois, conforme destacado, só quem pede são as partes do processo. A *representação*, destarte, funciona como uma recomendação, uma sugestão ou uma advertência ao Poder Judiciário. Ao representar, o delegado de polícia *apresenta, expõe* ao juiz os fatos e fundamentos que demonstram e justificam a necessidade da decretação de uma medida cautelar ou a adoção de outra medida de polícia judiciária indispensável à solução do caso investigado.

Em outras palavras, a representação caracteriza-se como um meio de provocação do juiz, tirando-o da sua inércia e obrigando-o a se manifestar sobre alguma questão sujeita à reserva de jurisdição. Desse modo, levando-se em consideração que o Poder Judiciário não pode agir de ofício, a representação serve de instrumento à preservação do próprio sistema acusatório. Trata-se, portanto, de um ato jurídico-administrativo de atribuição exclusiva do delegado de polícia e que pode ser traduzido como verdadeira *capacidade postulatória imprópria*.

Advertimos, todavia, que, para a maioria da doutrina, a autoridade policial não dispõe de capacidade postulatória, uma vez que não teria legitimidade para recorrer no caso de indeferimento da medida representada (CUNHA; PINTO, 2014, p. 55-56). Com a devida vênia, discordamos frontalmente desse raciocínio. Ora, o fato de o delegado de polícia não ter legitimidade para recorrer apenas demonstra que ele não é parte no processo. Mas daí a negar a sua capacidade de provocar o Poder Judiciário nos parece haver certa distância.

Isto, pois, conforme exposto, trata-se de uma *capacidade postulatória imprópria*, uma verdadeira *legitimatio propter officium*, ou seja, uma legitimidade em razão do ofício exercido pelo delegado de polícia. A regra, de fato, é a de que as medidas cautelares sejam postuladas pelas partes. Contudo, nada impede que o legislador, do alto da sua soberania, confira uma legitimação extraordinária a uma autoridade que não seja parte no processo.

Não podemos olvidar que o delegado de polícia é o titular da investigação criminal e dirigente da Polícia Judiciária, que, por sua vez, é uma instituição que serve de apoio ao Poder Judiciário, visando reunir provas e elementos de informações que justifiquem o início do processo e, às vezes, subsidiem a própria sentença final. Em outras palavras, a autoridade policial funciona como "os olhos" do juiz nesta fase processual, um verdadeiro *longa manus* do Poder Judiciário na preparação para eventual persecução penal em juízo.[1] Justamente por isso, o delegado de polícia, sempre que entender necessário, de acordo com o seu livre convencimento jurídico sobre os fatos, deve alertar o juiz sobre a necessidade da adoção de alguma medida de polícia judiciária sujeita à reserva de jurisdição e que tenha aptidão para neutralizar qualquer tipo de risco ao correto exercício do direito de punir pertencente ao Estado.

Na representação pela decretação da prisão preventiva, por exemplo, o delegado de polícia expõe ao juiz os fatos e as circunstâncias que demonstram que o investigado pretende furtar-se à aplicação da lei penal ou o perigo que ele oferece à garantia da ordem pública, sugerindo, nesses casos, a medida que ele entende como a mais adequada para a neutralização desse risco, preservando, consequentemente, o processo ou a própria sociedade.

Já na representação para a decretação de uma interceptação telefônica, o delegado de polícia adverte ao juiz que está em andamento uma investigação que apura um crime punido com pena de reclusão, que existem indícios razoáveis de autoria e que não há outros meios de provas aptos a reforçar a materialidade do crime, senão por meio desta medida. Percebe-se, nesse contexto, que a representação caracteriza uma sugestão ao Poder Judiciário, que, após analisar os elementos que lhe forem apresentados, decidirá sobre a necessidade e adequação da medida representada. Seria como se a autoridade policial dissesse ao juiz, "olha, Excelência, a materialidade do crime e sua autoria só poderão ser perfeitamente constatadas por meio de uma interceptação telefônica".

---

[1] A respeito do inquérito como fase processual, cf. o prefácio sobre "o direito processual de polícia judiciária", bem como a obra de Pereira (2019, p. 201-232).

Ainda com o objetivo de demonstrar a finalidade da representação, nos valemos de um dispositivo constante na nova Lei nº 12.850/13, que trata das organizações criminosas. Nos termos do art. 4º, §2º, deste diploma normativo, que trata da *colaboração premiada*:

> Considerando a relevância da colaboração prestada, o Ministério Público, a qualquer tempo, e o delegado de polícia, nos autos do inquérito policial, com a manifestação do Ministério Público, poderão requerer ou representar ao juiz pela concessão de perdão judicial ao colaborador, ainda que esse benefício não tenha sido previsto na proposta inicial, aplicando-se, no que couber, o art. 28 do Decreto-Lei nº 3.689, de 3 de outubro de 1941 (Código de Processo Penal).

Conforme se depreende de uma leitura perfunctória do texto legal, fica clara a tese defendida neste estudo, no sentido de que o delegado de polícia funciona como "os olhos" do Poder Judiciário na fase investigativa. Assim, ao perceber a relevância da colaboração prestada, a autoridade policial deve alertar o juiz sobre este fato, sugerindo a concessão do perdão judicial. Percebam, caros leitores, a importância dada pelo legislador ao delegado de polícia, que agora pode representar por uma medida que pode resultar na extinção da punibilidade do investigado.

Outra situação que ilustra bem a função da representação se refere ao caso de renovação do prazo do inquérito policial. Nos termos do Código de Processo Penal, em se tratando de investigado preso o procedimento deve ser concluído no prazo de dez dias. Se o investigado estiver solto, todavia, o inquérito policial deve ser encerrado em trinta dias, permitindo-se sua prorrogação pelo mesmo período.[2]

Desse modo, sempre que não for possível concluir a investigação no prazo legalmente previsto, a autoridade policial deve representar ao juiz pela renovação desse período. Não se trata de um "pedido de prazo", normalmente citado na prática policial, mas de uma exposição de motivos que demonstra ao Poder Judiciário que diligências investigativas ainda estão pendentes e precisam ser realizadas para a perfeita apuração dos fatos. Nesta representação deve ser exposto que o prazo de trinta dias não é suficiente para o esclarecimento do crime, sendo, destarte, imprescindível a prorrogação do inquérito policial.

---

[2] No caso da Lei de Drogas, por exemplo, os prazos são diferenciados, assim como nas investigações desenvolvidas na esfera federal.

Por fim, nos valemos de um último exemplo para ilustrar a finalidade da representação do delegado de polícia. De acordo com o art. 149, §1º, do CPP, quando houver dúvida sobre a integridade mental do investigado, a autoridade policial deve *representar* pela instauração do incidente de insanidade mental. Advertimos que nesse caso não se representa pela decretação de uma medida cautelar pessoal, probatória ou de natureza real. Na verdade, em tais circunstâncias existe apenas um interesse na preservação do correto exercício do direito de punir pertencente ao Estado, uma vez que, em se tratando de sujeito inimputável, não poderá lhe ser imposta uma pena, mas somente medida de segurança. Salta aos olhos, portanto, a função de auxiliar da Justiça conferida ao delegado de polícia, sendo a representação um meio de comunicação entre as autoridades policial e judicial. Daí a importância de contarmos com uma autoridade com formação jurídica na condução das investigações, pois só assim a persecução penal ficará resguardada, garantindo-se que eventuais ameaças a concretização da justiça sejam devidamente expostas ao Judiciário, de maneira técnica e imparcial, o que só pode ser feito por um operador do direito.

Ante o exposto, parece-nos impossível negar que a autoridade policial disponha de uma capacidade postulatória, que nada mais é do que a capacidade técnico-formal de provocar o juiz. A diferença reside apenas no fato de que tal capacidade se restringe ao exercício das funções pertinentes às atividades de polícia judiciária.

Em conclusão, tendo em vista que o legislador conferiu ao delegado de polícia a prerrogativa de provocar diretamente o Poder Judiciário nas situações vinculadas ao exercício de suas funções, independentemente do parecer do Ministério Público, podemos afirmar que a autoridade policial possui uma verdadeira *capacidade postulatória imprópria* – vez que não é parte no processo –, materializada por meio de sua representação, que constitui um ato jurídico-administrativo cuja finalidade é expor ao juiz os fatos, as circunstâncias e os fundamentos que justifiquem a adoção de uma medida necessária à persecução penal e ao correto desenvolvimento do *ius puniendi* estatal.

4 Representação do delegado de polícia e sua (des) vinculação ao parecer do Ministério Público

De acordo com o nosso sistema jurídico, a investigação de infrações penais é materializada, em regra, por meio do inquérito policial, de atribuição privativa das policiais judiciárias, nos termos do art. 144, da Constituição da República. Pode-se afirmar, destarte, que 99% das ações penais interpostas pelos seus titulares legais (Ministério Público, nas ações penais públicas e a própria vítima, nas ações penais privadas) são subsidiadas pelas investigações realizadas pelas Polícias Civil e Federal.

Ocorre que, ao longo dos procedimentos investigativos, diversas medidas cautelares, sejam elas de natureza real (sequestro, arresto etc.), probatória (interceptação telefônica, busca e apreensão etc.) ou de caráter pessoal (prisão preventiva, temporária, proibição de freqüentar determinados lugares etc.), são necessárias para a perfeita apuração do crime.

Atento ao fato de que o delegado de polícia é o titular do inquérito policial, o legislador lhe conferiu as ferramentas necessárias para o exercício desse mister. Assim, sempre que a autoridade de Polícia Judiciária vislumbrar a necessidade da adoção de uma medida cautelar, que, em regra, só pode ser concedida pelo juiz,[3] ele deve se valer de uma representação para provocá-lo.

Consigne-se que esta *representação* não possui qualquer relação com a representação feita pela vítima nos crimes de ação penal pública a ela condicionados. Nesses casos, a *representação* da vítima tem natureza jurídica de condição objetiva de procedibilidade, sendo que a persecução penal não pode sequer ser iniciada sem a sua formalização.

Por outro lado, a *representação* elaborada pelo delegado de polícia, conforme já adiantamos, é um instrumento cujo objetivo é levar ao conhecimento do Poder Judiciário alguns fatos e circunstâncias que justifiquem e exigem a decretação de determinada medida cautelar. Tendo em vista que o nosso ordenamento jurídico adotou o sistema acusatório, o juiz não pode exercer uma função ativa ou de protagonismo na fase investigatória da persecução penal. Justamente por isso, com a intenção de resguardar os interesses perseguidos na fase processual, o legislador conferiu ao delegado de polícia a possibilidade de provocar o Poder Judiciário por meio da representação.

Nos termos do art. 129, incs. VII e VIII, da Constituição da República, cabe ao Ministério Público a função de exercer o controle

---

[3]   Excepcionalmente, o próprio delegado de polícia pode conceder uma medida cautelar. É o que ocorre no caso da liberdade provisória mediante fiança, por exemplo, conforme visto acima.

externo da atividade policial, bem como requisitar diligências investigatórias e a própria instauração do inquérito policial. Demais disso, o *Parquet* sempre deve atuar como o fiscal da lei.

Nesse sentido, o representante do Ministério Público sempre deverá ser ouvido nos casos em que houver representação do delegado de polícia pela decretação de alguma medida cautelar. Isso significa que o órgão ministerial deverá ofertar um parecer, vale dizer, emitir uma mera opinião sobre o caso representado, sem que, com isso, o Poder Judiciário fique vinculado à sua manifestação.

Contudo, há na doutrina quem defenda que, nesse caso, a decretação de medida cautelar sem que haja um parecer favorável do *Parquet* seria inconstitucional. Renato Brasileiro de Lima, por exemplo, fundamentando seu raciocínio no art. 129, inc. I, da Constituição da República, que coloca o Ministério Público como titular da ação penal pública, advoga a tese de que essa titularidade também seria extensível às demais medidas de natureza cautelar. Segundo o autor: "devido ao caráter instrumental das medidas cautelares em relação à ação principal, devem elas ser pleiteadas pelo próprio titular da ação de acordo com a estratégia processual considerada eficiente e adequada para viabilizar a ação principal" (LIMA, 2012, p. 1149).

No mesmo sentido, Geraldo Prado ensina:

> a autoridade policial não é parte no processo penal, não tem interesse que possa deduzir em juízo e a investigação criminal não guarda autonomia, ela existe orientada ao exercício futuro da ação. A constatação de comportamentos do indiciado prejudiciais à investigação deve ser compartilhada entre a autoridade policial e o Ministério Público (ou o querelante, conforme o caso), para que o autor da ação penal ajuíze seu real interesse em ver a prisão decretada. (PRADO, 2011, p. 131)[4]

Os defensores da tese destacam, outrossim, que a decretação de medidas cautelares oriundas de representações das autoridades policiais sem que haja o parecer favorável do Ministério Público constituiria uma verdadeira hipótese de atuação de ofício por parte do magistrado, o que não é admitido pelo sistema acusatório, caracterizando, inclusive, uma ofensa ao princípio da imparcialidade do juiz.

Por fim, outro argumento utilizado para refutar a possibilidade de decretação de medidas cautelares sem a oitiva do *Parquet* aponta no

---

[4] No mesmo sentido, Mendonça (2014, p. 67-70).

sentido de que, por ser o titular da ação penal pública, poderia ocorrer, por exemplo, a prisão preventiva de um investigado sem que o *dominus litis* sequer visualizasse a presença de justa causa para o oferecimento da denúncia.

Com todo respeito aos entendimentos em sentido contrário, mas as teses acima expostas partem de premissas equivocadas com o objetivo de subsidiar argumentos que, logicamente, também apresentam vícios inegáveis.

Primeiramente, devemos salientar que a investigação criminal não é direcionada ao titular da ação penal. Na verdade, o inquérito policial se caracteriza como um instrumento democrático e imparcial, cujo único desiderato é reunir provas e elementos de informação quanto à autoria e materialidade delituosa, justificando, se for o caso, a propositura da ação. Em outras palavras, o inquérito policial não serve nem à acusação e nem à defesa, sendo compromissado apenas com a verdade e com a justiça.

Muito embora o inquérito policial, na maioria das situações, sirva para reunir elementos contra o sujeito passivo da investigação, em outros casos sua função é exatamente contrária, ou seja, a de fornecer provas ao próprio investigado, impossibilitando, assim, que ele seja processado. É nesse sentido que o inquérito policial acaba atuando como uma espécie de filtro, impedindo que acusações infundadas desemboquem em um processo.

Aliás, justamente por ser um instrumento imparcial, o inquérito policial é de atribuição de uma instituição sem qualquer vínculo com o processo posterior, o que garante a independência e a legitimidade das investigações. Afinal, como poderia o Ministério Público, como parte da relação processual, conduzir a investigação com a devida isenção se ele já tem em mente uma futura batalha a ser travada durante o processo?!

Em consonância com esse entendimento, Eduardo Cabette assevera:

> Inquérito Policial não é e jamais será instrumento a serviço do Ministério Público ou do Querelante somente, mas sim da busca da verdade processualmente possível de forma imparcial, dentro da legalidade. O Delegado de Polícia não deve produzir ou colher provas e indícios somente voltados para a acusação, mas sim de forma genérica, primando pela total apuração dos fatos, venha isso a beneficiar a defesa do suspeito ou a incriminá-lo. (CABETTE, 2011, p. 106)

Desse modo, salta aos olhos que a titularidade da ação penal não apresenta qualquer relação com a titularidade da investigação criminal. Assim, as investigações conduzidas pelo delegado de polícia devem se desenvolver de maneira independente e desvinculadas das opiniões acerca dos fatos do titular da ação posterior. Não podemos perder de vista que a persecução penal se materializa em duas fases distintas, ainda que complementares, sendo que em cada uma delas nós temos um titular diferente, com convicções jurídicas e percepções possivelmente distintas sobre os mesmos fatos. Deve-se preservar, pois, a independência entre as instâncias, o que apenas fortalece e qualifica a decisão final, garantindo-se, ainda, a plena observância do sistema acusatório.

Ora, o delegado de polícia, como presidente do inquérito policial, é a autoridade mais indicada para saber quais as necessidades da investigação em desenvolvimento, sendo que a utilização de medidas cautelares constitui um dos possíveis caminhos a serem trilhados em busca da verdade dos fatos. Nesse contexto, se a adoção de tais medidas ficasse condicionada ao parecer do Ministério Público, isso significaria que a própria investigação ficaria vinculada a este órgão e sob o seu controle, o que, convenhamos, seria um absurdo, especialmente após o advento da Lei nº 12.830/2013, que dispõe sobre a investigação criminal conduzida pelo delegado e polícia. Consigne-se, ainda, que, para formar seu convencimento jurídico acerca dos fatos, a autoridade policial precisa das ferramentas necessárias para a investigação. Desse modo, se condicionarmos a sua representação ao parecer favorável do titular da ação penal, nós estaríamos, por via oblíqua, o impedindo de encontrar os fundamentos indispensáveis para a formação da sua decisão final, alijando por completo a própria investigação.

Em sentido semelhante é o escólio de Marcos Paulo Dutra Santos, ao tratar da representação pela decretação da prisão temporária, cujo conteúdo deve ser repetido na íntegra:

> Inexiste inconstitucionalidade no atuar da autoridade policial, mesmo porque o art. 129, I, da Constituição da República tornou privativo do Ministério Público o exercício da ação penal pública, e não a postulação de medidas cautelares. Tampouco resta vulnerado o sistema acusatório, cujo berço constitucional também corresponde ao art. 129, I, da Carta de 1988, porquanto a autoridade policial se alinha ao *Parquet* enquanto órgãos de repressão estatal, logo a representação pela prisão temporária não discrepa do poder de polícia judiciária que lhe foi confiado no art. 144 da CRFB/88. Com efeito, as medidas cautelares são, em regra, postuladas

por quem possui legitimidade *ad causam*. Mas isto não significa que o legislador, do alto de sua soberania, não possa eventualmente conceder tal legitimidade a quem não seja parte no processo. Não haverá ofensa a qualquer preceito constitucional caso assim o faça, mesmo porque seria uma *legitimatio propter officium*, isto é, uma legitimação decorrente do ofício desempenhado por tal agente. E assim o é no tocante à Autoridade Policial e à sua legitimidade para representar pela prisão temporária. (SANTOS, 2011, p. 90)

Reforçando os argumentos de Dutra Santos, entendemos que a *teoria dos poderes implícitos*, sempre invocada pelo Ministério Público para sustentar a sua legitimidade em realizar atos de investigação criminal, serve para demonstrar a desvinculação entre a representação do delegado de polícia e o parecer do *dominus litis*. Ora, se a titularidade da investigação criminal foi conferida às polícias judiciárias, tendo em vista que a adoção de medidas cautelares constitui ferramenta indispensável ao correto desenvolvimento desse mister, condicioná-las ao parecer favorável do Ministério Púbico seria a mesma coisa que retirar as ferramentas imprescindíveis à investigação, fazendo com que a própria existência de uma polícia investigativa perca o seu sentido. Em outras palavras, se o legislador constituinte incumbiu às polícias civil e federal o protagonismo na investigação de infrações penais (atividade-fim), implicitamente ele também lhes conferiu os meios para o desempenho de tão importante missão (representação pela decretação de medidas cautelares, como exemplo, a interceptação telefônica ou a prisão preventiva).

Se, por outro lado, o representante do *Parquet* não vislumbrar a existência de justa causa para a propositura da ação, ele poderá se manifestar nesse sentido após o encerramento das investigações, optando pelo não oferecimento da denúncia e, por exemplo, requerendo o arquivamento do inquérito policial. Dessa forma restam preservadas as independências funcionais dos órgãos responsáveis pela persecução penal, sendo que a decisão final caberá sempre ao Poder Judiciário e não às partes. É mister não olvidar que na seara criminal o Ministério Público, em regra, é parte no processo, constituindo-se como o órgão responsável pela acusação. Justamente por isso, sua atuação deve ser opinativa ou de requerimentos, não podendo suas manifestações limitarem, de qualquer modo, a decisão judicial. Aliás, conforme bem apreendido por Eduardo Cabette, "decisão' é somente a Judicial, cabe ao Ministério Público e demais atores processuais opinar e pedir. Não se podem confundir as funções jurisdicionais com as funções ministeriais" (CABETTE, 2013, p. 107).

Outro argumento que subsidia a desvinculação da decisão judicial ao parecer do Ministério Público se relaciona aos casos que envolverem ações penais privadas. Isto, pois, em prevalecendo a tese de que as representações necessitam da manifestação favorável do titular da ação penal, quando estivermos diante de um crime de ação penal privada, a vítima deveria ser notificada para oferecer um parecer sobre a necessidade da adoção de determinada medida cautelar, o que, com a devida vênia, nos parece teratológico, especialmente por prejudicar o próprio ofendido. Explico. É cediço que, infelizmente, a Advocacia Pública não apresenta nos dias de hoje um serviço de grande abrangência, principalmente na fase preliminar de investigação. Dessa forma, caso a vítima precisasse se manifestar sobre a adoção de uma medida cautelar, ela provavelmente não teria aptidão técnica para esta análise, sendo que, na maioria dos casos, ela sequer saberia da existência de medidas cautelares, seus requisitos e pressupostos de admissibilidade. Consequentemente, os bens jurídicos envolvidos na investigação ficariam desprotegidos, o que, sem dúvida, também prejudicaria o futuro processo, colocando em risco, inclusive, a concretização da justiça.

Dessa forma, entendemos que o parecer do Ministério Público não pode condicionar a decretação de medidas cautelares provenientes de representações do delegado de polícia, sendo que os entendimentos contrários prejudicam a investigação criminal e colocam em risco a própria função das Polícias Judiciárias, ameaçando, outrossim, o correto exercício do direito de punir pertencente ao Estado. Isso não significa, todavia, que o *Parquet* não possa se manifestar sobre a necessidade das medidas, pelo contrário. Como fiscal da lei, é até recomendável que o Ministério Público se manifeste, mas em um contexto opinativo, sem que isso possa vincular de qualquer forma a decisão do Poder Judiciário.

Conclui-se, pois, que a representação do delegado de polícia serve para provocar diretamente a manifestação do Poder Judiciário, o que reforça o entendimento no sentido de que esta autoridade possui, sim, capacidade postulatória, mas uma *capacidade postulatória imprópria*, restrita ao exercício de suas funções.

Referências

BEDAQUE, José Roberto dos Santos. *Direito e processo*. 4. ed. São Paulo: Malheiros, 2006.

CABETTE, Eduardo Luiz Santos. *Lei 12.403 comentada* – Medidas cautelares, prisões provisórias e liberdade provisória. Rio de Janeiro: Freitas Bastos, 2013.

CUNHA, Rogério Sanches; PINTO, Ronaldo Batista. *Crime organizado*. ed. 2. Salvador: JusPodivm, 2014.

LIMA, Renato Brasileiro de. *Manual de processo penal*. 2. ed. Niterói: Impetus, 2012. v. I.

LOPES JR., Aury. *Direito processual penal*. 11. ed. São Paulo: Saraiva, 2013.

MENDONÇA, Andrey Borges. *Prisão e outras medidas cautelares pessoais*. Rio de Janeiro: Forense, 2011.

PEREIRA, Eliomar da Silva. *Saber e poder*: o processo (de investigação) penal. São Paulo: Tirant lo Blanch Brasil, 2019.

PRADO, Geraldo. *Medidas cautelares no processo penal* – Prisões e suas alternativas. Coordenação de Og Fernandes. São Paulo: Revista dos Tribunais, 2011.

SANNINI NETO, Francisco. *Inquérito policial e prisões provisórias*. 1. ed. São Paulo: Ideias e Letras, 2014.

SANTOS, Marcos Paulo Dutra. *O novo processo penal cautelar*. Salvador: JusPodivm, 2011.

Informação bibliográfica deste texto, conforme a NBR 6023:2018 da Associação Brasileira de Normas Técnicas (ABNT):

SANNINI NETO, Francisco. O delegado de polícia e sua capacidade postulatória. *In*: PEREIRA, Eliomar da Silva; ANSELMO, Márcio Adriano (Org.). *Direito Processual de Polícia Judiciária I*. Belo Horizonte: Fórum, 2020. p. 165-182. (Curso de Direito de Polícia Judiciária, v. 4). ISBN 978-85-450-0619-0.

DEFESA NO INQUÉRITO POLICIAL

Marta Saad

1 Introdução

A possibilidade de exercício do direito defesa na primeira fase da persecução penal é algo relativamente recente na jurisprudência brasileira.

Durante mais de cinquenta anos, conviveu-se com a crença infundada de que o inquérito policial não passava de peça administrativa, meramente informativa, que ostentava unicamente atos de investigação. Em consequência, negava-se ao indiciado – ou informalmente acusado – o exercício do direito de defesa nesta fase da persecução penal.

Não obstante a prática jurídica assim se ostentasse, alguns progressos legislativos foram sendo efetuados em direção ao reconhecimento do direito de defesa na persecução penal prévia: o Estatuto da Ordem dos Advogados do Brasil prevê o direito de o advogado consultar os autos do inquérito e de entrevistar, reservadamente, o seu cliente. No estado de São Paulo, a Portaria nº 18/1998, da Delegacia Geral de Polícia, trouxe importantes inovações no campo da publicidade do inquérito. E, mais que tudo, a Constituição da República, de 1988, relançou o debate, ao dispor, no art. 5º, inc. LV, que aos acusados em geral são assegurados o contraditório e a ampla defesa.

Ainda assim, a prática forense quase unânime insistia em manter o acusado alheio aos atos praticados no curso do inquérito.

Há pouco mais de dez anos, porém, passou-se por momento de inflexão na jurisprudência no que toca a este tema: depois de décadas, os Tribunais Superiores passaram a reconhecer a possibilidade de exercício do direito constitucional de defesa nesta fase, assegurando a vista dos autos de inquérito ao acusado e seu defensor, bem como a participação defensiva nesta fase. O entendimento acabou, inclusive, sufragado na edição de súmula vinculante neste sentido.

O presente texto analisa então o exercício do direito de defesa no inquérito policial, tratando do binômio ciência-reação nesta fase da persecução penal.

2 Funções e finalidades do inquérito policial

O inquérito policial, visando a apurar o fato, que aparenta ser ilícito e típico, bem como sua autoria, coautoria e participação, é procedimento preliminar ou prévio, cautelar, realizado pela Polícia Judiciária, de natureza administrativa e finalidade judiciária.[1]

Desde a legislação processual de 1871, quando se atribuiu aos delegados de polícia, nos distritos, a incumbência de se proceder imediatamente à coleta de elementos para apuração da infração penal até a chegada dos juízes de direito, competentes para a formação da culpa, reconheceu-se a necessidade de se adotarem determinadas medidas de urgência, a fim de que os vestígios da infração não desaparecessem ou se perdessem no tempo.

O inquérito policial reveste-se, então, de natureza cautelar, no sentido de preservação de eventuais elementos ou meios de prova. A cautelaridade não se confunde, todavia, com eventual provisoriedade que alguns elementos, constantes no inquérito policial, possam ostentar. Há determinados atos do inquérito que se transmitem para o bojo da futura ação penal de maneira definitiva, posto que impossíveis de repetição ou renovação, como exames, vistorias e avaliações, busca e apreensão, bem ou malsucedida, arresto, sequestro de bens, ou mesmo alguma prova testemunhal que venha a se tornar irrepetível.

Assim, sem perder a natureza cautelar, de preservação do meio de prova, procedendo-se com urgência diante da dificuldade de se obter determinados elementos de prova com o passar do tempo,

---

[1] As ideias aqui expostas, no tocante ao direito de defesa no inquérito policial, não são inéditas. Cf. SAAD, Marta. *O direito de defesa no inquérito policial*. São Paulo: Revista dos Tribunais, 2004; MOURA, Maria Thereza Rocha de Assis; SAAD, Marta. Constituição da República e exercício do direito de defesa. *In*: PINHO, Ana Cláudia Bastos; GOMES, Marcus Alan de Melo (Org.). *Ciências criminais*: articulações críticas em torno dos 20 anos da Constituição da República. Rio de Janeiro: Lumen Juris, 2009.

a cautelaridade ínsita aos atos do inquérito não se confunde com provisoriedade, visto que muitos dos atos acabam transcendendo essa possível característica, convertendo-se de provisórios em permanentes.

Ao lado do atendimento à urgência na obtenção dos meios de prova, o inquérito policial também surge cautelar no sentido de evitar excessos que a imediatidade de eventual ação penal poderia trazer à honra e à reputação do envolvido no processo penal.

A função do inquérito policial consiste, portanto, em colher elementos tão logo chegue à autoridade policial a notícia da infração, os quais poderiam desaparecer pela ação do tempo.

O inquérito, além disso, ostenta ainda finalidades de duas ordens. A primeira delas é a de reconstruir o fato investigado, informando e instruindo a autoridade judicial e o acusador, público ou privado. O inquérito policial não é só base para a acusação,[2] mas também para o arquivamento,[3] quando se constata que os meios de prova lá constantes são falhos quanto ao fato e/ou à autoria, ou porque os meios de prova demonstram que o fato apurado é inexistente ou atípico, ou, ainda, comprovam a existência de causa de exclusão da antijuridicidade ou causa de extinção da punibilidade. Por isso, a autoridade policial deve também produzir provas em favor do suspeito ou do indiciado.

A segunda finalidade do inquérito é a de ministrar elementos para que o juiz possa se convencer acerca da necessidade ou não de se decretar a prisão preventiva, o arresto e sequestro de bens, a busca e a apreensão, a quebra do sigilo bancário ou telefônico. Serve, portanto, de base para decretação de medidas e provimentos cautelares, no curso do inquérito.

O inquérito policial é inquisitivo, no sentido de que a autoridade policial, que comanda o inquérito policial, possui discricionariedade, no sentido de escolher as medidas de investigação necessárias e pertinentes a fim de apurar o fato, que se apresenta como ilícito e típico. A falta de rito preestabelecido faz com que a sequência das investigações varie ao empuxo do resultado das diligências, que se sucedem. Este poder-dever inquisitivo não afasta, porém, a participação dos interessados, acusado ou ofendido. Ao contrário, os esforços se somam, trabalham juntos.

---

[2] Determina o art. 12 do Código de Processo Penal que "o inquérito policial acompanhará a denúncia ou queixa, sempre que servir de base a uma ou outra".

[3] Art. 18 do Código de Processo Penal: "Depois de ordenado o arquivamento do inquérito pela autoridade judiciária, por falta de base para a denúncia, a autoridade policial poderá proceder a novas pesquisas, se de outras provas tiver notícia".

O inquérito não é, porém, peça meramente informativa, seus elementos se destinam a convencer quanto à viabilidade ou não da ação penal ou quanto às condições necessárias para a decretação de qualquer medida ou provimento cautelar no curso do inquérito policial. Os dados ali colhidos não só informam, mas convencem, como as declarações de vítimas, os depoimentos de testemunhas, as declarações dos acusados, a acareação, o reconhecimento, o conteúdo de determinados documentos juntados aos autos, as perícias em geral (exames, vistorias e avaliações), a identificação dactiloscópica, o estudo da vida pregressa, a reconstituição do crime.

Em síntese: o inquérito policial é procedimento administrativo cautelar que tem por função elucidar o fato, que aparenta ser ilícito e típico, e sua autoria, coautoria e participação. Tem natureza inquisitiva e não inquisitória. Isto de maneira alguma impede a participação e a colaboração da defesa do acusado nesta fase preliminar da persecução penal, bem assim do ofendido.

É certo, ainda, que o inquérito policial abriga não só atos de investigação, mas também atos de instrução criminal, alguns de caráter transitório e outros de caráter definitivo.

Com efeito, a partir da instauração do inquérito policial, inúmeros atos que acarretam restrição a direitos constitucionalmente assegurados podem ser tomados em desfavor do acusado, tais como os decretos de prisão preventiva e temporária, se o inquérito já não tiver se iniciado por meio de flagrante, em nítida restrição ao direito de liberdade.

Pode ainda ter lugar, no curso do inquérito policial, a decretação de medidas cautelares, como a busca pessoal ou domiciliar, que limita os direitos de inviolabilidade do domicílio, da intimidade e da vida privada e a integridade física e moral do indivíduo; a apreensão, que pode restringir o direito à liberdade, à tutela, à curatela, à posse e à propriedade; a decretação do arresto ou sequestro de bens, que limita a fruição da posse e propriedade; a quebra dos sigilos fiscal e bancário, que atinge a intimidade e a vida privada; a interceptação das comunicações telefônicas, que restringe o sigilo das comunicações; a determinação do indiciamento, que acarreta abalo moral, familiar e econômico; e, pior, ao fim, possível formalização da acusação, com o início da segunda fase da persecução penal, por meio da decisão de recebimento da denúncia, ou queixa.

Justamente por ser o inquérito etapa importante para a obtenção de meios de provas, inclusive com atos que depois não mais se repetem, o acusado deve contar com assistência de defensor já nesta fase preliminar, preparando adequada e tempestivamente sua defesa, substancial, de conteúdo.

3 Direito de defesa na Constituição da República

O direito de defesa sempre veio consagrado nas Constituições brasileiras, desde a Constituição de 1824 (art. 179, §8º). Na Constituição de 1891, tal direito estava previsto no art. 72, §16. A Constituição de 1934 previa o direito de defesa no art. 113, nº 24, e a Constituição de 1937, no art. 122, nº 11, 2ª parte.

A Constituição de 1946 previa, no art. 141, §25:

> é assegurada aos acusados plena defesa, com todos os meios e recursos essenciais a ela, desde a nota de culpa, que, assinada pela autoridade competente, com os nomes do acusador e das testemunhas, será entregue ao preso dentro em vinte e quatro horas. A instrução criminal será contraditória.

A mesma redação foi repetida na Constituição de 1967, no art. 150, §§15 e 16. Depois, a Emenda Constitucional nº 1, de 1969, referia-se, separadamente, à ampla defesa e à instrução contraditória, no art. 153, §§15 e 16.

A Constituição da República, de 1988, ampliando as redações anteriores, assegurou, no art. 5º, inc. LV, que "aos litigantes, em processo judicial ou administrativo, e aos acusados em geral são assegurados o contraditório e a ampla defesa, com os meios e recursos a ela inerentes". O direito de defesa integra o devido processo e procedimento penal, nos termos do assegurado no art. 5º, inc. LIV.

A redação atual da Constituição permite concluir que não se admite mais persecução penal preparatória ou prévia unilateral: não se admitem instruções secretas ou interrogatórios sob coação. Não se pode excluir a presença do defensor, indispensável.

A interpretação de tal dispositivo passa, então, necessariamente pela fixação do conceito da expressão "acusados em geral", bem como pelo que se entende por processo administrativo.

Acusação, acusado, acusador, acusamento, acusante, acusar, acusativo, acusatório, acusável são todos vocábulos derivados do latino *accusare*, que significa "atribuir a alguém determinada conduta reprovável",[4] criminar, inculpar, denunciar alguém como autor de algum delito, culpar, censurar, repreender, notar, taxar.[5]

Nesse sentido lato, acusação é a atribuição a um indivíduo de um fato juridicamente ilícito. E acusado, imputado, criminado, incriminado, increpado, são todos sinônimos para a pessoa sobre quem se levanta uma acusação. A atribuição da prática de um ilícito a determinada pessoa, ainda que de maneira informal, leva então a que se tenha acusação e acusado.[6]

Em acepção técnica, porém, muitas vezes se restringe o uso do termo *acusar*, dando-lhe com isso o significado de "promover, em Juízo, a persecução penal de alguém, imputando-lhe, de modo formal, a prática de fato penalmente relevante".[7] Daí a denúncia e a queixa mostrarem-se modalidades de acusação formal.

Levando-se tal acepção restrita em conta, tem-se que o acusado é apenas aquele indivíduo contra quem foi proposta ação penal e, portanto, o indiciado não pode ser considerado acusado.[8] Formalmente, então, é somente após o recebimento da denúncia ou da queixa que se tem o acusado, em sentido estrito e técnico.

Aceitar, porém, a expressão "acusados em geral" apenas em sentido estrito leva a que a pessoa envolvida em inquérito policial reste indefesa na etapa em que mais lhe é cara a produção de provas. A garantia constitucional de defesa é ampla, assegurando-a em etapas anteriores à acusação processualmente válida.

Por isso, a fim de não deixar dúvidas, a Constituição da República utilizou, no art. 5º, inc. LV, a expressão "acusados em geral", o que significa que há pelo menos duas espécies de acusados (o restrito e o amplo, ou o formal e o informal). Acolheu, então, o significado amplo da expressão, e não o restrito, que apenas admite a acusação formal.

---

4   ACUSAR. *In*: FRANÇA, Rubens Limongi (Coord.). *Enciclopédia Saraiva do direito*. São Paulo: Saraiva, 1977. v. 4. p. 257.

5   Verbete ACUSAR. *In*: ENCYCLOPEDIA e diccionario internacional. Rio de Janeiro: W. M. Jackson, [s.d.]. p. 95.

6   FERNANDES, Antonio Scarance. *A reação defensiva à imputação*. São Paulo: Revista dos Tribunais, 2002. p. 103-104.

7   Verbete ACUSAR. *In*: FRANÇA, Rubens Limongi (Coord.). *Enciclopédia Saraiva do direito*. São Paulo: Saraiva, 1977. v. 4. p. 257.

8   Adotando tal acepção restrita e entendendo que o indiciado não é acusado, cf., entre outros MARQUES, José Frederico. *Tratado de direito processual penal*. São Paulo: Saraiva, 1980. v. 2. p. 290.

Com efeito, "acusados em geral" é expressão que envolve toda sorte de acusados, em juízo ou fora dele, abrangendo, então, o indiciado, o acusado e o condenado, em seus diferentes graus de incriminação, reconhecidos pelos doutrinadores.

Há, de fato, diversos graus de incriminação, passando-se por diferentes juízos, sempre em crescendo de certeza jurídica acerca da autoria do delito.[9] As categorias de acusados (indiciado, acusado e condenado) correspondem a sucessivas passagens de juízo até se atingir a certeza atingível.

Assim, o suspeito é aquele sobre o qual se encerra juízo do possível: tanto pode ser o autor, como pode não ser o autor da infração, que se está a investigar. Supõe-se, mas o juízo ainda é neutral;[10] não encerra acusação, porque ainda não foi formado juízo de probabilidade contra o sujeito.

O indiciado é aquele sobre o qual já se reuniram indícios suficientes,[11] de modo que sobre ele recaia juízo do provável.[12] A todos eles, a defesa deve ser garantida.

Portanto, acusados em geral, expressão contemplada pela Constituição, abarca todas as formas de acusados, formais e informais, incluindo-se aí o sujeito investigado no inquérito policial.

Além disso, há que se reconhecer a possibilidade de exercício do direito de defesa no inquérito policial pelo fato de este ter natureza jurídica de procedimento administrativo, não obstante sua finalidade judiciária. É manifesto que elementos de convencimento são colhidos na fase extrajudicial do procedimento da persecução penal, ensejando acusação formal.

O inquérito policial tem natureza jurídica de procedimento. Dispõe o art. 6º do Código de Processo Penal uma série de medidas que a autoridade policial deverá providenciar, tão logo tenha conhecimento da prática da infração penal. É certo, contudo, que tais providências

---

[9] PITOMBO, Sérgio Marcos de Moraes. *Inquérito policial*: novas tendências. Belém: Cejup, 1987.

[10] PITOMBO, Sérgio Marcos de Moraes. *Inquérito policial*: novas tendências. Belém: Cejup, 1987. p. 38-39.

[11] Art. 2º, §6º, da Lei nº 12.830/13: "o indiciamento, privativo do delegado de polícia, dar-se-á por ato fundamentado, mediante análise técnico-jurídica do fato, que deverá indicar a autoria, materialidade e suas circunstâncias".

[12] PITOMBO, Sérgio Marcos de Moraes. *Inquérito policial*: novas tendências. Belém: Cejup, 1987. p. 38-39.

variam ao empuxo da infração que se investiga e dos elementos que se vão obtendo.

Assim, dadas as variantes de cada caso, não há rito preestabelecido e, portanto, o inquérito é só procedimento administrativo, e não processo.

Não obstante, deve o inquérito ostentar perfeição lógica e formal, visto que determinadas formalidades, em especial do auto de prisão em flagrante delito, devem ser obedecidas, a fim de salvaguardar os direitos e garantias individuais.

Realizado pela Polícia Judiciária (art. 4º do Código de Processo Penal), e, portanto, em âmbito administrativo, o inquérito policial ostenta natureza jurídica de procedimento administrativo quanto à forma, quanto àquele que o dirige, muito embora com finalidade judiciária.

O art. 5º, inc. LV, da Constituição da República fala em processo administrativo, mas o processo é entidade abstrata, que se corporifica sempre em procedimento.

Além disso, o mesmo dispositivo assegura que "aos litigantes, em processo judicial ou administrativo, e aos acusados em geral são assegurados o contraditório e ampla defesa, com os meios e recursos a ela inerentes". Com esta redação, a Constituição aparta não só litigantes de acusados, mas também contraditório de ampla defesa, de maneira que cada qual é exercido de acordo com o instante e a natureza do procedimento que lhe seja compatível, o que não impede que, desde que possível, sejam atuados conjuntamente. Assim, se é certo que, no processo penal, não há litigantes, mas sim acusador e acusado, no inquérito policial, procedimento administrativo com fins judiciais, não há possibilidade de se estabelecer contraditório, mas sim exercício do direito de defesa.[13]

Se, de fato, não se mostra apropriado falar em contraditório no curso do inquérito policial, seja porque não há acusação formal, seja porque, na opinião de alguns, sequer há procedimento, não se pode afirmar que não se admite o exercício do direito de defesa, porque se trata de oposição ou resistência à imputação informal pela ocorrência de lesão ou ameaça de lesão.

No mais, é de se reconhecer que já há acusação, em sentido amplo, entendida como afirmação ou atribuição de ato ou fato à pessoa autora,

---

[13] Nesse sentido, reconhecendo a necessidade do exercício da defesa no inquérito policial, cf. PITOMBO, Sérgio Marcos de Moraes. Inquérito policial: exercício do direito de defesa. *Boletim do Instituto Brasileiro de Ciências Criminais*, São Paulo, ano 7, n. 83, out. 1999. Edição especial. p. 14.

coautora ou partícipe, em diversos atos do inquérito policial, como na prisão em flagrante delito; na nota de culpa; no boletim de ocorrência de autoria conhecida; no requerimento, requisição e na portaria de instauração do inquérito policial; ou, ainda, no indiciamento realizado pela autoridade policial,[14] bem como nos diversos provimentos e medidas cautelares, determinados e realizados nessa primeira fase da persecução penal. Saliente-se que o próprio Código de Processo Penal, ao cuidar da prisão em flagrante delito, estatui, no art. 304, que a autoridade policial procederá "ao interrogatório do acusado sobre a imputação que lhe é feita". Diante de tudo isso, bem como da possibilidade de o suspeito vir a ser indiciado, deve poder se defender.

Há de se garantir ao acusado, portanto, o direito de defesa, no sentido de resistência, oposição de forças, possibilitando a ele o direito de se contrapor a todas as acusações, com a assistência de advogado, com a possibilidade de manter-se silente, e a admissibilidade de produção das provas por ele requeridas, indispensáveis à demonstração de sua inocência, ou de sua culpabilidade diminuída.

Desta forma, o exercício do direito de defesa, eficaz e tempestivo, deve se iniciar no inquérito policial, permitindo-se então a defesa integral, contínua e unitária.[15]

4 Ciência da acusação como pressuposto do exercício do direito de defesa

Um dos pressupostos do exercício do direito de defesa é o direito fundamental de o acusado ser informado da imputação que pesa contra si.[16] Afastada a ciência da acusação, compromete-se o pleno exercício do direito de defesa.

Como premissa indispensável ao exercício do direito de defesa, a ciência prévia da acusação permeia toda a persecução penal, assegurando que, conhecedora dos reais termos da acusação e do material que a

---

[14] POZZER, Benedito Roberto Garcia. *Correlação entre acusação e sentença no processo penal brasileiro*. São Paulo: IBCCRIM, 2001. p. 82-99.

[15] SAAVEDRA ROJAS, Edgar. Derecho a la defensa. *Derecho Penal y Criminologia – Revista del Instituto de Ciencias Penales y Criminologicas de la Universidad Externado de Colombia*, Bogotá, ano 17, n. 56, p. 25-36, mayo/ago. 1995. p. 25-26.

[16] ALMEIDA, Joaquim Canuto Mendes de. *Processo penal, ação e jurisdição*. São Paulo: Revista dos Tribunais, 1975. p. 114.

sustenta, possa a defesa ser garantida e plenamente exercitada a todo momento da persecução. A Constituição da República, no art. 5º, inc. LV, assegura o contraditório e a ampla defesa, com os *meios* e recursos a ela inerentes. Entre tais meios, o Pacto de São José da Costa Rica prevê, no art. 8º, 2, "b", a garantia judicial da comunicação prévia e pormenorizada ao acusado da acusação formulada.

Na fase de inquérito policial, ou preliminar da persecução penal, também vigora tal regra para o investigado, tratado constitucionalmente como um acusado em geral. A partir da instauração do inquérito policial, inúmeros atos que acarretam restrição a direitos constitucionalmente assegurados podem ocorrer em desfavor do investigado, como os decretos de prisão preventiva e temporária, ou prisão em flagrante; busca pessoal ou domiciliar; apreensão; arresto e sequestro de bens; quebra de sigilo fiscal e bancário; interceptação das comunicações telefônicas; determinação do indiciamento; e, ao fim, possível formalização da acusação, com o início da segunda fase da persecução penal.

Por isso, o exercício do direito de defesa, eficaz e tempestivo, deve se iniciar no inquérito policial, permitindo-se então uma defesa integral, contínua e unitária. E, para o exercício de defesa no curso do inquérito policial, é premissa indispensável a possibilidade de o investigado, por seu defensor, ter acesso aos autos de inquérito policial.

4.1 Inoponibilidade de sigilo em relação ao acusado e seu defensor

O sigilo, previsto no art. 20 do Código de Processo Penal, serve à investigação do fato aparentemente criminoso e, ao mesmo tempo, tende a preservar a intimidade, a vida privada, a imagem e a honra das pessoas envolvidas na apuração e a prevenir o sensacionalismo, mas não pode ser oposto ao indiciado, ou suspeito, nem ao defensor, sobretudo no que se refere aos atos instrutórios.

Como afirmado acima, a primeira fase da persecução penal compõe-se de atos de investigação e atos de instrução. Quem investiga rastreia, pesquisa, indaga, segue vestígios e sinais, busca informações para elucidação de um fato. Depois de documentada a diligência, passa-se da investigação à instrução, que pode se dar mediante atos transitórios ou repetíveis, e, portanto, suscetíveis de renovação, ou definitivos e irrepetíveis, os quais se incorporam ao bojo de eventual ação penal.[17]

É a definitividade, inerente a certos atos, que exige garantia do exercício do direito de defesa já na fase preliminar da persecução penal. Determinadas diligências devem, é certo, ser tomadas como sigilosas, sob risco de comprometimento do seu bom sucesso. Mas, se o sigilo é aí necessário à apuração e à atividade instrutória, a formalização documental do resultado desta atividade, todavia, não pode ser subtraída ao indiciado nem a seu defensor, porque já cessada a causa do sigilo. Assim, pode-se guardar sigilo somente quanto à deliberação e à prática de atos de investigação. À luz da Constituição da República, que garante aos acusados, aí incluídos o indiciado e o investigado, o direito de defesa, os atos de instrução, que são documentação dos elementos colhidos na investigação, devem estar acessíveis ao acusado e seu defensor, tão logo cessada a causa do sigilo. Se o sigilo atinge a defesa neste ponto, tolhe gravemente seu exercício.

Note-se que, além da regra constitucional, há normas infraconstitucionais que põem o defensor a salvo do sigilo eventualmente imposto ao inquérito policial: o Estatuto da Ordem dos Advogados do Brasil, com a redação dada pela Lei nº 13.245/2016, preceitua, no art. 7º, inc. XIV:

> são direitos do advogado examinar, em qualquer instituição responsável por conduzir investigação, mesmo sem procuração, autos de flagrante e de investigações de qualquer natureza, findos ou em andamento, ainda que conclusos à autoridade, podendo copiar peças e tomar apontamentos, em meio físico ou digital.

Dessa forma, quem dirige atos da primeira fase da persecução não pode vedar ao defensor do acusado vista dos autos, para tomar apontamentos ou para extrair cópias. O art. 16 do Código de Processo Penal Militar estatui que "o inquérito é sigiloso, mas seu encarregado pode permitir que dele tome conhecimento o advogado do indiciado". O acusado não pode ser mantido alheio a todo o procedimento prévio. Nada obsta que, ciente do estado desta primeira fase da persecução, a defesa, diligente, cuide de afastar a suspeita que recai

---

[17] Neste sentido, o art. 155 do Código de Processo Penal: "o juiz formará sua convicção pela livre apreciação da prova produzida em contraditório judicial, não podendo fundamentar sua decisão exclusivamente nos elementos informativos colhidos na investigação, ressalvadas as provas cautelares, não repetíveis e antecipadas".

sobre o acusado, concorrendo para o escopo último das investigações e evitando acusação formal, em juízo. É, antes, até recomendável que se amplie o campo de busca de elementos para elucidação dos fatos, porque novos dados podem ser trazidos aos autos pela defesa da pessoa que se encontra na posição de suspeito.

A autoridade que conduz o inquérito pode, assim, impor-lhe sigilo, quando necessário à elucidação do fato. Mas este sigilo não pode alcançar o acusado nem seu defensor, no tocante aos atos de instrução realizados e documentados.

O sigilo, como instrumento disponível para assegurar a intimidade dos investigados em relação a terceiros, alheios ao procedimento – o chamado sigilo externo – não pode ser instrumento utilizado para afastar ou limitar a defesa e a publicidade, como direitos do acusado. Nem parece adequado invocar a intimidade dos demais investigados, para impedir o acesso do acusado e seu defensor aos autos, porque tal expediente importa, em verdade, restrição ao direito de cada um dos envolvidos, porque impede a todos de conhecer o que, documentalmente, conste dos autos e lhes seja contrário. Para isso, a autoridade policial deve aparelhar-se, com expedientes adequados, para permitir que a defesa de cada investigado tenha acesso ao que diga respeito a seu constituinte.

A jurisprudência, todavia, não era firme em assegurar ao acusado o direito de acesso aos autos na primeira fase da persecução. Em 2004, porém, o Supremo Tribunal Federal, em importante julgamento – HC nº 82.354 –,[18] garantiu à defesa do indiciado o direito de vista dos autos do inquérito policial antes da inquirição do acusado. Os casos se avolumaram nos Tribunais Superiores[19] e levaram à edição da Súmula Vinculante nº 14, cujo verbete diz: "é direito do defensor, no interesse do representado, ter acesso amplo aos elementos de prova que, já documentados em procedimento investigatório realizado por órgão com competência de polícia judiciária, digam respeito ao exercício do direito de defesa".

Tais precedentes, e a súmula vinculante em especial, revestem-se de especial importância, porque asseguram a premissa necessária para

---

[18]   STF. HC nº 82.354. Rel. Min. Sepúlveda Pertence. *DJ*, 24 set. 2004.

[19]   STF. HC nº 88.190. Rel. Min. Cezar Peluso. *DJ*, 6 out. 2006; STJ. HC nº 67.114. Rel. Min. Felix Fischer. *DJ*, 26 fev. 2007; HC nº 64.290. Rel. Min. Gilson Dipp. *DJ*, 6 ago. 2007; HC nº 45.258. Rel. p/ acórdão Min. Nilson Naves. *DJ*, 5 nov. 2007; HC nº 88.104. Rel. Min. Maria Thereza Assis Moura. *DJ*, 19 dez. 2007.

o exercício do direito de defesa. Isso, porém, não é tudo: é necessário que, conhecendo os fatos investigados, possa a defesa ter assegurada a sua participação na persecução penal preliminar.

5 Reação defensiva

Se a ciência da acusação e sua base é pressuposto indispensável para o exercício de defesa, a reação defensiva constitui forma de o acusado se opor à acusação, considerada em sentido lado.

5.1 Oitiva do acusado

O direito de ser ouvido é consequência direta do direito à informação. O interrogatório é, por excelência, o momento no qual o acusado exerce a autodefesa e, como tal, deve ser orientado pelo princípio da presunção de inocência, previsto no art. 5º, inc. LVII, da Constituição da República, permitindo ao acusado refutar a imputação e trazer argumentos que justifiquem sua conduta. Deve então o acusado ser ouvido em oportunidade anterior à eventual propositura da ação penal, antes de ser formalmente acusado em juízo.

Defender-se, usando o interrogatório a seu favor, não é apenas negar os fatos: pode o acusado defender-se confessando, com vistas a diminuir a incidência penal, ou confessando o fato e negando o direito, como nos casos em que já ocorrida a prescrição, por exemplo. O direito de defesa pode ser exercido para provar inocência, lançar dúvidas sobre a culpabilidade, apresentar fatos que a atenuem ou abonem o acusado.

Entre as garantias do acusado durante o interrogatório, tem-se que este deve ser realizado tão logo as investigações apontem o sujeito como provável autor da infração penal. A fim de bem se defender, o acusado precisa conhecer a imputação que lhe é feita, resultante das investigações realizadas.

Há necessidade, ainda, de a autoridade que interroga o acusado a ele se identificar, de acordo com o disposto no art. 5º, inc. LXIV, da Constituição da República. A Constituição garante também, no art. 5º, inc. LXIII, o direito à assistência de advogado.

No auto de prisão em flagrante delito, a autoridade policial deverá proceder ao interrogatório do acusado sobre a imputação que lhe é feita, segundo o que estabelece o art. 304, *caput*, do Código de Processo Penal. E, ao tratar do inquérito policial, o Código de Processo

Penal determina, no art. 6º, inc. V, que a autoridade policial, ao ouvir o indiciado, deve observar, no que for aplicável, o disposto no Capítulo III, do Título VII, que disciplina o interrogatório judicial.

Para a oitiva do acusado devem, portanto, ser seguidas, naquilo que for aplicável – diz o Código – as regras sobre o interrogatório, ou seja, o disposto nos arts. 185 e 186 do Código de Processo Penal.

E o art. 185, *caput* e §2º, do Código de Processo Penal, com a redação que lhe foi dada pela Lei nº 10.792/2003, prevê a participação do advogado e a possibilidade de feitura de reperguntas pelas partes, depois de findas as indagações do juiz – art. 188 do Código de Processo Penal.

Neste mesmo sentido, o Estatuto da Ordem dos Advogados do Brasil sofreu alteração pela Lei nº 13.245/2016 e passou a prever, no art. 7º, inc. XXI:

> são direitos do advogado assistir a seus clientes investigados durante a apuração de infrações, sob pena de nulidade absoluta do respectivo interrogatório ou depoimento e, subsequentemente, de todos os elementos investigatórios e probatórios dele decorrentes ou derivados, direta ou indiretamente [...].[20]

Assim, o acusado deve contar, desde logo, com a assistência de advogado, podendo então entrevistar-se reservadamente com o seu patrono, antes do interrogatório policial. A presença do defensor garante o assessoramento técnico e, por outro lado, verifica o controle de legalidade do ato, zelando pelo respeito a direitos e garantias do acusado. O art. 43, inc. LVI, da Lei nº 4.878, de 3.12.1965, que dispõe sobre o regime jurídico dos policiais federais, considera transgressão disciplinar "impedir ou tornar impraticável, por qualquer meio, na fase do inquérito policial e durante o interrogatório do indiciado, mesmo ocorrendo incomunicabilidade, a presença de seu advogado".

Deve, ainda, o acusado, segundo o disposto no art. 186 e parágrafo único, do Código de Processo Penal, ser informado do direito ao silêncio, podendo oferecer sua versão sobre os fatos ou calar-se, sem qualquer tipo de pressão. O acusado, ao se defender, também deve poder, a qualquer tempo, interromper o interrogatório para consultar seu defensor.

---

[20] PIMENTEL JÚNIOR, Jaime; MORAES, Rafael Francisco Marcondes de. *Polícia judiciária e a atuação da defesa na investigação criminal*: comentários à Lei Federal nº 13.245, de 12 de janeiro de 2016. 2. ed. São Paulo: JusPodivm, 2018.

O interrogatório, tido como um ato de defesa,[21] precisa ser espontâneo, sem qualquer forma de coação ou tortura, física ou psicológica.[22] Deve-se permitir, ainda, ao acusado provar aquilo que afirma, por meio da indicação de elementos de prova e requerimento de diligências pertinentes ao caso, nos termos do art. 189 do Código de Processo Penal.

E, fundamentalmente, é importante que o acusado saiba em que qualidade está depondo, se como acusado, se como testemunha.

Por fim, é preciso que se veja o interrogatório como meio de defesa, e não como simples forma de se obter a confissão do interrogado. Visto como atividade defensiva, com possibilidade de o acusado demonstrar sua inocência, afasta-se a ideia, já ultrapassada, de que o interrogatório consiste em uma série de perguntas destinadas apenas à admissão da autoria delitiva.

5.2 Proposição, admissão e produção de meios de prova

O art. 14 do Código de Processo Penal consagra, na legislação ordinária, o direito de defesa no inquérito policial, atribuindo ao indiciado e ao ofendido o direito de requerer, à autoridade policial, a realização de diligências.[23] Ao tempo de sua formulação, dizia-se tratar de dispositivo acertado, porque ofendido e indiciado são interessados no desfecho do inquérito policial: o ofendido quer a punição ao menos como reparação moral e o indiciado quer inocentar-se ou ao menos ver diminuída sua responsabilidade.[24]

Dessa forma, o indiciado, e também o ofendido, ou seu representante legal, podem requerer a realização de perícias, formular quesitos, pedir esclarecimentos ou complementação de laudos já apresentados, arrolar testemunhas e contestar todas as ouvidas, requerer a juntada de documentos e papéis, bem como impugnar a autenticidade de

---

[21] FERNANDES, Antonio Scarance. *A reação defensiva à imputação*. São Paulo: Revista dos Tribunais, 2002. p. 114-115.

[22] O art. 5º, inc. XLIX, da Constituição da República, determina que "é assegurado aos presos o respeito à integridade física e moral".

[23] FERNANDES, Antonio Scarance. *A reação defensiva à imputação*. São Paulo: Revista dos Tribunais, 2002. p. 120.

[24] LEAL, Antônio Luiz da Câmara. *Comentários ao Código de Processo Penal brasileiro*. Rio de Janeiro: Freitas Bastos, 1942. v. 1. p. 114.

documentos já juntados aos autos.[25] Com isso, certamente, "lucra a investigação policial e ganha a justiça, que vê carreados, precocemente, para os autos importantes subsídios de prova".[26]

Afirma a doutrina que os pedidos formulados, pelo suspeito, indiciado ou pela vítima, ficam, contudo, sujeitos à discricionariedade da autoridade policial, exceção feita ao exame de corpo de delito. Se tal posicionamento mostrava-se válido, embora questionável, antes da promulgação da Constituição da República, tem-se que, depois dela, ele não tem razão de ser, sendo certo que o direito de defesa, na fase preliminar, é direito subjetivo do acusado, e a autoridade policial não pode deixar de realizar diligências importantes à elucidação dos fatos, desde que pertinentes.

De fato, a autoridade policial é também guiada em sua atividade no inquérito policial pela busca da verdade, e a discricionariedade que a orienta não pode restringir qualquer direito do indiciado.

Assim, a autoridade apenas pode deixar de atender aos pedidos se a diligência não for realizável, for inócua ou prejudicial à apuração dos fatos. Em recusando o pedido de diligências, tal ato deve ser devidamente motivado.[27]

Portanto, releitura do disposto no art. 14 do Código de Processo Penal, ante a garantia constitucional da ampla defesa, permite concluir que o delegado de polícia somente poderá negar a realização do pedido se este for inviável, sob o ponto de vista fático, ou inócuo.

Neste sentido, o Estatuto da Ordem dos Advogados do Brasil, com a redação que lhe foi dada pela Lei nº 13.245/2016, prevê, no art. 7º, inc. XXI, "a", que é direito do advogado apresentar razões e quesitos.

Não pode a autoridade policial negar o requerimento de diligência formulado pelo acusado, desde que guarde importância e correlação com o esclarecimento dos fatos e a defesa do acusado. Em face do disposto no art. 5º, inc. LV, da Constituição da República, o requerimento de diligências pelo indiciado é um direito subjetivo seu, que não pode ser negado arbitrariamente pela autoridade, e, na eventualidade de ser

---

[25] ALMEIDA, Joaquim Canuto Mendes de. *Princípios fundamentais do processo penal*. São Paulo: Revista dos Tribunais, 1973. p. 213-214.

[26] TORNAGHI, Hélio. *Instituições de processo penal*. 2. ed. São Paulo: Saraiva, 1977. v. 2. p. 290.

[27] Se o pedido não guarda vínculo probatório, se é irrealizável, se é postergatório ou se, por exemplo, o resultado da diligência já existe nos autos, deve tal razão vir explicitada na decisão que indefere a diligência. Nesse sentido, cf. PINTO, Adilson José Vieira. O inquérito policial à luz dos direitos e garantias individuais da Constituição Federal de 1988. *Revista Brasileira de Ciências Criminais*, São Paulo, ano 7, n. 27, p. 251-264, jul./set. 1999. p. 260.

indeferido o pedido, o acusado pode fazer uso do mandado de segurança, porque ferido direito líquido e certo, ou, até se valer do *habeas corpus*.

De qualquer modo, a recusa de praticar a diligência deve ser fundamentada, nos termos do art. 93, inc. IX, da Constituição da República, a fim de se analisar o motivo e a motivação da recusa. Agindo desmesuradamente, dentro mesmo do seu poder discricionário, a autoridade policial é responsável administrativa, civil e criminalmente pelos excessos e ilegalidades que vier a cometer.[28]

O defensor, portanto, deve intervir na prática de todos atos instrutórios do inquérito policial, pouco importando se a diligência tenha sido ou não proposta por ele, e ainda que tal participação se dê de maneira diferida, a fim de não inviabilizar a prática de atos impostergáveis.

Com isso, assegura-se o direito de defesa na fase preliminar da persecução penal.

6   Considerações finais

O direito de defesa deve ser assegurado ao acusado desde o inquérito policial. Se lhe for negada, *v.g.*, a possibilidade de acesso aos autos, resta-lhe, então, como se estranho fosse, aguardar, sem que nenhuma prova seja requerida e/ou produzida em seu favor, a conclusão do inquérito policial, procedimento este que pode se estender por anos, e depois ainda a remessa dos autos a juízo para, apenas se denunciado, poder, enfim, contar com a assistência profissional de advogado, já na segunda fase do procedimento, da persecução penal. Sua defesa efetiva, contudo, porque tardia, poderá já estar comprometida.

É preciso, pois, garantir a defesa efetiva do acusado quando esta realmente importa, estendendo-se o exercício do direito de defesa ao inquérito policial. Não só a autodefesa, insuficiente ante o próprio comprometimento emocional e o desconhecimento técnico do acusado. Este deve poder contar, pois, com assistência de advogado legalmente habilitado, zeloso e competente na real defesa dos interesses de sua liberdade jurídica.

No inquérito policial, esteja o acusado preso em flagrante delito ou não, a atuação do advogado é relevante para solicitar a produção

---

[28]   TUCCI, Rogério Lauria. *Persecução penal, prisão e liberdade*. São Paulo: Saraiva, 1980. p. 48.

de provas, em favor do suspeito ou indiciado, de modo a garantir, posteriormente, juízo de acusação justo e equilibrado. O tempo muitas vezes trabalha em desfavor do acusado e, assim, a pronta assistência de advogado garante a juntada de documentos importantes e esclarecedores, a localização de testemunhas ou a formulação de quesitos para a prova pericial.

Se o acusado é preso em flagrante, a imediata intervenção do advogado guarda especial importância no sentido de informá-lo sobre a natureza da infração que lhe é imputada e o direito ao silêncio e assegurar o direito à assistência de intérprete.

Além disso, ainda na hipótese de ser o indivíduo preso em flagrante, a intervenção do advogado é de suma importância a fim de pleitear o relaxamento da prisão ilegal ou a liberdade provisória, com ou sem fiança, garantindo, por meio de instrumentos legais, como petição endereçada à autoridade judiciária competente ou *habeas corpus*, o necessário insurgimento contra a infundada supressão de liberdade.

Tudo isso, por certo, diz-se em favor da proteção efetiva da liberdade. Mas não é só. Do ponto de vista da sociedade, cujo fim último é a paz social e como tal interessada apenas na condenação do sujeito efetivamente culpado, deve-se notar que o exercício do direito de defesa por parte do indiciado e a própria atuação do defensor, no inquérito policial, podem contribuir para que não sejam aforadas acusações infundadas, apressadas, temerárias e até caluniosas,[29] ou, ainda, acusações genéricas, fadadas ao fracasso.

Pelas mesmas razões, mas em plano secundário, em decorrência da provável redução do número de processos criminais em andamento, advinda do afastamento de acusações desnecessárias, pode-se dizer que o Poder Judiciário também poderá funcionar de maneira mais eficaz.

Nestes argumentos, reside, pois, a importância do direito de defesa já na primeira fase da persecução penal, sendo premissa indispensável ao seu exercício ter assegurada a possibilidade de o suspeito, ou indiciado, bem como seu defensor, ter acesso aos autos de inquérito policial, bem como posteriormente requerer diligências.

---

[29] PITOMBO, Sérgio Marcos de Moraes. Inquérito policial: exercício do direito de defesa. *Boletim do Instituto Brasileiro de Ciências Criminais*, São Paulo, ano 7, n. 83, out. 1999. Edição especial. p. 34.

Referências

ALMEIDA, Joaquim Canuto Mendes de. *Princípios fundamentais do processo penal*. São Paulo: Revista dos Tribunais, 1973.

ALMEIDA, Joaquim Canuto Mendes de. *Processo penal, ação e jurisdição*. São Paulo: Revista dos Tribunais, 1975.

ENCYCLOPEDIA e diccionario internacional. Rio de Janeiro: W. M. Jackson, [s.d.].

FERNANDES, Antonio Scarance. *A reação defensiva à imputação*. São Paulo: Revista dos Tribunais, 2002.

FRANÇA, Rubens Limongi (Coord.). *Enciclopédia Saraiva do direito*. São Paulo: Saraiva, 1977. v. 4.

LEAL, Antônio Luiz da Câmara. *Comentários ao Código de Processo Penal brasileiro*. Rio de Janeiro: Freitas Bastos, 1942. v. 1.

MARQUES, José Frederico. *Tratado de direito processual penal*. São Paulo: Saraiva, 1980. v. 2.

MOURA, Maria Thereza Rocha de Assis; SAAD, Marta. Constituição da República e exercício do direito de defesa. *In*: PINHO, Ana Cláudia Bastos; GOMES, Marcus Alan de Melo (Org.). *Ciências criminais*: articulações críticas em torno dos 20 anos da Constituição da República. Rio de Janeiro: Lumen Juris, 2009.

PIMENTEL JÚNIOR, Jaime; MORAES, Rafael Francisco Marcondes de. *Polícia judiciária e a atuação da defesa na investigação criminal*: comentários à Lei Federal nº 13.245, de 12 de janeiro de 2016. 2. ed. São Paulo: JusPodivm, 2018.

PINTO, Adilson José Vieira. O inquérito policial à luz dos direitos e garantias individuais da Constituição Federal de 1988. *Revista Brasileira de Ciências Criminais*, São Paulo, ano 7, n. 27, p. 251-264, jul./set. 1999.

PITOMBO, Sérgio Marcos de Moraes. Inquérito policial: exercício do direito de defesa. *Boletim do Instituto Brasileiro de Ciências Criminais*, São Paulo, ano 7, n. 83, out. 1999. Edição especial.

PITOMBO, Sérgio Marcos de Moraes. *Inquérito policial*: novas tendências. Belém: Cejup, 1987.

POZZER, Benedito Roberto Garcia. *Correlação entre acusação e sentença no processo penal brasileiro*. São Paulo: IBCCRIM, 2001.

SAAD, Marta. *O direito de defesa no inquérito policial*. São Paulo: Revista dos Tribunais, 2004.

SAAVEDRA ROJAS, Edgar. Derecho a la defensa. *Derecho Penal y Criminologia – Revista del Instituto de Ciencias Penales y Criminologicas de la Universidad Externado de Colombia*, Bogotá, ano 17, n. 56, p. 25-36, mayo/ago. 1995.

TORNAGHI, Hélio. *Instituições de processo penal*. 2. ed. São Paulo: Saraiva, 1977. v. 2.

TUCCI, Rogério Lauria. *Persecução penal, prisão e liberdade*. São Paulo: Saraiva, 1980.

Informação bibliográfica deste texto, conforme a NBR 6023:2018 da Associação Brasileira de Normas Técnicas (ABNT):

SAAD, Marta. Defesa no inquérito policial. *In*: PEREIRA, Eliomar da Silva; ANSELMO, Márcio Adriano (Org.). *Direito Processual de Polícia Judiciária I*. Belo Horizonte: Fórum, 2020. p. 183-202. (Curso de Direito de Polícia Judiciária, v. 4). ISBN 978-85-450-0619-0.

O INDICIAMENTO

Márcio Adriano Anselmo

1 Introdução

O termo *indiciamento*, segundo aponta Moraes Pitombo,[1] compõe-se, em perspectiva etimológica, da palavra "indício" mais o sufixo "aumento", concluindo que *indiciar*, sob esse enfoque, trata-se de demonstrar por vários indícios, permitindo acusação. Indiciamento, por sua vez, seria o ato de demonstrar por indícios.

Na investigação criminal, o ato de indiciamento consiste no ato do delegado de polícia, enquanto presidente da investigação, via de regra praticado ao término da mesma, quando se conclui pela autoria de determinado crime, individualizando-se o autor, a partir das provas e indícios carreados aos autos do inquérito policial.

Ser indiciado, portanto, é ser apontado pelo autor do crime a partir dos indícios colhidos no decorrer do inquérito policial, registrando-se na folha de antecedentes dele. Trata-se, portanto, de um ato exclusivo da autoridade policial, ao formar seu convencimento acerca da autoria e materialidade de determinada infração penal investigada.

Trata-se de ato de grande importância na investigação criminal, por meio do qual o delegado de polícia, ao identificar, nas palavras de Moraes Pitombo,[2] um "feixe de indícios convergentes", aponta o seu juízo de responsabilidade criminal acerca do fato investigado.

---

[1] PITOMBO, Sérgio Marcos de Moraes. O indiciamento como ato de polícia judiciária. *Revista dos Tribunais*, n. 577.

[2] PITOMBO, Sérgio Marcos de Moraes. O indiciamento como ato de polícia judiciária. *Revista dos Tribunais*, n. 577.

Ademais, importante aqui é ressaltar nossa posição no sentido de situar o indiciamento e o inquérito policial nas atividades de persecução penal. Discordamos do posicionamento de que o inquérito policial seja mero procedimento administrativo ou ainda mera peça informativa, uma vez que é inegável seu caráter pré-processual, como bem colocado por Moraes Pitombo, quando diz que "O inquérito policial, à luz do conceito sugerido, inteira o processo penal, como a parte completa o todo. Fase, pois, que é da persecução penal, ubicada à formação prévia da culpa, repita-se".

Ainda, segundo o mesmo autor:[3]

> Não guarda cabimento asserir-se que surge como simples peça informativa; para, em seguida, afirmar que os meios de prova constantes do inquérito, servem para receber, ou rejeitar a acusação; prestam para decretar a prisão preventiva; ou para conceder a liberdade provisória; bastam, ainda, para determinar o arresto e o seqüestro de bens, por exemplo.
>
> Dizer-se que o inquérito policial consiste em mero procedimento administrativo, que encerra, tão só, investigação, é simplificar, ao excesso, a realidade sensível. Resta-se, na necessidade esforçada de asseverar, em conseqüência, que a decisão judicial, que receba a denúncia ou a queixa, embasada em inquérito, volta no tempo e no espaço judiciarizando alguns atos do procedimento. As buscas e as apreensões, bem como todas as perícias – exames, vistorias e avaliações – emergem quais modelos de tal operação. Espécie de banho lustral sobre os meios de prova, encontráveis no inquérito. Sem esquecer eventual encarte de documentos – instrumentos ou papéis – aos autos de inquérito.

Trata-se, portanto, de uma fase anterior ao processo penal propriamente dito, destinada a subsidiar o início deste, atuando como um filtro, para, segundo Aury Lopes Jr.,[4] "purificar, aperfeiçoar, conhecer o certo".

Nesse cenário, o ato de indiciamento assume o papel de destaque, ao funcionar como uma das etapas da formação da culpa na investigação criminal, quando os elementos constantes no inquérito policial permitem ao delegado de polícia formar sua convicção de autoria e materialidade na investigação criminal.

---

[3] PITOMBO, Sérgio Marcos de Moraes. O indiciamento como ato de polícia judiciária. *Revista dos Tribunais*, n. 577.

[4] LOPES JR., Aury. *Direito processual penal*. 10. ed. São Paulo: Saraiva, 2012. p. 280.

2 Conceito de indiciamento

Em que pese pouco estudado pela doutrina processual penal, podemos apontar várias conceituações de indiciamento. Edílson Mougenot Bonfim[5] sinaliza para uma importante mudança no *status* do investigado, que sai da posição de simples suspeito de ter praticado a infração penal passando a ser considerado o provável autor da infração. Djalma Eutímio de Carvalho, por sua vez, aponta:

> O indiciamento é o ato pelo qual a Autoridade Policial, no curso do Inquérito Policial, aponta determinado suspeito como provável autor de uma infração penal. Portanto, para que haja indiciamento, mister se faz a comprovação da materialidade da infração e indícios convincentes de que o investigado é seu autor. Como logo se percebe, trata-se "de ato privativo da Autoridade Policial".[6]

Alexandre Morais da Rosa,[7] por sua vez, trata do indiciamento como: "ato formal pelo qual o sujeito passa a ocupar o lugar de indiciado, isto é, a declaração pelo Estado de que há indicativos convergentes sobre sua responsabilidade penal, com os ônus daí decorrentes".

Já na doutrina de Eduardo Cabette:[8]

> o indiciamento é o ato pelo qual a Autoridade Policial, no curso do inquérito policial, aponta determinado suspeito como autor de uma infração penal. Portanto, para que haja indiciamento, mister se faz a comprovação da materialidade da infração e indícios convincentes de que o investigado é seu autor.

Capez[9] indica que o fato indiciamento "contém uma proposição, no sentido de guardar função declarativa de autoria provável", equiparando-o a um "rascunho de eventual acusação". Em que pese o indiciamento não vincule a eventual oferecimento da denúncia.

---

5   BONFIM, Edílson Mougenot. *Curso de processo penal*. São Paulo: Saraiva, 2006. p. 124.
6   CARVALHO, Djalma Eutímio de. *Curso de processo penal*. Rio de Janeiro: Forense, 2007. p. 44.
7   ROSA, Alexandre Morais da. *Guia compacto de processo penal conforme a teoria dos jogos*. Rio de Janeiro: Lumen Juris, 2013. p. 120.
8   CABETTE, Eduardo Luiz Santos. Uma análise sobre a coerência da jurisprudência do STJ quanto ao tema do indiciamento intempestivo. *Jus Navigandi*, Teresina, ano 12, n. 1367, 30 mar. 2007. Disponível em: http://jus.com.br/artigos/9667. Acesso em: 22 jul. 2013.
9   CAPEZ, Fernando. *Curso de processo penal*. 13. ed. São Paulo: Saraiva, 2006. p. 92.

Francisco Sannini Neto,[10] por sua vez, conceitua indiciamento:

um ato formal, de atribuição exclusiva da Autoridade de Polícia Judiciária, que ao longo da investigação forma seu livre convencimento no sentido de que há indícios mínimos de que um suspeito tenha praticado determinado crime. A partir desse ato, o indiciado passa a ser o foco principal das investigações. Trata-se, na verdade, de uma formalidade que fundamenta as conclusões do Delegado de Polícia acerca da autoria criminosa e, por isso, deve ser precedido de um despacho. Ademais, o indiciamento constitui uma garantia para ampla defesa do investigado, que a partir de então passa a ter ciência do seu status dentro da persecução penal. Fazendo uma analogia com o auto de prisão em flagrante, podemos afirmar que o indiciamento funciona como uma espécie de nota de culpa.

O ato do indiciamento assume, portanto, fundamental importância, notadamente sob a ótica garantista, no sentido de tornar clara a posição do sujeito passivo da investigação, quando este é apontado pela autoridade policial, a partir de sua convicção, como provável autor da infração penal investigada. Não se trata de um juízo de certeza, mas de um juízo indiciário – alcançado a partir dos indícios obtidos com a investigação criminal – que apontam o sujeito como autor do fato criminoso.

3 Natureza jurídica do indiciamento

Em que pese pouco tratado na doutrina, compreendemos o indiciamento como um *ato administrativo* com *efeitos processuais*. Trata-se de ato privativo do delegado de polícia, na condução da investigação criminal, por meio do qual ele reconhece ter encontrado elementos indiciários que apontem a autoria da infração penal investigada.

Ao tratar das consequências do indiciamento, Sylvia Steiner[11] aponta:

o indiciamento formal tem consequências que vão muito além do eventual abalo moral que pudessem vir a sofrer os investigados, eis que estes terão o registro do indiciamento nos Institutos de Identificação, tornando

---

[10] SANNINI NETO, Francisco. Indiciamento: ato privativo do delegado de polícia. *Jus Navigandi*, Teresina, ano 17, n. 3233, 8 maio 2012. Disponível em: http://jus.com.br/artigos/21713. Acesso em: 22 jul. 2013.

[11] STEINER, Sylvia. O indiciamento em inquérito policial como ato de constrangimento – Legal ou ilegal. *Revista Brasileira de Ciência Criminais*, v. 24, 1998. p. 307.

assim público o ato de investigação. Sempre com a devida vênia, não nos parece que a inserção de ocorrências nas folhas de antecedentes comumente solicitadas para a prática dos mais diversos atos da vida civil seja fato irrelevante. E o chamado abalo moral diz, à evidência, com o ferimento à dignidade daquele que, a partir do indiciamento, está sujeito à publicidade do ato.

Nesse mesmo sentido, Marta Saad também conclui com relação ao indiciamento:

o suspeito passa à categoria jurídica de indiciado, deve ocorrer tão logo se reúnam os indícios, ou outros elementos de convicção, que incriminem o suspeito como praticante de ato ilícito e típico [...],o indiciamento deve ser visto como um marco, a partir do qual uma série de deveres e direitos pode, e deve, ser exercida. Tal como explica Fábio Konder Comparato, ao tratar das comissões parlamentares de inquérito, o indiciamento exerce função de garantia das liberdades individuais, uma vez que, por meio dele, o antigo suspeito toma conhecimento oficial do teor do inquérito, além do que as medidas assecuratórias, tais como o sequestro de bens adquiridos como produto da infração, exigem, para sua decretação, prévio indiciamento: 'em suma, o Poder Judiciário e, com maioria de razão, a autoridade policial não podem exercer nenhuma coerção, para efeito de investigação ou prova, antes do formal indiciamento ou da aceitação de denúncia ou queixa crime contra pessoa determinada. Um constrangimento dessa natureza representaria, claramente, violência ou abuso de poder, contra o qual o paciente teria habeas corpus.[12]

A autora aponta ainda o ato do indiciamento como de importância fundamental, como condição para o exercício do direito de defesa na fase investigatória:

À vista do que já foi dito, tem-se no indiciamento o momento procedimental ideal a partir do qual se deve, necessariamente, garantir a oportunidade ou ensejo ao exercício do direito de defesa, dado que o juízo que encerra é o de ser o sujeito o provável autor do delito. O indiciado tem interesse em demonstrar que não deve ser denunciado em juízo.[13]

Trata-se de ato *fundamentado*, no qual a autoridade policial deve expor os elementos existentes na investigação que lhe permitiram

---

[12] SAAD, Marta. *O direito de defesa no inquérito policial*. São Paulo: Revista dos Tribunais, 2004. p. 254-255.

[13] SAAD, Marta. *O direito de defesa no inquérito policial*. São Paulo: Revista dos Tribunais, 2004. p. 262-263.

concluir pela formação de culpa, no seu cargo, em relação a determinado sujeito. O Superior Tribunal de Justiça, a título de exemplo, quando do julgamento do HC nº 8.466/PR, tendo como relator o Ministro Félix Fischer, concluiu que o indiciamento só pode ser realizado quando demonstrada fundada e objetiva suspeita de participação ou autoria:

PROCESSUAL PENAL. HABEAS CORPUS. FALSUM. INDICIAMENTO PRECIPITADO. INQUÉRITO. I - Se há indícios da prática de crimes, incabível o trancamento do inquéri. II - Todavia, o indiciamento só pode ser realizado se há, para tanto, fundada e objetiva suspeita de participação ou autoria nos eventuais delitos. (STJ, 5ª Turma. HC nº 8.466/PR. Rel. Min. Félix Fischer)

Em que pese não fosse exigida sua motivação, o art. 52, I da Lei nº 11.343/06 já previa o seguinte:

Art. 52. Findos os prazos a que se refere o art. 51 desta Lei, a autoridade de polícia judiciária, remetendo os autos do inquérito ao juízo: I - relatará sumariamente as circunstâncias do fato, *justificando as razões que a levaram à classificação do delito*, indicando a quantidade e natureza da substância ou do produto apreendido, o local e as condições em que se desenvolveu a ação criminosa, as circunstâncias da prisão, a conduta, a qualificação e os antecedentes do agente; ou [...]. (Grifos nossos)

Com a redação introduzida pela Lei nº 12.830, fez-se claro em estabelecer a necessidade de fundamentação do ato, mediante análise técnico-jurídica. Isto significa que a autoridade policial, no despacho em que decidir pelo indiciamento, deverá fazê-lo de modo a fundamentá-lo nos elementos de investigação constantes nos autos que apontem para a autoria e materialidade.

Esta também é a posição de Júlio Fabrini Mirabete,[14] para quem não há discricionariedade por parte da autoridade policial quando existirem indícios do cometimento do crime.

Trata-se ainda de ato *vinculado*, que não deve ficar sob a discricionariedade do delegado de polícia, como bem aponta Moraes Pitombo:[15]

---

[14] MIRABETE, Júlio Fabrini. *Processo penal*. 16. ed. São Paulo: Atlas, 2004.
[15] PITOMBO, Sérgio Marcos de Moraes. O indiciamento como ato de polícia judiciária. *Revista dos Tribunais*, n. 577.

Indiciar alguém, como parece claro, não deve surgir qual ato arbitrário, ou de tarifa, da autoridade, mas, sempre legítimo. Não se funda, também, no uso do poder discricionário, visto que inexiste, tecnicamente, a possibilidade legal de escolher entre indiciar ou não. A questão situa-se na legalidade estrita do ato. O suspeito, sobre o qual se reuniu prova da infração, tem que ser indiciado. Já aquele que, contra si, possui frágeis indícios, ou outro meio de prova esgarçado, não pode ser indiciado. Mantém-se ele como é: suspeito.

Deve ser destacado ainda que o ato de indiciamento é *privativo* do delegado de polícia, enquanto presidente da investigação, sendo incabível, no caso, requisição por parte do Ministério Público para que o faça, tendo em vista ser ato de seu juízo de valor. Dessa forma, requisições para indiciamento formuladas no bojo da investigação são ilegais e não carecem de cumprimento.

Conforme indica Moraes Pitombo,[16] "o indiciamento há de ostentar-se, como ato do procedimento, resultante do encontro de um 'feixe de indícios convergentes'", ou seja, quando os indícios de prática da infração penal investigada convergirem na direção de determinado suspeito.

Ainda nesse sentido, entendemos que a oportunidade do indiciamento deve ser ao final da investigação, no momento imediatamente anterior ao interrogatório do investigado, então indiciado. O momento deve marcar ainda o acesso à defesa a todos os elementos indiciários constantes nos autos, a fim de propiciar-lhe a devida defesa técnica. Pode não ser o primeiro momento em que o então indiciado é ouvido no inquérito, uma vez que ele pode ter sido chamado anteriormente a prestar declarações, cujo teor não foi passível de elidir o juízo da autoridade policial quanto ao cometimento da infração penal.

Consiste ainda num ato *declaratório* da autoridade policial, por meio do qual a esta expressa sua convicção pela culpa *lato sensu* do investigado.

Nesse contexto, o indiciamento é o ato pelo qual o delegado de polícia formaliza a investigação criminal contra o suposto autor ou partícipe de determinado delito, a partir de elementos probatórios mínimos. O indiciamento não é, portanto, ato arbitrário da autoridade

---

[16] PITOMBO, Sérgio Marcos de Moraes. O indiciamento como ato de polícia judiciária. *Revista dos Tribunais*, n. 577. p. 313-316.

policial, devendo ser devidamente fundamentado.[17] Conforme aponta Pitombo:

> Indiciar alguém, como parece claro, não deve surgir qual ato arbitrário, ou de tarifa, da autoridade, mas, sempre legítimo. Não se funda, também, no uso do poder discricionário, visto que inexiste, tecnicamente, a possibilidade legal de escolher entre indiciar ou não. A questão situa-se na legalidade estrita do ato. O suspeito, sobre o qual se reuniu prova da infração, tem que ser indiciado. Já aquele que, contra si, possui frágeis indícios, ou outro meio de prova esgarçado, não pode ser indiciado. Mantém-se ele como é: suspeito.[18]

Em suma, compreendemos o ato do indiciamento como um ato administrativo com efeitos processuais, vinculado, declaratório, fundamentado e privativo da autoridade policial.

4   O indiciamento no Código de Processo Penal

De início, deve ser ressaltado que não há, seja no Código de Processo Penal ou em legislação esparsa, disposição específica que trate do ato de indiciamento. Entretanto, há várias menções ao termo *indiciado*, como exemplo nos arts. 6º, V, VIII e IX,[19] 14,[20] 21,[21] 23,[22] entre outros.

---

[17] NUCCI, Guilherme de Souza. *Código de Processo Penal comentado.* 5. ed. São Paulo: RT, 2006. p. 95.

[18] PITOMBO, Sérgio Marcos de Moraes. Mais de cento e vinte e seis anos de inquérito policial – Perspectivas para o futuro. *Revista ADPESP*, ano 19, mar. 1998.

[19] "Art. 6º Logo que tiver conhecimento da prática da infração penal, a autoridade policial deverá: [...] V - ouvir o indiciado, com observância, no que for aplicável, do disposto no Capítulo III do Título VII, deste Livro, devendo o respectivo termo ser assinado por duas testemunhas que lhe tenham ouvido a leitura; [...] VIII - ordenar a identificação do indiciado pelo processo datiloscópico, se possível, e fazer juntar aos autos sua folha de antecedentes; IX - averiguar a vida pregressa do indiciado, sob o ponto de vista individual, familiar e social, sua condição econômica, sua atitude e estado de ânimo antes e depois do crime e durante ele, e quaisquer outros elementos que contribuírem para a apreciação do seu temperamento e caráter".

[20] "Art. 14. O ofendido, ou seu representante legal, e o indiciado poderão requerer qualquer diligência, que será realizada, ou não, a juízo da autoridade".

[21] "Art. 21. A incomunicabilidade do indiciado dependerá sempre de despacho nos autos e somente será permitida quando o interesse da sociedade ou a conveniência da investigação o exigir".

[22] "Art. 23. Ao fazer a remessa dos autos do inquérito ao juiz competente, a autoridade policial oficiará ao Instituto de Identificação e Estatística, ou repartição congênere, mencionando o juízo a que tiverem sido distribuídos, e os dados relativos à infração penal e à pessoa do indiciado".

Em que pese tal fato tenha levado alguns doutrinadores a negar a utilidade prática do ato, como exemplo Fauzi Hassan Choukr,[23] para quem o indiciamento seria um ato despiciendo, em razão de não produzir qualquer consequência, entendemos não assistir razão a tal assertiva. O referido autor pauta sua argumentação sob o ponto de vista de que o indiciamento não vincula o Ministério Público para o oferecimento da denúncia. Por outro lado, embora negue consequência relevante, o mesmo autor reconhece que o indiciamento pode gerar constrangimentos extraprocessuais, o que é complementado pela posição de Aury Lopes Junior e Ricardo Jacobson Gloeckner,[24] segundo a qual o "momento e a forma do indiciamento deveriam estar disciplinados claramente no CPP, exigindo a imediata oitiva do sujeito passivo que, na qualidade de indiciado, está sujeito a cargas".[25]

Ainda sobre o posicionamento de Fauzi Hassan Choukr, é importante destacar, conforme afirma Aury Lopes Junior,[26] em nota de rodapé, que a posição daquele autor foi explicitada sob o fundamento de que "negava consequências jurídicas ao indiciamento para não potencializar a magnitude social e a estigmatização causada pelo ato" e que "prefere negar efeitos para evitar um prejuízo ainda para a imagem do sujeito passivo".

Tal argumento nos parece absolutamente desprovido de fundamentação jurídica, uma vez que, sob essa perspectiva, a denúncia, da mesma forma, acarreta danos à imagem do sujeito passivo, assim como a sentença condenatória, que ainda não transitou em julgado. Nesse sentido, concordamos com Aury Lopes Junior, quando afirma conceber o processo penal como um sistema escalonado, progressivo ou regressivo de culpabilidade. Esse processo se inicia com o início da investigação criminal, por meio da portaria de instauração do inquérito policial, ou ato que o valha, e segue em sucessivos atos passando pelo indiciamento, denúncia, recebimento da denúncia, até a condenação ou absolvição, cada um com seus efeitos sob o sujeito passivo.

---

[23] CHOUKR, Fauzi Hassan. *Garantias constitucionais na investigação criminal*. São Paulo: RT, 1995. p. 142-145.

[24] LOPES JR., Aury; GLOECKNER, Ricardo Jacobsen. *Investigação preliminar no processo penal*. São Paulo: Saraiva, 2013. p. 433.

[25] Aury Lopes Junior manifesta a mesma posição também na sua obra *Direito processual penal*, em que aponta que o indiciamento, apesar de ser considerado uma carga para o sujeito passivo, também indica o surgimento de direitos, sobretudo o de defesa (LOPES JR., Aury. *Direito processual penal*. 10. ed. São Paulo: Saraiva, 2012. p. 336-337).

[26] LOPES JR., Aury. *Direito processual penal*. 10. ed. São Paulo: Saraiva, 2012. p. 337.

4.1 O indiciamento no projeto do novo Código de Processo Penal

O atual Projeto de Lei nº 156/2009 do Senado Federal, que trata da reforma do Código de Processo Penal, apresenta disposições específicas sobre o indiciamento, cuja Seção IV, prevista no Capítulo III, trata do tema no art. 31:

> Artigo 31. Reunidos elementos suficientes que apontem para a autoria a infração penal, o delegado de polícia cientificará o investigado, atribuindo-lhe, fundamentadamente, a condição jurídica de indicado, respeitadas todas as garantias constitucionais e legais.
>
> §1º A condição de indiciado poderá ser atribuída já no auto de prisão em flagrante ou até o relatório final do delegado de polícia.
>
> §2º O delegado de polícia deverá colher informações sobre os antecedentes, a conduta social e a condição econômica do indiciado, assim como acerca das consequências do crime.
>
> §3º O indiciado será advertido da necessidade de fornecer corretamente o seu endereço, para fins de citação e intimações futuras e sobre o dever de comunicar a eventual mudança do local onde possa ser encontrado.

O texto vem a suprir a lacuna no nosso atual Código de Processo Penal, que silencia acerca do indiciamento, disciplinando o momento de sua realização, quando reunidos os elementos que apontem a autoria da infração penal.

5 Efeitos do indiciamento

Tratando-se de ato que indica o juízo da autoridade policial que preside a investigação de que logrou alcançar indícios da prática de crime e sua autoria, não vemos como não se atribuir efeitos ao ato de indiciamento.

Em que pese posições contrárias, que buscam negar efeitos ao ato de indiciamento, ao qual já reportamos anteriormente, entendemos que tal posição não merece prosperar.

O efeito principal do ato de indiciamento é firmar a condição do sujeito passivo como autor da infração criminal, sob a ótica do delegado de polícia, no curso da investigação.

Por óbvio, tal juízo deve ser decorrente dos elementos obtidos durante a investigação criminal que, conforme ressaltam Aury Lopes

Junior e Ricardo Jacobsen Gloeckner, necessita de "um despacho sério e fundamentado da autoridade policial".[27]

O indiciamento marca ainda, conforme dispõe o art. 6º do CPP, que deverá a autoridade policial:

> V - ouvir o indiciado, com observância, no que for aplicável, do disposto no Capítulo III do Título VII, deste Livro, devendo o respectivo termo ser assinado por duas testemunhas que lhe tenham ouvido a leitura; [...]
> VIII - ordenar a identificação do indiciado pelo processo datiloscópico, se possível, e fazer juntar aos autos sua folha de antecedentes;
> IX - averiguar a vida pregressa do indiciado, sob o ponto de vista individual, familiar e social, sua condição econômica, sua atitude e estado de ânimo antes e depois do crime e durante ele, e quaisquer outros elementos que contribuírem para a apreciação do seu temperamento e caráter.

Observa-se assim que o Código de Processo Penal impõe à autoridade policial, após o indiciamento, que ouça o indiciado, bem como proceda à sua identificação datiloscópica, por óbvio, apenas não sendo civilmente identificado,[28] com as exceções legais e, ainda, proceder à qualificação do investigado, quando deverão ser recolhidas informações sobre a vida pregressa.

A partir do indiciamento, com a sua identificação criminal, os dados qualificativos do indiciado são inseridos nos sistemas policiais, no caso da Polícia Federal, no Sistema Nacional de Informações Criminais, cujo registro, em que pese não impeça a expedição de certidão de antecedentes criminais, é acessível aos organismos policiais e judiciários.

O indiciamento, delimitando o sujeito passivo e o(s) crime(s) praticado(s) por ele, é peça fundamental para garantir ao sujeito passivo, quando de seu interrogatório, que saiba qual(quais) crime(s) lhe é(são) imputado(s). Portanto, o indiciamento é requisito para o interrogatório.

Em que pese Aury Lopes Junior e Ricardo Jacobsem Gloeckner defendam que "primeiro o suspeito deve ser interrogado, para posteriormente decidir a autoridade policial entre indiciar ou não",[29] entendemos equivocada a posição uma vez que o ato do interrogatório pressupõe o

---

[27] LOPES JR., Aury; GLOECKNER, Ricardo Jacobsen. *Investigação preliminar no processo penal*. São Paulo: Saraiva, 2013. p. 433.

[28] Conforme prevê a Lei nº 12.037/2009, que disciplina a identificação criminal no Brasil.

[29] LOPES JR., Aury; GLOECKNER, Ricardo Jacobsen. *Investigação preliminar no processo penal*. São Paulo: Saraiva, 2013. p. 440.

ato do indiciamento. Dessa forma, caso o delegado de polícia ainda não tenha seu convencimento formado, deve ouvir o suspeito, nessa condição, como mero declarante, caso este queira prestar esclarecimentos. Caso contrário, já existindo nos autos elementos suficientes que apontem a autoria e a materialidade, deve a autoridade policial proceder ao indiciamento e, então, ao interrogatório.

No despacho de indiciamento pode a autoridade policial representar ainda pela coleta de material biológico, quando, nos termos do art. 3º, IV, da Lei nº 12.037, "a identificação criminal for essencial às investigações policiais, segundo despacho da autoridade judiciária competente, que decidirá de ofício ou mediante representação da autoridade policial, do Ministério Público ou da defesa", conforme alteração legislativa introduzida pela Lei nº 12.654/2012, quando a amostra integrará a composição de banco de perfis genéticos.

Na jurisprudência, claramente tem sido reconhecido que o ato do indiciamento possui efeitos jurídicos, conforme se pode observar no julgado a seguir transcrito:

> PACIENTE CONDENADO PELA PRÁTICA DE CRIME DE ESTELIONATO. PENA-BASE FIXADA ACIMA DO MÍNIMO LEGAL. CUMPRIMENTO DO REGIME SEMI-ABERTO. Incensurável a dosimetria da pena, tendo em vista tratar-se de paciente com antecedentes desabonadores, consistentes em indiciamento em outro inquérito policial instaurado para apuração de crime da mesma natureza (contra o patrimônio). Assentada, no Supremo Tribunal Federal, orientação segundo a qual a inexistência de estabelecimento adequado, por não configurar nenhuma das hipóteses taxativamente previstas no art. 117 da LEP, não justifica a concessão de prisão-albergue domiciliar (RTJ 142/164 – Ministro Celso de Mello). Habeas corpus indeferido. (HC nº 72.463. Rel. Min. Ilmar Galvão)

Da mesma forma, em decisão no Inq nº 2.041, o Ministro Celso de Mello acrescenta diversas ponderações sobre o ato de indiciamento:

> O indiciamento de alguém, por suposta prática delituosa, somente se justificará, se e quando houver indícios mínimos, que, apoiados em base empírica idônea, possibilitem atribuir-se, ao mero suspeito, a autoria do fato criminoso. Se é inquestionável que o ato de indiciamento não pressupõe a necessária existência de um juízo de certeza quanto à autoria do fato delituoso, não é menos exato que esse ato formal, de competência exclusiva da autoridade policial, há de resultar, para legitimar-se, de um mínimo probatório que torne possível reconhecer que determinada

pessoa teria praticado o ilícito penal. O indiciamento não pode, nem deve, constituir um ato de arbítrio do Estado, especialmente se se considerarem as graves implicações morais e jurídicas que derivam da formal adoção, no âmbito da investigação penal, dessa medida de Polícia Judiciária, qualquer que seja a condição social ou funcional do suspeito. Doutrina. Jurisprudência. (*DJU*, 6 out. 2003, Informativo n° 323)

5.1 O indiciamento e a nova Lei de Lavagem

A atual redação da Lei Brasileira de Combate à Lavagem de Dinheiro, Lei n° 9.613/98, com a redação que lhe fora dada pela Lei n° 12.683, de 9.7.2012, trouxe dispositivo de suma importância no tratamento do indiciamento, ao introduzir o art. 17-D, que traz em sua redação que "Em caso de indiciamento de servidor público, este será afastado, sem prejuízo de remuneração e demais direitos previstos em lei, até que o juiz competente autorize, em decisão fundamentada, o seu retorno".

Observa-se, portanto, que, nos casos de lavagem de dinheiro, o indiciamento de servidor público tem como consequência imediata o afastamento deste. Em que pese tal dispositivo tenha despertado diversas críticas, entendemos perfeitamente passível de aplicação o referido dispositivo.

Entre as críticas direcionadas a tal dispositivo, Vladimir Aras[30] fundamenta sua posição na necessidade de prévio requerimento do Ministério Público e decisão judicial fundamentada, mencionando ainda que "não há como conferir *natureza cautelar* ao afastamento decorrente do indiciamento, porque *não há contraditório na fase inquisitorial*, no procedimento administrativo conduzido pelo delegado de polícia". Razão não lhe assiste aqui uma vez que o afastamento do servidor, no caso em tela, entendemos como uma consequência do ato visando afastar o servidor público de suas atividades e, portanto, garantindo a higidez da Administração Pública.

Pierpaolo Cruz Bottini,[31] por sua vez, aponta incorreção no referido artigo por duas razões: "(i) o delegado não tem poder de determinar

---

[30] ARAS, Vladimir. O art. 17-D da Lei de Lavagem de Dinheiro. *IBADPP*. Disponível em: http://www.ibadpp.com.br/804/o-art-17-d-da-lei-de-lavagem-de-dinheiro. Acesso em: 20 jul. 2013.

[31] BOTTINI, Pierpaolo Cruz. O afastamento do servidor na Lei de Lavagem de Dinheiro. *Conjur*, 14 ago. 2012. Disponível em: http://www.conjur.com.br/2012-ago-14/direito-defesa-afastamento-servidor-lei-lavagem-dinheiro. Acesso em: 18 jul. 2013.

medidas cautelares penais fora das hipóteses constitucionais; (ii) a aplicação automática da cautelar fere a presunção de inocência".

Por outro lado, Bruno Titz de Rezende[32] aponta que "o dispositivo não tem por fundamento um juízo de culpa antecipado sobre o indiciado, o que estaria em descompasso com o art. 5º, inc. LVII, da Constituição Federal", mas sim trata de uma medida cautelar imprescindível à preservação de provas.

O autor destaca ainda, com o que concordamos, que o afastamento cautelar do servidor público não estaria incluído na reserva de jurisdição, uma vez que não existe qualquer dispositivo da Constituição Federal que exija manifestação judicial prévia para o afastamento de servidor.

Acerca da reserva constitucional de jurisdição, o Supremo Tribunal Federal já se manifestou no MS nº 23.452:

[...] POSTULADO CONSTITUCIONAL DA RESERVA DE JURISDIÇÃO: UM TEMA AINDA PENDENTE DE DEFINIÇÃO PELO SUPREMO TRIBUNAL FEDERAL. O postulado da reserva constitucional de jurisdição importa em submeter, à esfera única de decisão dos magistrados, a prática de determinados atos cuja realização, por efeito de explícita determinação constante do próprio texto da Carta Política, somente pode emanar do juiz, e não de terceiros, inclusive daqueles a quem se haja eventualmente atribuído o exercício de "poderes de investigação próprios das autoridades judiciais". A cláusula constitucional da reserva de jurisdição -que incide sobre determinadas matérias, como a busca domiciliar (CF, art. 5º, XI), a interceptação telefônica (CF, art. 5º, XII) e a decretação da prisão de qualquer pessoa, ressalvada a hipótese de flagrância (CF, art. 5º, LXI) - traduz a noção de que, nesses temas específicos, assiste ao Poder Judiciário, não apenas o direito de proferir a última palavra, mas, sobretudo, a prerrogativa de dizer, desde logo, a primeira palavra, excluindo-se, desse modo, por força e autoridade do que dispõe a própria Constituição, a possibilidade do exercício de iguais atribuições, por parte de quaisquer outros órgãos ou autoridades do Estado. Doutrina. - O princípio constitucional da reserva de jurisdição, embora reconhecido por cinco (5) Juízes do Supremo Tribunal Federal -Min. CELSO DE MELLO (Relator), Min. MARCO AURÉLIO, Min. SEPÚLVEDA PERTENCE, Min. NÉRI DA SILVEIRA e Min. CARLOS VELLOSO (Presidente) -não foi objeto de consideração por parte dos demais eminentes Ministros do Supremo Tribunal Federal, que

---

[32] REZENDE, Bruno Titz de. Servidor público indiciado por lavagem deve ser afastado. *Conjur*, 28 mar. 2013. Disponível em: http://www.conjur.com.br/2013-mar-28/bruno-rezende-servidor-publico-indiciado-crime-lavagem. Acesso em: 18 jul. 2013.

entenderam suficiente, para efeito de concessão do writ mandamental, a falta de motivação do ato impugnado. (MS nº 23.452. Rel. Min. Celso de Mello, Tribunal Pleno, j. 16.9.1999, pub. 12.5.2000)

Como exemplo, é possível citar o afastamento administrativo do servidor público, tal qual previsto na Lei nº 8.112/90, cujo art. 147 estabelece:

Art. 147. Como medida cautelar e a fim de que o servidor não venha a influir na apuração da irregularidade, a autoridade instauradora do processo disciplinar poderá determinar o seu afastamento do exercício do cargo, pelo prazo de até 60 (sessenta) dias, sem prejuízo da remuneração.

Ainda na mesma esteira, a Lei nº 8.429/92, no parágrafo único do art. 20, dispõe:

Art. 20. A perda da função pública e a suspensão dos direitos políticos só se efetivam com o trânsito em julgado da sentença condenatória. Parágrafo único. A autoridade judicial ou administrativa competente poderá determinar o afastamento do agente público do exercício do cargo, emprego ou função, sem prejuízo da remuneração, quando a medida se fizer necessária à instrução processual

Por fim, também a Lei nº 4.878/65, que dispõe sobre o regime jurídico peculiar dos funcionários policiais civis da União e do Distrito Federal, estabelece a suspensão preventiva obrigatória do servidor policial durante a apuração de transgressões disciplinares, conforme se depreende do seu art. 57, §4º:

A suspensão preventiva de que trata o parágrafo único do art. 51 é obrigatória quando se tratar de transgressões aos incisos IX, XII, XVI, XXVIII, XXXVIII, XL, XLVIII, LI, LVIII e LXII do art. 43, ou no caso de recebimento de denúncia pelos crimes previstos nos arts. 312, caput, 313, 316, 317 e seu §1º, e 318 do Decreto-Lei nº 2.848, de 7 de dezembro de 1940 (Código Penal).

Ainda na defesa do referido dispositivo, Vladimir Passos de Freitas[33] aponta que "O afastamento preventivo não fere a presunção de inocência, é medida cautelar prevista nos Estatutos dos Servidores

---

[33] FREITAS, Vladimir Passos de. Lei de Lavagem de Dinheiro é um passo à frente. *Conjur*, 15 jul. 2012. Disponível em: http://www.conjur.com.br/2012-jul-15/segunda-leitura-lei-lavagem-dinheiro-passo-frente. Acesso em: 10 jul. 2013.

Públicos (v.g., Lei 8.112/90, art. 147). Além disto, o indiciado poderá sempre ingressar em Juízo", a quem caberá, em última instância, decidir acerca de eventual retorno do servidor ao exercício de suas funções.

O mesmo autor aponta ainda que "A inovação legal visa pôr fim à usual prática de permanecer o servidor acusado exercendo suas funções anos a fio, até que termine a ação penal ou o processo administrativo, passando à sociedade a mensagem de que o crime compensa".

Deve ser destacado ainda que, em que pese tenha sido proposta Ação Direta de Inconstitucionalidade nº 4.911, pela Associação Nacional dos Procuradores da República, sob Relatoria do Ministro Ricardo Lewandowski, a Advocacia-Geral da União, ao manifestar-se sobre o pedido, defendeu a constitucionalidade do artigo sob os fundamentos (i) a medida disciplinada pelo dispositivo impugnado não tem por fundamento um juízo de culpa antecipado sobre o indiciado, uma vez que se trata apenas de uma providência de natureza cautelar que visa, especialmente, à garantia a instrução criminal relativamente aos delitos de lavagem ou ocultação de bens, direitos e valores; (ii) a medida não se inclui na reserva constitucional de jurisdição, tendo em vista a existência de diversas leis vigentes que, à semelhança da norma legal impugnada, preveem o afastamento administrativo de servidor público submetido à investigação.

Entendemos, portanto, que, nos casos em que seja exarado despacho de indiciamento pela autoridade policial de servidor público, incurso em crime de lavagem de dinheiro, esta deve determinar o afastamento do servidor indiciado, comunicando-se o órgão ao qual ele pertence, para fins de que seja ultimado o ato.

Deve ser destacado ainda que não cabe qualquer juízo de valor por parte do órgão a que o servidor esteja vinculado, de maneira que o seu afastamento somente pode ser revertido por decisão judicial.

6 O indiciamento como ato privativo do delegado de polícia

Eduardo Cabette,[34] em publicação anterior à sanção da Lei nº 12.830, já defendia com propriedade o indiciamento como ato privativo

---

[34] CABETTE, Eduardo Luiz Santos. Uma análise sobre a coerência da jurisprudência do STJ quanto ao tema do indiciamento intempestivo. *Jus Navigandi*, Teresina, ano 12, n. 1367, 30 mar. 2007. Disponível em: http://jus.com.br/artigos/9667. Acesso em: 22 jul. 2013.

da autoridade policial. Tratando-se de um juízo segundo o qual o delegado aponta, a partir dos elementos obtidos no inquérito policial, a existência de indícios da prática do crime e sua autoria, não há como se compreender o ato sem que ele seja privativo da autoridade que preside a investigação – o delegado de polícia. Conforme aponta Bruno Titz Rezende:[35]

> o indiciamento é ato exclusivo da autoridade policial, que forma neste ato sua convicção sobre a autoria do delito. [...]. Ou seja, o delegado nesses casos atua pelo seu livre convencimento, motivado pelas provas existentes.
>
> O livre convencimento motivado do delegado não pode sofrer quaisquer interferências externas, quer seja da Corregedoria, quer seja do Ministério Público ou até mesmo do Poder Judiciário.
>
> A independência do delegado de polícia para indiciar ou instaurar o inquérito policial, conforme o seu juízo de tipicidade, se coaduna com o Estado Democrático de Direito e representa uma garantia ao investigado. Evita o direcionamento de investigações e assegura que o inquérito policial cumpra a sua finalidade: a busca da verdade real (a prova deve ser produzida imparcialmente, não podendo ser desprezadas aquelas que sejam favoráveis ao investigado).

Nesse sentido, entendemos descabida e ilegal a requisição de indiciamento, uma vez que, tratando-se de ato privativo do delegado de polícia e fruto do seu convencimento, não cabe a qualquer sujeito que emita ordem a refletir no íntimo da autoridade policial. Ainda, conforme esclarece Bruno Titz de Rezende:[36]

> O delegado não pode ser compelido a indiciar por crime que entende não estar configurado. Nosso sistema persecutório garante a independência entre Ministério Público, Polícia e Poder Judiciário; caso o membro do Ministério Público divirja da capitulação do indiciamento (ou da ausência de indiciamento), deve simplesmente oferecer a denúncia, conforme esse seu entendimento. O inquérito policial, por força do artigo 16 do Código de Processo Penal, somente pode ser novamente encaminhado à autoridade policial para novas diligências "imprescindíveis ao

---

[35] REZENDE, Bruno Titz de. O livre convencimento do delegado de polícia no indiciamento e na instauração do inquérito policial. *Jus Navigandi*, Teresina, ano 16, n. 3089, 16 dez. 2011. Disponível em: http://jus.com.br/revista/texto/20665. Acesso em: 22 jul. 2013.

[36] REZENDE, Bruno Titz de. O livre convencimento do delegado de polícia no indiciamento e na instauração do inquérito policial. *Jus Navigandi*, Teresina, ano 16, n. 3089, 16 dez. 2011. Disponível em: http://jus.com.br/revista/texto/20665. Acesso em: 22 jul. 2013.

oferecimento da denúncia", sendo inequívoco que o indiciamento não é imprescindível ao oferecimento da denúncia e sequer pode ser considerado uma diligência.

E deve ser destacada aqui a clareza do art. 16 do Código de Processo Penal, ao estabelecer que o "Ministério Público não poderá requerer a devolução do inquérito à autoridade policial, senão para novas diligências, *imprescindíveis* ao oferecimento da denúncia". É contraditória a devolução os autos com requisição de indiciamento, uma vez que este não é imprescindível ao oferecimento da denúncia.

Além disso, conforme destaca Bruno Fontenelle Cabral,[37] trata-se de ato privativo e indelegável da autoridade policial, realizado diretamente pela autoridade policial, motivo pelo qual deve ser usado em sua redação o verbo em primeira pessoa.

Deve ser destacada ainda a posição jurisprudencial firmada no sentido de que a requisição de indiciamento no curso de ação penal, ao que entendemos também antes da ação penal, trata-se de constrangimento ilegal, conforme se pode observar no julgamento do HC nº 35.639 – SP (21.10.2004), pelo STF, tendo como relator o Ministro José Arnaldo da Fonseca:

> DENÚNCIA RECEBIDA. DETERMINAÇÃO DE INDICIAMENTO FORMAL. DESNECESSIDADE. CONSTRANGIMENTO ILEGAL A SER COARCTADO. ORDEM CONCEDIDA.
> Consoante entendimento Jurisprudencial firmado nesta Corte, a determinação de indiciamento formal, quando já em curso a ação penal pelo recebimento da denúncia, é tida por desnecessária e causadora de constrangimento ilegal.

7 Conteúdo do ato de indiciamento: análise técnico-jurídica

A investigação criminal busca verificar empiricamente se um sujeito cometeu determinado delito, e, conforme aponta Luigi Ferrajoli,[38]

---

[37] CABRAL, Bruno Fontenele. Reflexões legais e jurisprudenciais sobre o indiciamento no inquérito policial. *Jus Navigandi*, Teresina, ano 16, n. 2963, 12 ago. 2011. Disponível em: http://jus.com.br/revista/texto/19742. Acesso em: 22 jul. 2013.

[38] FERRAJOLI, Luigi. *Direito e razão*: teoria do garantismo penal. São Paulo: RT, 2002. p. 38.

deve ser anteriormente estabelecido por lei, com exatidão, quais seriam esses fatos empíricos a serem considerados delitos.

Nesse caminho, resta a passagem pela compreensão normativa do tipo como caminho indispensável a que deve percorrer a autoridade policial no percurso da investigação criminal, uma vez que esta deve buscar, a partir de elementos primeiros que a subsidiaram, que apontam a prática de um crime, por meio da investigação criminal, buscar tornar claros os limites da infração cometida e os elementos de autoria.

Eliomar da Silva Pereira[39] constrói sua definição de investigação criminal como uma:

> pesquisa, ou conjunto de pesquisas, administrada estrategicamente, que, tendo por base critérios de verdade e métodos limitados juridicamente por direitos e garantias fundamentais, está dirigida a obter provas acerca da existência de um crime, bem como indícios de sua autoria, tendo por fim justificar um processo penal, ou sua não instauração, se for o caso, tudo instrumentalizado sob uma forma jurídica estabelecida por lei.

Deve o delegado de polícia, no curso da investigação criminal, pautar-se pelos conhecimentos angariados pela teoria do crime, que, ainda segundo Eliomar da Silva Pereira,[40] "cumpre uma função operativa, em virtude de seu caráter metodológico, ao fazer a mediação entre o fato punível (como objeto da realidade) e o tipo penal (como hipótese legal normativa)". Conforme argumenta André Luiz Nicollit,[41] "o Delegado de Polícia é o primeiro a fazer um juízo de tipicidade da conduta".

Nesse papel, entendemos que o ato de indiciamento consiste num juízo de tipicidade qualificado, uma vez que já houve um primeiro juízo de tipicidade por parte da autoridade policial quando da instauração do inquérito policial. Este juízo no ato do indiciamento consiste, conforme desta Bruno Titz de Rezende,[42] "verificação se determinada conduta

---

[39] PEREIRA, Eliomar Silva. *Teoria da investigação criminal* – Uma introdução jurídico-científica. Coimbra: Almedina, 2010. p. 86-87.

[40] PEREIRA, Eliomar Silva. *Teoria da investigação criminal* – Uma introdução jurídico-científica. Coimbra: Almedina, 2010. p. 229.

[41] NICOLLIT, André Luiz. *Manual de processo penal*. 3. ed. São Paulo: Elsevier, 2012. p. 86.

[42] REZENDE, Bruno Titz de. O livre convencimento do delegado de polícia no indiciamento e na instauração do inquérito policial. *Jus Navigandi*, Teresina, ano 16, n. 3089, 16 dez. 2011. Disponível em: http://jus.com.br/revista/texto/20665. Acesso em: 22 jul. 2013.

se 'amolda' a algum dos tipos penais dos crimes previstos em nosso ordenamento jurídico".

Para além do juízo de tipicidade, entendemos ainda que, no ato de indiciamento o delegado de polícia deve também apontar os elementos colhidos que interfiram na antijuridicidade e culpabilidade, pois, como deve ocorrer no Estado de Democrático de Direito, a investigação não deve ter caráter se atingir um "culpado" a qualquer custo, mas sim funcionar como um filtro a evitar um processo penal desnecessário.

As excludentes de ilicitude devem ser consideradas pela autoridade policial no momento do juízo de indiciamento. Conforme abordam Luís Flávio Gomes e Ivan Luís Marques da Silva,[43] em que pese tratando da lavratura da prisão em flagrante, entendemos que tal raciocínio aplica-se igualmente ao ato de indiciamento:

> A verdade é que o Delegado de Polícia - autoridade com poder discricionário de decisões processuais - analisa se houve crime ou não quando decide pela lavratura do Auto de Prisão. Ele não analisa apenas a tipicidade, mas também a ilicitude do fato. Se o fato não viola a lei, mas ao contrário é permitido por ela (art. 23 do CP) não há crime e, portanto, não há situação de flagrante. Não pode haver situação de flagrante de um crime que não existe (considerando-se os elementos de informação existentes no momento da decisão da autoridade policial). O Delegado de Polícia analisa o fato por inteiro. A divisão analítica do crime em fato típico, ilicitude e culpabilidade existe apenas por questões didáticas. Ao Delegado de Polícia cabe decidir se houve crime ou não. E o art. 23, I a III, em letras garrafais, diz que não há crime em situações excludentes de ilicitude. [...] Por tudo o quanto foi dito, entendemos que nos casos de evidente situação excludente de ilicitude não deve o Delegado o auto de prisão, por ausência de crime (aliás, é o que ocorre na prática).

No mesmo sentido, Fabrício de Santis Conceição[44] argumenta:

> Caso o delegado entenda, juridicamente, analisando o fato sob o prisma de quaisquer teorias da tipicidade que adote (clássica, finalista, conglobante, imputação objetiva, constitucionalista do delito, etc), que o "autor" não praticou "crime", então a única solução será decidir pelo

---

[43] GOMES, Luis Flávio; SILVA, Ivan Luis Marques da. *Prisão e medidas cautelares* – Comentários à Lei 12.403, de 4 de maio de 2011. 3. ed. São Paulo: RT, 2011. p. 138.

[44] CONCEIÇÃO, Fabrício Santis. Delegado é o "Senhor da Tipicidade Penal"? *Delegados.com. br*. Disponível em: http://delegados.com.br/exclusivo/121-colunas/fabricio-de-santis/792-delegado-de-policia-senhor-da-tipicidade-penal. Acesso em: 22 jul. 2013.

seu não–indiciamento, posto que não lhe compete indiciar "autor de fato ATÍPICO", nem "autor de conduta típica e LÍCITA", mas sim "autor de infração penal", em outras palavras, autor de crime.

Assim, o dispositivo legal ora em comento só vem a corroborar esse entendimento no que tange à análise técnico-jurídica do fato, uma vez que, ainda segundo o mesmo autor,[45] "deverá o delegado de polícia cumprir seu mister de maneira completa, ou seja, apurar a 'autoria de crime', e não apenas apurar autoria de '*metade do conceito analítico de crime*' (autoria de fato típico)" (grifos no original).

Parece-nos, portanto, indiscutível que o delegado realize juízo de valoração da conduta no inquérito policial. Como bem pondera Paulo Braga Castello Branco,[46] "O papel do delegado de polícia é de juiz do fato. Não é o juiz das linhas do processo, mas do fato bruto". Essa deve ser a interpretação coerente com o Estado Democrático de Direito.

Ademais, resta destacar, finalmente, que o artigo ora em comento atesta ainda a carreira do delegado de polícia como carreira jurídica, tema que, embora já não carecesse de discussão, é agora sedimentado pela Lei nº 12.830/2013.

8 Do indiciamento na investigação perante os Tribunais Superiores

Um dos problemas mais latentes no cenário da investigação preliminar de autoridades com prerrogativa de foro trata-se do ato de indiciamento, que deve ser compatibilizado com o modelo acusatório de persecução penal adotado pela Constituição Federal, com a tendência jurisprudencial da Suprema Corte de trazer para a fase investigatória garantias e direitos decorrentes do princípio do contraditório e da ampla defesa e com a Lei nº 12.830/2013.

Cabe destacar, preliminarmente, que a figura do indiciamento passou a ter tratamento legislativo somente com a entrada em vigor

---

[45] CONCEIÇÃO, Fabrício Santis. Delegado é o "Senhor da Tipicidade Penal"? *Delegados.com. br*. Disponível em: http://delegados.com.br/exclusivo/121-colunas/fabricio-de-santis/792-delegado-de-policia-senhor-da-tipicidade-penal. Acesso em: 22 jul. 2013.

[46] BRANCO, Paulo Braga Castello. A análise da antijuridicidade da conduta pelo delegado de polícia sob a perspectiva da teoria dos elementos negativos do tipo penal. *Jus Navigandi*, Teresina, ano 18, n. 3609, 19 maio 2013. Disponível em: http://jus.com.br/revista/texto/24487. Acesso em: 22 jul. 2013.

da Lei nº 12.830/2013. Em momento pretérito, inexistia descrição normativa sobre este modelo jurídico, apesar de figurar, por décadas, em diversos corpos legais, a expressão "indiciado". Não obstante a omissão legislativa, a doutrina e jurisprudência já haviam traçado os contornos do instituto, tendo a lei apenas consolidado um posicionamento já adotado pela maioria dos intérpretes do direito. Nesse passo, a inovação legislativa estabeleceu que "o indiciamento, privativo do delegado de polícia, dar-se-á por ato fundamentado, mediante análise técnico-jurídica do fato, que deverá indicar a autoria, materialidade e suas circunstâncias".

O instituto é intrínseco e exclusivo da fase de investigação criminal, sendo a formalização do juízo de convencimento da autoridade policial. Nesse sentido, foi a manifestação em artigo jurídico já publicado:

> O ato de indiciamento é o ato do Delegado de Polícia, enquanto presidente da investigação, via de regra praticado ao término da mesma, ao considerar concluída a fase de coleta de elementos probatórios do delito investigado, quando é possível concluir-se pela autoria de determinado crime, individualizando-se o autor.[47]

Enquanto o juízo de convicção do delegado de polícia sobre a prática delitiva se externaliza por meio do indiciamento, o convencimento do Ministério Público é retratado pela apresentação de denúncia, e o posicionamento do magistrado é evidenciado quando da prolação de sentença. Trata-se de uma das etapas da formação da culpa na investigação criminal, no processo de filtragem apontado por Aury Lopes Jr.[48]

O indiciamento, a peça acusatória e a sentença judicial são reflexos do juízo técnico-jurídico de cada uma das autoridades envolvidas na persecução penal, sendo vedada a interferência nesse processo de formação de convencimento, sob pena de desconstrução do modelo acusatório, o qual sustenta divisões precisas entre as funções de investigar, de acusar e de julgar, a fim de que o Estado atue de maneira isenta e imparcial durante toda a persecução penal.

---

[47] ANSELMO, Márcio. Ato do indiciamento deve ser devidamente fundamentado. *Conjur*, 13 out. 2015. Disponível em: http://www.conjur.com.br/2015-out-13/academia-policia-ato-indiciamento-devidamente-fundamentado. Acesso em: 3 abr. 2019.

[48] LOPES JR., Aury. *Direito processual penal*. 10. ed. São Paulo: Saraiva, 2012. p. 280.

Em consonância com a posição consolidada na Suprema Corte, o Poder Judiciário, em razão do nosso modelo acusatório, deve atuar na fase investigatória somente para inibir violações à ordem legal e constitucional que possam trazer prejuízos às garantias do investigado como sujeito de direito. O reflexo da estrutura acusatória para a condução do inquérito policial é a impossibilidade de o magistrado se imiscuir no campo de discricionariedade do delegado de polícia quanto à necessidade, oportunidade e conveniência da realização de diligências investigatórias.

Da mesma forma, os efeitos desse modelo impedem o Poder Judiciário de interferir no convencimento técnico-jurídico externalizado pela autoridade policial no momento em que se indicia um investigado, concluindo-se, após o emprego de variados meios de investigação, pela ocorrência de prática delitiva, diante de fato típico, com materialidade e indícios de autoria.

Nada impede que vícios de legalidade presentes no despacho de indiciamento, como a ausência de fundamentação ou mesmo inexistência de materialidade ou de indícios de autoria, possam ser analisados *a posteriori* pelo magistrado, desde que este controle seja exercido com o propósito de garantir a legalidade e constitucionalidade dos atos da autoridade policial. A função jurisdicional, contudo, não pode influir no mérito do indiciamento, no sentido de impor à autoridade policial que se posicione no mesmo sentido de eventual requisição ou autorização do magistrado, já que ambas são posturas judiciais incompatíveis com o modelo acusatório adotado em texto constitucional.

O Supremo Tribunal Federal, em decisão recente, firmou entendimento segundo o qual o indiciamento constitui atribuição exclusiva da autoridade policial, de modo que não pode ser requisitada pelo magistrado sob pena de afronta ao princípio acusatório. Eis a ementa da decisão:

> Ementa: HABEAS CORPUS. PROCESSUAL PENAL. CRIME CONTRA ORDEM TRIBUTÁRIA. REQUISIÇÃO DE INDICIAMENTO PELO MAGISTRADO APÓS O RECEBIMENTO DENÚNCIA. MEDIDA INCOMPATÍVEL COM O SISTEMA ACUSATÓRIO IMPOSTO PELA CONSTITUIÇÃO DE 1988. INTELIGÊNCIA DA LEI 12.830/2013. CONSTRANGIMENTO ILEGAL CARACTERIZADO. SUPERAÇÃO DO ÓBICE CONSTANTE NA SÚMULA 691. ORDEM CONCEDIDA. *1. Sendo o ato de indiciamento de atribuição exclusiva da autoridade policial, não existe fundamento jurídico que autorize o magistrado, após receber a denúncia,*

requisitar ao Delegado de Polícia o indiciamento de determinada pessoa. A rigor, requisição dessa natureza é incompatível com o sistema acusatório, que impõe a separação orgânica das funções concernentes à persecução penal, de modo a impedir que o juiz adote qualquer postura inerente à função investigatória. Doutrina. Lei 12.830/2013. 2. Ordem concedida. (HC nº 115.015. Rel. Min. Teori Zavascki, Segunda Turma, j. 27.8.2013, divulg. 11.9.2013, public. 12.9.2013)

Da mesma forma, o indiciamento também não pode ser condicionado à prévia autorização do Poder Judiciário, uma vez que os efeitos dessa conduta também significariam ingerência indevida do Poder Judiciário em questões de natureza manifestamente inquisitorial. Sem delongas, caso autorizado o delegado de polícia a proceder ao indiciamento, o magistrado estaria antecipando juízo de valor, afirmando que houve prática delitiva, bem como estariam presentes a materialidade e indícios de autoria. Por outro lado, caso denegada a autorização, seu posicionamento já estaria firmado em sentido contrário.

Nas investigações que contemplam investigados com prerrogativa de foro, o tratamento dado ao indiciamento, independente de regramento específico de regimentos internos ou leis esparsas, deve ser idêntico àquele observado nos inquéritos policiais em que se verifica a incidência exclusiva do Código de Processo Penal, já que a vedação de interferência do magistrado quando a autoridade policial realiza um indiciamento não decorre de atos normativos primários, mas sim de mandamentos constitucionais, os quais estruturam nosso modelo acusatório penal.

O próprio RISTF, no art. 231, trata da figura do indiciado:

§2º As diligências complementares não interrompem o prazo para oferecimento de denúncia, se o indiciado estiver preso.
§3º Na hipótese do parágrafo anterior, se as diligências forem indispensáveis ao oferecimento da denúncia, o Relator determinará o relaxamento da prisão do indiciado; se não o forem, mandará, depois de oferecida a denúncia, que se realizem em separado, sem prejuízo da prisão e do processo.

Necessário ainda destacar o posicionamento da lavra do Ministro Teori Zavascki, ao apreciar a Pet. nº 5.899-DF, em decisão de 2.3.2016, em que reconhece a função do Supremo Tribunal Federal, na fase investigatória, de atuar no controle da legitimidade dos atos e procedimentos de coleta de prova, autorizando ou não medidas submetidas à reserva de jurisdição:

3. Cumpre registrar, por outro lado, que, instaurado o inquérito, não cabe ao Supremo Tribunal Federal interferir na formação da opinio delicti. É de sua atribuição, na fase investigatória, controlar a legitimidade dos atos e procedimentos de coleta de provas, autorizando ou não as medidas persecutórias submetidas à reserva de jurisdição, como, por exemplo, as que importam restrição a certos direitos constitucionais fundamentais, como o da inviolabilidade de moradia (CF, art. 5º, XI) e das comunicações telefônicas (CF, art. 5º, XII). Todavia, *o modo como se desdobram as demais atividades investigativas e o juízo sobre a conveniência, a oportunidade ou a necessidade de diligências tendentes à convicção acusatória são atribuições do Procurador-Geral da República* (Inq 2.913-AgR, Min. LUIZ FUX, Tribunal Pleno, DJe de 21/6/2012), que, na *condição de titular da ação penal, é o "verdadeiro destinatário das diligências executadas"* (Rcl 17.649 MC, Min. CELSO DE MELLO, DJe de 30/5/2014), *bem como da autoridade policial, nos termos do art. 230-C do Regimento Interno do Supremo Tribunal Federal.*
4. Definido, assim, o nível de interferência do Poder Judiciário na fase de investigação, registra-se, todavia, ser do mais elevado interesse público e da boa prestação da justiça que a atuação conjunta do Ministério Público e das autoridades policiais se desenvolva de forma harmoniosa, sob métodos, rotinas de trabalho e práticas investigativas adequadas, a serem por eles mesmos definidos, observados os padrões legais, e que visem, acima de qualquer outro objetivo, à busca da verdade a respeito dos fatos investigados, pelo modo mais eficiente e seguro e em tempo mais breve possível. Observadas essas circunstâncias, nada impede a instauração do presente inquérito.

O STF apreciou a questão no Inquérito nº 4.621-DF, tendo o ministro relator apontado:

1. De acordo com o Plenário desta Corte, é nulo o indiciamento de detentor de prerrogativa de foro, realizado por Delegado de Polícia, sem que a investigação tenha sido previamente autorizada por Ministro-Relator do STF (Pet 3.825-QO, Red. p/o Acórdão Min. Gilmar Mendes).
2. Diversa é a hipótese em que o inquérito foi instaurado com autorização e tramitou, desde o início, sob supervisão de Ministro desta Corte, tendo o indiciamento ocorrido somente no relatório final do inquérito. Nesses casos, o indiciamento é legítimo e independe de autorização judicial prévia.
3. Em primeiro lugar, porque não existe risco algum à preservação da competência do Supremo Tribunal Federal relacionada às autoridades com prerrogativa de foro, já que o inquérito foi autorizado e supervisionado pelo Relator.
4. Em segundo lugar, porque o indiciamento é ato privativo da autoridade policial (Lei nº 12.830/2013, art. 2º, §6º) e inerente à sua atuação, sendo

vedada a interferência do Poder Judiciário sobre essa atribuição, sob pena de subversão do modelo constitucional acusatório, baseado na separação entre as funções de investigar, acusar e julgar. 5. Em terceiro lugar, porque conferir o privilégio de não poder ser indiciado apenas a determinadas autoridades, sem razoável fundamento constitucional ou legal, configuraria uma violação aos princípios da igualdade e da república. 6. Em suma: a autoridade policial tem o dever de, ao final da investigação, apresentar sua conclusão. E, quando for o caso, indicar a autoria, materialidade e circunstâncias dos fatos que apurou, procedendo ao indiciamento.

Desse modo, conclui-se que o indiciamento deve ser tratado, mesmo nos inquéritos originários, em conformidade com os ditames do modelo acusatório, do Código de Processo Penal e da Lei nº 12.830/2013, já que tanto a Lei nº 8.038/90 quanto o Regimento Interno se mostram silentes a respeito deste e de grande parte dos temas pertinentes à investigação criminal.

Isso posto, num Estado Democrático de Direito, a prerrogativa de foro apenas acarreta aos ocupantes dos cargos públicos contemplados o direito de ter como juiz natural, durante a instrução processual, a autoridade judiciária competente, não sendo admissível, sob este pretexto, a subversão da lógica acusatória de modo a legitimar a intervenção do Poder Judiciário em questões de natureza manifestamente inquisitorial.

Ademais, nada obsta sequer a aplicação do art. 17-D da Lei nº 9.613/98, que estabelece que "Em caso de indiciamento de servidor público, este será afastado, sem prejuízo de remuneração e demais direitos previstos em lei, até que o juiz competente autorize, em decisão fundamentada, o seu retorno", nos casos de lavagem de dinheiro, já aplicado, a título de exemplo, para ocupante de cargo de prefeito.[49]

Assim, nota-se que o indiciamento nos inquéritos originários independe de prévia autorização ou de requisição judicial, o que não impede nem prejudica a supervisão judicial do ministro-relator na sua função de garantidor de direitos fundamentais e de fiscalizador da legalidade da persecução penal. Ao revés, trata-se de construção necessária para compatibilizar o instituto em voga com os ditames constitucionais e legais regentes da investigação criminal.

---

[49] PREFEITO pernambucano é afastado com base na Lei de Lavagem de Dinheiro. *Conjur*, 8 out. 2015. Disponível em: http://www.conjur.com.br/2015-out-08/prefeito-afastado-base-lei-lavagem-dinheiro. Acesso em: 5 abr. 2019.

Cabe reforçar aqui o texto constitucional que, no art. 102, estabelece que compete ao STF a prerrogativa de *processar e julgar* originariamente. Nada diz a Constituição Federal quanto à investigação. Assim, uma primeira interpretação razoável é admitir-se que a investigação nos casos de crimes praticados por autoridades detentoras de foro por prerrogativa de função se dê de acordo com as regras do Código de Processo Penal e apenas o processo e julgamento se dê perante o tribunal constitucionalmente previsto.

Como bem coloca Henrique Hoffman[50] no artigo já citado:

a competência *ratione personae* não desloca para o tribunal as funções de Polícia Judiciária. A remessa do inquérito policial em curso ao tribunal competente para a eventual ação penal e sua imediata distribuição a um relator não o torna autoridade investigadora, mas apenas lhe comete as funções ordinariamente conferidas ao juiz de primeiro grau, na fase pré-processual das investigações (STF. HC nº 82.507. Rel. Min. Sepúlveda Pertence. *DJ*, 10 dez. 2002; STF. RHC nº 84.903. Rel. Min. Sepúlveda Pertence. *DJ*, 4 fev. 2005)

E, mais adiante:

a instauração e inquérito policial para a apuração de fato em que se vislumbre a possibilidade de envolvimento de titular de prerrogativa de foro não depende de iniciativa do chefe do Ministério Público. Tanto a abertura das investigações quanto o eventual indiciamento são atos da autoridade que preside o inquérito, a saber, o delegado de polícia. (STF. Pet nº 3.825 QO. Rel. Min. Sepúlveda Pertence. *DJ*, 11 abr. 2007)

Nessa linha, passível de implementação em curto prazo, uma vez que não demanda reforma no texto constitucional, trata-se da correção da interpretação equivocada da tramitação dessas investigações envolvendo autoridades com prerrogativa de foro. Em que pese o decidido pelo STF na ADI nº 1.750 no sentido de que o juiz brasileiro não pode investigar crimes, tem havido entendimento no sentido de que investigação preliminar relacionada a detentores de prerrogativa de foro (Inq. nº 2.963-RR) deve ter tramitação judicial, sob supervisão

---

[50] HOFFMANN, Henrique. Interpretação sobre foro privilegiado atrapalha investigações policiais. *Conjur*, 17 maio 2016. Disponível em: http://www.conjur.com.br/2016-mai-17/academia-policia-interpretacao-foro-privilegiado-atrapalha-investigacao-policial. Acesso em: 20 abr. 2019.

do relator, conforme críticas ao entendimento apontadas por Fábio Bechara.[51]

O tema foi analisado pela Ministra Ellen Gracie, em decisão na Pet. nº 3.248-DF, publicada em 23.11.2004:

> Não parece razoável admitir que um ministro do Supremo Tribunal Federal conduza, perante a Corte, um inquérito policial que poderá se transformar em ação penal, de sua relatoria. Não há confundir investigação, de natureza penal, quando envolvido um parlamentar, com aquela que envolve um membro do Poder Judiciário. No caso deste último, havendo indícios da prática de crime, os autos serão remetidos ao Tribunal ou Órgão Especial competente, a fim de que se prossiga a investigação. É o que determina o art. 33, §único da LOMAN. Mas quando se trata de parlamentar federal, a investigação prossegue perante a autoridade policial federal. Apenas a ação penal é que tramita no Supremo Tribunal Federal. Disso resulta que não pode ser atendido o pedido de instauração de inquérito policial originário perante esta Corte. E, por via de conseqüência, a solicitação de indiciamento do parlamentar, ato privativo da autoridade policial.

Ao observar o regimento interno do STF, não se identificam elementos que possam corroborar o entendimento atual no sentido de que a tramitação da investigação preliminar para apuração de infrações penais praticadas por autoridades com prerrogativa de foro perante aquele tribunal deva seguir rito diverso do previsto no Código de Processo Penal.

Necessário novamente destacar o teor do art. 102 da CF, que atribui ao STF a competência para processar e julgar, não se fala em investigar. E mais, tal interpretação não se coaduna com o sistema acusatório, criando verdadeiros juizados de instrução, conforme conclui Danielle Cavalcanti:[52]

> O fato de ser o tribunal o órgão competente para o processo e o julgamento do agente público não implica admitir-se a sua titularidade também para a condução da investigação preliminar. A prerrogativa de foro é critério pertinente, de modo exclusivo, à determinação da competência

---

[51] BECHARA, Fabio Ramazzini. Juiz deve controlar legalidade de investigação criminal, não ser protagonista. *Conjur*, 21 nov. 2015. Disponível em: http://www.conjur.com.br/2015-nov-21/fabio-bechara-juiz-nao-protagonista-investigacao. Acesso em: 27 abr. 2019.

[52] CAVALCANTI, Danielle Souza de Andrade e Silva. *A investigação preliminar nos delitos de competência originária de tribunais*. Rio de Janeiro: Lumen Juris, 2011. p. 280.

jurisdicional originária do Tribunal respectivo, agindo seja no momento do oferecimento da acusação ou, eventualmente, antes dela, apenas se necessária alguma medida cautelar sujeita à prévia autorização judicial.
[...]
No que tange à condução da investigação preliminar, em consonância com sua natureza, os atos ordinários de investigação devem ser praticados pela autoridade policial.

Assim, a fase de investigação preliminar, desde sua instauração, não carece de qualquer autorização da autoridade judiciária, devendo simplesmente submeter-se aos ditames legais.

Eduardo Pereira da Silva,[53] ao tratar do tema, pontua que "ao permitir a realização de investigações criminais por seus Ministros [...] o Supremo Tribunal Federal coloca em xeque o sistema acusatório". No mesmo sentido é o entendimento de Rodrigo Carneiro Gomes,[54] para quem "os Tribunais pátrios não devem conduzir investigações criminais, exceção feita na hipótese de fatos relacionados a magistrado que figure na qualidade de investigado".

Ainda nesse sentido, Fábio Bechara,[55] ao tratar desse "inquérito originário", pontua que ele "se traduz numa indesejada ampliação do foro por prerrogativa de função na Constituição Federal, para além do processo e julgamento da ação penal".

Em outro aspecto, em que pese não seja diretamente o objeto do presente artigo, mas nos parece importante destacar a necessária revisão do texto constitucional quanto ao extenso rol de autoridades submetidas à prerrogativa de foro no Brasil, que teria sobretudo o efeito colateral de reduzir a sobrecarga dos tribunais superiores.

Como uma das alternativas, em matéria já citada, o Ministro Luís Roberto Barroso[56] sugere a criação de uma vara federal especializada no Distrito Federal, para julgar os casos que hoje desfrutam de foro

---

[53] SILVA, Eduardo Pereira da. Investigação de autoridades deve ser conduzida pela polícia. *Conjur*, 23 jul. 2006. Disponível em: http://www.conjur.com.br/2006-jul-23/investigacao_ autoridades_conduzida_policia. Acesso em: 27 abr. 2019.

[54] GOMES, Rodrigo Carneiro. O inquérito policial na investigação de parlamentar. *Revista Brasileira de Direito Constitucional – RBDC*, n. 14, p. 13-23, jul./dez. 2009. p. 23.

[55] BECHARA, Fabio Ramazzini. Juiz deve controlar legalidade de investigação criminal, não ser protagonista. *Conjur*, 21 nov. 2015. Disponível em: http://www.conjur.com.br/2015-nov-21/fabio-bechara-juiz-nao-protagonista-investigacao. Acesso em: 27 abr. 2019.

[56] BARROSO, Luís Roberto. Foro privilegiado deve acabar ou ser limitado aos chefes dos Poderes. *Conjur*, 23 maio 2016. Disponível em: http://www.conjur.com.br/2016-mai-23/ roberto-barroso-foro-privilegiado-acabar-reduzir-impunidade. Acesso em: 27 abr. 2019.

privilegiado. O juiz titular seria escolhido pelo STF e teria um mandato de quatro anos, ao final dos quais seria automaticamente promovido para o 2º grau. Teria tantos juízes auxiliares quantos necessários, mas seria um único titular para dar unidade aos critérios de decisão. De suas sentenças caberia recurso para o STF ou para o STJ, conforme a autoridade.

Opinião semelhante também foi recentemente expressada por Ali Mazloum,[57] que sugere a criação do juizado de autoridades:

> Um juizado composto de cerca de 20 juízes federais, arregimentados das cinco regiões do país pelo Superior Tribunal de Justiça, pelo critério único da antiguidade (evitando escolhas subjetivas), instalado na capital federal, poderia com maior celeridade processar e julgar, em colegiados de três juízes, causas penais (até improbidade!) envolvendo ditas autoridades. Perante esse juizado, atuariam delegados federais e membros do Ministério Público Federal com amplos poderes de investigação, ressalvadas matérias afetas à reserva de jurisdição. O juiz que atuasse na fase investigatória para decidir questões relacionadas a direitos fundamentais não poderia atuar nas turmas de julgamento (preserva-se, com isso, o requisito da imparcialidade).
> Das decisões proferidas no âmbito desse hipotético Juizado dos Crimes de Autoridades, caberia recurso diretamente ao Supremo Tribunal Federal. Devolve-se à suprema corte, de conseguinte, o destino jurídico da autoridade processada. Estariam asseguradas a necessária celeridade na apuração de crimes, a igualdade entre todos e, ainda, o duplo grau de jurisdição. O mesmo modelo poderia ser adotado no âmbito dos estados.

Soluções para o problema existem e, em determinada escala, sequer demandam profundas alterações no texto constitucional, o que dificilmente se alcançará tendo em vista o interesse dos agentes políticos na ineficiência do sistema, que se lhes apresenta deveras benéfica, conforme fartamente observado empiricamente ao longo dos anos.

9   O indiciamento como marco para controle da ação do órgão acusador

O de indiciamento, a nosso ver, por ser a análise técnico-jurídica do delegado de polícia do fato, visando apontar a existência de

---

[57]   MAZLOUM, Ali. Uma proposta de criação do Juizado dos Crimes de Autoridades. *Conjur*, 23 abr. 2016. Disponível em: http://www.conjur.com.br/2016-abr-23/ali-mazloum-proposta-criacao-juizado-crimes-autoridades. Acesso em: 27 abr. 2019.

materialidade delitiva e identificação de autoria (devidamente prevista na Lei nº 12.830/2012, art. 2º, §6º), pode demarcar também um elemento a fim de ensejar a comunicação, quando da conclusão do inquérito policial e apresentação do relatório final, ao órgão da advocacia pública da esfera competente, para acompanhamento de eventual (in)ação por parte do órgão acusador e, decorrido o prazo legal, sem ação por parte deste, que possa ser manejada a devida ação subsidiária a fim de resguardar o interesse do ente público lesado.

Trata-se de medida visando ao efetivo controle dos atos da Administração Pública e, mais, garantindo os devidos freios e contrapesos em caso de inação injustificada do órgão acusador, que possa causar lesão ao ente público, nos mesmos moldes da ação penal subsidiária.

A esse respeito cabe destacar o que apresenta o Código de Processo Penal, ao tratar da ação penal, no Título III:

> Art. 24. Nos crimes de ação pública, esta será promovida por denúncia do Ministério Público, mas dependerá, quando a lei o exigir, de requisição do Ministro da Justiça, ou de representação do ofendido ou de quem tiver qualidade para representá-lo. [...]
> §2º Seja qual for o crime, quando praticado em detrimento do patrimônio ou interesse da União, Estado e Município, a ação penal será pública. [...]
> Art. 29. Será admitida ação privada nos crimes de ação pública, se esta não for intentada no prazo legal, cabendo ao Ministério Público aditar a queixa, repudiá-la e oferecer denúncia substitutiva, intervir em todos os termos do processo, fornecer elementos de prova, interpor recurso e, a todo tempo, no caso de negligência do querelante, retomar a ação como parte principal.

A Constituição Federal, por sua vez, em seu art. 5º, LIX, dispõe que "será admitida ação privada nos crimes de ação pública, se esta não for intentada no prazo legal". Trata-se, portanto, de cláusula pétrea.

Portanto, para exemplos como o caso em tela, é preciso reconhecer a legitimidade extraordinária para defesa dos interesses dos entes públicos, e parece-nos, no caso, que caberia à Advocacia-Geral da União tal ato, conforme disposição expressa do art. 131 da Constituição Federal, segundo o qual:

> A Advocacia-Geral da União é a instituição que, diretamente ou através de órgão vinculado, representa a União, judicial e extrajudicialmente, cabendo-lhe, nos termos da lei complementar que dispuser sobre sua organização e funcionamento, as atividades de consultoria e assessoramento jurídico do Poder Executivo.

E não há que se falar aqui em violação do sistema acusatório, pois o próprio Ferrajoli já aponta que o princípio acusatório não implica exclusividade da ação penal, conforme destacado por Eliomar da Silva Pereira: "Esse princípio se deve entender como uma garantia orgânica de imparcialidade da jurisdição, não implicando qualquer discricionariedade da ação, tampouco sua exclusividade concentrada em mãos de um órgão oficial de acusação".[58]

Devem ser desenvolvidos mecanismos, portanto, de defesa do patrimônio público, com a comunicação da advocacia pública nos casos que envolvam crimes que lesem o erário.

Por outro lado, a excepcionalidade à ação penal pública também é prevista em outros diplomas normativos, como exemplo:

> Art. 183. Compete ao juiz criminal da jurisdição onde tenha sido decretada a falência, concedida a recuperação judicial ou homologado o plano de recuperação extrajudicial, conhecer da ação penal pelos crimes previstos nesta Lei.
> Art. 184. Os crimes previstos nesta Lei são de ação penal pública incondicionada.
> Parágrafo único. Decorrido o prazo a que se refere o art. 187, §1º, sem que o representante do Ministério Público ofereça denúncia, qualquer credor habilitado ou o administrador judicial poderá oferecer ação penal privada subsidiária da pública, observado o prazo decadencial de 6 (seis) meses.

Da mesma forma, o CDC também aponta legitimidade concorrente na defesa do consumidor em juízo:

> Art. 82. Para os fins do art. 81, parágrafo único, são legitimados concorrentemente:
> I - o Ministério Público,
> II - a União, os Estados, os Municípios e o Distrito Federal;
> III - as entidades e órgãos da Administração Pública, direta ou indireta, ainda que sem personalidade jurídica, especificamente destinados à defesa dos interesses e direitos protegidos por este código;
> IV - as associações legalmente constituídas há pelo menos um ano e que incluam entre seus fins institucionais a defesa dos interesses e direitos protegidos por este código, dispensada a autorização assemblear.

---

[58] PEREIRA, Eliomar Silva. *Saber e poder*: o processo (de investigação) penal. Florianópolis: Tirant lo Blanch, 2019. p. 77.

Ainda, na Lei nº 7.492/86, o texto é claríssimo:

> Art. 26. A ação penal, nos crimes previstos nesta lei, será promovida pelo Ministério Público Federal, perante a Justiça Federal. Parágrafo único. Sem prejuízo do disposto no art. 268 do Código de Processo Penal, aprovado pelo Decreto-lei nº 3.689, de 3 de outubro de 1941, será admitida a assistência da Comissão de Valores Mobiliários - CVM, quando o crime tiver sido praticado no âmbito de atividade sujeita à disciplina e à fiscalização dessa Autarquia, e do Banco Central do Brasil quando, fora daquela hipótese, houver sido cometido na órbita de atividade sujeita à sua disciplina e fiscalização.
> *Art. 27. Quando a denúncia não for intentada no prazo legal, o ofendido poderá representar ao Procurador-Geral da República, para que este a ofereça, designe outro órgão do Ministério Público para oferecê-la ou determine o arquivamento das peças de informação recebidas.* (Grifos nossos)

Por fim, imperioso ainda destacar o art. 3º do CPP ao estabelecer que "A lei processual penal admitirá interpretação extensiva e aplicação analógica, bem como o suplemento dos princípios gerais de direito".

Assim, entendemos ser possível, portanto, que o indiciamento possa ensejar, também, ao término do inquérito policial, nos casos em que a vítima seja ente público, a comunicação do órgão da advocacia pública para o controle da ação do órgão acusador que, em não agindo, possa ensejar o manuseio da devida ação penal subsidiária.

10 Conclusão

Conforme exposto no presente artigo, o indiciamento, mesmo relegado a um simples parágrafo em grande parte dos manuais de direito processual penal, consiste em um dos atos principais da investigação criminal consubstanciada no inquérito policial. Moraes Pitombo[59] se utiliza da etimologia do termo, que congrega a palavra "indício" mais o sufixo "aumento", concluindo que *indiciar*, sob esse enfoque, trata-se de demonstrar por vários indícios, permitindo acusação. No presente artigo trataremos de seu conceito e elementos e, num próximo momento, de seus efeitos.

---

[59] PITOMBO, Sérgio Marcos de Moraes. O indiciamento como ato de polícia judiciária. *Revista dos Tribunais*, n. 577.

Em resumo, entendemos que o ato de indiciamento é o ato do delegado de polícia, enquanto presidente da investigação, via de regra praticado ao término desta, ao considerar concluída a fase de coleta de elementos probatórios do delito investigado, quando é possível concluir-se pela autoria de determinado crime, individualizando-se o autor.

Conforme já referido, ele funciona como uma das etapas da formação da culpa na investigação criminal, quando os elementos constantes no inquérito policial permitem ao delegado de polícia formar sua convicção de autoria e materialidade na investigação criminal

Referências

ANSELMO, Márcio. Ato do indiciamento deve ser devidamente fundamentado. *Conjur*, 13 out. 2015. Disponível em: http://www.conjur.com.br/2015-out-13/academia-policia-ato-indiciamento-devidamente-fundamentado. Acesso em: 3 abr. 2019.

ARAS, Vladimir. O art. 17-D da Lei de Lavagem de Dinheiro. *IBADPP*. Disponível em: http://www.ibadpp.com.br/804/o-art-17-d-da-lei-de-lavagem-de-dinheiro. Acesso em: 20 jul. 2013.

BARROSO, Luís Roberto. Foro privilegiado deve acabar ou ser limitado aos chefes dos Poderes. *Conjur*, 23 maio 2016. Disponível em: http://www.conjur.com.br/2016-mai-23/roberto-barroso-foro-privilegiado-acabar-reduzir-impunidade. Acesso em: 27 abr. 2019.

BECHARA, Fabio Ramazzini. Juiz deve controlar legalidade de investigação criminal, não ser protagonista. *Conjur*, 21 nov. 2015. Disponível em: http://www.conjur.com.br/2015-nov-21/fabio-bechara-juiz-nao-protagonista-investigacao. Acesso em: 27 abr. 2019.

BONFIM, Edílson Mougenot. *Curso de processo penal*. São Paulo: Saraiva, 2006.

BOTTINI, Pierpaolo Cruz. O afastamento do servidor na Lei de Lavagem de Dinheiro. *Conjur*, 14 ago. 2012. Disponível em: http://www.conjur.com.br/2012-ago-14/direito-defesa-afastamento-servidor-lei-lavagem-dinheiro. Acesso em: 18 jul. 2013.

BRANCO, Paulo Braga Castello. A análise da antijuridicidade da conduta pelo delegado de polícia sob a perspectiva da teoria dos elementos negativos do tipo penal. *Jus Navigandi*, Teresina, ano 18, n. 3609, 19 maio 2013. Disponível em: http://jus.com.br/revista/texto/24487. Acesso em: 22 jul. 2013.

CABETTE, Eduardo Luiz Santos. Uma análise sobre a coerência da jurisprudência do STJ quanto ao tema do indiciamento intempestivo. *Jus Navigandi*, Teresina, ano 12, n. 1367, 30 mar. 2007. Disponível em: http://jus.com.br/artigos/9667. Acesso em: 22 jul. 2013.

CABRAL, Bruno Fontenele. Reflexões legais e jurisprudenciais sobre o indiciamento no inquérito policial. *Jus Navigandi*, Teresina, ano 16, n. 2963, 12 ago. 2011. Disponível em: http://jus.com.br/revista/texto/19742. Acesso em: 22 jul. 2013.

CAPEZ, Fernando. *Curso de processo penal*. 13. ed. São Paulo: Saraiva, 2006.

CARVALHO, Djalma Eutímio de. *Curso de processo penal*. Rio de Janeiro: Forense, 2007.

CAVALCANTI, Danielle Souza de Andrade e Silva. *A investigação preliminar nos delitos de competência originária de tribunais*. Rio de Janeiro: Lumen Juris, 2011.

CHOUKR, Fauzi Hassan. *Garantias constitucionais na investigação criminal*. São Paulo: RT, 1995.

FERRAJOLI, Luigi. *Direito e razão*: teoria do garantismo penal. São Paulo: RT, 2002.

FREITAS, Vladimir Passos de. Lei de Lavagem de Dinheiro é um passo à frente. *Conjur*, 15 jul. 2012. Disponível em: http://www.conjur.com.br/2012-jul-15/segunda-leitura-lei-lavagem-dinheiro-passo-frente. Acesso em: 10 jul. 2013.

GOMES, Luis Flávio; SILVA, Ivan Luis Marques da. *Prisão e medidas cautelares* – Comentários à Lei 12.403, de 4 de maio de 2011. 3. ed. São Paulo: RT, 2011.

GOMES, Rodrigo Carneiro. O inquérito policial na investigação de parlamentar. *Revista Brasileira de Direito Constitucional – RBDC*, n. 14, p. 13-23, jul./dez. 2009.

HOFFMANN, Henrique. Interpretação sobre foro privilegiado atrapalha investigações policiais. *Conjur*, 17 maio 2016. Disponível em: http://www.conjur.com.br/2016-mai-17/academia-policia-interpretacao-foro-privilegiado-atrapalha-investigacao-policial. Acesso em: 20 abr. 2019.

LOPES JR., Aury. *Direito processual penal*. São Paulo: Saraiva, 2013.

LOPES JR., Aury. *Direito processual penal*. 10. ed. São Paulo: Saraiva, 2012.

LOPES JR., Aury; GLOECKNER, Ricardo Jacobsen. *Investigação preliminar no processo penal*. São Paulo: Saraiva, 2013.

MAZLOUM, Ali. Uma proposta de criação do Juizado dos Crimes de Autoridades. *Conjur*, 23 abr. 2016. Disponível em: http://www.conjur.com.br/2016-abr-23/ali-mazloum-proposta-criacao-juizado-crimes-autoridades. Acesso em: 27 abr. 2019.

MIRABETE, Júlio Fabrini. *Processo penal*. 16. ed. São Paulo: Atlas, 2004.

NICOLLIT, André Luiz. *Manual de processo penal*. 3. ed. São Paulo: Elsevier, 2012.

NUCCI, Guilherme de Souza. *Código de Processo Penal comentado*. 5. ed. São Paulo: RT, 2006.

PEREIRA, Eliomar Silva. *Teoria da investigação criminal* – Uma introdução jurídico-científica. Coimbra: Almedina, 2010.

PITOMBO, Sérgio Marcos de Moraes. Mais de cento e vinte e seis anos de inquérito policial – Perspectivas para o futuro. *Revista ADPESP*, ano 19, mar. 1998.

PITOMBO, Sérgio Marcos de Moraes. O indiciamento como ato de polícia judiciária. *Revista dos Tribunais*, n. 577.

PREFEITO pernambucano é afastado com base na Lei de Lavagem de Dinheiro. *Conjur*, 8 out. 2015. Disponível em: http://www.conjur.com.br/2015-out-08/prefeito-afastado-base-lei-lavagem-dinheiro. Acesso em: 5 abr. 2019.

REZENDE, Bruno Titz de. O livre convencimento do delegado de polícia no indiciamento e na instauração do inquérito policial. *Jus Navigandi*, Teresina, ano 16, n. 3089, 16 dez. 2011. Disponível em: http://jus.com.br/revista/texto/20665. Acesso em: 22 jul. 2013.

REZENDE, Bruno Titz de. Servidor público indiciado por lavagem deve ser afastado. *Conjur*, 28 mar. 2013. Disponível em: http://www.conjur.com.br/2013-mar-28/bruno-rezende-servidor-publico-indiciado-crime-lavagem. Acesso em: 18 jul. 2013.

ROSA, Alexandre Morais da. *Guia compacto de processo penal conforme a teoria dos jogos*. Rio de Janeiro: Lumen Juris, 2013.

SAAD, Marta. *O direito de defesa no inquérito policial*. São Paulo: Revista dos Tribunais, 2004.

SANNINI NETO, Francisco. Indiciamento: ato privativo do delegado de polícia. *Jus Navigandi*, Teresina, ano 17, n. 3233, 8 maio 2012. Disponível em: http://jus.com.br/artigos/21713. Acesso em: 22 jul. 2013.

SILVA, Eduardo Pereira da. Investigação de autoridades deve ser conduzida pela polícia. *Conjur*, 23 jul. 2006. Disponível em: http://www.conjur.com.br/2006-jul-23/investigacao_autoridades_conduzida_policia. Acesso em: 27 abr. 2019.

STEINER, Sylvia. O indiciamento em inquérito policial como ato de constrangimento – Legal ou ilegal. *Revista Brasileira de Ciência Criminais*, v. 24, 1998.

Informação bibliográfica deste texto, conforme a NBR 6023:2018 da Associação Brasileira de Normas Técnicas (ABNT):

ANSELMO, Márcio Adriano. O indiciamento. *In*: PEREIRA, Eliomar da Silva; ANSELMO, Márcio Adriano (Org.). *Direito Processual de Polícia Judiciária I*. Belo Horizonte: Fórum, 2020. p. 203-238. (Curso de Direito de Polícia Judiciária, v. 4). ISBN 978-85-450-0619-0.

RELATÓRIO, ARQUIVAMENTO E DESARQUIVAMENTO

Rodrigo Luís Ziembowicz

1 Introdução

A autoridade policial, após concluir as investigações que visam a verificar a materialidade, a autoria e as circunstâncias dos crimes, deve elaborar minucioso relatório, mediante uma análise técnico-jurídica dos fatos investigados, encaminhando os autos ao magistrado competente.

No mesmo sentido, a autoridade policial deverá exercer o poder-dever de indicar no relatório as testemunhas que não tenham sido inquiridas (juntamente com os dados necessários à localização delas), fornecendo também ao Poder Judiciário eventuais outros elementos de convicção relevantes, ante a condição de Polícia Judiciária, muito embora essas manifestações também possam servir tanto à acusação (*parquet* ou ofendido) quanto à defesa.

Nesse estudo serão verificados, ainda, os principais aspectos atinentes ao arquivamento e ao desarquivamento do inquérito policial, salientando-se, entretanto, que a interpretação das normas penais e processuais penais será realizada à luz das balizas constitucionais e, especialmente, dos direitos fundamentais.

Destaca-se, nesse vértice, que os direitos fundamentais possuem efeito vinculativo máximo e irradiam seus efeitos sobre todo o sistema jurídico, pois, se antes o direito era interpretado a partir do Estado, após a Carta Magna de 1988 deve ser compreendido a partir do cidadão, vinculando a todos e tendo como eixo central a proteção e o respeito à dignidade humana.

2 Forma e conteúdo do relatório

Ao encerrar as investigações, a autoridade policial deve relatar minuciosamente tudo o que foi realizado e apurado no decorrer da pesquisa criminal, em que presidiu o inquérito com a finalidade precípua de averiguar a materialidade, a autoria e as circunstâncias das infrações penais, realizando uma análise técnico-jurídica dos fatos investigados.

Salienta-se que a elaboração do relatório conclusivo[1] pelo presidente do inquérito policial não indica que todas as dúvidas a respeito dos fatos investigados foram respondidas ou que foram elucidadas todas as suas circunstâncias, inclusive quanto à ocorrência ou não da infração penal. De fato, a apresentação do relatório pela autoridade policial significa que, ao seu juízo, todas as medidas investigativas possíveis já foram adotadas, ou então que foram realizadas todas as diligências viáveis diante do prazo concedido pelo magistrado.[2]

Assim, após a confecção do relatório final, a autoridade policial remeterá os autos do inquérito ao juízo competente, juntamente com os instrumentos do crime[3] e demais objetos que interessarem à prova[4] ou servirem de fundamento às conclusões da presidência do inquérito

---

[1] Salienta-se que, neste momento, não serão abordados os relatórios preliminares utilizados no decorrer da investigação criminal, em que são apresentados os resultados parciais até então apurados pela Polícia Judiciária, visando a subsidiar requerimentos de medidas cautelares no decorrer da instrução do inquérito policial, ou mesmo representações que solicitam a prorrogação dessas medidas.

[2] Nesse sentido, o Código de Processo Penal (CPP) estabelece, em seu art. 10, *caput*, que "o inquérito deverá terminar no prazo de 10 dias, se o indiciado tiver sido preso em flagrante, ou estiver preso preventivamente, contado o prazo, nesta hipótese, a partir do dia em que se executar a ordem de prisão, ou no prazo de 30 dias, quando estiver solto, mediante fiança ou sem ela". Por seu turno, a Lei nº 5.010/66, que organiza a Justiça Federal de primeira instância, estabelece para os casos de crimes de competência da Justiça Federal prazos diferentes: "Art. 66. O prazo para conclusão do inquérito policial será de quinze dias, quando o indiciado estiver preso, podendo ser prorrogado por mais quinze dias, a pedido, devidamente fundamentado, da autoridade policial e deferido pelo Juiz a que competir o conhecimento do processo". Há, ainda, prazos diferenciados previstos na legislação esparsa (crimes militares e crimes contra a economia popular), inclusive na Lei Antitóxicos (Lei nº 11.343/06): "Art. 51. O inquérito policial será concluído no prazo de 30 (trinta) dias, se o indiciado estiver preso, e de 90 (noventa) dias, quando solto".

[3] Podem ser considerados instrumentos do crime todos os objetos utilizados pelo agente para cometer as infrações penais, como armas de fogo ou armas brancas, documentos falsos, cheques ou documentos adulterados etc.

[4] Consideram-se objetos de interesse da prova todos aqueles que sejam úteis para comprovar ao magistrado ou ao corpo de jurados aquilo que realmente ocorreu, como livros contábeis, computadores, veículo do indiciado ou da vítima etc. Nesse sentido, devem ser enviados, obviamente, tanto os objetos de prova que interessem à acusação quanto à defesa.

no relatório, bem como oficiará ao respectivo instituto de identificação e estatística.[5]

2.1 Forma

O relatório conclusivo do inquérito policial, além de minucioso, deve ter a forma escrita[6] e ser encaminhado ao juízo competente. Acrescente-se que a apresentação do relatório detalhado demonstra a transparência do exercício da atividade do Estado-Investigador, comprovando que foi respeitado o princípio da obrigatoriedade da ação penal (NUCCI, 2016, p. 88), esgotando-se as possibilidades de colheita de provas destinadas ao Estado-Julgador, no prazo assinalado pelo magistrado.

2.2 Conteúdo

O relatório conclusivo do inquérito, que é uma peça personalíssima (e exclusiva) da autoridade policial (assim como o indiciamento),[7] deve conter a análise técnico-jurídica dos fatos investigados[8] e das

---

[5] O CPP prevê: "Art. 23. Ao fazer a remessa dos autos do inquérito ao juiz competente, a autoridade policial oficiará ao respectivo Instituto de Identificação e Estatística, ou repartição congênere, mencionando o juízo a que tiverem sido distribuídos, e os dados relativos à infração penal e à pessoa do indiciado".

[6] Recomenda-se que o cabeçalho do relatório já contenha: o número do inquérito; data de início e término; data do(s) suposto(s) fato(s) e de sua comunicação; nome de eventual indiciado e a indicação da folha em que consta sua qualificação e demais elementos relativos à vida pregressa; tipificação penal do(s) fato(s); e informações sobre bens apreendidos e demais objetos que interessem à prova.

[7] Acerca do indiciamento como ato exclusivo da autoridade policial, veja-se a decisão da Segunda Turma do STF relativa ao Habeas Corpus nº 115.015/São Paulo, julgado em 27.8.2013, tendo como relator o Min. Teori Zavascki: "HABEAS CORPUS. [...]. REQUISIÇÃO DE INDICIAMENTO PELO MAGISTRADO APÓS O RECEBIMENTO DENÚNCIA. MEDIDA INCOMPATÍVEL COM O SISTEMA ACUSATÓRIO IMPOSTO PELA CONSTITUIÇÃO DE 1988. INTELIGÊNCIA DA LEI 12.830/2013. [...] 1. Sendo o ato de indiciamento de atribuição exclusiva da autoridade policial, não existe fundamento jurídico que autorize o magistrado, após receber a denúncia, requisitar ao Delegado de Polícia o indiciamento de determinada pessoa. A rigor, requisição dessa natureza é incompatível com o sistema acusatório, que impõe a separação orgânica das funções concernentes à persecução penal, de modo a impedir que o juiz adote qualquer postura inerente à função investigatória".

[8] A título de exemplo, cite-se a Instrução Normativa nº 108-DG/PF, de 7.11.2016, expedida pelo Diretor-Geral para regulamentar a atividade de polícia judiciária da Polícia Federal brasileira, a qual estabelece: "[...] Art. 91. O relatório conclusivo deverá conter a análise técnico-jurídica dos fatos investigados, abordando: I - fato investigado e suas circunstâncias; II - diligências realizadas; III - materialidade e autoria; IV- materiais apreendidos e sua destinação; e V- conclusões e requerimentos. Parágrafo único. Não serão admitidos relatórios que sejam meros índices remissivos às diligências realizadas".

ações adotadas pela presidência do inquérito policial, abordando principalmente: a materialidade, a autoria e as circunstâncias do evento criminoso;[9] as diligências realizadas e as provas colhidas; logicamente, as conclusões técnico-jurídicas; e, por fim, as representações.[10]

Deverão constar no relatório, também, as informações previstas no art. 59 do Código Penal e ainda não indicadas no relatório, pois a sanção deverá ser aplicada pelo magistrado conforme seja necessária e suficiente para reprovação e prevenção do crime, "[...] atendendo à culpabilidade, aos antecedentes, à conduta social, à personalidade do agente, aos motivos, às circunstâncias e consequências do crime, bem como ao comportamento da vítima [...]".[11] No mesmo vértice, o juízo deve ser informado quanto ao autor (qualificação, vida pregressa e demais informações relevantes), bem como quanto aos materiais apreendidos e à sua destinação, além de eventuais testemunhas que ainda não foram ouvidas.[12]

Prosseguindo, alguns temas controversos sobre a confecção do relatório conclusivo pela autoridade policial devem ser trazidos ao debate.

Nesse rumo, destaca-se que a atividade investigativa criminal realizada pela Polícia Judiciária (Polícia Federal e Polícia Civil) está claramente prevista na Constituição de 1988, em seu art. 144, bem como no Código de Processo Penal (CPP) e na legislação esparsa.

---

[9] É de grande importância que a autoridade policial indique no relatório, mediante análise jurídica, no que tange às circunstâncias do evento criminoso, os elementos referentes a eventuais qualificadoras, majorantes e minorantes, agravantes e atenuantes e, como alertam Luís H. C. Ferreira e Nilton. J. C. Ferreira (2011, p. 216), "a presença desses elementos deve ficar exposta no desenvolvimento do relatório, descrita na narração do texto e demonstrada pelas provas logicamente relacionadas e explicadas".

[10] O CPP estabelece: "Art. 311. Em qualquer fase da investigação policial ou do processo penal, caberá a prisão preventiva decretada pelo juiz, de ofício, se no curso da ação penal, ou a requerimento do Ministério Público, do querelante ou do assistente, ou por representação da autoridade policial".

[11] Tratam-se de informações relevantes, principalmente no exercício da função precípua da Polícia Judiciária, a investigação criminal, que se revela essencial para o exercício da jurisdição penal pelo Poder Judiciário.

[12] Como anota Espínola Filho (2000, p. 339-340), no relatório "assaz minucioso" elaborado ao concluir a investigação, "[...] faz a autoridade policial a apreciação de quanto conseguiu apurar, cumprindo-lhe, como demonstração do modo conscencioso por que dirigiu os trabalhos, acentuar quais testemunhas lhe causaram melhor impressão, pois isso constituirá um bom guia [...]".

Deve-se ressaltar, também, que o direito penal e o processo penal representam a forma mais violenta[13] de relacionamento entre o Estado e o cidadão,[14] e normalmente é o delegado de polícia a autoridade com formação jurídica que tem o primeiro contato com as ocorrências criminais, presidindo a investigação criminal até a sua conclusão. Assim, tem o poder-dever de garantir o respeito e o atendimento aos direitos fundamentais de eventuais vítimas, testemunhas, conduzidos e presos encaminhados às delegacias de polícia ou relacionados ao evento criminoso, atuando da mesma forma durante todo o transcorrer das investigações criminais e, inclusive, ao concluir o inquérito, na função de Polícia Judiciária.

No mesmo vértice, como preceitua o art. 2º da Lei nº 12.830/2013, as funções de Polícia Judiciária e a apuração de infrações penais exercidas pelo delegado de polícia são de natureza jurídica, essenciais e exclusivas do Estado.[15]

Dessa forma, devem ser afastadas de plano as vetustas correntes doutrinárias que defendem que, no relatório conclusivo, a autoridade policial não poderá tecer nenhuma consideração jurídica sobre a apuração realizada, cabendo-lhe tão somente narrar as diligências realizadas e os resultados obtidos.

Trata-se, evidentemente, de uma visão classista (ou mesmo institucional) que pretende apequenar, sem nenhum lastro constitucional ou legal,[16] a relevante missão constitucionalmente atribuída à Polícia

---

[13] Neste aspecto, Palazzo (1989, p. 16-17) anota: "Se, de um lado, a ação delituosa constitui, de fato, ao menos como regra, o mais grave ataque que o indivíduo desfere contra os bens sociais máximos tutelados pelo Estado, por outro lado, a sanção criminal, também por natureza, dá corpo à mais aguda e penetrante intervenção do Estado na esfera individual".

[14] O poder de punir e de julgar previsto no sistema penal, incluindo tanto o direito penal quanto o processual penal, baseados principalmente na restrição da liberdade, que é um direito fundamental, certamente é o poder do Estado que é exercido de "[...] maneira mais violenta e direta sobre as pessoas e no qual se manifesta de forma mais conflitante o relacionamento entre o Estado e o cidadão, entre autoridade e liberdade, entre segurança social e direitos individuais [...]", como pondera Ferrajoli (2010, p. 15).

[15] Acrescente-se que o §6º, do art. 2º, da Lei nº 12.830/2013, estabelece que o indiciamento, privativo do delegado de polícia, dar-se-á por ato fundamentado, mediante análise técnico-jurídica do fato. Após, o art. 3º da mesma lei determina que o cargo de delegado de polícia é privativo de bacharel em Direito, devendo-lhe ser dispensado o mesmo tratamento protocolar que recebem os magistrados, os membros da Defensoria Pública e do Ministério Público e os advogados.

[16] Há praticamente quatro décadas, Costa (1982, p. 268-269) já afirmava, quanto à corrente que defendia que a autoridade policial não devia sequer classificar o crime quando elaborasse o relatório final: "Membros respeitáveis do Ministério Público alegam que a classificação feita pelo Delegado favorece, por vezes, o acusado, pois se o enquadramento feito por ele recair em ilícito menos grave que o articulado na denúncia, o advogado se apega a essa

Judiciária,[17] ou então buscar um pretexto para o injustificável[18] em um Estado Democrático de Direito, aplicando um sistema inquisitorial (que deveria ser utilizado apenas excepcionalmente) a todos os atos de investigação criminal.

De fato, o delegado de polícia, exercendo cargo privativo de bacharel em direito e função essencial à justiça, opera como o primeiro garantidor dos direitos fundamentais com formação jurídica nas ocorrências criminais e/ou policiais. Ademais, atuando como Estado-investigador e na condição de uma Polícia Judiciária[19] de um Estado Democrático de Direito, não apenas pode, mas efetivamente deve elaborar relatório minucioso[20] e, da mesma forma que se posiciona juridicamente quando classifica o evento criminoso ou promove o

---

dissensão para fragilizar a increpação da Promotoria. Se isso ocorre, sejamos francos, é porque a posição defendida pela acusação é, por natureza, derrotável, vez que não é muito crível que tal discordância tenha força bastante para tornar vitoriosa uma defesa. Deve haver, por detrás de tudo isso, outras fragilidades mais". Acrescente-se que a interpretação doutrinária há muito tempo propalada pelo órgão de acusação, que nada mais visa do que evitar uma eventual manifestação da autoridade policial contrária à posição de parte acusadora (*parquet*), promove tão somente uma indevida concentração de poderes em um único órgão e em nada se coaduna com o atual estágio de desenvolvimento do Estado Democrático de Direito. De fato, o agir do Poder Público deve estar baseado na interpretação e aplicação da legislação à luz da Constituição e, principalmente, dos direitos fundamentais insculpidos na Lei Fundamental, trazendo a lume o dever da Polícia Judiciária de fundamentar os atos praticados, especialmente se o entendimento técnico-jurídico da autoridade policial, baseado nas provas carreadas ao inquérito, concluir pela inocência do acusado.

[17] Como alerta Pereira (2013, p. 23-24), a visão simplista que defende que o inquérito policial representa simples atividade administrativa, configurando mera peça informativa do processo penal, busca apenas "[...] pensar o procedimento de investigação como instrumento de eficiência, não como instrumento de garantia". Após, o autor anota que essa interpretação e desqualificação do inquérito policial, no passado político histórico brasileiro, visava a diminuir a legitimidade da atividade de polícia judiciária, como forma de proteger os direitos fundamentais do indivíduo. O jurista esclarece, entretanto, que "[...] manter-se essa desqualificação atualmente tem contribuído, de forma contraditoriamente crítica, mais a limitar direitos fundamentais que a protegê-los, pois, à medida que não se entende o inquérito como processo, tem-se impedido de falar em direitos de defesa na investigação, que apenas é reconhecida como instrumento de informação ao órgão oficial de acusação pública. E isso é frontalmente contrário à ideia de igualdade no processo penal".

[18] Para Barbosa (2016, p. 191), "manter a lógica da inquisitorialidade do inquérito policial como insistem os manuais e o STF é batermos palma para um Estado de exceção".

[19] O constitucionalista Ives Gandra da Silva Martins (2013, p. 16) ressalta: "[...] 'Polícia Judiciária', que, na exegese constitucional – onde não há palavras inúteis e cada palavra tem sua densidade ôntica –, quer dizer polícia do Poder Judiciário. Não polícia do Ministério Público. Os delegados são os agentes vestibulares do processo penal, longa manus do Poder Judiciário na sua preparação processual. Não falou, o constituinte, em polícia do Parquet, mas sim no Judiciário".

[20] Conforme pontua Geraldo da Silva (2002, p. 227): "O relatório não deve ser um simples índice das diligências levadas a termo pela Polícia Judiciária, pois não estaria de acordo com o que diz a lei: 'relatório minucioso'".

indiciamento, deve manifestar-se por ato fundamentado ao confeccionar o relatório, mediante uma análise técnico-jurídica, e não apenas narrar as diligências realizadas e os resultados obtidos.[21] Nesse rumo, Queiroz Filho (2000, p. 186-189) anota que o relatório conclusivo não deve apenas resumir o apurado ou fornecer um índice remissivo das provas colhidas, pois "[...] se o legislador assim o quisesse teria estabelecido que deveria ser juntado um resumo ou simplesmente elaborado um índice; ao contrário, o legislador o quis de modo minucioso". O autor acrescenta que os atos praticados no decorrer do inquérito obviamente devem ser fundamentados, e que o relatório conclusivo, contendo a análise técnico-jurídica da autoridade policial, apresenta um ou mais juízos de valor e explicita as razões pelas quais determinados rumos foram tomados durante a apuração. Anota o jurista, ainda, que em muitas oportunidades os demais atores do sistema processual penal tomam conhecimento dos fatos e da investigação pela primeira vez após o relatório conclusivo, sendo que a manifestação jurídica da autoridade policial facilitará em muito o entendimento dos demais profissionais do direito quanto à apuração realizada. Soma-se, ainda, o fato de que, ao apor a respectiva *opinio juris* e a percepção da presidência da investigação quanto aos elementos de convicção obtidos,[22] a autoridade policial certamente contribuirá com a difícil tarefa do julgador.[23]

Trata-se, efetivamente, da oportunidade em que o membro da Polícia Judiciária dirige-se ao magistrado (e ao corpo de jurados, em alguns casos), expondo o que apurou quanto ao evento criminoso, à materialidade, à autoria e às suas circunstâncias, ou então aludindo à

---

[21] Conforme anotações de Lopes Júnior (2015, p. 166), ao avaliar as alterações introduzidas pela Lei nº 12.830/2013, o indiciamento já exige da autoridade policial "[...] uma postura um pouco mais cuidadosa, visto que a análise técnico-jurídica do fato afastará os casos de indiciamento em situações, por exemplo, em que o fato é atípico, ou quando já se operou a prescrição".

[22] Esta manifestação técnico-jurídica em muito pode enriquecer os dados disponíveis para ampararem a decisão dos julgadores (magistrados ou corpo de jurados), evitando o que Carnelutti (1995, p. 50-51) considera uma das misérias do processo penal, justamente o fato de que o juiz não tem paciência para se inteirar de toda a história do acusado (ante também a desconfiança natural) e dos fatos apurados, e mesmo que a tivesse, faltariam tempo e meios adequados para fazê-lo.

[23] Nesse rumo, o jurista Pereira (2019a, p. 75) sustenta: "A Polícia Judiciária é, antes e sobretudo, uma instituição jurídica que pressupõe tanto uma organização específica quanto um procedimento próprio, cuja função de investigação criminal é essencial ao exercício da jurisdição penal".

falta de provas ou mesmo à inocorrência do delito, sempre segundo o entendimento técnico-jurídico da autoridade policial.

De fato, o delegado de polícia, já na apresentação de eventual pessoa presa em flagrante (ou seja, no primeiro ato da investigação criminal), deve tomar uma série de medidas de acordo com seu entendimento técnico-jurídico, ao decidir pela manutenção ou não da prisão em flagrante, ao classificar o crime, entre tantas outras providências.[24]

Assim, uma vez que o delegado de polícia tem o poder-dever de adotar uma série de atos no transcorrer da investigação criminal (desde o seu nascedouro), os quais devem ser juridicamente (muito bem) fundamentados (principalmente porque costumam representar uma restrição parcial a direitos fundamentais), deve-se perguntar: por qual motivo, justamente quando concluiu a investigação criminal, tendo alcançado um número mais amplo de informações e de elementos probatórios para estabelecer sua interpretação sobre o evento criminoso, deveria se abster do seu conhecimento técnico-jurídico e deixar de se manifestar sobre as percepções obtidas no decorrer da apuração?

Ademais, o delegado de polícia preside a apuração criminal e coordena os demais profissionais envolvidos na busca de provas e elementos de convicção, colhe depoimentos e realiza interrogatórios (inclusive em situações flagranciais), promove o indiciamento, requisita[25] perícias, informações, documentos e outros dados que interessem à apuração criminal.

Pergunte-se, então: poderia esta autoridade policial deixar de se manifestar de maneira técnico-jurídica quanto aos elementos de convicção reunidos no inquérito policial, justamente quando exerce essa

---

[24] Com efeito, desde o primeiro contato da autoridade policial com fatos que podem indicar a ocorrência de um evento criminoso, deve adotar ações conforme a sua interpretação técnico-jurídica. Veja-se, por exemplo, a necessidade da classificação da infração penal nas situações flagranciais, em que a opção juridicamente fundamentada do delegado de polícia irá influir diretamente: na manutenção ou não da prisão; na lavratura de auto de prisão em flagrante ou de termo circunstanciado; na exigência ou não de exames periciais complementares; na fixação de fiança; na elaboração ou não de boletim individual e na entrega de nota de culpa; na adoção de diferentes ações se o caso representa ação penal pública ou privada; e para verificar qual será o juízo competente para remessa dos autos. Essas ponderações já eram suscitadas pelo Promotor de Justiça Mehmeri (1992, p. 313-314) há praticamente três décadas, ao tratar da necessidade de classificação inicial do delito, muito embora não concordasse com a manifestação técnico-jurídica do delegado de polícia no relatório final.

[25] Foi estabelecido na Lei nº 12.830/2013: "[...] art. 2º [...] §2º Durante a investigação criminal, cabe ao delegado de polícia a requisição de perícia, informações, documentos e dados que interessem à apuração dos fatos". No mesmo sentido, constam as disposições dos arts. 6º, 13-A e 13-B do CPP, entre outros previstos na legislação esparsa.

função jurídica, essencial à Justiça e exclusiva de Estado, efetuando ativa e muito proximamente as pesquisas relacionadas às infrações penais?[26]

Ao contrário, entende-se que a autoridade policial tem o dever de manifestar-se juridicamente sobre o que foi apurado, justamente por ser o profissional com habilitação jurídica que tem a relação mais próxima e estreita com os fatos sob investigação criminal em todos os aspectos, não os conhecendo somente por meio dos autos.[27]

Acrescente-se que a Polícia Judiciária, função essencial à Justiça, não está subordinada a nenhuma das partes na ação penal, quer sejam acusação[28] quer sejam defesa. Desse modo, mesmo que a autoridade policial tenha efetuado o indiciamento do investigado, de modo técnico-jurídico, sua manifestação conclusiva ao elaborar o relatório final jamais poderá deixar de abordar tanto as provas e teses que favorecem a acusação quanto aquelas que beneficiam a defesa.

Ademais, esta manifestação técnico-jurídica nada mais vem a ser do que uma confirmação do indiciamento (se este ocorreu), acrescentando-se uma descrição mais detalhada sobre a materialidade, a autoria e as circunstâncias do evento criminoso, relacionando-se

---

[26] A Lei nº 12.830/2013 preceitua: "[...] Art. 2º As funções de polícia judiciária e a apuração de infrações penais exercidas pelo delegado de polícia são de natureza jurídica, essenciais e exclusivas de Estado. §1º Ao delegado de polícia, na qualidade de autoridade policial, cabe a condução da investigação criminal por meio de inquérito policial ou outro procedimento previsto em lei, que tem como objetivo a apuração das circunstâncias, da materialidade e da autoria das infrações penais".

[27] Nesse sentido, cabe destacar que já em 1998 a Portaria DGP nº 18/98, da direção da Polícia Civil do Estado de São Paulo, previa: "Art. 12. Concluídas ou esgotadas as providências para esclarecimento do fato perquirido, suas circunstâncias e respectiva autoria, a autoridade policial fará minucioso relatório do que tiver sido apurado, detalhando os meios empregados e as diligências efetuadas, bem como as razões, de fato e de direito, que fundamentam o seu convencimento sobre o resultado da investigação".

[28] Como afirma Castro (2016, p. 3-5), "[...] é necessário adotar pensamento crítico para questionar a afirmação de parcela da doutrina, referendada de maneira irrefletida por muitos, no sentido de que o inquérito policial teria por única função subsidiar o Ministério Público de elementos informativos e probatórios para propor a ação penal. Alguns estudiosos clássicos e modernos da seara criminal já notaram o equívoco dessa assertiva e sublinharam que a função investigativa formalizada pela Polícia Judiciária está longe de se resumir a um suporte da acusação, não possuindo um caráter unidirecional. [...] o delegado de polícia, na condição de 'primeiro garantidor da legalidade e da Justiça', como afirmou o ministro Celso de Mello, não pode adotar uma visão monocular que hipertrofie a acusação na mesma medida em que desprestigie a defesa. Deve abraçar uma postura de tratamento isonômico, cuja pertinência ganha ainda mais destaque se relevarmos a tendência do ser humano de utilizar a técnica heurística para tomar decisões". Como se sabe, a técnica heurística é um processo cognitivo empregado em decisões não racionais, através de uma estratégia que ignora parte das informações visando a tornar a escolha mais fácil e rápida.

as provas obtidas com a legislação que entende aplicável, mediante argumentação, obviamente, jurídica.

Deve-se admitir, ainda, que a manifestação técnico-jurídica no relatório se torna ainda mais relevante quando não ocorrer o indiciamento, nas oportunidades em que não houver provas suficientes do envolvimento de um investigado ou dúvidas quanto à autoria e, principalmente, quando houver provas de que o suspeito é inocente, de que o fato é atípico ou de que ocorreu a prescrição, por exemplo. Nesses casos, trata-se da oportunidade na qual a autoridade policial vai fundamentar as escolhas realizadas no decorrer da investigação, inclusive motivando a decisão de não promover o indiciamento.

Assim, da mesma forma que a autoridade policial se manifesta de modo técnico-jurídico no indiciamento, quando há indícios suficientes de materialidade e de autoria que justifiquem este ato exclusivo de autoridade policial, deve o delegado de polícia se manifestar quando houver, ao contrário, elementos de prova que apontem para a inexistência do crime ou inocentem o investigado.

Obviamente, trata-se de uma atividade investigativa criminal realizada sob a perspectiva de uma Polícia Judiciária de um Estado Democrático de Direito. Nesse vértice, deve-se entender a Polícia Judiciária não somente como aquela instituição que busca apurar a materialidade e a autoria das infrações penais, mas também como o ente que visa a proteger e promover os direitos fundamentais,[29] inclusive e especialmente dos inocentes.[30] Tem a autoridade policial, portanto, o dever de se posicionar quanto aos eventuais elementos de convicção

---

[29] Nesse rumo, não podemos esquecer a qualificação atualmente dispensada aos direitos fundamentais tanto na Constituição quanto na interpretação pelo Supremo Tribunal Federal, posicionando-os no mais alto grau de juridicidade, positividade, concretude e eficácia (BONAVIDES, 2004, p. 596), marcando claramente "[...] a passagem do primeiro Estado de Direito – o Estado legal, o Estado da separação de Poderes – ao segundo Estado de Direito – o Estado constitucional, o Estado do novo dogma dos direitos fundamentais [...]".

[30] O jurista Barbosa (2016, p. 194), ao tratar da garantia de defesa na investigação criminal, afirma: "A Polícia Judiciária é um dispositivo democrático, o que não mais justifica um modelo de polícia com o nomen iuris de 'Polícia Judiciária', mas sim 'Polícia de Garantias', presidido pela figura de 'autoridade de Garantias' e ou 'delegado de Garantias', e não mais 'delegado de Polícia', pois não se trata mais de uma atividade 'delegada' pelo Poder Judiciário, mas atividade 'delegada' pela Constituição para garantir os meios democráticos de se buscar uma verdade eticamente construída".

que indiquem a inocência do investigado ou, por exemplo, a atipicidade da conduta ou mesmo a prescrição da infração penal.[31]

No mesmo sentido, cabe perguntar: pode-se conceber a atuação do delegado de polícia judiciária sem atendimento às normas constitucionais e, principalmente, aos direitos fundamentais,[32] que ocupam o mais alto grau de juridicidade no nosso ordenamento jurídico, deixando de opinar técnica-juridicamente quanto aos elementos que indiquem a inocência do investigado, ou mesmo a atipicidade da conduta praticada ou a prescrição do delito, citados anteriormente?

Em que pese ainda haver uma interpretação (felizmente minoritária nos dias atuais) de que a investigação criminal tem caráter unidirecional, voltada tão somente para a formação da *opinio delicti* do órgão de acusação, no atual estágio de desenvolvimento da sociedade brasileira e das suas instituições democráticas, bem como das ciências criminais, é inconcebível fazer a leitura de todo o ordenamento jurídico a partir do Texto Constitucional e, justamente no caso de uma das atividades que mais pode restringir os direitos fundamentais do cidadão, a investigação criminal, deixar de interpretar as normas a partir da Lei Fundamental. De fato, tentar impedir que o presidente da investigação se manifeste quanto a elementos circunstanciais que, interpretados de maneira técnico-jurídica, podem conduzir à absolvição do inocente ou mesmo ao arquivamento do inquérito, ainda mais quando a decisão caberá, obviamente, ao magistrado, afronta os direitos e garantias fundamentais, principalmente dos inocentes.

Por certo, apesar das divergências doutrinárias, deve-se realizar uma interpretação das atribuições da Polícia Judiciária à luz das balizas constitucionais e legais estabelecidas pelos princípios regentes da atividade policial.

---

[31] Como pondera Machado (2016, p. 245-246), trata-se da necessidade de interpretar "as ordens extraídas de um sistema de códigos – penal e processual penal – com baixíssima densidade constitucional [...]", apesar de salientar que agir "[...] conforme o modelo constitucional ou os parâmetros convencionais de direitos humanos – exige reflexão normativa (saber, por exemplo, manejar princípios), além de trazer consigo, por vezes, um enorme custo social e institucional".

[32] Conforme Santos (2013, p. 52-54), o §4º do art. 144 da Constituição Federal e a Lei nº 12.830/2013 visam a atribuir ao delegado de polícia a responsabilidade pela orientação finalística da investigação criminal, na qual deverá se orientar segundo a sua consciência profissional mas, apesar de ser o especialista nesta matéria, deverá atuar sempre segundo as disposições constitucionais e legais, informando e conformando "[...] sua atividade como função social protetiva dos direitos humanos, que se baseia na dignidade da pessoa humana e no Estado democrático de direito".

Nesse viés, Sarlet (2004, p. 357) pontua que a vinculação dos órgãos públicos aos direitos fundamentais significa que "[...] devem executar apenas as leis que àqueles sejam conformes, bem como executar estas leis de maneira constitucional, isto é, aplicando-as e interpretando-as em conformidade com os direitos fundamentais". Prosseguindo, o jurista reforça esta abordagem, ao lecionar que os órgãos públicos devem observar os parâmetros contidos "[...] na ordem de valores da Constituição, especialmente dos direitos fundamentais, o que assume especial relevo na esfera de aplicação e interpretação de conceitos abertos e cláusulas gerais, assim como no exercício da atividade discricionária".

Quanto a este aspecto e quanto aos princípios constitucionais que devem nortear a atuação policial, analisados com profundidade pelo professor português Valente (2017, p. 235 *et seq.*), devem-se citar, especialmente, os princípios da proporcionalidade *lato sensu* na atuação policial, do respeito aos direitos e interesses legalmente protegidos dos cidadãos, da boa-fé e da lealdade na prática dos atos públicos (decorrentes, em grande monta, dos princípios da legalidade e da justiça), os quais também devem nortear todos os demais atos praticados pelo Estado.

O citado docente pontua, ainda, a necessidade de compreensão e interpretação do sistema penal (tanto material quanto processual) sob a ótica constitucional e, antes de tudo, como um sistema democrático e de direito dos inocentes e da liberdade, de modo a evitar a restrição desproporcional ou desnecessária, ou pior, a niilificação dos direitos fundamentais do cidadão (VALENTE, 2017, p. 450 *et seq.*), pois a Polícia Judiciária e o próprio Estado têm por função precípua justamente a proteção dos direitos do ser humano.

Ademais, esses são alguns dos motivos pelos quais este Curso de Direito de Polícia Judiciária (CDPJ) estabeleceu como postulados teóricos fundamentais a Polícia Judiciária como instituição essencial à função jurisdicional, e o inquérito como processo penal, "[...] visando à consolidação de um devido processo penal para o Estado de Direito" (PEREIRA, 2019a, p. 13).[33]

No entanto, realizadas essas ponderações, deve-se alertar que, ao expedir o relatório, a autoridade policial jamais pode esquecer que

---

[33] O jurista Santos (2013, p. 54) alerta: "A formalização dos procedimentos investigatórios visa a proporcionar segurança jurídica ao cidadão investigado e atende ao princípio da oficialidade; ambos são corolários do metaprincípio do devido processo legal".

não é parte no processo, ou seja, deve deixar de lado as emoções e manifestar-se, repita-se, de modo técnico-jurídico, e não oferecendo um verdadeiro libelo de acusação ou de defesa ao considerar concluídas as investigações. Deve afastar-se, ainda, de achismos ou adjetivações que denunciem parcialidade,[34] ou mesmo de rebuscamentos ou de estrangeirismos desnecessários, manifestando-se de maneira clara e precisa.

Nesse diapasão, percebe-se que a investigação ou pesquisa criminal é um processo dialético, em que são formuladas hipóteses e, após a análise da tese e da antítese, com base nas provas colhidas e na legislação pertinente, busca-se sempre a síntese (ou conclusão científico-jurídica), em que a argumentação jurídica apresentada pelo delegado de polícia tem por objetivo indicar a materialidade, a autoria e as circunstâncias em que o crime foi praticado, ou então a inocência do investigado ou mesmo a inocorrência do crime, a depender das provas colhidas.[35]

Somem-se a esses argumentos, ainda, que eventuais classificações quanto ao(s) crime(s), representações relativas à prisão preventiva ou quanto ao arquivamento, bem como as demais manifestações técnico-jurídicas da autoridade policial no relatório final, não vinculam o magistrado, o *parquet*, a defesa ou as possíveis vítimas.

Conclui-se, portanto, que as ponderações técnico-jurídicas da autoridade policial no relatório final representam um relevante serviço prestado à sociedade e ao Poder Judiciário, ao concatenar, mediante argumentação jurídica, os fatos investigados, as provas colhidas, os elementos de convicção apurados e as conclusões, nunca esquecendo que a decisão final caberá ao Poder Judiciário.

Efetivamente, desse modo, o magistrado possuirá mais elementos para decidir no caso concreto e exercer a difícil missão de julgar outro ser humano, justamente através do sistema penal (material e processual), que representa a forma mais agressiva de relacionamento entre o Estado

---

[34] Ao tratar do relatório do inquérito policial, Mondin (1965, p. 352-353) já afirmava, há mais de cinquenta anos: "[...] lembramos que o relatório não é um libelo acusatório, em que apenas as circunstâncias desfavoráveis ao indiciado são mencionadas e realçadas. Havendo-as favoráveis, cumpre à autoridade referi-las, sem constrangimento, porque o relatório, sintetizando o que tiver sido apurado, deve ser, antes de tudo e acima de tudo, imparcial, como convém e o exigem os altos interesses da Justiça".

[35] Este fato é relevante, principalmente porque o inquérito policial "[...] a cada dia tem produzido mais provas não repetíveis e completamente assimiladas pela motivação da sentença penal" (PEREIRA, 2019a, p. 88).

e o cidadão, situação esta que torna ainda mais importante o respeito aos direitos fundamentais da vítima, do investigado e, especialmente, dos inocentes.

No mesmo vértice, abandona-se a corrente doutrinária (inconstitucional, diga-se *en passant*) de que o inquérito é unidirecional, voltado apenas para o órgão de acusação, pois a Polícia Judiciária tem compromisso (assim como todos os demais entes estatais), antes e sobretudo, com os direitos fundamentais e demais disposições constitucionais.

3 Arquivamento

Após ter sido instaurado, tanto por iniciativa da autoridade policial, quanto em virtude da prisão em flagrante ou de requerimento do ofendido, por requisição do juiz ou do membro do Ministério Público, o inquérito policial não poderá ser arquivado pela autoridade policial,[36] pela acusação[37] ou pela defesa, mas tão somente por decisão do Poder Judiciário.[38]

3.1 Indicação de arquivamento

Ao confeccionar o relatório, a autoridade policial poderá opinar pelo arquivamento do inquérito policial, muito embora esta manifestação não vincule a acusação, o ofendido ou o magistrado.

Ademais, ao ser concedida a vista dos autos após o recebimento do inquérito policial pelo juízo competente, o Ministério Público poderá não se conformar com o encerramento das investigações proposto pela autoridade policial ao apresentar o relatório conclusivo, solicitando ao Juízo o retorno dos autos à unidade policial para continuidade das investigações, desde que aponte, de maneira juridicamente fundamentada,

---

[36] Conforme prevê o CPP: "Art. 17. A autoridade policial não poderá mandar arquivar autos de inquérito".

[37] Está previsto no CPP: "Art. 28. Se o órgão do Ministério Público, ao invés de apresentar a denúncia, requerer o arquivamento do inquérito policial ou de quaisquer peças de informação, o juiz, no caso de considerar improcedentes as razões invocadas, fará remessa do inquérito ou peças de informação ao procurador-geral, e este oferecerá a denúncia, designará outro órgão do Ministério Público para oferecê-la, ou insistirá no pedido de arquivamento, ao qual só então estará o juiz obrigado a atender".

[38] O CPP estabelece: "Art. 18. Depois de ordenado o arquivamento do inquérito pela autoridade judiciária, por falta de base para a denúncia, a autoridade policial poderá proceder a novas pesquisas, se de outras provas tiver notícia".

o caminho a ser seguido e as diligências a serem realizadas, sob pena de indeferimento pelo juízo natural.[39] Acrescente-se que a simples leitura do direito fundamental de propor a ação penal subsidiária da pública se o órgão de acusação não a intentar no prazo legal, combinada com o inderrogável direito à prestação jurisdicional, previstos entre os direitos e garantias individuais e coletivos (incs. LIX e XXXV, do art. 5º, da CF), permitem concluir que, mesmo tendo sido o inquérito arquivado, a ação penal subsidiária da pública poderá ser apresentada ao Poder Judiciário (salvo em casos excepcionais, em que o magistrado determina o arquivamento mediante decisão quanto ao mérito, que faz coisa julgada material). De fato, como foi verificado com maior profundidade anteriormente, o inc. LIX do art. 5º da CF previu como único requisito para a proposta de ação penal subsidiária da pública o fato de o órgão de acusação não a ter intentado no prazo legal.

Destaque-se, ainda, que o despacho judicial de arquivamento do inquérito ou das peças de informação não impedem a propositura de ação civil, nos termos do art. 67, inc. I, do CPP.

3.2 Requisitos e características do arquivamento

O fato de que o arquivamento do inquérito policial somente pode ser determinado pelo juízo competente reflete o princípio da indisponibilidade do conteúdo das informações e provas constantes do inquérito policial.

Cabe destacar que, apesar de a lei não estabelecer expressamente, os casos de arquivamento do inquérito são deduzidos a partir da interpretação do art. 41 combinado com o art. 395,[40] ambos do CPP: o fato narrado evidentemente não constitui crime; já está extinta a punibilidade; faltar pressuposto processual; ausência de uma condição exigida em lei para o exercício do direito de agir.

---

[39] Segundo Nucci (2016, p. 88), "[...] quando o magistrado notar que o promotor está apenas ganhando tempo, requerendo diligência inútil, deve oficiar ao Procurador-Geral da Justiça, comunicando a ocorrência para as providências funcionais pertinentes". Ademais, não se deve perder de vista o previsto no art. 129, inc. VIII, da Constituição Federal, que prevê, claramente, que o Ministério Público poderá "requisitar diligências investigatórias e a instauração de inquérito policial, indicados os fundamentos jurídicos de suas manifestações processuais".

[40] O CPP estabelece: "Art. 395. A denúncia ou queixa será rejeitada quando: I - for manifestamente inepta; II - faltar pressuposto processual ou condição para o exercício da ação penal; ou III - faltar justa causa para o exercício da ação penal".

Segundo a doutrina e a jurisprudência majoritárias, a decisão de arquivamento do inquérito policial a pedido do Ministério Público é irrecorrível,[41] e impediria, portanto, a promoção de uma ação penal subsidiária da pública.

Entretanto, não há como comungar desse entendimento. De fato, vários doutrinadores defendem que o direito de promover a ação penal subsidiária da pública somente é possível se o Ministério Público se mantém inerte, "[...] situação que não ocorre ante a manifestação do titular da ação penal acerca da inviabilidade da instauração da ação penal, a qual traduz ato comissivo – e não omissivo – do agente ministerial" (FELDENS; SCHMIDT, 2007, p. 43-44). Logicamente, esta é a opinião preponderante entre os doutrinadores que são membros do órgão de acusação, ou mesmo entre magistrados que anteriormente compunham o *parquet*.

No entanto, essa tese de que a ação penal subsidiária da pública não poderá ser promovida se o órgão de acusação requerer o arquivamento do inquérito não tem amparo constitucional, muito embora possa ser uma tese confortável ao Ministério Público, por evitar o constrangimento de ter que aditar a queixa ou oferecer denúncia substitutiva, e também representar uma interpretação mais cômoda para o Poder Judiciário, que logicamente terá um número menor de ações para julgar, ao estreitar as possibilidades de promoção dessa espécie de ação penal.

Em vértice totalmente oposto, encontra-se a garantia constitucional claramente redigida no inc. LIX, do art. 5º, da Constituição brasileira, prevendo que "será admitida ação privada nos crimes de ação pública, se esta não for intentada no prazo legal". Este inciso revela com clareza solar o direito que a pessoa (física ou jurídica, pois não foi limitado a um ou outro) tem de promover a ação penal subsidiária da pública se o órgão de acusação não a promover no prazo legal e, em nenhum momento, impõe como obstáculo eventual arquivamento do inquérito policial pelo juízo a pedido do *parquet*.

---

[41] Há exceções indiscutíveis quanto à irrecorribilidade contra a decisão de arquivamento do inquérito determinado pelo juízo a pedido do MP: o reexame necessário quando for apurado crime contra a economia popular ou a saúde pública, nos termos do art. 7º da Lei nº 1.521/1951; o recurso em sentido estrito, quando o inquérito apurar contravenções relacionadas ao jogo do bicho (arts. 58 e 60 do Decreto-Lei nº 6.259/1944 combinados com art. 6º, parágrafo único, da Lei nº 1.508/1951), muito embora parcela da doutrina entenda que a Lei nº 9099/95 tenha revogado esses dispositivos tacitamente.

Neste caso específico, diante do atual estágio de desenvolvimento do Estado Democrático de Direito brasileiro e das suas instituições, deve-se reconhecer que o recém citado direito individual e coletivo de cariz constitucional não pode ser limitado, obviamente, pela legislação infraconstitucional (muito anterior à atual Lei Fundamental brasileira) ou por interpretações que visam a concentrar poder nas mãos de um único órgão, quando, na verdade, a intenção do constituinte foi totalmente contrária neste caso específico.

O inc. LIX, do art. 5º, do Texto Constitucional, desvela direito fundamental e, exatamente em direção contrária à interpretação doutrinária majoritária, possibilita o exercício da cidadania e a fiscalização democrática das instituições durante o processo penal, inclusive mediante a eventual substituição do órgão de acusação diante da sua inércia ou de eventual desídia, ao não intentar a ação penal pública. Comente-se, ainda, que este direito fundamental de ação penal se coaduna, ou melhor, soma-se a outro direito fundamental, que é o direito à prestação jurisdicional, pois a lei não poderá excluir da apreciação do Poder Judiciário lesão ou ameaça a direito (art. 5º, inc. XXXV, CF).

Acrescente-se que os direitos fundamentais previstos na Carta Magna podem ser considerados normas hierarquicamente superiores até mesmo diante das outras disposições do Texto Constitucional,[42] pois possuem o mais alto grau de juridicidade, positividade, concretude e eficácia em nosso sistema jurídico, como anota Bonavides (2004, p. 596).

Impende ressaltar, ainda, que um dos princípios basilares (e elementares) da interpretação das normas jurídicas de qualquer país que se julgue digno da expressão "Estado Democrático de Direito" prevê não somente o efeito de irradiação (ou de superioridade hierárquica, embora não absoluta) dos direitos fundamentais sobre o restante das disposições da Lei Fundamental (ALEXY, 2011, p. 254 *et seq.*) e, obviamente, preponderância das normas do Texto Magno sobre as infraconstitucionais. Realmente, quanto aos direitos e garantias fundamentais, deve-se também utilizar a interpretação jurídico-constitucional que mais eficácia e alcance conceda a estes, em caso de conflito,

---

[42] Segundo Sarlet (2004, p. 77), destaca-se na Lei Fundamental brasileira "[...] a situação topográfica dos direitos fundamentais, positivados no início da Constituição, logo após o preâmbulo e os princípios fundamentais, o que, além de traduzir maior rigor lógico, na medida em que os direitos fundamentais constituem parâmetro hermenêutico e valores superiores de toda a ordem constitucional e jurídica, também vai ao encontro da melhor tradição do constitucionalismo n esfera dos direitos fundamentais".

como anota Bonavides (2004, p. 592 *et seq.*), em capítulo intitulado: "A necessidade de fazer eficazes os direitos fundamentais e a insuficiência da Velha Hermenêutica".

Esta também é a posição de Canotilho (2003, p. 1224), ao tratar do princípio constitucional da máxima efetividade, "[...] também designado por princípio da eficiência ou princípio da interpretação efectiva", sendo um princípio operativo em relação a todas e quaisquer normas e pode ser "[...] sobretudo invocado no âmbito dos direitos fundamentais (no caso de dúvidas deve preferir-se a interpretação que reconheça maior eficácia aos direitos fundamentais)".[43]

Nesse rumo, o jurista Sarlet (2004, p. 359-360) anota com precisão:

> A vinculação dos órgãos judiciais aos direitos fundamentais – leciona Gomes Canotilho – manifesta-se, por um lado, por intermédio de uma constitucionalização da própria organização dos tribunais e do procedimento judicial, que, além de deverem ser compreendidos à luz dos direitos fundamentais, por estes são influenciados, expressando-se, de outra parte, na vinculação do conteúdo dos atos jurisdicionais aos direitos fundamentais, que, neste sentido, atuam como autênticas medidas de decisão material, determinando e direcionando as decisões judiciais. No que diz com a sua amplitude, também aqui o efeito vinculante dos direitos fundamentais alcança a totalidade dos órgãos jurisdicionais estatais, bem como os atos por estes praticados no exercício das suas funções.

Assim, realmente causa surpresa o entendimento doutrinário majoritário sobre o tema, ao recusar ao ofendido o direito (constitucional) de propor a ação penal subsidiária da pública quando o inquérito policial tiver sido arquivado, indo em direção totalmente oposta aos valores mais caros a uma democracia, em que a participação popular e democrática deve ser ampliada e estimulada (e não a concentração de mais e mais poderes nas mãos do órgão de acusação).[44] Por certo,

---

[43] Quanto ao tema, Perez Luño (2007, p. 19) afirma que "[...] há um estreito nexo de interdependência, genética e funcional, entre o Estado de Direito e os direitos fundamentais, já que o Estado de Direito exige e implica para sê-lo garantir os direitos fundamentais, enquanto estes exigem e implicam para sua realização o Estado de Direito". Após, Perez Luño (2007, p. 22) cita decisão do Tribunal Constitucional espanhol e pontua que qualquer interpretação e aplicação do direito deve partir do postulado básico segundo o qual "[...] 'os direitos fundamentais respondem a um sistema de valores e princípios de alcance universal que [...] hão de informar todo nosso ordenamento jurídico' (STC de 15 de junho de 1981, em BCJ, 1981, nº 4, p. 265)".

[44] Neste sentido, Pereira (2019b, p. 424) ainda assevera, em importante estudo sobre a equidade e a proporcionalidade durante a persecução penal, que a divisão do poder é uma importante

esse direito constitucional assegurado à pessoa (física ou jurídica) está estreitamente conectado à possibilidade de fiscalização democrática das ações dos poderes públicos, inclusive substituindo-os quando não propuserem a ação penal. Ademais, "[...] no Estado de Direito, persiste sendo um postulado fundamental de organização do poder a sua divisão, tanto na dimensão macrofísica dos poderes clássicos, quanto na dimensão microfísica processual" (PEREIRA, 2019b, p. 424).

Nesse viés, acrescente-se que a tão aventada Súmula nº 524 do STF foi concebida muito antes da promulgação da "Constituição Cidadã" de 1988, pois foi aprovada durante um regime de exceção no Brasil, em dezembro de 1969, tomando por base uma legislação processual penal da década de 1940. Aliás, não é por acaso que Bonavides (2004, p. 596) comenta que a Constituição brasileira de 1988 marcou claramente "[...] a passagem do primeiro Estado de Direito – o Estado legal, o Estado da separação de Poderes – ao segundo Estado de Direito – o Estado constitucional, o Estado do novo dogma dos direitos fundamentais [...]".[45]

Ainda quanto ao exercício do direito (democrático) de propor a ação penal, vejam-se as previsões sobre o tema na Espanha, em que o direito de ação popular (penal) é assegurado não somente ao ofendido, mas a qualquer cidadão, tratando-se de crimes cuja ação penal seja pública, e este direito pode ser exercido independentemente do órgão de acusação (Ministério Fiscal), ou seja, quer tenha permanecido inerte ou não. De fato, na Espanha, esse direito inclusive está contemplado na

---

característica do Estado de Direito, e a concentração de poder é típica do Estado de Exceção, reconhecido pelo constante e excessivo fortalecimento de uma ou outra instituição do Estado. De fato, a concentração de poder no órgão estatal de acusação, neste caso específico, derivando de uma interpretação jurídica irrefletida, que suprime ou restringe uma parcela importantíssima de um direito fundamental do cidadão, em total discordância com a Lei Fundamental (art. 5º, incs. XXXV e LIX), não se coaduna com o atual estágio democrático alcançado no Brasil.

[45] O jurista Bonavides (2004, p. 596) ainda anota que o Brasil é um "Estado assentado sobre o pedestal de quatro gerações cumulativas de direitos, que culminam com o direito à democracia, apanágio do gênero humano e coroamento daquele axioma de concretização progressiva de liberdade". Por seu turno, Bobbio (2004, p. 21) reforça essa ideia geral, ao reconhecer que a democracia, caminho obrigatório para a busca do ideal da paz perpétua, "[...] não pode avançar sem uma gradativa ampliação do reconhecimento e da proteção dos direitos do homem, acima de cada Estado".

sua respectiva Constituição,[46] como relata o jurista espanhol Gimeno Sendra (2012, p. 204-205):[47]

Acusadores Populares. Recebem esta denominação os cidadãos que, sem serem ofendidos pelo delito, decidem exercitar, "quivis ex populo", a ação penal em forma de queixa (arts. 101 e 270 da LECrim). Os acusadores populares são titulares do direito constitucional contido no art. 125 da CE e no direito à tutela judicial efetiva prevista no art. 24.1 da CE [...]. A esses acusadores populares a LECrim exige somente que sejam capazes e que não tenham sido condenados duas vezes pelo delito de denúncia ou queixa caluniosa, declarando-se incompatíveis para o exercício desta ação os juízes e os demais magistrados (art. 102) e, devido à circunstância de que se trata do exercício de um direito constitucional, cívico e ativo, a lei reserva seu exercício aos 'espanhóis' (arts. 101.II, 270 e 281, II). (Tradução nossa)

O processualista argentino Vázquez Rossi (1995, p. 192) comenta, inclusive, que "[...] a ação [penal] popular leva a ideia de controle e intervenção cidadã às suas máximas expressões [...]". Na sequência, o autor comenta que a ação [penal] popular, que concede a todo cidadão a faculdade de converter-se em acusador de um crime público (sem a necessidade de ter sido a vítima direta), exige um "alto nível de desenvolvimento cívico", pois outorga um papel de protagonismo aos indivíduos e, tendo nascido na Grécia ateniense, expressa claramente uma sociedade aberta e participativa, mediante uma evidente manifestação do sistema acusatório. O jurista acrescenta que os romanos também aceitavam a

---

[46] A Costitución Española prevê: "[...] Artículo 24. 1. Todas las personas tienen derecho a obtener la tutela efectiva de los jueces y tribunales en el ejercicio de sus derechos e intereses legítimos, sin que, en ningún caso, pueda producirse indefensión. [...] Artículo 125. Los ciudadanos podrán ejercer la acción popular y participar en la Administración de Justicia mediante la institución del Jurado, en la forma y con respecto a aquellos procesos penales que la ley determine, así como en los Tribunales consuetudinarios y tradicionales". No mesmo sentido, prevê a "Ley Orgánica nº 6/1985, de 1 de julio", que é a Lei Orgânica do Poder Judiciário espanhol: "[...] Artículo 19. 1. Los ciudadanos de nacionalidad española podrán ejercer la acción popular, en los casos y formas establecidos en la ley".

[47] Conforme Gimeno Sendra (2012, p. 240-241), a instituição do acusador popular provém do sistema inglês e foi inserida no ordenamento jurídico espanhol pela primeira vez através da "Ley Provisional de Enjuiciamiento Criminal de 1872", e "[...] responde ao intenso desejo do legislador de democratizar a Justiça Penal [...] possibilitando que qualquer cidadão possa exercitar a função pública da acusação". O autor acrescenta: "Na atualidade a ação popular goza de uma dimensão constitucional e, porque o art. 125 da CE a consagra (e o art. 19.1 da LOPJ reitera sua vigência), convertendo-a em um limite ao Poder Legislativo, que não poderá derrogá-la através da concessão ao Ministério Público o monopólio da ação penal [...]" (tradução nossa).

ação [penal] popular até o término do período republicano. Entretanto, com base nos estudos de Maier, o autor comenta que a adoção posterior de um sistema de governo com a concentração de poder nas mãos do imperador romano fez com que surgisse o órgão oficial de acusação, que podia ser controlado pelo soberano, afastando o sistema acusatório e a participação cidadã, adotando-se um sistema inquisitivo e sem a participação dos indivíduos. Ressalta o processualista, ainda, que a ação [penal] popular praticamente desapareceu do direito continental europeu, mas permaneceu em vigor durante séculos na Inglaterra, como "[...] fruto da firme convicção política de que todo cidadão tem a responsabilidade de atuar na repressão à criminalidade" (VÁZQUEZ ROSSI, 1995, p. 324-327).

O sistema processual penal português também tem uma previsão assemelhada quanto ao tema, embora não esteja prevista na sua respectiva Carta Magna, mas sim na Lei nº 83/95, de 31.8.1985,[48] conforme lições de Silva (2006, p. 344):

> O art. 2º da Lei nº 83/95, de 31 de agosto, conferiu o direito de acção popular [leia-se ação penal privada] aos cidadãos que estejam no gozo dos seus direitos civis e políticos e às associações e fundações defensoras dos interesses previstos no seu art. 1º e ainda às autarquias locais em relação aos interesses de que sejam titulares residentes na área da respectiva circunscrição. Aos titulares do direito de acção popular é reconhecido o direito de denúncia, queixa ou participação ao MP por violação dos interesses previstos no art. 1º da referida lei e que revistam

---

[48] Em Portugal, a Lei nº 83/95, de 31.8.1985, estabelece: "Artigo 1.º Âmbito da presente lei. 1 - A presente lei define os casos e termos em que são conferidos e podem ser exercidos o direito de participação popular em procedimentos administrativos e o direito de acção popular para a prevenção, a cessação ou a perseguição judicial das infracções previstas no n.º 3 do artigo 52.º da Constituição. 2 - Sem prejuízo do disposto no número anterior, são designadamente interesses protegidos pela presente lei a saúde pública, o ambiente, a qualidade de vida, a protecção do consumo de bens e serviços, o património cultural e o domínio público. Artigo 2.º Titularidade dos direitos de participação procedimental e do direito de acção popular. 1 - São titulares do direito procedimental de participação popular e do direito de acção popular quaisquer cidadãos no gozo dos seus direitos civis e políticos e as associações e fundações defensoras dos interesses previstos no artigo anterior, independentemente de terem ou não interesse directo na demanda. 2 - São igualmente titulares dos direitos referidos no número anterior as autarquias locais em relação aos interesses de que sejam titulares residentes na área da respectiva circunscrição. [...] Artigo 25.º Regime especial de intervenção no exercício da acção penal dos cidadãos e associações. Aos titulares do direito de acção popular é reconhecido o direito de denúncia, queixa ou participação ao Ministério Público por violação dos interesses previstos no artigo 1.º que revistam natureza penal, bem como o de se constituírem assistentes no respectivo processo, nos termos previstos nos artigos 68.º, 69.º e 70.º do Código de Processo Penal".

natureza penal, bem como o de se constituírem assistentes no respectivo processo. Os interesses previstos no art. 1º da Lei nº 83/95 são os que são previstos no nº 3 do art. 52 da Constituição da República Portuguesa, designadamente a saúde pública, o ambiente, a qualidade de vida, a protecção do consumo de bens e serviços, o patrimônio cultural e o domínio público.

No Brasil, a única previsão de ação penal popular[49] que permanece em vigor consta na Lei nº 1.079/1950, permitindo a qualquer pessoa do povo oferecer denúncia em virtude de crimes de responsabilidade cometidos por determinados agentes públicos:

[...] Art. 14. É permitido a qualquer cidadão denunciar o Presidente da República ou Ministro de Estado, por crime de responsabilidade, perante a Câmara dos Deputados. [...]

Art. 41. *É permitido a todo cidadão denunciar* perante o Senado Federal, os Ministros do Supremo Tribunal Federal e o Procurador Geral da República, pêlos crimes de responsabilidade que cometerem (artigos 39 e 40).

Art. 41-A. Respeitada a prerrogativa de foro que assiste às autoridades a que se referem o parágrafo único do art. 39-A e o inciso II do parágrafo único do art. 40-A, as ações penais contra elas ajuizadas pela prática dos crimes de responsabilidade previstos no art. 10 desta Lei serão processadas e julgadas de acordo com o rito instituído pela Lei nº 8.038, de 28 de maio de 1990 [que instituiu normas procedimentais para os processos perante o Superior Tribunal de Justiça e o Supremo Tribunal Federal], *permitido, a todo cidadão, o oferecimento da denúncia.* (Grifos nossos)

Realizadas todas essas ponderações, conclui-se que não pode a legislação infraconstitucional estabelecer impedimentos, como o arquivamento a pedido do *parquet*, para restringir o direito fundamental de propor a ação penal subsidiária da pública se o órgão de acusação

---

[49] Deve-se salientar que existe corrente doutrinária que defende que a Lei nº 1.079/50 não prevê, na realidade, uma ação propriamente penal, tendo em vista que estabelece somente infrações político-administrativas, que não podem ser consideradas propriamente crimes, pois não preveem pena privativa de liberdade, restritiva de direitos ou multa, mas sim a perda do cargo com inabilitação para exercer função pública. Entretanto, não há como concordar com esses argumentos. Efetivamente, a natureza de ação penal promovida por qualquer cidadão em virtude dos delitos previstos na Lei nº 1.079/50 não é modificada pelo simples fato de as sanções serem de ordem administrativa, não somente porque a própria Constituição utiliza a expressão "crimes de responsabilidade" em diversas oportunidades, em contraposição aos crimes comuns, mas também porque o Código Eleitoral prevê uma série de condutas criminosas sancionadas apenas com multa.

não a intentar no prazo legal. No mesmo sentido, as normas anteriores à Constituição brasileira de 1988 (inclusive o CPP, obviamente) devem ser interpretadas à luz do Texto Constitucional e, especialmente, dos direitos fundamentais, tornando inaplicáveis dispositivos legais que o contrariam, sob pena do Poder Judiciário cometer flagrante inconstitucionalidade.

4 Desarquivamento

A decisão judicial que determina o arquivamento do inquérito policial, em princípio, não transita em julgado, pois a autoridade policial poderá proceder a novas pesquisas, se de outras provas tiver notícia (art. 18, CPP).

Sobre o tema, a Súmula nº 524 do Supremo Tribunal Federal, aprovada em 1969, estabelece: "Arquivado o inquérito policial, por despacho do juiz, a requerimento do promotor de justiça, não pode a ação penal ser iniciada, sem novas provas".[50]

Quanto ao tema, já foi externado outro posicionamento anteriormente, no sentido de que o desarquivamento pode ocorrer também por iniciativa do ofendido, ao propor ação penal subsidiária da pública, pois se trata de direito fundamental, que impõe como único requisito o fato de o órgão de acusação não ter intentado a ação no prazo legal, e obviamente a legislação infraconstitucional deve ser interpretada à luz da Constituição.

Cabe salientar, ainda, que o STF vem decidindo que a decisão judicial de arquivamento do inquérito faz coisa julgada material em alguns casos, se for fundamentada na atipicidade da conduta, em causa extintiva de punibilidade, em excludente de ilicitude manifesta ou em dirimente de culpabilidade comprovada, por exemplo (LOPES JÚNIOR, 2014, p. 291; AVENA, 2017, p. 198-199; DAURA, 2007, p. 152).

---

[50] Deve-se ressaltar que são três os requisitos para que a prova seja considerada nova e o desarquivamento autorizado pelo juízo, segundo decisões do STF: deve ser prova formalmente nova, ou seja, desconhecida pelas autoridades até aquele momento; deve ser prova substancialmente nova, modificando o convencimento quanto à desnecessidade de persecução penal anterior; e deve influir na mudança do contexto probatório que existia no momento em que foi requerido o arquivamento.

5 Conclusão

Ao longo deste estudo verificou-se que o delegado de polícia, ao concluir a investigação criminal, deve redigir um minucioso relatório, contendo uma análise técnico-jurídica dos fatos investigados, especialmente sobre a materialidade, a autoria e as circunstâncias da ação criminosa, concatenando os fatos apurados com as provas colhidas. Entre outras medidas, como a indicação de testemunhas que não foram ouvidas, a autoridade policial também poderá, no relatório, representar pela prisão preventiva do investigado. Após, deve remeter os autos ao juízo competente.

No decorrer do texto, restou esclarecido, também, que o Brasil é um Estado Democrático de Direito, com suas instituições consolidadas, sendo que a Polícia Judiciária, assim como todos os demais órgãos estatais, deve exercer suas atribuições devidamente balizados pelas disposições constitucionais e, especialmente, pelos direitos fundamentais, alçados pelo constituinte brasileiro ao mais alto grau de concretude, positividade e eficácia, irradiando seus efeitos sobre todo o sistema jurídico. Este entendimento é ainda mais relevante porque a investigação criminal e as medidas adotadas durante a apuração representam uma parcela importantíssima da persecução penal, sendo o sistema penal a forma mais violenta de relacionamento entre o Estado e o cidadão.

Assim, uma vez que a Polícia Judiciária tem suas atribuições previstas na Constituição Federal, e os delegados de polícia têm suas missões definidas também no CPP, na Lei nº 12.830/2013 e na legislação esparsa, as autoridades policiais têm o poder-dever de respeitar e promover, antes e sobretudo, os direitos fundamentais das pessoas, especialmente quando encerra as investigações e se dirige ao Estado-Julgador. Deve o delegado de polícia, portanto, manifestar-se técnica e juridicamente ao elaborar o relatório, fundamentando juridicamente suas ações e conclusões durante a investigação criminal, mas deve tomar o cuidado de manter a imparcialidade tanto durante a apuração quanto ao confeccionar o minucioso relatório, não apresentando nem um libelo acusatório, nem uma dissertação de defesa, mas sim uma peça escorreita e técnica.

Acrescente-se que o relatório poderá, em alguns casos, confirmar o entendimento técnico-jurídico externado pelo delegado de polícia ao realizar o indiciamento do investigado. De outro lado, a manifestação juridicamente fundamentada no relatório torna-se ainda mais importante,

ante a fiel observância pela autoridade policial dos direitos fundamentais dos indivíduos, quando não ocorrer o indiciamento, especialmente se houver provas de que o suspeito é inocente, de que o fato é atípico ou de que ocorreu a prescrição.

Verificou-se, ainda, que entre os diversos aspectos atinentes ao arquivamento do inquérito a pedido do Ministério Público, não deve este arquivamento ter o condão de impedir que a vítima do delito exerça o seu direito fundamental de propor a ação penal subsidiária da pública, caso o órgão de acusação não a intente no prazo legal, direito este que guarda total consonância com outro direito-garantia constitucional, que garante o acesso à tutela jurisdicional em caso de lesão ou ameaça a direito.

Referências

ALEXY, Robert. *Teoria dos direitos fundamentais*. 4. ed. Tradução de Virgílio Afonso da Silva. São Paulo: Malheiros, 2011.

ARGENTINA. *Codigo Procesal Penal Federal*. Ley nº 27.063/14, promulgada el día 9 de diciembre de 2014. Disponível em: http://servicios.infoleg.gob.ar/infolegInternet/anexos/235000-239999/239340/norma.htm. Acesso em: fev. 2019.

ARGENTINA. *Ley de derechos y garantias de las víctimas de delitos*. Ley nº 27.372/17, promulgada el día 11 de julio de 2017. Disponível em: http://servicios.infoleg.gob.ar/infolegInternet/anexos/275000-279999/276819/norma.htm. Acesso em: fev. 2019.

ARMINJON, Pierre; NOLDE, Baron Boris; WOLFF, Martin. *Traité de droit compare*. Paris: Librairie Générale de Droit et de Jurisprudence, 1950. t. I.

AVENA, Norberto Cláudio Pâncaro. *Processo penal*. 9. ed. rev. atual. Rio de Janeiro: Forense, 2017.

BARBOSA, Ruchester Marreiros. Garantia de defesa na investigação criminal. In: ANSELMO, Márcio Adriano; BARBOSA, Ruchester Marreiros; GOMES, Rodrigo Carneiro; HOFFMANN, Henrique; MACHADO, Leonardo Marcondes. *Investigação criminal pela Polícia Judiciária*. Rio de Janeiro: Lumen Juris, 2016.

BASTOS, Celso Ribeiro. *Curso de direito constitucional*. 18. ed. ampl. e atual. São Paulo: Saraiva, 1997.

BOBBIO, Norberto. *A era dos direitos*. Rio de Janeiro: Elsevier, 2004.

BONAVIDES, Paulo. *Curso de direito constitucional*. 14. ed. São Paulo: Malheiros, 2004.

BRASIL. *Constituição da República Federativa do Brasil de 1988*. Disponível em: http://www.planalto.gov.br/ccivil_03/Constituicao/ConstituicaoCompilado.htm. Acesso em: mar. 2019.

BRASIL. *Decreto-Lei nº 3.689, de 03 de outubro de 1941*. Código de Processo Penal. Disponível em: http://www.planalto.gov.br/ccivil_03/Decreto-Lei/Del3689Compilado.htm. Acesso em: mar. 2019.

BRASIL. Departamento de Polícia Federal. Instrução Normativa nº 108/2016-DG/PF, de 7 de novembro de 2016. *Boletim de Serviço*, n. 210, 8 nov. 2016.

BRASIL. *Lei nº 1.079, de 10 de abril de 1950*. Disponível em: http://www.planalto.gov.br/ccivil_03/LEIS/L1079.htm. Acessado em março de 2019.

BRASIL. Lei nº 11.690, de 9 de junho de 2008. Disponível em: http://www.planalto.gov.br/ccivil_03/_Ato2007-2010/2008/Lei/L11690.htm. Acesso em: mar. 2019.

BRASIL. Projeto de Lei nº 4.205/2001. Voto do Deputado Luiz Antônio Fleury Filho. Comissão de Constituição e Justiça e de Redação. *Diário da Câmara dos Deputados*, 14 mar. 2002. Disponível em: http://imagem.camara.gov.br/Imagem/d/pdf/DCD14MAR2002.pdf#page=395. Acesso em: mar. 2019.

BRASIL. São Paulo (Estado). Delegacia Geral de Polícia do Estado de São Paulo. Portaria DGP nº 18/1998, de 25 de novembro de 1998. *Diário Oficial do Estado*, 27 nov. 1998. Poder Executivo, Seção I.

BRASIL. Superior Tribunal de Justiça. *Súmula nº 227*. Segunda Seção. Aprovada em 08 de setembro de 1999.

BRASIL. Supremo Tribunal Federal. Segunda Turma. Habeas Corpus nº 115.015/São Paulo, julgado em 27 de agosto de 2013. Rel. Min. Teori Zavascki. *DJe*, 12 set. 2013.

BRASIL. Supremo Tribunal Federal. Súmula nº 524. Sessão Plenária de 03 de dezembro de 1969. Disponível em: http://www.stf.jus.br/portal/jurisprudencia/listarJurisprudencia.asp?s1=524.NUME.%20NAO%20S.FLSV.&base=baseSumulas. Acesso em: mar. 2019.

CANOTILHO, J. J. Gomes. *Direito constitucional e teoria da Constituição*. 7. ed. Coimbra: Almedina, 2003.

CARNELUTTI, Francesco. *As misérias do processo penal*. 1957. ed. Tradução de José Antônio Cardinalli. Campinas: Conan, 1995.

CASTRO, Henrique Hoffmann Monteiro de. Polícia Judiciária e garantia de direitos fundamentais. *In*: ANSELMO, Márcio Adriano; BARBOSA, Ruchester Marreiros; GOMES, Rodrigo Carneiro; HOFFMANN, Henrique; MACHADO, Leonardo Marcondes. *Investigação criminal pela Polícia Judiciária*. Rio de Janeiro: Lumen Juris, 2016.

COSTA, José Armando da. *Fundamentos de Polícia Judiciária*. Rio de Janeiro: Forense, 1982.

DAURA, Anderson Souza. *Inquérito policial*: competência e nulidades de atos de Polícia Judiciária. 2. ed. rev. e atual. Curitiba: Juruá, 2007.

ESER, Albin. Acerca del renacimiento de la víctima en el procedimiento penal. Tendencias nacionales y internacionales. Tradução de Fabrício Guariglia e Fernando Córdoba. *In*: AA.VV. *De los delitos y de las víctimas*. Buenos Aires: Ad-Hoc, 1992.

ESPANHA. Constitución Española. *Boletín Oficial del Estado*, 29 dez. 1978. Disponível em: https://www.boe.es/legislacion/codigos/codigo.php?id=151_Constitucion_Espanola&modo=1. Acesso em: fev. 2019.

ESPANHA. *Ley de Enjuiciamiento Criminal (Codigo de Proceso Penal)*. Real Decreto de 14 de septiembre de 1882. Disponível em: https://www.boe.es/legislacion/codigos/codigo.php?modo=1&id=040_Codigo_de_Legislacion_Procesal. Acesso em: fev. 2019.

ESPÍNOLA FILHO, Eduardo. *Código de Processo Penal brasileiro anotado*. Atualização de José G. da Silva e Wilson Lavorenti. Campinas: Bookseller, 2000.

FELDENS, Luciano; SCHMIDT, Andrei Zenkner. *Investigação criminal e ação penal*. 2. ed. Porto Alegre: Livraria do Advogado, 2007.

FERRAJOLI, Luigi. *Direito e razão*: teoria do garantismo penal. 3. ed. rev. São Paulo: RT, 2010.

FERREIRA, Luís H. C.; FERREIRA, Nilton. J. C. *Investigação criminal*: um estudo metodológico. Salvador: OSPBa, 2011.

FERREIRA FILHO, Manoel Gonçalves. *Comentários à Constituição brasileira de 1988*. 3. ed. atual. São Paulo: Saraiva, 2000. v. 1.

GIMENO SENDRA, Vicente. *Derecho procesal penal*. Navarra: Thomson Reuters, 2012.

ITÁLIA. *Codice di Procedura Penale*. Decreto del Presidente della Repubblica 22 settembre 1988, n. 447. Approvazione del codice di procedura penale. (GU nº 250 del 24-10-1988 - Suppl. Ordinario nº 92). Disponível em: https://www.normattiva.it/uri-res/ N2Ls?urn:nir:stato:decreto.del.presidente.della.repubblica:1988-09-22;447. Acesso em: fev. 2019.

LOPES JÚNIOR, Aury. *Direito processual penal*. 12. ed. São Paulo: Saraiva, 2015.

LOPES JÚNIOR, Aury; GLOECKNER, Ricardo Jacobsen. *Investigação preliminar no processo penal*. 6. ed. rev., atual. e ampl. São Paulo: Saraiva, 2014.

MACHADO, Leonardo Marcondes. *Investigação acrítica*: entre banalidades e abusos. *In*: ANSELMO, Márcio Adriano; BARBOSA, Ruchester Marreiros; GOMES, Rodrigo Carneiro; HOFFMANN, Henrique; MACHADO, Leonardo Marcondes. *Investigação criminal pela Polícia Judiciária*. Rio de Janeiro: Lumen Juris, 2016.

MARTINS, Ives Gandra da Silva. Prefácio. *In*: PEREIRA, Eliomar da Silva; DEZAN, Sandro Lúcio (Coord.). *Investigação criminal conduzida por delegado de polícia*: Comentários à Lei 12.830/2013. Curitiba: Juruá, 2013.

MEHMERI, Adilson. *Inquérito policial*: dinâmica. São Paulo: Saraiva, 1992.

MENDES, Gilmar Ferreira; BRANCO, Paulo Gustavo Gonet. *Curso de direito constitucional*. 10. ed. São Paulo: Saraiva, 2015.

MONDIN, Augusto. *Manual de inquérito policial*. 6. ed. rev. e ampl. São Paulo: Sugestões Literárias, 1965.

MORAES, Bismael B. *Direito e polícia*: uma introdução à Polícia Judiciária. São Paulo: Revista dos Tribunais, 1986.

NUCCI, Guilherme de Sousa. *Código de Processo Penal comentado*. 15. ed. rev., atual. e ampl. Rio de Janeiro: Forense, 2016.

PALAZZO, Francesco C. *Valores constitucionais e direito penal*: um estudo comparado. Tradução de Gérson P. dos Santos. Porto Alegre: Fabris, 1989.

PARLAMENTO EUROPEU. *Diretiva 2012/29/EU, do Parlamento Europeu e do Conselho, de 25 de outubro de 2012*. Disponível em: http://www.apav.pt/apav_v3/images/pdf/ LexUriServ_Directiva_PT.pdf. Acesso em: fev. 2019.

PEREIRA, Eliomar da Silva. *Curso de direito de Polícia Judiciária* – Introdução ao direito de polícia judiciária. 1. ed. Belo Horizonte: Fórum, 2019a. v. 1.

PEREIRA, Eliomar da Silva. Introdução: investigação criminal, inquérito policial e polícia judiciária. *In*: PEREIRA, Eliomar da Silva; DEZAN, Sandro Lúcio (Coord.). *Investigação criminal conduzida por delegado de polícia*: Comentários à Lei 12.830/2013. Curitiba: Juruá, 2013.

PEREIRA, Eliomar da Silva. *Saber e poder*: o processo (de investigação) penal. 1. ed. Florianópolis: Tirant lo Blanch, 2019b.

PEREZ LUÑO, Antonio E. *Los derechos fundamentales*. 9. ed. Madrid: Tecnos, 2007.

PORTUGAL. *Constituição da República Portuguesa*. Assembleia Constituinte, sessão plenária de 2 de abril de 1976.

PORTUGAL. *Lei nº 83/95, de 31 de agosto de 1995*. Disponível em: http://www.pgdlisboa.pt/leis/lei_mostra_articulado.php?nid=722&tabela=leis. Acesso em: mar. 2019.

QUEIROZ FILHO, Dilermando. *Inquérito policial*. Rio de Janeiro: Esplanada, 2000.

SANTOS, Célio Jacinto dos. Art. 1º. Esta Lei dispõe sobre a Investigação criminal conduzida pelo delegado de polícia. *In*: PEREIRA, Eliomar da Silva; DEZAN, Sandro Lúcio (Coord.). *Investigação criminal conduzida por delegado de polícia*: Comentários à Lei 12.830/2013. Curitiba: Juruá, 2013.

SARLET, Ingo Wolfgang. *A eficácia dos direitos fundamentais*. 10. ed. rev., atual. e ampl. Porto Alegre: Livraria do Advogado, 2009.

SARLET, Ingo Wolfgang. *A eficácia dos direitos fundamentais*. 4. ed. rev., atual. e ampl. Porto Alegre: Livraria do Advogado, 2004.

SILVA, Germano Marques da. *Curso de processo penal*. 4. ed. rev. e atual. Lisboa: Verbo, 2006. t. I.

SILVA, José Geraldo da. *O inquérito policial e a Polícia Judiciária*. 4. ed. Campinas: Millennium, 2002.

TONINI, Paolo. *Manuale di procedura penale*. 16. ed. Milano: Giuffrè, 2015.

VALENTE, Manuel Monteiro Guedes. *Teoria geral do direito policial*. 5. ed. Coimbra: Almedina, 2017.

VÁZQUEZ ROSSI, Jorge Eduardo. *Derecho procesal penal. La realización penal. Conceptos generales*. Buenos Aires: Rubinzal-Culzoni, 1995. t. I.

Informação bibliográfica deste texto, conforme a NBR 6023:2018 da Associação Brasileira de Normas Técnicas (ABNT):

ZIEMBOWICZ, Rodrigo Luís. Relatório, arquivamento e desarquivamento. *In*: PEREIRA, Eliomar da Silva; ANSELMO, Márcio Adriano (Org.). *Direito Processual de Polícia Judiciária I*. Belo Horizonte: Fórum, 2020. p. 239-266. (Curso de Direito de Polícia Judiciária, v. 4). ISBN 978-85-450-0619-0.

A NOTIFICAÇÃO DA VÍTIMA

Rodrigo Luís Ziembowicz

1 Introdução

Ao concluir as investigações que visam a verificar a materialidade, a autoria e as circunstâncias dos delitos, o delegado de polícia deve elaborar minucioso relatório contendo uma análise técnico-jurídica dos fatos investigados, remetendo os autos ao juízo competente, além de adotar outras medidas, nos termos do Código de Processo Penal (CPP) e da legislação esparsa.

Entretanto, analisadas as atribuições da Polícia Judiciária à luz da Constituição e, especialmente, dos direitos fundamentais estabelecidos na Lei Fundamental, entende-se que a autoridade policial tem outras atribuições além de promover a investigação criminal, em relação à vítima do delito, de maneira a proporcionar a esta, em síntese, direitos mínimos relativos à sua proteção, informação e exercício de direitos durante a persecução penal.

Nesse estudo serão verificados, então, os diversos aspectos atinentes à notificação das vítimas após a conclusão das investigações, pela Polícia Judiciária e pelo Poder Judiciário (antes do início da ação penal), examinando tanto as situações referentes aos delitos com vítima privada quanto aqueles nos quais a vítima é uma pessoa pública.

Ressalta-se, ainda, que a interpretação das normas aplicáveis será balizada pelo Texto Constitucional e, principalmente, pelos direitos fundamentais, diante do efeito vinculativo máximo que possuem, irradiando seus efeitos sobre toda a ordem jurídica brasileira.

2 Notificação da vítima

A Lei nº 11.690/2008, que alterou alguns dispositivos do CPP, modificou substancialmente os direitos do ofendido no que se refere à sua proteção e ao seu papel durante a persecução penal.

Assim, no art. 201, do CPP, além da permanência do *caput* e do §1º da redação anterior, os quais tratam das declarações a serem tomadas do ofendido e da sua eventual condução se deixar de comparecer à presença da autoridade sem motivo justo, foram acrescentados alguns direitos (mínimos) da vítima, para lhe oferecer alguma proteção e, ao menos, amenizar as lesões causadas pela conduta criminosa e os constrangimentos ao participar dos atos processuais penais.

Desse modo, após a precitada mudança, foi estabelecido nos §§2º ao 6º do art. 201 do CPP: o ofendido será comunicado dos atos processuais relativos ao ingresso e à saída do acusado da prisão, à designação de data para audiência e à sentença e respectivos acórdãos que a mantenham ou modifiquem; as comunicações ao ofendido deverão ser feitas no endereço por ele indicado, admitindo-se, por opção do ofendido, o uso de meio eletrônico; antes do início da audiência e durante a sua realização, será reservado espaço separado para o ofendido; o juiz poderá encaminhar o ofendido para atendimento multidisciplinar, especialmente nas áreas psicossocial, de assistência jurídica e de saúde, a expensas do ofensor ou do Estado; o juiz tomará as providências necessárias à preservação da intimidade, vida privada, honra e imagem do ofendido, podendo, inclusive, determinar o segredo de justiça em relação aos dados, depoimentos e outras informações constantes dos autos a seu respeito para evitar sua exposição aos meios de comunicação.

Recentemente, o legislador deu outro importante passo para oferecer um mínimo de proteção e manutenção da dignidade humana da vítima da ação criminosa, por meio da Lei nº 13.505/2017, que acrescentou dispositivos à Lei nº 11.340/2006 (Lei Maria da Penha), mas infelizmente ampliou somente as garantias das vítimas do sexo feminino em situação de violência doméstica e familiar, sem estender a discussão sobre o tema e conceder esses direitos às vítimas de outros delitos de semelhante ou maior gravidade no restante da legislação.

No entanto, repita-se, esta mudança específica na lei que visa a coibir a violência doméstica e familiar contra a mulher também representou um marco relevantíssimo para a discussão legislativa referente às vítimas de ações criminosas, embora entendamos que o legislador deveria ter ampliado a discussão e, ao lado do debate sobre a proteção da mulher nesse tipo específico de delito, poderia ter ampliado a proteção e a comunicação à vítima de outros atos do Estado ao promover a persecução penal, por meio de acréscimos no CPP. Desse modo, tendo em vista o objeto de estudo, dar-se-á especial destaque aos §§2º e 3º do art. 201 do CPP, quanto à obrigatoriedade de comunicar ao ofendido as medidas adotadas durante a persecução penal, bem como a forma de notificação.

Assim, inicialmente cabe destacar que a mudança no art. 201 do CPP, anteriormente referida, foi importante para conceder expressamente alguns direitos mínimos de proteção e informação ao ofendido, pois o Estado, de certa forma, já havia falhado ao não conseguir prevenir a lesão à vítima.

Transparece claramente, então, a preocupação do legislador em manter a vítima informada quanto aos atos processuais mais relevantes.[1] Entretanto, as manifestações dos parlamentares durante a tramitação do Projeto de Lei nº 4.205/2001,[2] a própria redação do art. 201 do CPP (ao citar vários direitos fundamentais) e a sua interpretação à luz do Texto Constitucional permitem concluir que a referida mudança deve ter um alcance maior, visando a preservar não somente os direitos fundamentais do ofendido, mas, especialmente, a sua integridade física e a dos seus familiares, diante da criminalidade organizada violenta, econômica ou institucionalizada.

De fato, pode-se dizer que a *mens legis* tem alcance mais amplo nesse caso específico, pois também deve permitir o conhecimento da vítima sobre os fatos relevantes antes mesmo do oferecimento da denúncia ou da queixa, especialmente as informações relativas à prisão ou à soltura do ofensor, ou mesmo a eventual conclusão da autoridade

---

[1] Para Avena (2017, p. 554-555): "Sem embargo da simplicidade das regras inseridas aos §§2.º e 3.º do art. 201, a verdade é que importaram em inovações relevantes ao sistema do Código, a começar pelo fato de que obrigam o magistrado a comunicar ao ofendido acerca de medidas segregatórias ou liberatórias determinadas em relação ao acusado, bem como da data da audiência designada e das decisões proferidas sobre o mérito do processo independentemente de estar ele ou não agindo na condição de querelante na ação penal privada (art. 30) ou de assistente do Ministério Público habilitado na ação penal pública (art. 268). Em verdade, a intenção do legislador que transparece do dispositivo parece ser, exatamente, a de manter informado o ofendido que não esteja representado nos autos quanto a atos, fatos e circunstâncias do processo, inclusive para que, desejando, possa nele intervir".

[2] O voto do Deputado Federal Fleury Filho (BRASIL, 2012, p. 08105) perante a Comissão de Constituição e Justiça e de Redação deixou claro o quanto é importante repensar o sistema penal, também, a partir da perspectiva da vítima.

policial contida no relatório, após o encerramento das investigações e remessa do inquérito ao Poder Judiciário, para que possa, por exemplo, exercer o seu direito constitucional de promover a ação penal subsidiária da pública, caso o Ministério Público não intente a ação penal pública no prazo legal.

Nesse sentido, percebeu-se já na década de 1990 a preocupação da direção da Polícia Civil do Estado de São Paulo quanto à necessidade de notificação da vítima pela autoridade policial, conforme consta na Portaria DGP nº 18, de 25.11.1998, que dispôs "[...] sobre medidas e cautelas a serem adotadas na elaboração de inquéritos policiais para a garantia dos direitos da pessoa humana":

> Art. 12 Concluídas ou esgotadas as providências para esclarecimento do fato perquirido, suas circunstâncias e respectiva autoria, a autoridade policial fará minucioso relatório do que tiver sido apurado, detalhando os meios empregados e as diligências efetuadas, bem como as *razões, de fato e de direito, que fundamentam o seu convencimento* sobre o resultado da investigação.
>
> Parágrafo único - *Caberá à autoridade policial que presidiu o inquérito, dar aviso à vítima acerca de sua conclusão e encaminhamento ao Poder Judiciário*, pondo-se à disposição dos interessados para a prestação de esclarecimentos que, então, se fizerem pertinentes. (Grifos nossos)

Percebe-se, portanto, que há mais de duas décadas a Polícia Civil do Estado de São Paulo já se preocupava com o tratamento dispensado à vítima, inclusive fazendo valer o direito do ofendido às informações relativas à conclusão do inquérito, ressalvado o sigilo necessário à elucidação do fato ou exigido pelo interesse da sociedade, nos termos do art. 20 do CPP. Nesse diapasão, vê-se como salutar essa providência adotada há muito tempo pela Polícia Civil do Estado de São Paulo, representando um importante avanço no oferecimento de um mínimo de amparo ao ofendido por conduta criminosa.

De fato, esta notificação à vítima realizada pela Polícia Judiciária, após a conclusão da investigação e no mesmo momento em que remete os autos ao Poder Judiciário, antes mesmo do início da ação penal, é de extrema relevância, pois o cidadão deve ser alertado não somente quanto aos aspectos referentes à sua segurança e de seus familiares, mas também quanto à possibilidade do exercício do seu direito democrático de propor a ação penal subsidiária da pública, caso o *parquet* não a intente no prazo legal, como claramente definido entre os direitos e garantias individuais constitucionais (art. 5º, incs. XXXV e LIX, da CF).

No que tange ao Poder Judiciário, recebendo os autos do inquérito relatado, o juízo competente, em princípio, deverá adotar duas ações. Assim, deverá abrir vistas ao órgão de acusação nos casos de ação penal pública ou privada. Quanto a este último caso, de fato, o Ministério Público poderá, ao analisar os autos do caderno apuratório, entender que a conduta praticada se amolda a crime cuja ação seja penal pública incondicionada, e não privada, adotando as devidas providências.

No mesmo sentido, entende-se que o magistrado deve determinar a notificação do ofendido (pessoa física ou jurídica, particular ou pública), quando for o caso de crime de ação penal privada, ação penal pública condicionada à representação e, ao nosso sentir, mesmo quando se tratar de ação penal pública.

Quanto a este último aspecto, entende-se (embora de maneira minoritária) que, mesmo nos casos de ação penal pública incondicionada, o ofendido deverá ser notificado pelo Poder Judiciário caso o *parquet* não apresente a denúncia ou solicite diligências no prazo legal.

Efetivamente, esta é uma interpretação da legislação infraconstitucional à luz da Lei Fundamental, concedendo à vítima a real possibilidade de exercer em toda a sua plenitude o direito constitucional assegurado pelo art. 5º, inc. LIX, da Carta Magna,[3] que lhe permite promover a ação penal pública se esta não for intentada no prazo legal, combinado com os direitos fundamentais do acesso à tutela jurisdicional e à publicidade dos atos processuais penais (incs. XXXV e LX, do art. 5º, também da CF). Efetivamente, a lei somente poderá restringir a publicidade desses atos quando a defesa da intimidade ou o interesse social o exigirem, e obviamente estes obstáculos não podem ser impingidos à vítima do crime, salvo em casos excepcionalíssimos.

Ademais, como poderia o ofendido promover a ação penal subsidiária da pública se não tiver notícias do recebimento do inquérito policial pelo magistrado, ou sequer souber da inércia ou desídia do Ministério Público e do início da fluência dos prazos decadenciais[4]

---

[3] No mesmo sentido, o CPP prevê, em seu art. 29, que será admitida ação privada nos crimes de ação pública, se esta não for intentada no prazo legal, cabendo ao Ministério Público aditar a queixa, repudiá-la e oferecer denúncia substitutiva, intervir em todos os termos do processo, fornecer elementos de prova, interpor recurso e, a todo tempo, no caso de negligência do querelante, retomar a ação como parte principal.

[4] O CPP estabelece: "Art. 38. Salvo disposição em contrário, o ofendido, ou seu representante legal, decairá no direito de queixa ou de representação, se não o exercer dentro do prazo de seis meses, contado do dia em que vier a saber quem é o autor do crime, ou, no caso do art. 29, do dia em que se esgotar o prazo para o oferecimento da denúncia".

para o exercício desse direito? De fato, de que adiantaria assegurar este direito no mais alto grau de positividade e eficácia, entre os direitos e garantias fundamentais, e, por via oblíqua, torná-lo praticamente nulo, ao não prever a notificação da vítima quanto à abertura do prazo decadencial para o exercício desse direito?[5]

Acrescente-se que, quanto às informações e à notificação das vítimas, infelizmente continuamos muito atrasados em relação a outros países europeus[6] e, inclusive, latino-americanos, especialmente a Argentina. Faz-se necessário, então, permear o texto com remissão à legislação e às abordagens relativas ao tema de algumas ordens jurídicas estrangeiras, as quais foram escolhidas por que se integram em uma única família de direito, de origem romano-germânica, com estruturas judiciárias e ordenamentos jurídicos codificados (civil law) assemelhados ao brasileiro, embora sem um paralelismo perfeito.[7]

Nesse aspecto, o legislador argentino demonstra diligente atenção para com as vítimas de crimes, tendo promulgado recentemente a *Ley de Derechos y Garantias de las Víctimas de Delitos* (Ley nº 27.372/17), que inclusive modificou vários dispositivos do *Código Procesal Penal Federal* argentino, especialmente os arts. 79 a 82. Esta lei de direitos previu uma série de medidas para proteger o ofendido, mantê-lo informado sobre

---

[5]   Realmente, sem a notificação da vítima quanto ao início da fluência dos prazos decadenciais, pouca utilidade tem prever a possibilidade de que o ofendido (ou seu representante legal) intente ação penal subsidiária da pública (inc. LIV, art. 5º, CF; art. 29, CPP), promova a ação penal privada (art. 19, CPP) ou mesmo apresente representação quando for o caso de ação penal pública condicionada à representação ou requisição (art. 24, CPP). Este alerta também serve para a autoridade policial, quanto à necessidade de notificar o ofendido em alguns casos, como naqueles em que a instauração de inquérito depender de representação do ofendido (§4º, art. 5º, CPP), bem como, analisando a necessidade (constitucionalmente implícita) de oferecer um mínimo de proteção à vítima, cientificar-lhe sobre a prisão ou soltura do ofensor, sempre que possuir esta informação. Crê-se, ainda, que se ocorrer a oitiva de vítima durante as investigações, esta já deve ser alertada quanto à possibilidade de requerer diligências durante o inquérito policial (art. 14, CPP) e quanto aos demais direitos que lhe cabem após a remessa do inquérito ao magistrado competente.

[6]   Segundo o jurista alemão Eser (1992, p. 30), na segunda metade da década de 1980 percebeu-se que a doutrina e a legislação referentes aos direitos da vítima de delitos tiveram um novo impulso, com "[...] uma mudança fundamental; se até agora o Estado se havia avocado de modo excessivamente parcial a castigar o delito, deixando a vítima à sua própria sorte, agora dedica a ela, com toda justiça, maior atenção, pois a paz jurídica perturbada pelo delito somente é verdadeiramente restabelecida quando se faz justiça não somente ao autor, mas também à vítima".

[7]   Conforme orientam Arminjon, Nolde e Wolff (1950, p. 48), em seu *Traité de Droit Comparé*, são importantes fatores para uma comparação adequada de sistemas jurídicos a sua origem, as relações de derivação e as suas semelhanças, enquanto as comparações jurídicas que não atendem a esses requisitos podem, por vezes, fazer analogias acidentais ou mesmo duvidosas.

o andamento da persecução penal e concedeu à vítima a possibilidade de recorrer de eventual arquivamento, suspensão da persecução ou manifestação processual do órgão de acusação no sentido de que o fato não configura crime:

ARTIGO 5º - A vítima terá os seguintes direitos: a) Ao imediato recebimento de denúncia de crime que a afete; [...] f) A ser informada sobre seus direitos ao realizar a denúncia ou durante sua primeira participação no procedimento; [...] h) A intervir como querelante ou autor civil no procedimento penal, de acordo com a garantia constitucional do devido processo e das leis procedimentais locais; i) A examinar documentos e atos procedimentais, e a ser informada verbalmente sobre a situação do processo e a situação do acusado; [...] k) *A ser ouvida antes de cada decisão que implique a extinção ou suspensão da ação penal*, e daquelas que disponham sobre medidas de coerção ou sobre a liberdade do acusado durante o processo, sempre que expressamente o solicitar; l) *A ser notificada sobre as decisões que possam afetar seu direito a ser ouvida*; m) Requerer a revisão da "desestimación",[8] do arquivamento ou da aplicação de um "criterio de oportunidade"[9] solicitado pelo representante do Ministério Público, quando interveio no procedimento como querelante; [...] ARTIGO 7º - A autoridade que receber a denúncia deverá: a) Informá-la sobre os direitos que lhe assistem e sobre os meios disponíveis para utilizá-los; b) Informá-la sobre os nomes do juiz e do promotor que irão atuar no caso e o endereço dos seus gabinetes; [...]. (Tradução livre) (Grifos nossos)

Quanto ao *Codigo Procesal Penal Federal* argentino (*Ley* nº 27.063/14), comente-se que a vítima de delito terá direito: a) a requerer a conversão da ação penal pública em privada, nos casos em que o Ministério Público aplicar um "criterio de oportunidade", solicitar a suspensão após a investigação, ou quando se tratar de lesões culposas ou ação pública condicionada à representação (art. 33 combinado com art. 314); b) a ser informada pelo Ministério Público se este entender que deverá aplicar

---

[8]   O art. 249 do Código Processual Penal da Argentina prevê a *desestimación* (ou "rejeição" da denúncia recebida pelo Ministério Público), que significa a possibilidade de o *parquet* não promover a ação penal e não requisitar diligências investigatórias quando entender que o fato noticiado não constitui crime.

[9]   Constam no art. 31 do Código Processual Penal argentino os *criterios de oportunidade*, que representam a possibilidade de o Ministério Público deixar de exercer total ou parcialmente o direito de ação penal pública ou propor a ação somente contra alguns dos seus autores, quando: o fato for insignificante; a ação do autor for irrelevante e puder ser apenado com medidas alternativas; o dano físico ou moral sofrido pelo imputado tornar desnecessária ou desproporcional a sanção; a pena for irrelevante, diante de outra sanção já imposta, na Argentina ou em outro país.

um "criterio de oportunidad" (art. 251, §1º), em que o *parquet* deixará de exercer total ou parcialmente o direito de ação penal pública ou proporá a ação somente contra alguns dos seus autores, situação esta que permitirá à vítima recorrer em três dias (art. 252, §1º combinado com art. 80, "j") ou solicitar a conversão da ação pública em privada em sessenta dias (art. 252, §3º); c) a ser informada pelo Ministério Público se este entender que deverá solicitar o *sobreseimiento*,[10] bem como recorrer deste pedido e apresentar a acusação (queixa) ao magistrado (art. 270 combinado com art. 80, "j"), em substituição ao órgão de acusação, inclusive nos casos de ação penal pública incondicionada; d) a ser comunicada pelo *parquet* sobre a acusação que será apresentada ao juízo, juntamente com uma cópia desta, podendo aderir à acusação apresentada pelo *parquet* ou apresentar uma acusação autônoma (art. 276); e) a uma série de outros direitos previstos nos arts. 79 a 82.

No sistema processual penal italiano, o jurista Tonini (2015, p. 159) anota que a pessoa ofendida pelo crime tem direito a todas as informações necessárias para o fim de exercitar os seus respectivos poderes nos procedimentos penais. Informa o autor que o D. Lgs. nº 212/2015 acrescentou uma série de direitos ao ofendido no *Codice di Procedura Penale* italiano, entre os quais destacam-se os seguintes:

> Art. 90. *Direitos e faculdades da pessoa ofendida*. 1. A pessoa ofendida pelo crime, além de exercer os direitos e as faculdades expressamente reconhecidas pela lei, em cada estado e grau do procedimento pode apresentar memórias e, com a exclusão do julgamento de cassação, indicar provas. [...] Art. 90-bis. *Informações para a pessoa ofendida*. 1. A partir do primeiro contato com a autoridade responsável, a pessoa ofendida recebe, em um idioma a ela compreensível, informações sobre: a) *os procedimentos para a apresentação da denúncia ou queixa, o papel que ela assume durante a investigação e o processo, o direito de ter conhecimento da data, do local do processo e da imputação e, quando constituído parte civil* [em ação civil ex delicto], *e o direito de receber notificação da sentença*, mesmo que por extrato; b) a faculdade de receber a comunicação do procedimento e dos registros referidos no artigo 335 [registros sobre o crime, suas circunstâncias e sua classificação]; c) *o direito de ser notificado do pedido de arquivamento*; [...] f) quaisquer medidas de proteção que possam ser disponibilizadas a

---

[10] Segundo o *Codigo Processal Penal Federal* argentino (arts. 33, "b"; 39, §2º; 67, §2º; 80, "j"; 153, parágrafo único; 231; 269 a 273; 353 a 355), em síntese, o *sobreseimiento* definitivo é o ato judicial que põe fim à persecução penal devido à inexistência do delito ou à inocência do investigado e/ou acusado, com efeitos assemelhados à sentença absolutória, e o *sobreseimiento* provisório ocorre quando a causa é sobrestada pelo juízo, por falta de provas suficientes.

seu favor; [...] h) *os procedimentos para contestar quaisquer violações de seus direitos*; i) as autoridades a quem contatar para obter informações sobre o procedimento; [...] o) as faculdades que possui no procedimento em que a pessoa imputada solicita a suspensão do procedimento [com liberdade condicional durante o período de prova] ou naqueles casos em que se pode excluir a punibilidade devido à particular insignificância do fato; p) instalações de tratamento, casas de família, centros antiviolência ou casas de refúgio na região. Art. 90 ter. *Comunicações de evasão e liberação.* 1. Sem prejuízo do disposto no artigo 299.º, em delitos cometidos com violência à pessoa, a pessoa ofendida deve ser imediatamente notificada, com o auxílio da polícia judiciária, sobre a libertação ou a cessação de medida detentiva, e também é oportunamente notificado, da mesma forma, de fuga do imputado em prisão cautelar ou condenado [...]. (Tradução livre) (Grifos nossos)

Nesse aspecto, convém salientar a Diretiva nº 2012/29/UE do Parlamento Europeu, de 25.10.2012, que estabeleceu "normas mínimas relativas aos direitos, ao apoio e à proteção das vítimas da criminalidade", potencializando também o direito à informação da vítima, com especial destaque para os seguintes excertos:

[...] (26) Quando sejam prestadas informações, devem ser facultados elementos suficientes para garantir que as vítimas sejam tratadas com respeito e para lhes permitir tomar decisões fundamentadas quanto à sua participação no processo. Neste contexto, são particularmente importantes as informações que permitam às vítimas tomar conhecimento da situação do processo. É igualmente importante que as informações permitam às vítimas decidir se devem ou não requerer o reexame da decisão de não deduzir acusação. Salvo disposição em contrário, as informações comunicadas às vítimas devem poder ser prestadas oralmente ou por escrito, nomeadamente por meios eletrónicos. (27) As informações prestadas às vítimas devem ser enviadas para o último endereço postal ou eletrónico que a vítima tiver comunicado à autoridade competente. Em casos excepcionais, por exemplo devido ao elevado número de vítimas implicadas num processo, deve ser possível prestar informações através da imprensa, através do sítio de internet da autoridade competente ou através de um meio de comunicação similar. [...] (29) *Cabe às autoridades competentes assegurar que as vítimas recebam dados de contacto atualizados para o envio de comunicações relativas ao seu processo, salvo se tiverem declarado que não os desejam receber.* [...] (33) *Há que prestar às vítimas informações sobre o direito de recurso da decisão de libertar o autor do crime, caso esse direito esteja previsto na legislação nacional.* (Grifos nossos)

Percebe-se, portanto, o intenso movimento dos legisladores europeus na direção de um sistema penal que dê mais atenção à vítima, tanto no sentido de protegê-la, quanto na intenção de evitar uma revitimização e, por meio de uma série de direitos expressos de informação às quais tem direito, viabilizar à vítima o efetivo exercício dos seus direitos processuais, entendidos como direitos fundamentais à organização e ao procedimento.

Isso exposto, entende-se que os direitos de informação da vítima durante a persecução penal, bem como os seus direitos processuais penais na condição de vítima dos delitos (incluindo o direito de promover a ação penal subsidiária da pública se o órgão de acusação não a intentar no prazo legal), devem ser interpretados não somente em função dos escassos dispositivos do CPP (art. 201) e da legislação esparsa brasileira. Antes e sobretudo, os direitos da vítima devem ser estabelecidos a partir de uma leitura dos direitos fundamentais, insculpidos no mais alto grau de positividade e eficácia da Constituição.

Nesse aspecto, revela-se de enorme importância que sejam estabelecidas as normas aplicáveis à Polícia Judiciária, estabelecendo a obrigação de notificar a vítima quanto à remessa do inquérito devidamente relatado ao Poder Judiciário (além de outras informações relevantes para a proteção e para o exercício dos direitos do ofendido).

Nesse rumo, entende-se que uma análise do sistema processual penal sob o prisma dos direitos e garantias constitucionais já induz logicamente à conclusão de que o Poder Judiciário deve notificar a vítima sobre a abertura do prazo decadencial para a promoção de ação penal subsidiária da pública, caso o *parquet* não a intente no prazo legal, ou então apresentação de representação ou de outra medida semelhante, Entretanto, ante as discussões doutrinárias e jurisprudenciais sobre o tema, entende-se que nenhum prejuízo o ofendido terá se a legislação também estabelecer expressamente o poder-dever do magistrado, no sentido de notificar a vítima (pessoa física ou jurídica, privada ou pública) sobre os atos processuais relevantes e, especialmente, sobre a abertura do prazo decadencial para a apresentação da queixa, da representação ou da requisição, ou para a promoção da ação penal subsidiária da pública, quando o *parquet* não a intente no prazo legal.

Ao contrário, a eventual previsão infraconstitucional, caso seja estabelecida, determinando que o juízo da causa notifique o ofendido mesmo antes do início da causa para que possa exercer seus direitos (como parte interessada na adequada aplicação da lei), concedendo-lhe a possibilidade de exercer o poder de fiscalização democrática e de substituição do órgão de acusação, nos termos da precitada Diretiva nº 2012/29/EU, do Parlamento Europeu, bem como das avançadas normas da Argentina, que previram direitos mínimos para as vítimas de delito, permitirá uma óbvia ampliação e proteção mais efetiva dos interesses daqueles que foram ofendidos por ações criminosas.

2.1 Vítima privada

A Constituição brasileira de 1988, como restou demonstrado anteriormente, efetuou uma relevantíssima mudança de perspectiva, em que a prioridade passou do Estado legalista e dos poderes constituídos para o ser humano, individual ou coletivamente considerado, com seus direitos constitucionalmente assegurados, especialmente por meio dos direitos fundamentais.

Nesse rumo, destaca-se o movimento que vem rediscutindo o tratamento que deve ser dispensado à vítima pelo sistema penal, considerando-se tanto o direito penal quanto o direito processual penal, passando também pela ação civil *ex delicto* e pela execução penal (no sentido de avisar-se ao ofendido sobre o encarceramento ou liberação do autor do crime, entre outras medidas de proteção).

Neste viés, revela-se de vital importância a interpretação das normas à luz dos direitos fundamentais, de maneira a aplicá-los utilizando a concepção que mais lhes conceda alcance e eficácia, afastando (sempre que for possível) uma análise que possa restringi-los. Por esses motivos, repita-se, são especialmente importantes os direitos da vítima à informação,[11] como instrumento que vem a viabilizar o exercício de todos os direitos concernentes ao ofendido, aí incluída a possibilidade de promover a ação penal subsidiária da pública, caso o órgão de acusação não a intente no prazo legal.

Nesse aspecto, como já foi tratado, entende-se importante que a Polícia Judiciária, ao concluir as investigações e remeter o inquérito policial ao magistrado, comunique também ao ofendido que os autos

---

[11] Nesse aspecto, deve-se perceber as quatro principais vertentes acerca dos direitos (mínimos) que devem ser assegurados à vítima de delito: à proteção, à informação, à participação na persecução penal e à possibilidade de solução consensual do processo. Quanto ao direito da vítima à informação, Rodrigues (2012, conclusão 5) pontua: "O direito à informação no âmbito do processo penal reflete bem a situação de exclusão da vítima, já que frequentemente todo o procedimento ganha curso até seu final sem que a vítima seja informada acerca dos atos processuais praticados, relegada que está ao mais completo alheamento".

foram enviados ao Poder Judiciário, bem como informe-o quanto aos demais direitos que lhe assistem, em uma verdadeira ação positiva de promoção dos direitos fundamentais, em perfeita consonância com o teor do texto constitucional, principalmente os incs. XXXV e LIX do art. 5º da Lei Fundamental.

No mesmo sentido, embora não seja determinado pela legislação expressamente, entende-se que o Poder Judiciário deve comunicar à vítima a abertura do prazo decadencial para a promoção da ação penal subsidiária da pública, caso o *parquet* não intente a ação penal pública incondicionada no prazo legal. Trata-se, por certo, de uma leitura das atribuições da Justiça por meio do prisma de um Estado Democrático de Direito, constitucionalmente erigido sob o dogma dos direitos fundamentais.

Prosseguindo, quanto ao destinatário dos direitos fundamentais, aí incluídos os direitos fundamentais da vítima, especialmente os direitos à tutela judicial e à ação penal subsidiária da pública caso o *parquet* não a intente no prazo legal (incs. XXXV e LIX), o *caput* do art. 5º da CF garante-os "aos brasileiros e aos estrangeiros residentes no País".

Assim, Dimoulis e Martins (2014, p. 70-78) entendem que os direitos fundamentais previstos na CF somente são aplicáveis a esse grupo restrito de pessoas, não sendo aplicados aos estrangeiros não residentes, salvo quando previstos em tratados internacionais em que o Brasil seja parte, nos termos do §2º, do art. 5º, da CF.

Entretanto, como anota Bastos (1997, p. 178), esta fórmula utilizada pelo constituinte, no sentido de garantir os direitos fundamentais aos brasileiros e estrangeiros residentes, não pode ser interpretada literalmente, "[...] sob pena de ficarmos em muitas hipóteses aquém do que pretendeu o constituinte. [...] a proteção que é dada à vida, à liberdade, à segurança e à propriedade é extensiva a todos aqueles que estejam sujeitos à ordem jurídica brasileira". O autor acrescenta: "É impensável que uma pessoa qualquer possa ser ferida em um destes bens jurídicos tutelados sem que as leis brasileiras lhe dêem a devida proteção".

Para Mendes e Branco (2015, p. 173), a declaração de direitos fundamentais que consta na Constituição radica-se no princípio estruturante da dignidade do homem (art. 1º, inc. III), não podendo ser excepcionado pela nacionalidade, salvo em casos excepcionais, como o direito do cidadão ao voto.

De outra banda, percebe-se claramente que os direitos fundamentais são expressamente assegurados aos brasileiros e estrangeiros residentes no Brasil, enquanto pessoas físicas, na esteira das declarações de direitos e garantias do homem que têm caráter universal. No entanto, a doutrina diverge quanto à possibilidade da pessoa jurídica ser titular de direitos fundamentais.

Segundo Dimoulis e Martins (2014, p. 70-78), quanto à titularidade dos direitos fundamentais, a regra geral é de que as pessoas jurídicas se equiparam às pessoas físicas, quando houver compatibilidade do exercício desse direitos com a estrutura da pessoa jurídica e previsão expressa, como o direito das associações representarem seus filiados diante dos tribunais, dos sindicatos na defesa dos interesses da categoria e o tratamento especial a empresas de pequeno porte (respectivamente art. 5º, inc. XXI; art. 8º, inc. III; e art. 170, IX, todos da CF). Entretanto, estes autores entendem que seria forçoso estender o mesmo entendimento aos demais direitos e garantias fundamentais, em que a pessoa jurídica não é expressamente prevista.

Entretanto, Sarlet (2009, p. 222-223) comenta que, apesar da CF brasileira não prever expressamente a titularidade de direitos fundamentais para as pessoas jurídicas (ou entes coletivos),[12] tanto a doutrina quanto a jurisprudência reconheceram "[...] de maneira tranquila, tal possibilidade, ressalvada alguma discussão pontual sobre determinadas hipóteses e eventuais limitações decorrentes da condição de pessoa jurídica".

Com este entendimento também lecionam Mendes e Branco (2015, p. 171-172), afirmando que a corrente doutrinária de que os direitos fundamentais se dirigem somente às pessoas humanas se encontra superada, pois há diversos direitos fundamentais que podem ser exercidos pelas pessoas jurídicas, como o direito de propriedade, de sigilo da correspondência, do direito adquirido, do ato jurídico perfeito, da coisa julgada, e também direitos à honra e à imagem, por exemplo, que ensejam reparação pecuniária por dano moral,[13] pois a

---

[12] Quanto ao reconhecimento de direitos fundamentais para as pessoas jurídicas, a Lei Fundamental da República Federal da Alemanha estabelece: "Os direitos fundamentais também são válidos para as pessoas jurídicas sediadas no país, conquanto, pela sua essência, sejam aplicáveis às mesmas". A Constituição Portuguesa de 1976, por seu turno, prevê: "Parte I. Direitos e deveres fundamentais [...] Artigo 12º [...] 2. As pessoas colectivas gozam dos direitos e estão sujeitas aos deveres compatíveis com a sua natureza".

[13] A Súmula nº 227, do Superior Tribunal de Justiça, estabelece: "A pessoa jurídica pode sofrer dano moral".

pessoa jurídica também pode ser vítima de atos hostis e, obviamente, de crimes.

Nesse aspecto, Ferreira Filho (2000, p. 25-26) afirma que, apesar das declarações de direitos e garantias terem sido instituídas no passado para protegerem os direitos fundamentais do homem, "[...] é preciso ponderar que os direitos das pessoas jurídicas são mediatamente direitos de pessoas físicas, [ou seja], despir de garantia os direitos das pessoas jurídicas significa desproteger os direitos das pessoas físicas". E o que dizer de direitos fundamentais como aqueles que constam no próprio caput do art. 5º, referentes à liberdade, à igualdade, à segurança e à propriedade, dos quais derivam em grande parte as dezenas de incisos seguintes? Poderiam esses direitos fundamentais serem negados às pessoas jurídicas?

Por seu turno, Bastos (1997, p. 178) também entende que os direitos fundamentais devem ser concedidos às pessoas jurídicas, pois o texto constitucional disse menos do que pretendia, arrematando que, caso concluíssemos que somente as pessoas físicas são titulares desses direitos, "[...] estaríamos diante de uma interpretação absurda. Em muitas hipóteses a proteção última ao indivíduo só se dá por meio da proteção que se confere às próprias pessoas jurídicas".

Entende-se como oportuna também a lição do constitucionalista português Miranda (2000, p. 219-220) quanto ao tema, ao tratar do princípio da universalidade dos direitos fundamentais. O jurista explica que estes direitos são voltados primordialmente para as pessoas singulares, e que a extensão desses direitos às pessoas coletivas não revela uma equiparação, mas sim uma limitação, pois as pessoas jurídicas têm somente os direitos fundamentais (bem como os demais direitos) que sejam compatíveis com a sua natureza, enquanto as pessoas físicas têm todos os direitos, salvo quando especificamente concedidos somente aos entes coletivos ou instituições.

Quanto à possibilidade das pessoas jurídicas serem titulares de direitos fundamentais, o jurista Cruz Villalon (1992, p. 74-78) apresenta pesquisa sobre as discussões realizadas no âmbito Tribunal Constitucional de España (TC) em diferentes julgamentos, restando estabelecido através da Sentencia del TC nº 137/85 e da Sentencia del TC nº 64/88 que, naquelas hipóteses em que o direito não seja incompatível com a natureza ou com a finalidade do ente coletivo, este será titular do citado direito fundamental, Nas referidas decisões, o Tribunal Constitucional de España utilizou como referência a Lei Fundamental da Alemanha (art. 19, inc. III) e estendeu a tutela judicial efetiva em face dos demais direitos fundamentais compatíveis com os entes coletivos.

Dessa forma, entende-se que não somente as pessoas físicas ofendidas, mas também as pessoas jurídicas lesadas, devem ter garantidos e promovidos os direitos fundamentais pelo Estado, especialmente quando forem vítimas de crimes, concedendo-lhes o direito às informações referentes à persecução penal, bem como os direitos de promover a ação penal privada ou a ação penal subsidiária da pública, entre outros direitos pertinentes a esta condição.

Este direito de informação deve ser efetivado, inclusive, através da adequada e oportuna notificação pela Polícia Judiciária sobre o encaminhamento dos autos do caderno apuratório ao juízo competente, bem como por meio da notificação pelo Poder Judiciário sobre a abertura do prazo decadencial para propor a ação penal privada ou a ação penal subsidiária da pública.

2.2 Vítima pública

A Constituição Federal garantiu às pessoas ofendidas por crime o direito fundamental de promover a ação penal subsidiária da pública, caso o órgão de acusação não o faça no prazo legal, bem como o direito de acesso à tutela jurisdicional (incs. XXXV e LIX do art. 5º da Lei Fundamental). Entretanto, esses direitos não podem ser efetivamente exercidos se essas pessoas, físicas ou jurídicas, não tiverem acesso às informações necessárias, especialmente aquelas que se referem à abertura de prazos decadenciais para a proposta de ação penal privada ou subsidiária da pública.

Sustenta-se, então, que a Polícia Judiciária, como órgão de um Estado Democrático de Direito, subordinada diretamente às disposições constitucionais[14] e, principalmente, na condição de garantidor dos direitos fundamentais, assim como vem obtendo importantes informações das vítimas para realizar as investigações criminais, também deve prestar importantes informações para o ofendido ao encaminhar o inquérito

---

[14] Novamente deve-se comentar que a Polícia Judiciária não está subordinada ao Ministério Público, e que não é defensável a doutrina de que o inquérito tem caráter unidirecional, voltado somente para a formação da *opinio delicti*, neste estado dos dogmas constitucionais e da subordinação de todos os órgãos aos direitos fundamentais, estes sim, erigidos à mais alta concretude, positividade e eficácia do sistema jurídico brasileiro, irradiando seus efeitos sobre todo seu arcabouço jurídico, tanto na criação, quanto na interpretação e na aplicação das normas.

policial ao magistrado. Desse modo, deve comunicá-lo também quanto aos demais direitos que lhe assistem, em uma atuação positiva baseada no teor do texto constitucional. No mesmo rumo, sustenta-se que o juízo deve comunicar ao ofendido a abertura do prazo decadencial para a promoção da ação penal subsidiária da pública, caso o parquet não intente a ação penal pública incondicionada no prazo legal, entre outras informações relevantes para a segurança, exercício de direitos processuais e busca da recomposição de danos pela vítima do delito.

Assim, deve-se perguntar se a pessoa jurídica de direito público é titular de direitos fundamentais, inclusive do direito constitucional de promover a ação penal subsidiária da pública, alçado à condição de, repita-se, direito fundamental.

Para Mendes e Branco (2015, p. 171-172), apesar da controvérsia, não se sustenta a tese de que as pessoas jurídicas de direito público não podem ser titulares de direitos fundamentais porque estes nasceram da necessidade de garantir a liberdade justamente em face dos Poderes Públicos. Assim, os autores pontuam que as pessoas jurídicas de direito público gozam, especialmente, de direitos fundamentais de caráter procedimental, como o direito de ampla defesa e contraditório em juízo, ao juiz natural, à tutela judicial. Ademais, as pessoas jurídicas de direito público também podem ser vítimas de atos hostis e de crimes, como aqueles previstos, verbi gratia, na Lei de Licitações (arts. 88 a 98 da Lei nº 8.666/93), entre tantos outros crimes contra a Administração Pública.

Em Portugal, a discussão quanto à titularidade de direitos fundamentais por pessoas jurídicas públicas também possui uma série de controvérsias. Entretanto, Canotilho (2002, p. 423) observa: "Não é pelo fato de serem públicas que elas deixam [...] de ser titulares de certos direitos fundamentais reconhecidos às pessoas colectivas (ex: direito de propriedade, direito de defesa judicial, direito de petição e representação, [...] direito do bom nome e reputação)". O constitucionalista argumenta, ainda, que mesmo a doutrina contrária ao reconhecimento da titularidade de direitos fundamentais pelas pessoas jurídicas de direito público, admitem que estas gozam de "alguns direitos processuais fundamentais".

Na Espanha, segundo Cruz Villalon (1992, p. 78-83), na década de 1980, o Tribunal Constitucional de España (TC) inicialmente reconheceu que as pessoas jurídicas de direito público têm o direito fundamental à tutela judicial efetiva, quando em contraposição a pessoas privadas, mas posteriormente estendeu esse direito também em caso de conflito da pessoa jurídica de direito público com outro ente do próprio Estado, amparando-se em decisões emanadas do Tribunal Europeu de Direitos Humanos (TEDH).

Este entendimento acerca da possibilidade de pessoas jurídicas de direito público serem titulares de direitos fundamentais tem especial relevância em virtude do estabelecido nos incisos XXXV e LIX do art. 5º da Constituição Brasileira, referente à possibilidade de propor ação penal subsidiária da pública, caso o parquet não a promova no prazo legal.

Na Argentina, país em que os direitos da vítima de delito foram muito discutidos em virtude do movimento europeu que fez renascer a preocupação do legislador com o ofendido, o Código Procesal Penal Federal prevê expressamente a possibilidade de entidades do setor público proporem a persecução penal, independentemente do órgão de acusação:

> Artículo 87. Querellante autónomo. En los delitos de acción pública, la víctima o su representante legal, podrán provocar la persecución penal o intervenir en la ya iniciada por el representante del Ministerio Público Fiscal. La participación de la víctima como querellante no alterará las facultades concedidas por la ley al representante del Ministerio Público Fiscal, ni lo eximirá de sus responsabilidades. *Las entidades del sector público podrán ser querellantes conforme las leyes y reglamentos que así lo habiliten.* (Grifos nossos).

Em Portugal, a Lei nº 83/95, de 31 de agosto de 1985,[15] concedeu até mesmo às autarquias locais a possibilidade de promoverem a ação penal, conforme lições de Silva (2006, p. 344):

---

[15] Em Portugal, a Lei nº 83/95, de 31.8.1985, estabelece: "Artigo 1º Âmbito da presente lei. 1 - A presente lei define os casos e termos em que são conferidos e podem ser exercidos o direito de participação popular em procedimentos administrativos e o direito de acção popular para a prevenção, a cessação ou a perseguição judicial das infracções previstas no nº 3 do artigo 52.º da Constituição. 2 - Sem prejuízo do disposto no número anterior, são designadamente interesses protegidos pela presente lei a saúde pública, o ambiente, a qualidade de vida, a protecção do consumo de bens e serviços, o património cultural e o domínio público. Artigo 2º Titularidade dos direitos de participação procedimental e do direito de acção popular. 1 - São titulares do direito procedimental de participação popular e do direito de acção popular quaisquer cidadãos no gozo dos seus direitos civis e políticos e as associações e fundações defensoras dos interesses previstos no artigo anterior, independentemente de terem ou não interesse directo na demanda. 2 - São igualmente titulares destes direitos referidos no número anterior as autarquias locais em relação aos interesses de que sejam titulares residentes na área da respectiva circunscrição. [...] Artigo 25º Regime especial de intervenção no exercício da acção penal dos cidadãos e associações. Aos titulares do direito de acção popular é reconhecido o direito de denúncia, queixa ou participação ao Ministério Público por violação dos interesses previstos no artigo 1º que

O art. 2º da Lei nº 83/95, de 31 de agosto, conferiu o direito de acção popular [leia-se ação penal] aos cidadãos que estejam no gozo dos seus direitos civis e políticos e às associações e fundações defensoras dos interesses previstos no seu art. 1º e ainda às autarquias locais em relação aos interesses de que sejam titulares residentes na área da respectiva circunscrição. Aos titulares do direito de acção popular é reconhecido o direito de denúncia, queixa ou participação ao MP por violação dos interesses previstos no art. 1º da referida lei e que revistam natureza penal, bem como o de se constituírem assistentes no respectivo processo. Os interesses previstos no art. 1º da Lei nº 83/95 são os que são previstos no nº 3 do art. 52 da Constituição da República Portuguesa, designadamente a saúde pública, o ambiente, a qualidade de vida, a protecção do consumo de bens e serviços, o patrimônio cultural e o domínio público".

No Brasil, Dimoulis e Martins (2014, p. 41) defendem que somente emenda constitucional poderia tornar titulares de direitos fundamentais as pessoas jurídicas, privadas ou públicas. Entretanto, afirmam que direitos fundamentais "[...] são direitos público-subjetivos de pessoas (*físicas ou jurídicas*), contidos em dispositivos constitucionais e, portanto, que encerram caráter normativo supremo dentro do Estado [...]" (grifos nossos).

Para Pereira Júnior (2009, p. 958), o direito fundamental de propor a ação penal subsidiária da pública não pode ser interpretado de maneira restritiva. Sustenta o jurista, ao realizar profunda análise dos crimes previstos na Lei de Licitações e Contratações Públicas, que a ação penal subsidiária da pública caberá ao ofendido ou a quem tenha qualidade para representá-lo, estando legitimado, portanto, o titular do bem jurídico tutelado penalmente e lesado pela ação criminosa, ou seja, a Administração Pública, no caso dos delitos previstos nos arts. 89 a 98 da Lei nº 8.666/93. Curiosamente, como destaca o autor, neste caso específico a Administração Pública, isto é, o Estado, substitui na ação penal o polo ativo da ação penal em substituição ao próprio Estado, ou seja, o Ministério Público (que, apesar de titular da ação penal pública, não exerce um direito seu, mas sim um direito que lhe foi confiado pela Constituição para exercício, pois somente ao Estado pertence, com exclusividade, o direito de punir).

---

revistam natureza penal, bem como o de se constituírem assistentes no respectivo processo, nos termos previstos nos artigos 68º, 69º e 70º do Código de Processo Penal".

O autor comenta, ainda, que a Constituição concedeu uma série de prerrogativas ao *parquet*, de maneira que o órgão de acusação se mantenha independente e imune a pressões externas, inclusive aquelas provenientes da Administração Pública. Cita, posteriormente, uma série de casos em que os interesses do Ministério Público não coincidem com aqueles patrocinados pela Administração Pública, ou pior, em inúmeros (e infelizmente rotineiros) casos, o *parquet* promove medidas judiciais, cíveis e criminais, confrontando o exercício do poder pelo administrador. Conclui o autor que, portanto, não se pode admitir que a vítima lesada, a Administração Pública, com interesses contrários ao órgão de acusação em tantos e diferentes casos, seja tolhida no seu direito de ver submetida à jurisdição penal a lesão que sofreu em virtude de ação criminosa, caso o *parquet* não promova a ação penal no prazo legal, arrematando a análise nesses termos (PEREIRA JÚNIOR, 2009, p. 958-959):

> Não hesitamos, portanto, em admitir que, em se tratando de crime definido na Lei [de Licitações] (como, de resto, em qualquer crime cometido contra interesse ou patrimônio da Administração Pública), a inércia do Ministério Público, na propositura da ação penal pública autoriza ao Estado, por sua Administração, o exercício da ação penal privada subsidiária, hipótese em que ele se equipara ao particular (como em tantas outras, aliás), assim como o exercício da faculdade de recorrer, prevista no artigo 598 do Código de Processo Penal, nos casos em que o órgão de atuação do Ministério Público se conforme com a decisão proferida na ação penal, mas cujo desfecho a Administração Pública repute incompatível com o interesse público.

Cite-se, ainda, que o Ministério Público tem por função constitucional a defesa da ordem jurídica do regime democrático e dos interesses sociais e individuais indisponíveis, mas o art. 129, inc. IX, veda expressamente ao *parquet* a representação judicial e a consultoria jurídica de entidades públicas, denotando que o órgão de acusação e a Administração Pública, representada pela Advocacia Pública (arts. 131 e 132 da CF), possuem não apenas funções diferentes, mas também interesses diferentes, em muitas oportunidades. Esta também é a percepção de Mancuso (2014, p. 70-71), o qual ainda verifica que nem sempre o interesse da pessoa jurídica de direito público (Estado) coincide com o interesse pontual da coletividade ou defendido pelo Ministério Público, citando como exemplo claro as questões relativas à tributação ou demais atribuições da Fazenda Pública. De fato, a população em geral costuma exigir cada vez mais prestações e benefícios do Estado, esquecendo-se das inevitáveis consequências financeiras dessas exigências, exigindo o cumprimento do dever fundamental de pagar tributos (VALADÃO; ZIEMBOWICZ, 2018).

Sobre o tema, Sarlet (2009, p. 223-224) anota que num Estado Democrático de Direito o Estado e o cidadão não são setores isolados ou antagonistas da existência sociojurídica, e que justamente no espaço público é que o indivíduo desenvolve sua liberdade e desenvolve sua personalidade por meio da participação comunitária, viabilizadas e garantidas em grande monta pelas pessoas jurídicas de direito público, motivos pelos quais não pode ser negada a estas a titularidade dos direitos fundamentais.

Por seu turno, Reis Júnior (2007) afirma que, tratando-se de uma garantia fundamental, diante dessa efetiva distinção de interesses e de atuação entre os entes da Federação e o órgão de acusação, ante a possibilidade de pessoas jurídicas de direito público serem vítimas de crimes, "[...] resta categoricamente demonstrada a legitimidade dos aludidos entes de, através de seus procuradores, proporem a ação privada subsidiária da pública, com relação aos crimes em que figurem como vítimas (sujeito passivo imediato), em havendo omissão do Parquet [...]".

Isso exposto, entende-se que as pessoas jurídicas de direito público também têm o direito de promover a ação penal subsidiária da pública e, portanto, também devem ser notificadas sobre a remessa do inquérito relatado ao Poder Judiciário, bem como comunicadas sobre a abertura do prazo decadencial para propor a referida ação, assegurando-se efetividade, também, aos demais direitos que possui na condição de vítima de delito, desde que sejam compatíveis com sua natureza.

3   Conclusão

Verificou-se, durante os estudos realizados, que os direitos da vítima de delitos, apesar das previsões expressas contidas no art. 201 do CPP e na Lei nº 11.340/2006, decorrem, antes e sobretudo, dos direitos fundamentais insculpidos na Constituição Federal, devendo-se proporcionar ao ofendido os direitos à proteção e à segurança, à informação, ao exercício dos seus direitos (inclusive postulatórios em juízo) durante a persecução penal e à recomposição dos danos sofridos.

Nesse vértice, diante do importante movimento internacional que visa a garantir os direitos humanos (mínimos) das vítimas de crimes e das suas justificativas, com destaque para as iniciativas do Parlamento europeu e dos legisladores argentinos, guardando sob vários ângulos uma perfeita consonância com os direitos fundamentais talhados na Constituição brasileira, torna-se especialmente relevante a necessidade de informar a vítima sobre os seus direitos, antes mesmo do início da ação penal propriamente dita. Assim, entende-se que a Polícia Judiciária deve notificar a vítima sobre a remessa dos autos do inquérito relatado ao juízo competente, bem como deve o Poder Judiciário notificá-la sobre a abertura do prazo decadencial para propor a ação penal subsidiária da pública, caso o *parquet* não a intente no prazo legal, principalmente por se tratar de um direito constitucional que pouca ou nenhuma efetividade terá, em caso de ignorância da vítima sobre o início do decurso deste prazo.

No mesmo sentido, verificou-se que o direito de propor a ação penal subsidiária da pública, alçado pelo constituinte ao mais alto grau de concretude, eficácia e positividade, ao incluí-lo entre os direitos fundamentais, não tem como titulares tão somente as pessoas físicas, mas também as pessoas jurídicas privadas e os entes públicos.

Desse modo, todos estes entes coletivos (públicos ou privados) também fazem jus à notificação sobre o encaminhamento do caderno apuratório ao magistrado competente e sobre a abertura do prazo decadencial para a proposta da ação penal subsidiária da pública, caso o *parquet* não a intente no prazo legal, entre os demais direitos concedidos às vítimas de crimes, desde que sejam compatíveis com a sua respectiva natureza.

Este entendimento, obviamente, está completamente afastado dos argumentos repetidamente externados de maneira irrefletida, que toleram a crescente (antidemocrática e sem fiscalização por órgão externo) concentração de poderes nas mãos de um único órgão. No entanto, esta linha de pensamento se coaduna com as correntes brasileira e estrangeira que visam à concessão de eficácia e alcance aos direitos fundamentais, bem como ao exercício democrático da fiscalização dos poderes públicos, mediante garantias efetivas para o exercício do direito de acesso à tutela jurisdicional, em caso de desídia do órgão de acusação ou discordância entre a vítima e aquele.

Referências

ALEXY, Robert. *Teoria dos direitos fundamentais.* 4. ed. Tradução de Virgílio Afonso da Silva. São Paulo: Malheiros, 2011.

ARGENTINA. *Codigo Procesal Penal Federal.* Ley nº 27.063/14, promulgada el día 9 de diciembre de 2014. Disponível em: http://servicios.infoleg.gob.ar/infolegInternet/anexos/235000-239999/239340/norma.htm. Acesso em: fev. 2019.

ARGENTINA. *Ley de derechos y garantias de las víctimas de delitos.* Ley nº 27.372/17, promulgada el día 11 de julio de 2017. Disponível em: http://servicios.infoleg.gob.ar/infolegInternet/anexos/275000-279999/276819/norma.htm. Acesso em: fev. 2019.

ARMINJON, Pierre; NOLDE, Baron Boris; WOLFF, Martin. *Traité de droit compare.* Paris: Librairie Générale de Droit et de Jurisprudence, 1950. t. I.

AVENA, Norberto Cláudio Pâncaro. *Processo penal.* 9. ed. rev. atual. Rio de Janeiro: Forense, 2017.

BARBOSA, Ruchester Marreiros. Garantia de defesa na investigação criminal. *In*: ANSELMO, Márcio Adriano; BARBOSA, Ruchester Marreiros; GOMES, Rodrigo Carneiro; HOFFMANN, Henrique; MACHADO, Leonardo Marcondes. *Investigação criminal pela Polícia Judiciária.* Rio de Janeiro: Lumen Juris, 2016.

BASTOS, Celso Ribeiro. *Curso de direito constitucional.* 18. ed. ampl. e atual. São Paulo: Saraiva, 1997.

BOBBIO, Norberto. *A era dos direitos.* Rio de Janeiro: Elsevier, 2004.

BONAVIDES, Paulo. *Curso de direito constitucional.* 14. ed. São Paulo: Malheiros, 2004.

BRASIL. *Constituição da República Federativa do Brasil de 1988.* Disponível em: http://www.planalto.gov.br/ccivil_03/Constituicao/ConstituicaoCompilado.htm. Acesso em: mar. 2019.

BRASIL. *Decreto-Lei nº 3.689, de 03 de outubro de 1941.* Código de Processo Penal. Disponível em: http://www.planalto.gov.br/ccivil_03/Decreto-Lei/Del3689Compilado.htm. Acesso em: mar. 2019.

BRASIL. Departamento de Polícia Federal. Instrução Normativa nº 108/2016-DG/PF, de 7 de novembro de 2016. *Boletim de Serviço*, n. 210, 8 nov. 2016.

BRASIL. *Lei nº 1.079, de 10 de abril de 1950.* Disponível em: http://www.planalto.gov.br/ccivil_03/LEIS/L1079.htm. Acessado em março de 2019.

BRASIL. *Lei nº 11.690, de 9 de junho de 2008.* Disponível em: http://www.planalto.gov.br/ccivil_03/_Ato2007-2010/2008/Lei/L11690.htm. Acesso em: mar. 2019.

BRASIL. Projeto de Lei nº 4.205/2001. Voto do Deputado Luiz Antônio Fleury Filho. Comissão de Constituição e Justiça e Redação. *Diário da Câmara dos Deputados*, 14 mar. 2002. Disponível em: http://imagem.camara.gov.br/Imagem/d/pdf/DCD14MAR2002. pdf#page=395. Acesso em: mar. 2019.

BRASIL. São Paulo (Estado). Delegacia Geral de Polícia do Estado de São Paulo. Portaria DGP nº 18/1998, de 25 de novembro de 1998. *Diário Oficial do Estado*, 27 nov. 1998. Poder Executivo, Seção I.

BRASIL. Superior Tribunal de Justiça. *Súmula nº 227.* Segunda Seção. Aprovada em 08 de setembro de 1999.

BRASIL. Supremo Tribunal Federal. Segunda Turma. Habeas Corpus nº 115.015/São Paulo, julgado em 27 de agosto de 2013. Rel. Min. Teori Zavascki. *DJe*, 12 set. 2013.

BRASIL. Supremo Tribunal Federal. Súmula nº 524. Sessão Plenária de 03 de dezembro de 1969. Disponível em: http://www.stf.jus.br/portal/jurisprudencia/listarJurisprudencia. asp?s1=524.NUME.%20NAO%20S.FLSV.&base=baseSumulas. Acesso em: mar. 2019.

CANOTILHO, J. J. Gomes. *Direito constitucional e teoria da Constituição*. 7. ed. Coimbra: Almedina, 2003.

CARNELUTTI, Francesco. *As misérias do processo penal*. 1957. ed. Tradução de José Antônio Cardinalli. Campinas: Conan, 1995.

CASTRO, Henrique Hoffmann Monteiro de. Polícia Judiciária e garantia de direitos fundamentais. *In*: ANSELMO, Márcio Adriano; BARBOSA, Ruchester Marreiros; GOMES, Rodrigo Carneiro; HOFFMANN, Henrique; MACHADO, Leonardo Marcondes. *Investigação criminal pela Polícia Judiciária*. Rio de Janeiro: Lumen Juris, 2016.

COSTA, José Armando da. *Fundamentos de Polícia Judiciária*. Rio de Janeiro: Forense, 1982.

CRUZ VILLALON, Pedro. Dos cuestiones de titularidad de derechos: los extranjeros y las personas jurídicas. *Revista Española de Derecho Constitucional*, Madrid, año 12, n. 35, 1992.

DAURA, Anderson Souza. *Inquérito policial*: competência e nulidades de atos de Polícia Judiciária. 2. ed. rev. e atual. Curitiba: Juruá, 2007.

ESER, Albin. Acerca del renacimiento de la víctima en el procedimiento penal. Tendencias nacionales e internacionales. Tradução de Fabrício Guariglia e Fernando Córdoba. *In*: AA.VV. *De los delitos y de las víctimas*. Buenos Aires: Ad-Hoc, 1992.

DIMOULIS, Dimitri; MARTINS, Leonardo. *Teoria geral dos direitos fundamentais*. 5. ed. São Paulo: Atlas, 2014.

ESPANHA. Constitución Española. *Boletín Oficial del Estado*, 29 dez. 1978. Disponível em: https://www.boe.es/legislacion/codigos/codigo.php?id=151_Constitucion_ Espanola&modo=1. Acesso em: fev. 2019.

ESPANHA. *Ley de Enjuiciamiento Criminal (Codigo de Proceso Penal)*. Real Decreto de 14 de septiembre de 1882. Disponível em: https://www.boe.es/legislacion/codigos/codigo. php?modo=1&id=040_Codigo_de_Legislacion_Procesal. Acesso em: fev. 2019.

ESPANHA. Tribunal Constitucional de España. Sentencia nº 137/1985, de 17 de octubre de 1985. *Boletín Oficial del Estado*, n. 268, 8 nov. 1985. Disponível em: http:// hj.tribunalconstitucional.es/HJ/docs/BOE/BOE-T-1985-23105.pdf. Acesso em: mar. 2019.

ESPANHA. Tribunal Constitucional de España. Sentencia nº 64/1988, de 12 de abril de 1988. *Boletín Oficial del Estado*, n. 107, 4 maio 1988. Disponível em: http://hj.tribunalconstitucional. es/HJ/docs/BOE/BOE-T-1988-11069.pdf. Acesso em: mar. 2019.

ESPÍNOLA FILHO, Eduardo. *Código de Processo Penal brasileiro anotado*. Atualização de José G. da Silva e Wilson Lavorenti. Campinas: Bookseller, 2000.

FELDENS, Luciano; SCHMIDT, Andrei Zenkner. *Investigação criminal e ação penal*. 2. ed. Porto Alegre: Livraria do Advogado, 2007.

FERRAJOLI, Luigi. *Direito e razão*: teoria do garantismo penal. 3. ed. rev. São Paulo: RT, 2010.

FERREIRA FILHO, Manoel Gonçalves. *Comentários à Constituição brasileira de 1988*. 3. ed. atual. São Paulo: Saraiva, 2000. v. 1.

GIMENO SENDRA, Vicente. *Derecho procesal penal*. Navarra: Thomson Reuters, 2012.

ITÁLIA. *Codice di Procedura Penale*. Decreto del Presidente della Repubblica 22 settembre 1988, n. 447. Approvazione del codice di procedura penale. (GU nº 250 del 24-10-1988 - Suppl. Ordinario nº 92). Disponível em: https://www.normattiva.it/uri-res/N2Ls?urn:nir:stato:decreto.del.presidente.della.repubblica:1988-09-22;447. Acesso em: fev. 2019.

LOPES JÚNIOR, Aury. *Direito processual penal*. 12. ed. São Paulo: Saraiva, 2015.

LOPES JÚNIOR, Aury; GLOECKNER, Ricardo Jacobsen. *Investigação preliminar no processo penal*. 6. ed. rev., atual. e ampl. São Paulo: Saraiva, 2014.

MACHADO, Leonardo Marcondes. *Investigação acrítica*: entre banalidades e abusos. *In*: ANSELMO, Márcio Adriano; BARBOSA, Ruchester Marreiros; GOMES, Rodrigo Carneiro; HOFFMANN, Henrique; MACHADO, Leonardo Marcondes. *Investigação criminal pela Polícia Judiciária*. Rio de Janeiro: Lumen Juris, 2016.

MANCUSO, Rodolfo de Camargo. *Ação civil pública*: em defesa do meio ambiente, do patrimônio cultural e dos consumidores. 13. ed. rev., atual. e ampl. São Paulo: RT, 2014.

MARTINS, Ives Gandra da Silva. Prefácio. *In*: PEREIRA, Eliomar da Silva; DEZAN, Sandro Lúcio (Coord.). *Investigação criminal conduzida por delegado de polícia*: Comentários à Lei 12.830/2013. Curitiba: Juruá, 2013.

MENDES, Gilmar Ferreira; BRANCO, Paulo Gustavo Gonet. *Curso de direito constitucional*. 10. ed. São Paulo: Saraiva, 2015.

MONDIN, Augusto. *Manual de inquérito policial*. 6. ed. rev. e ampl. São Paulo: Sugestões Literárias, 1965.

MORAES, Bismael B. *Direito e polícia*: uma introdução à Polícia Judiciária. São Paulo: Revista dos Tribunais, 1986.

NUCCI, Guilherme de Sousa. *Código de Processo Penal comentado*. 15. ed. rev., atual. e ampl. Rio de Janeiro: Forense, 2016.

PALAZZO, Francesco C. *Valores constitucionais e direito penal*: um estudo comparado. Tradução de Gérson P. dos Santos. Porto Alegre: Fabris, 1989.

PARLAMENTO EUROPEU. *Diretiva 2012/29/EU, do Parlamento Europeu e do Conselho, de 25 de outubro de 2012*. Disponível em: http://www.apav.pt/apav_v3/images/pdf/LexUriServ_Directiva_PT.pdf. Acesso em: fev. 2019.

PEREIRA JÚNIOR, Jessé Torres. *Comentários à Lei de Licitações e Contratações da Administração Pública*. 8. ed. rev., atual. e ampl. São Paulo: Renovar, 2009.

PEREIRA, Eliomar da Silva. *Curso de direito de Polícia Judiciária* – Introdução ao direito de polícia judiciária. 1. ed. Belo Horizonte: Fórum, 2019a. v. 1.

PEREIRA, Eliomar da Silva. Introdução: investigação criminal, inquérito policial e polícia judiciária. *In*: PEREIRA, Eliomar da Silva; DEZAN, Sandro Lúcio (Coord.). *Investigação criminal conduzida por delegado de polícia*: Comentários à Lei 12.830/2013. Curitiba: Juruá, 2013.

PEREIRA, Eliomar da Silva. *Saber e poder*: o processo (de investigação) penal. 1. ed. Florianópolis: Tirant lo Blanch, 2019b.

PEREZ LUÑO, Antonio E. *Los derechos fundamentales*. 9. ed. Madrid: Tecnos, 2007.

PORTUGAL. *Constituição da República Portuguesa*. Assembleia Constituinte, sessão plenária de 2 de abril de 1976.

PORTUGAL. *Lei nº 83/95, de 31 de agosto de 1995*. Disponível em: http://www.pgdlisboa.pt/leis/lei_mostra_articulado.php?nid=722&tabela=leis. Acesso em: mar. 2019.

QUEIROZ FILHO, Dilermando. *Inquérito policial*. Rio de Janeiro: Esplanada, 2000.

REIS JÚNIOR, Antônio J. A legitimidade do procurador de Estado para a propositura da ação penal. *Boletim Jurídico*, Uberaba, ano 5, n. 214, 2007. Disponível em: https://www.boletimjuridico.com.br/doutrina/artigo/1720/a-legitimidade-procurador-estado-propositura-acao-penal. Acesso em: mar. 2019.

RODRIGUES, Roger de Melo. *A vítima e o processo penal brasileiro*: novas perspectivas. Dissertação (Mestrado) – USP, São Paulo, 2012.

SANTOS, Célio Jacinto dos. Art. 1º. Esta Lei dispõe sobre a Investigação criminal conduzida pelo delegado de polícia. *In*: PEREIRA, Eliomar da Silva; DEZAN, Sandro Lúcio (Coord.). *Investigação criminal conduzida por delegado de polícia*: Comentários à Lei 12.830/2013. Curitiba: Juruá, 2013.

SARLET, Ingo Wolfgang. *A eficácia dos direitos fundamentais*. 10. ed. rev., atual. e ampl. Porto Alegre: Livraria do Advogado, 2009.

SARLET, Ingo Wolfgang. *A eficácia dos direitos fundamentais*. 4. ed. rev., atual. e ampl. Porto Alegre: Livraria do Advogado, 2004.

SILVA, Germano Marques da. *Curso de processo penal*. 4. ed. rev. e atual. Lisboa: Verbo, 2006. t. I.

SILVA, José Geraldo da. *O inquérito policial e a Polícia Judiciária*. 4. ed. Campinas: Millennium, 2002.

TONINI, Paolo. *Manuale di procedura penale*. 16. ed. Milano: Giuffrè, 2015.

VALADÃO, Marcos Aurélio P.; ZIEMBOWICZ, Rodrigo L. Revisitando o dever fundamental de pagar tributos sob a perspectiva da sociedade dos direitos. *NOMOS - Revista do Programa de Pós-Graduação em Direito da Universidade Federal do Ceará*, Fortaleza, v. 38, n. 2, 2018.

VALENTE, Manuel Monteiro Guedes. *Teoria geral do direito policial*. 5. ed. Coimbra: Almedina, 2017.

VÁZQUEZ ROSSI, Jorge Eduardo. *Derecho procesal penal. La realización penal. Conceptos generales*. Buenos Aires: Rubinzal-Culzoni, 1995. t. I.

Informação bibliográfica deste texto, conforme a NBR 6023:2018 da Associação Brasileira de Normas Técnicas (ABNT):

ZIEMBOWICZ, Rodrigo Luís. A notificação da vítima. *In*: PEREIRA, Eliomar da Silva; ANSELMO, Márcio Adriano (Org.). *Direito Processual de Polícia Judiciária I*. Belo Horizonte: Fórum, 2020. p. 267-291. (Curso de Direito de Polícia Judiciária, v. 4). ISBN 978-85-450-0619-0.

O CONTROLE DE NULIDADES NA INVESTIGAÇÃO PRELIMINAR COM JUSTIÇA NEGOCIAL

Alexandre Morais da Rosa

1 A investigação preliminar é o novo palco da culpa

Caminhamos a passos largos para a adoção do modelo negociado de adjudicação de penas em que a arena principal se desloca para fase preliminar de investigação.[1] O processo penal ensinado nas faculdades de direito, consistente em investigação preliminar, denúncia/queixa, citação, defesa preliminar, instrução probatória, alegações finais (já dispensada ilegalmente por alguns) e decisão, é coisa do passado. A onda do momento é a sanção consensuada. A novidade trazida do ambiente anglo-saxão é econômica e reduz o tempo entre a conduta criminalizada e a intervenção estatal, já que o investigado passa a cumprir a pena

---

[1] ANSELMO, Marcio. É preciso discutir o inquérito policial sem preconceitos e rancores. *Conjur*, 7 mar. 2017. Disponível em: http://www.conjur.com.br/2017-mar-07/academia-policia-preciso-iscutirinquerito-policial-preconceitos-rancores#sdfootnote4sym; QUEIROZ, David. *A permeabilidade do processo penal*. Florianópolis: Empório do Direito, 2017. p. 19; MACHADO, Leonardo Marcondes. O amadorismo na investigação criminal cobra seu preço no jogo processual. *Conjur*, 26 jan. 2016. Disponível em: http://www.conjur.com.br/2016-jan-26/academia-policia-amadorismo-investigacao-cobra-precojogo-processual: "De fato, não se pode subestimar a importância das preliminares. Cada vez mais têm ficado evidente, na sistemática dos jogos, os efeitos determinantes da partida prévia sobre o jogo principal. A investigação preliminar, por muito tempo relegada a segundo plano pela doutrina e pelos atores processuais, funciona, em muitos casos, como verdadeiro local de resultado. O placar (antecipado) tem sido constantemente definido na investigação, apesar de toda a válida crítica doutrinária a esse respeito"; SILVA, Márcio Alberto Gomes. *Inquérito policial*: uma análise jurídica e prática da fase pré-processual. Campinas: Millennium, 2016.

imediatamente, além de excluir todos os custos do aparato judicial. O mais importante, todavia, é que a barganha promove verdadeiro giro no *standard* probatório, a saber, o controle jurisdicional em face dos abusos e excessos passa a ser contingente e potencial. Isso porque o modo de obtenção de acordos sobre a culpa e pena é de outra ordem. O dispositivo da barganha exclui, em princípio, o controle jurisdicional das provas de acusação, já que a validade das cartas probatórias somente aconteceria se o processo penal fosse instaurado: a arena da culpa se dá antes do processo penal.[2] Daí que o risco sobre o conteúdo probatório deve ser considerado e, assim, mesmo uma prova tendencialmente ilícita deve ser levada em conta pelos jogadores na contabilidade da barganha. O palco principal deixa de ser a instrução judicial e se transfere para a investigação preliminar.[3]

A prática investigativa no Brasil acontece com redes de informantes informais que recebem alguma proteção policial – eventual ou ostensiva – sem que tenhamos regras claras de como isso acontece. É uma realidade no ambiente policial a boa convivência de policiais com informantes que contam o que se passa na região, avisam sobre crimes e condutas, sem que jamais apareçam oficialmente. Podem ser desde egressos do sistema prisional que deixam de ser perseguidos, até gente comum que se satisfaz em manter a política da boa vizinhança com a polícia. Os limites do relacionamento, contudo, não são bem claros e, não raro, são toleradas "pequenas infrações" em nome do auxílio que trazem aos policiais. Tudo isso acontece à margem da legalidade, muitas vezes esquentadas como se fossem "denúncias anônimas", em que o policial é obrigado a mentir (e cometer crime em juízo, ao omitir

---

[2] QUEIROZ, David. *A permeabilidade do processo penal*. Florianópolis: Empório do Direito, 2017. p. 141: "Pela comodidade de se produzir 'provas' na fase inquisitiva, o comum é que o órgão acusador parasite o inquérito policial, pouco acrescentando, na fase judicial, àquilo que foi produzido pela polícia. As provas produzidas em contraditório judicial, que deveriam ser a espinha dorsal do processo, acabam se tornando coadjuvantes na formação da convicção do julgador, convertendo o processo em uma mera repetição ou encenação da primeira fase".

[3] FELIX, Yuri; ROSA, Alexandre Morais da. *Novas tecnologias de prova no processo penal*: o DNA na delação premiada. Florianópolis: Empório do Direito, 2016. p. 171: "O protagonismo da investigação preliminar é uma antecipação da partida processual no regime em que aceita a colaboração/delação premiada, dado que será estabelecida a negociação a partir do que estiver produzido e/ou indicado durante a apuração. Não haverá, necessariamente, juízo de renovação e valoração da prova, razão pela qual, a importância de que se tenha autoridades públicas munidas de garantias constitucionais. O desafio se renova, tanto no processo do cotidiano, quanto no processo de organizações criminosas. São novos tempos, novas coordenadas e muitas dúvidas de como se deve comportar diante de um processo em que o consenso passa a ser a matriz de pensamento".

a verdade, nos termos do art. 342, do CP). Mas tudo isso é tolerado em nome dos resultados positivos da prática informal. Alguns chegam a ser tratados como "bandidos bonzinhos" que, não obstante praticarem atos ilegais, cooperam em algo maior. A questão é que esses mesmos informantes podem, quem sabe, gravar ou mesmo "armar" para esses policiais incautos, que agem à margem da legalidade, passando, com suas condutas amistosas, no fundo, a controlar os agentes que deveriam ser da lei.[4] Pode não se tratar de agentes da lei operando criminosos bonzinhos, mas de criminosos operando policiais tolinhos. Guardam o material produzido para, depois, no ambiente da delação, entregar um delicioso policial incauto às garras da Justiça.[5]

O sucesso da investigação dependerá, assim, da capacidade de organizar, direcionar e de agir estrategicamente do condutor da operação. Conjunção corriqueira do acaso para uns e destino para outros, em que as coisas fazem sentido, muito pela dedicação e intuição de investigadores que continuam apostando em jogos aparentemente perdidos. Alguns investigadores têm a capacidade diferenciada de vincular, ligar fragmentos soltos, com certa dose de sorte. Saber antecipar as ações dos investigados e os mecanismos de despiste dos alvos promove o ânimo de agentes da lei. De qualquer forma, contudo, a capacidade tático-estratégica dos agentes da lei responsáveis pela investigação será decisiva na produção de cartas investigatórias capazes de municiar negociadores na negociação para delação.

O que pretendo, no capítulo que segue, é responder ao lugar, função, requisitos, consequências, custo/benefício do instituto da delação/colaboração premiada no Brasil, tendo em vista o intercâmbio de tradições (*common law* e *civil law*), na via da teoria dos jogos. Isso

---

4   Vale conferir o livro e filme homônimo: LEHR, Dick; O' NEILL, Gerard. *Aliança do crime.* Tradução de Cássio de Arantes Leite. Rio de Janeiro: Intrínseca, 2015. p. 258: "Você nunca pode ter o mandachuva como informante – disse ele a certa altura, com a voz alterada pela raiva. – Você tem o mandachuva, ele está dando as cartas, daí põe você no bolso. Ele põe você no bolso. [...] – O FBI está sendo comprometido. Isso é que me deixa puto da vida. Quer dizer, o FBI está sendo usado. – A raiz do problema, disse Fitzpatrick, se resumia à sedução mais básica que qualquer responsável por um informante no FBI tinha com seu contato de longa data. Segundo ele, Connolly havia muito antes 'se identificado em excesso com o cara que deveria estar monitorando, e o cara tomou conta dele'. O agente 'virou nativo', afirmou o investigador".

5   TROTT, Stephen S. O uso de um criminoso como testemunha: um problema especial. Tradução de Sérgio Fernando Moro. *Revista CEJ*, Brasília, ano XI, n. 37, p. 68-93, abr./jun. 2007. p. 76: "Não se deve falar com informantes sobre assuntos relacionados a casos sensíveis, e que criminosos estão tão propensos a depor para você assim como estão dispostos a testemunhar contra você; tudo depende onde eles vêem a melhor manteiga para o seu pão".

porque acolho a premissa de que a delação/colaboração premiada pode ser lida pela economia, fixando-se os limites e possibilidades do mercado da delação/colaboração premiada.[6]

2 Nulidades e reserva de jurisdição

A temática das nulidades depende muito de quem são os jogadores, do modo como compreendem a formação dos atos processuais e do manejo retórico das heurísticas e dos vieses cognitivos,[7] porque a manipulação das premissas, especialmente pelo deslocamento matreiro para a ausência de prejuízo, pode roubar a cena. Precisaremos, assim, a partir da noção de *doping*, redescobrir os sentidos do que se denomina nulidade. Sabe-se que a nulidade das provas depende do manejo argumentativo capaz de seduzir o julgador, já que a declaração da nulidade dependerá fundamentalmente do mapa mental do julgador. Não adianta o jogador entender que a jogada processual ou mesmo o procedimento é nulo, pois se o julgador não "apitar" a falta, por exemplo, dando "vantagem", o jogo continuará. Quando se trata de eventual nulidade na investigação preliminar, o desafio será como buscar o reconhecimento.

A legitimidade do provimento judicial dependerá do desenrolar correto dos atos e posições subjetivas previstos em lei, ou seja, do *fair play*. E a perfeita observância dos atos e posições subjetivas dos atos antecedentes (subjogos) é condição de possibilidade à validade dos subsequentes. Logo, a mácula procedimental ocorrida no início do processo – do jogo – contamina os demais, os quais, para sua validade, precisam guardar referência com os anteriores.[8] O ato praticado em desconformidade com a estrutura do procedimento é inservível à finalidade a que se destina.[9] A decisão final, preparada

---

[6] ROSA, Alexandre Morais da. *Para entender a delação premiada pela teoria dos jogos*. Florianópolis: EModara/EMais, 2018.

[7] WOJCIECHOWSKI, Paola Bianchi; ROSA, Alexandre Morais da. *Vieses da justiça*: como as heurísticas e vieses operam nas decisões penais e a atuação contraintuituva. Florianópolis: EModara-EMais, 2018.

[8] STF, EDcl HC nº 126.845 (Min. Teori Zavascki): "Concedida a ordem para anular julgamento do recurso especial no STJ, que havia confirmado sentença de pronúncia, cumpre aclarar que os atos processuais subsequentes ao acórdão viciado se tornaram, por consequência, insubsistentes, incluindo a Sessão do Júri".

[9] GLOECKNER, Ricardo Jacobsen. *Nulidades no processo penal*: introdução principiológica à teoria do ato processual irregular. Salvador: JusPodivm, 2015. p. 764: "Além da tendência ao amorfismo (ilegalidade congênita) o processo inquisitório possui como elementos

pelo procedimento, em contraditório,[10] também se constitui como parte desse, ou melhor, sua parte final (incluídas as alegações finais), em que acontece o julgamento do jogo processual. Mas quando se trata de justiça consensual, não há processo penal, mas sim homologação. A doutrina diferencia a mera irregularidade (sem violação do conteúdo do ato), da inexistência (por ausência de requisito de sua validade – alegações finais por não advogado ou sentença por não juiz),[11] nulidade relativa e nulidade absoluta. Em relação a essa distinção, com Lopes Jr., pode-se afirmar a insuficiência das categorias e, a partir do processo como procedimento em contraditório, bem assim da reserva de jurisdição, só há nulidade por decisão judicial.

Entretanto, o regime de nulidades do CPP (arts. 563-573), além de ultrapassado, é confuso.[12] Adota a compreensão mitológica da

---

acessórios: a) um fundo de crença; b) um princípio de pretensa neutralidade do julgador; c) a indistinção entre as funções de acusar e julgar; d) a transposição de limites na busca pela verdade real (algo por decerto inacessível), legitimando inclusive o uso da tortura; e) uma concepção ontológica do delito (pune-se alguém por aquilo que ele é); f) uma cultura do arrependimento somada a um processo marcado pelo decisionismo"; SILVEIRA FILHO, Sylvio Lourenço da. *Introdução ao direito processual penal*. Florianópolis: Empório do Direito, 2015. p. 76.

[10] FIORATTO, Débora Carvalho. *Teoria das nulidades processuais*: interpretação conforme a Constituição. Belo Horizonte: DePlácido, 2013. p. 144: "Não mais se admite um processo com a prevalência de atuação do juiz, nem com a prevalência de atuação das partes: superada a concepção do processo como relação jurídica entre as partes e o juiz, em que uma parte tem o dever de sujeição e a outra o direito de impor essa sujeição em decorrência do direito subjetivo, e também superada a concepção da instrumentalidade do processo, que acredita nos 'super-poderes' intuitivos do juiz (super-parte), o processo como garantia constitucional deve assegurar a compartição dos sujeitos processuais. O juiz tem o dever de oportunizar e garantir o contraditório e as partes têm o direito ao contraditório, ou seja, de participar em simetria de paridade no processo, de forma a influir na decisão, a qual, por sua vez, não pode constituir uma surpresa para as partes".

[11] GLOECKNER, Ricardo Jacobsen. *Nulidades no processo penal*: introdução principiológica à teoria do ato processual irregular. Salvador: JusPodivm, 2015. p. 765: "A anulabilidade e a inexistência dos atos processuais são categorias logicamente inadaptáveis ao processo penal contemporâneo: a primeira por sua conformação civilística; a segunda, pela cessação da razão histórica de sua fabricação doutrinária (taxatividade e supressão das nulidades absolutas)".

[12] PAULA, Leonardo Costa. *As nulidades no processo penal*. Curitiba: Juruá, 2013; BINDER, Alberto M. *O descumprimento das formas processuais*: elementos para uma crítica da teoria unitária das nulidades no processo penal. Tradução de Angela Nogueira Pessoa. Rio de Janeiro: Lumen Juris, 2003; LOUREIRO, Antonio Tovo. *Nulidades & limitação do poder de punir*. Rio de Janeiro: Lumen Juris, 2010; LOPES JR., Aury. *Direito processual penal*. São Paulo: Saraiva, 2012; OLIVEIRA, Eugênio Pacelli de. *Curso de processo penal*. São Paulo: Atlas, 2013; FIORATTO, Débora Carvalho. *Teoria das nulidades processuais*: interpretação conforme a Constituição. Belo Horizonte: DePlácido, 2013; PASCHOAL, Jorge Coutinho. *O prejuízo e as nulidades processuais penais*: um estudo à luz da jurisprudência do Supremo Tribunal Federal e do Superior Tribunal de Justiça. Rio de Janeiro: Lumen Juris, 2014; FERNANDES, Paulo Sérgio Leite; FERNANDES, Géorgia Bajer. *Nulidades no processo penal*.

verdade substancial (CPP, art. 566 – 4.4.), mantém dispositivos revogados noutros locais do próprio CPP (art. 564, III, "a", "b", "c", III), bem como indica compreensão civilista, incompatível com o devido processo legal substancial, da ausência de prejuízo – *pas nullité sans grief* (CPP, art. 563).[13] Assim é que, superada a distinção arbitrária e sem sentido entre nulidade relativa e absoluta, todas as hipóteses de violação ao devido processo legal substancial (3.1.) devem ser declaradas nulas,[14] manejando-se a noção de *doping*, ressalvado o *venire contra factum proprium*.

Realinhar as regras *standard* do jogo processual e da investigação preliminar é reconhecer que se precisa de juiz para garantir as normas do próprio jogo. A noção de *doping* pode ser útil para se pensar a superação da teoria das nulidades prevalecente, apontando que a fraude é novo conceito, não mais em hipóteses expressas, mas para se entender o *autodoping* e o *heterodoping*, renovando e ampliando as hipóteses de acolhimento em face de violação do devido processo legal substancial. A teoria das nulidades, articulada pelo senso comum teórico, não consegue entender que o desenrolar do jogo processual prevalece sobre o resultado. Mesmo com uma vitória processual, no fundo, o que há é fraude. Daí que se aponta a metáfora do *doping* como novo significante a ser, quem sabe, aprofundado e empregado na compreensão democrática de devido processo legal substancial, lido conforme a teoria dos jogos e *fair play*.

São Paulo: Malheiros, 2002; CALMON DE PASSOS, J. J. *Esboço de uma teoria das nulidades aplicadas às nulidades processuais*. Rio de Janeiro: Forense, 2009; COUTINHO, Aldacy Rachid. *Invalidade processual*: um estudo para o processo do trabalho. Rio de Janeiro: Renovar, 2000; DALLÁGNOL JÚNIOR, Antonio Janyr. *Invalidades processuais*. Porto Alegre: Lejur, 1989; HOMMERDING, Adalberto Narciso. *Invalidades processuais*. Porto Alegre: Coli, 2009.

[13] FIORATTO, Débora Carvalho. *Teoria das nulidades processuais*: interpretação conforme a Constituição. Belo Horizonte: DePlácido, 2013. p. 145: "As nulidades processuais como forma de controle da conformidade do ato ao modelo constitucional de processo não admitem a distinção em nulidade absoluta e nulidade relativa, já que não existe ato relativamente desconforme ao modelo constitucional de processo [...]. Não existe nenhum critério distintivo entre nulidades absolutas e relativas. O ato que for processualmente reconhecido como nulo deve ser refeito; logo, os efeitos que se operam serão sempre ex tunc. O processo como garantia constitucional não admite que se resguarde interesse privado; portanto, o interesse será sempre de ordem pública".

[14] SOUZA, Alexander Araujo de. *O abuso do direito no processo penal*. Rio de Janeiro: Lumen Juris, 2007; ABDO, Helena Najjar. *O abuso do processo*. São Paulo: RT, 2007; DAMATTA, Roberto. *Carnavais, malandros e heróis*. Rio de Janeiro: Rocco, 1997; BARBOSA, Livia. *O jeitinho brasileiro*. Rio de Janeiro: Elsevier, 2006.

Precisamos superar – reitero – os juristas fixados no complexo de *Lance Armstrong*, os quais podem até ganhar[15] (e fazer boas ações, lembremos da fundação para tratamento do câncer com seu nome), não fosse a vitória um engodo. Se ganham fraudando, cabe a lembrança de que quem frauda aceita que o outro também fraude, e mais: joga sujo sempre, ainda que com boas intenções. O charlatão que se vale de *doping* ganha, mas vence "roubando", e sabe disso. Não importam as razões consequencialistas, somente o devido processo legal legitima a vitória.

3 Nulidade é má formação e não sanção. Mas só quando o julgador reconhece

A armadilha cognitiva de compreender a nulidade como sanção precisa ser superada. A nulidade é o reconhecimento de que no trajeto para formação do ato houve violações ao *fair play*, com a contaminação das garantias estabelecidas pelo Estado para condenação de alguém em uma democracia. Inverte-se, assim, a maneira de abordagem. Não se trata de ponderar se o ato merece ou não ser declarado nulo, e sim de que não pode gerar efeitos justamente porque sua formação é inadequada. A nulidade não é uma sanção, diz-nos Robles,[16] justamente porque o efeito convencional da regra procedimental do *fair play* exclui do âmbito dos efeitos válidos o ato realizado em desconformidade com a regra do jogo.

Entretanto, o crucial para que isso ocorra é a declaração de nulidade. Sem ela, o que se produziu em desconformidade com as regras do jogo, por omissão do juiz condutor do feito, passa a gerar efeitos. O exemplo clássico, no futebol, é o gol de mão de Maradona na Copa do Mundo de 1986, já que ainda que fora das regras do futebol – não vale gol de mão – foi validado.[17] Assim é que ganha relevo a existência de

---

[15] Na Europa o ciclismo movimenta as massas e o *Tour de France* é acompanhado ao vivo pela mídia. De 1999 em diante sagrou-se campeão por sete vezes – por equipe e no individual. Estava lançada a sorte – e a marca – de um grande desportista, não fossem as vitórias maculadas pela utilização de EPO – eritropoietina –, droga que aumenta a produção de eritrócitos (glóbulos vermelhos do sangue) e melhora a eficiência aeróbica. Armstrong ganhou várias competições até 2012. E a casa caiu.

[16] ROBLES, Gregorio. *As regras do direito e as regras dos jogos*: ensaio sobre a teoria analítica do direito. Tradução de Pollyana Mayer. São Paulo: Noeses, 2011. p. 182.

[17] MORESO, José Juan. La doctrina Julia Roberts y desacuerdos irrecusables. *In*: MORESO, José Juan; PRIETO SACHÍS, Luis; FERRER BELTRÁN, Jordi. *Los desacuerdos en el Derecho*. Madrid: Fundación Coloqui Jurídico Europeo, 2010. p. 49-50: "Ocurre con las reglas de los juegos. Pensemos en el fútbol, en el mundial de 1986, en México, en un de los encuentros

juízes cientes do seu papel de garantidores das regras do jogo. Sem o ato declarativo da exclusão, os efeitos das jogadas ilícitas permanecem no ambiente do jogo e geram efeitos. O modo como o juiz "apita" o jogo, "marcando todas as faltas" ou deixando o "jogo correr", pode mudar o resultado. Como a nulidade somente pode acontecer *ex post* ao ato, o critério da decisão deve ser um só: na sua constituição o ato atendeu às regras do jogo processual? Com a resposta negativa o ato deve ser declarado nulo.

O cumprimento da regra de ação pode se dar dentro ou fora dos limites da regra do jogo processual. O descumprimento da regra processual implica a ausência de requisito de validade e, por via de consequência, da não produção do efeito a que se destinava. Não se trata da análise posterior da sua valoração de conteúdo. *Na formação da jogada houve descumprimento de regra constitutiva. Assim é que se as regras procedimentais da formação válida da ação dos jogadores ou do julgador não são obedecidas, a ação é um nada jurídico e, portanto, descabe discutir a ausência de prejuízo.* A noção de prejuízo somente se sustenta para validação de ações processuais ilegais, como se pudesse validar os efeitos das ações realizadas com jogo sujo. Os efeitos das jogadas ilegais não encontram respaldo democrático justamente porque seu processo de formação está viciado pelo descumprimento das formas legais e, com isso, pode ser algo no mundo da vida processual, mas de nenhuma qualificação jurídica válida.

A teoria da ausência de prejuízo (CPP, art. 563) prende-se a uma noção civilista de aproveitamento de atos que é incompatível com o processo considerado garantia do acusado em face do Poder Estatal, além de guardar inspiração inquisitória, já que o procedimento democrático, nesse contexto, deve atender às finalidades. Pode-se

---

de cuartos de final se enfrentaron Argentina e Inglaterra y Argentina se impuso con dos goles de Maradona. Uno fue un gol maravilloso en la ejecución del cual Maradona dejó atrás médio campo; pero ahora nos interesa el otro: un gol que, todos pudimos verlo en las imágenes de televisión, Maradona marcó con la mano y no con la cabeza. Conforme a las reglas de fútbol, una de las condiciones de validez de la jugada de gol en fútbol es que no sea impulsado con la mano, como es sabido en fútbol los jugadores de campo tienen prohibido, y además está sancionado, golpear el balón (voluntariamente) con la mano. Por lo tanto, con arreglo a las reglas del fútbol la jugada de Maradona no era un gol válido. Ahora bien, el fútbol también dispone de otras reglas, de carácter procedimental, que establecem que las decisiones del árbitro sobre la validez de las jugadas es definitiva y de obligatorio cumplimiento. Dado que el árbitro del encuentro de México 1986, señalo la jugada de Maradona como gol, entonces el tanto subió al marcador, Argentina se classifico, llhegó a la final y la ganó".

dizer que a teoria das nulidades segue orientação cristã de vinculação à finalidade. Em última instância significa que o Estado estabelece por lei as regras do procedimento. Há descumprimento, mas em nome do resultado, especialmente no caso de provas ilícitas/ilegítimas, o juiz se demite do seu papel de garante das próprias regras, validando os efeitos do ato nulo.

Portanto, não pode ser vista como uma sanção ao jogador, mas sim como uma falta que retira os efeitos das consequências do ato em desconformidade com as regras do procedimento. Se as regras do jogo podem ser desconsideradas em nome do resultado, qual o sentido delas? Nenhum. Se o jogador, mesmo ciente da ilicitude, vai adiante no ato irregular por saber que os efeitos podem seduzir o julgador, não se pode mais falar, nem mesmo, de processo penal, mas sim de jogo cínico. Contorna-se o descumprimento das regras procedimentais porque no jogo não há mais juiz, mas sim coadjuvante dos jogadores, diretamente: um juiz comprado pelas recompensas não republicanas. Em uma afirmação: o juiz só apita para um lado e, portanto, não existe jogada fora da lei.

4   Nulidades e prejuízo: absolutas e relativas

A temática das nulidades é campo sedutor e demandaria uma profundidade incompatível com os limites estabelecidos para o livro, partindo-se, todavia, do pressuposto equivocado de que se trata de sanção e não má formação do ato. Mesmo assim, cabe sublinhar que existem divergências teóricas sobre a noção de nulidade, nomenclatura, abordagem, planos de eficácia etc. Ainda, foi uma teoria construída fora do processo penal e há dificuldades de acoplamento com as especificidades de caráter público do novo processo penal (CR/88), já que trata de liberdades. Isso porque a construção da teoria de nulidades se deu no campo civilista-liberal, em que o protagonismo da vontade das partes prevalece. Isso redunda em equívocos quando se trata de sua passagem para aplicação na lógica de um mecanismo democrático de imposição de penas, mesmo havendo disponibilidade ante posições processuais, principalmente diante da nova noção das regras como sendo *standards* ou privilégios: um estatuto próprio é preciso. A leitura que comumente se faz à regra do art. 563 do Código rebaixa a formalidade processual a mero adereço, na linha civilista, tendo a formalidade, entretanto, um caráter de garantia. A transformação de qualquer nulidade em relativa, diante do atingimento de suas finalidades, faz com que, no fundo, não se tenha regra, nem balizas, tampouco limites para o exercício do poder. É fundamental ressaltar a importância da matéria das nulidades. Isso porque, à defesa, que luta contra o peso completo do aparato estatal ante o acusado, trata-se de recurso importantíssimo, num universo em que o aspecto da narrativa preponderante no mapa mental em que opera a maioria dos julgadores e acusadores é o da presunção de culpa – ou seja: não se parte da presunção de que o acusado é inocente; a tese é a de que é culpado, e, talvez, no curso do processo, se prove o contrário – eis a operação da vida real. Temos visto que existem caminhos cognitivos (heurísticas e vieses) completamente inconscientes e cravados a pretexto de experiência, em que operam pré-conceitos, preconceitos, no mecanismo da satisfação: "já vi tudo". Na realidade, essas conclusões com base na narrativa do inquérito e ação penal são fruto da interpretação, e aqui cabe uma reflexão acerca da externalidade negativa dessa operação que julga antecipadamente: o grande número de denúncias inconsistentes, pois não há qualquer custo para a acusação, gerando a litigância criminal frívola, da subsunção operada entre os elementos de que se dispõe no caso concreto e a lei. Portanto, é nas narrativas acusatórias, que são intuitivamente acolhidas (e por conta dessa espécie de "tendência ao certo" é que, justamente, a presunção de inocência é uma garantia necessária),[18] que a defesa inicia perdendo. Da interpretação dos fatos e das provas, uma narrativa será fixada na sentença, e a assunção de início de uma versão de acusação já constitui em si uma violência, um despojamento simbólico das garantias, porque é modelo de fluxo de trabalho a partir do qual tudo será interpretado, processado – "interpretação legal tem lugar, portanto, num campo de dor e morte": esse é um prisma que vem a calhar apresentado por Cover.[19] O ponto que se quer ressaltar é que há uma inversão mental básica da presunção da inocência (é uma presunção de culpa).

Em sentido macro, o que se entende por nulidade é um ato desviante,[20] a saber, é ato processual que não se revestiu dos requisitos

---

[18] WOJCIECHOWSKI, Paola Bianchi; ROSA, Alexandre Morais da. *Vieses da justiça*: como as heurísticas e vieses operam nas decisões penais e a atuação contraintuituva. Florianópolis: EModara-EMais, 2018.

[19] COVER, Robert M. Violence and the Word. *Faculty Scholarship Series*, Paper 2708, 1986. Disponível em: http://digitalcommons.law.yale.edu/fss_papers/2708.

[20] PASCHOAL, Jorge Coutinho. *O prejuízo e as nulidades processuais penais*: um estudo à luz da jurisprudência do Supremo Tribunal Federal e do Superior Tribunal de Justiça. Rio de Janeiro: Lumen Juris, 2014. p. 5.

necessários – na forma de uma omissão ou de uma prática, cuja imperfeição varia em graus, daí se ter as nuances chamadas nulidades "absoluta" e "relativa". Cabe mencionar que a jurisprudência, nessa matéria, é caótica:[21] tanto em relação à nomenclatura do que seja mera irregularidade, nulidade relativa, nulidade absoluta ou ato inexistente (polissemia conceitual), quanto em relação à adoção de categorias do processo civil, indevidamente. No entanto,[22] é possível entrever que doutrina e jurisprudência atingiram um consenso ao menos em um aspecto: a nulidade ocorrerá quando os fundamentos/razões relevantes para o direito e para o processo forem postos em risco – quando houver vulneração –, e a isso se chamou "prejuízo". Lembrando o disposto no art. 563 do CPP: "nenhum ato será declarado nulo, se da nulidade não resultar prejuízo para a acusação ou para a defesa". O sentido de "prejuízo", porém, é que definirá o tom democrático que se dará, ou não. Afinal, aqui, é possível entrever que, com Paschoal, prejuízo haverá quando risco a fundamentos democráticos houver – sua ideia de vulneração. De outro lado, é majoritário o sentido atribuído de um viés mais prejudicial à defesa, o que por si já coloca em xeque a estabilidade desta compreensão: esse viés considera que apenas haverá nulidade se aqueles fundamentos constitucionais forem de fato atacados, não apenas ameaçados, "vulnerados", e essa análise se dá com referência à interação da lei e da vida real.

Na interação no plano do real, pode-se verificar a flexibilização cada vez maior das nulidades absolutas, em viés utilitário-pragmático. Pequenos detalhes que, somente muito conhecimento das regras do jogo, serão capazes de proporcionar segurança e concisão necessária para, na hora da audiência, a suscitação da nulidade ser cirúrgica – trata-se de uma fina forma de atuação, em que o comportamento, a interação, portanto, fará toda a diferença na recepção da tese. O primeiro passo, porém, é o domínio tão pleno das regras do jogo (normas, doutrina, jurisprudência) que a suma do que se quer ressaltar venha na hora certa. É preciso cortesia e oportunidade. Afinal, são tantos maus jogadores, ou no sentido da interação, ou do direito, ou ambos, que a regra é a defensiva; daí que se fala de não se atingir suscetibilidades. Decorre disso que não se pode tomar num sentido pejorativo quando

---

[21] LOPES JR., Aury. *Direito processual penal*. São Paulo: Saraiva, 2012. p. 928.

[22] PASCHOAL, Jorge Coutinho. *O prejuízo e as nulidades processuais penais*: um estudo à luz da jurisprudência do Supremo Tribunal Federal e do Superior Tribunal de Justiça. Rio de Janeiro: Lumen Juris, 2014. p. 5.

se aborde essa circunstância da interação real: o aspecto do ego e da vaidade dos jogadores. É justamente nessa seara que a habilidade da interação eficaz se dá mais no âmbito do gerenciamento emocional do que da inteligência lógico-formal. Essa dimensão relacional, da interação, constitui aspecto fundamental do desempenho do jogador, na linha do que aqui se demonstra – a que a inteligência lógico-formal não socorre (pois são habilidades de planos diferentes), e é, contudo, decisiva para interações de sucesso – pode-se mesmo afirmar que se trata de uma linguagem que se deve dominar, a linguagem da gestão das próprias emoções e das alheias e a habilidade de percorrer esses caminhos, necessários, simultaneamente aos demais planos de interação do momento presente, o do desenrolar da partida.

Num plano democrático, por assim dizer, a vulneração, o risco que correm os fundamentos jurídicos relevantes para o direito material e para o processo, a variar para mais ou para menos, vai definir se se trata de nulidade relativa ou absoluta. Quando a violação macula normas postas em favor do interesse de uma das partes,[23] estaremos diante de uma nulidade dita relativa, e seu reconhecimento depende da alegação do interessado no prazo de lei; nesses casos, segundo a doutrina clássica, para que a nulidade seja reconhecida, a parte deverá demonstrar prejuízo. Será, contudo, absoluta a nulidade decorrente de vícios que firam balizas fundamentais do direito ou do processo (regras *standard*) – atinjam o interesse público, de modo que delas se pode conhecer de ofício – a tempo e a destempo: não precluem; o vício é insanável e o prejuízo, presumido, salvo comportamento contraditório da parte (*venire contra factum proprium*). A essa definição, porém, Paschoal[24] antepõe:

> Uma primeira dificuldade na adoção de todos esses conceitos – particularmente, da dicotomia absoluta/relativa-interesse público/privado – é que o critério utilizado para o reconhecimento da nulidade absoluta, isto é, consistente na violação do interesse público, mostra-se muitíssimo vago. Ademais, é difícil vislumbrar, dentro do direito processual – sobretudo no processo penal – uma norma que proteja, exclusivamente, o interesse

---

[23] PASCHOAL, Jorge Coutinho. *O prejuízo e as nulidades processuais penais*: um estudo à luz da jurisprudência do Supremo Tribunal Federal e do Superior Tribunal de Justiça. Rio de Janeiro: Lumen Juris, 2014. p. 6.

[24] PASCHOAL, Jorge Coutinho. *O prejuízo e as nulidades processuais penais*: um estudo à luz da jurisprudência do Supremo Tribunal Federal e do Superior Tribunal de Justiça. Rio de Janeiro: Lumen Juris, 2014. p. 6.

de uma das partes. Por isso, seria impróprio falar-se em nulidades relativas no processo penal.

Dado o movimento de precarização na salvaguarda de garantias quanto ao reconhecimento de nulidades, cada vez mais condicionado, mesmo em se tratando de nulidade absoluta, à presença de prejuízo efetivo, dando-se uma leitura precária e pragmática ao art. 564 do CPP, *pas de nullité sans grief* conforme antes desenvolvido (7.1), deve-se, com Paschoal, esmiuçar a conotação de prejuízo:

> O próprio prejuízo se mostra um dado genérico e aberto, constituindo um conceito que, do ponto de vista objetivo, se apresenta de difícil apreciação. Afinal, o que é prejuízo? Ele é um dado aferível pela ótica subjetiva das partes, ou não? Se não, quando, objetivamente, haveria prejuízo? Haverá prejuízo quando o vício prejudicar a busca da verdade e a administração da justiça? Quem diz que, na hipótese, não houve prejuízo à busca da verdade no processo? Quem diz qual é a verdade do processo: outra questão em aberto, que suscita também algumas dúvidas: o prejuízo tem que ser efetivo ou pode ser meramente potencial? Havendo dúvidas quanto à sua ocorrência, como solucionar a questão? A dúvida acerca do prejuízo milita a favor de alguém? A quem cumpre fazer a prova do prejuízo (ou melhor: poder-se-ia falar em um "ônus" de alguém em demonstrá-lo) não constituiria a prova do prejuízo, sobretudo quando endereçada à parte, um ônus demasiadamente pesado, isto é, uma espécie de prova diabólica? A alegação do prejuízo não levaria à antecipação de alguma tese jurídica, prejudicando a parte, em sua atuação? Seria possível falar em ponderação de valores constitucionais, na avaliação da nulidade?

O art. 564 do Código de Processo Penal elenca as nulidades em espécie, *numerus apertus*, isto é, trata-se de rol exemplificativo, devendo-se analisar o contexto do jogo processual, o mapa mental dos jogadores, bem assim o lugar e função do processo, porque teremos múltiplas compreensões, muitas vezes influenciadas/flexionadas pela consonância cognitiva. Incide também, atualmente, a relativização das nulidades absolutas em nome do comportamento processual contraditório, em nome da boa-fé (*venire contra factum proprium*).

Quanto ao escopo deste texto, dada a invencibilidade da análise jurisprudencial acerca do tema nulidades, pontuar-se-á o tema segundo entendimento dos Tribunais Superiores, remetendo-se o leitor à obra em que consta extensa pesquisa sobre essa questão em particular, bem como nulidades em geral. Trata-se da pesquisa realizada por Paschoal,[25] que analisou hipóteses de nulidade nos Tribunais Superiores tendo como marco o "prejuízo".

O importante é demonstrar que o jogo das nulidades depende das premissas e sob qual campo será analisado, bem assim a disposição democrática dos jogadores, consoante sublinhei no decorrer dos volumes desta obra, em diversos momentos.

Do ponto de vista das táticas, muitas vezes, mesmo com jogo sujo, *doping*, se o juiz não reconhecer, os efeitos da ação permanecem. Daí muitos arriscarem blefes e trunfos. O mais interessante é que o jogo sujo continua a ser jogo até que o juiz declare a nulidade. Então, correr os riscos de não ser reconhecido o jogo sujo pode ser uma das táticas dos jogadores. Até porque, pela ausência de prejuízo, criou-se a lei da vantagem no processo penal, não fosse ela incompatível com o devido processo legal substancial. Ressalto, por fim, a possibilidade de comportamento processual contraditório, resultante da má formação de um ato processual e a omissão do favorecido, esperando momento propício para invocação. Nessa *ordem* de ideias, não se trata de ausência de prejuízo, e sim da incidência do *venire contra factum proprium, via suppressio*.

5   Conclusão

Não há jogo na investigação preliminar institucionalizada sem regras. Mas o conteúdo e a incidência dependem da adesão subjetiva dos jogadores/julgadores,[26] tendo em vista a questão da lealdade processual.[27] Na investigação preliminar, entendida como jogo, as regras estabelecem as jogadas ilícitas, bem assim regulamentam os comportamentos autorizados, proibidos e obrigatórios. Na Justiça

---

[25] PASCHOAL, Jorge Coutinho. *O prejuízo e as nulidades processuais penais*: um estudo à luz da jurisprudência do Supremo Tribunal Federal e do Superior Tribunal de Justiça. Rio de Janeiro: Lumen Juris, 2014. p. 431-432.

[26] CARVALHO, Salo de. *O papel dos atores do sistema penal na era do punitivismo (o exemplo privilegiado da aplicação da pena)*. Rio de Janeiro: Lumen Juris, 2010. p. 115: "Dentre os inúmeros atores que compõem a cena judicial brasileira, a Magistratura criminal adquire importante papel em razão da possibilidade de definição, no caso concreto, dos rumos da política criminal. Conforme destacado anteriormente, qualquer proposta político-criminal, de natureza garantista ou inquisitiva, não subsiste sem a concretização dos seus postulados pelos atores judiciais".

[27] NASCIMENTO, Rogério José Bento Soares do. *Lealdade processual*: elemento da garantia da ampla defesa em um processo penal democrático. Rio de Janeiro: Lumen Juris, 2011. p. 243 e ss.

Negocial, dependeremos muito da atitude democrática do delegado. Quando se trata de investigação preliminar, a intervenção do Estado, na posição de terceiro, deveria se dar sem a participação efetiva na produção probatória, já que sua posição, assim, deveria ser de árbitro, provido de parcialidade objetiva, subjetiva e cognitiva: sem interesse no caso ou de vitória de qualquer das partes, próprio do modelo adversarial.[28] Entretanto, como já sublinhado, a própria noção das regras depende da atitude do jogador/julgador ante seu lugar e função no jogo processual penal. Por isso a noção de *fair play* depende da adesão ao fiel cumprimento das regras, rompendo-se a mentalidade inquisitória. No caso da Justiça Negocial, em que o papel do julgador é homologatório, o controle da legalidade/legitimidade da investigação resta mitigado. Daí a aposta em jogadores pré-jogo vinculados a um modelo democrático de investigação.

Referências

ABDO, Helena Najjar. *O abuso do processo*. São Paulo: RT, 2007.

ANSELMO, Marcio. É preciso discutir o inquérito policial sem preconceitos e rancores. *Conjur*, 7 mar. 2017. Disponível em: http://www.conjur.com.br/2017-mar-07/academia-policia-preciso-iscutirinquerito-policial-preconceitos-rancores#sdfootnote4sym.

BARBOSA, Livia. *O jeitinho brasileiro*. Rio de Janeiro: Elsevier, 2006.

BINDER, Alberto M. *O descumprimento das formas processuais*: elementos para uma crítica da teoria unitária das nulidades no processo penal. Tradução de Angela Nogueira Pessoa. Rio de Janeiro: Lumen Juris, 2003.

CALMON DE PASSOS, J. J. *Esboço de uma teoria das nulidades aplicadas às nulidades processuais*. Rio de Janeiro: Forense, 2009.

CARVALHO, Salo de. *O papel dos atores do sistema penal na era do punitivismo (o exemplo privilegiado da aplicação da pena)*. Rio de Janeiro: Lumen Juris, 2010.

COUTINHO, Aldacy Rachid. *Invalidade processual*: um estudo para o processo do trabalho. Rio de Janeiro: Renovar, 2000.

COVER, Robert M. Violence and the Word. *Faculty Scholarship Series*, Paper 2708, 1986. Disponível em: http://digitalcommons.law.yale.edu/fss_papers/2708.

DALLÁGNOL JÚNIOR, Antonio Janyr. *Invalidades processuais*. Porto Alegre: Lejur, 1989.

DAMATTA, Roberto. *Carnavais, malandros e heróis*. Rio de Janeiro: Rocco, 1997.

---

[28] HENDLER, Edmundo S. *Derecho penal y procesal penal de los Estados Unidos*. Buenos Aires: Ah-Hoc, 2006.

FELIX, Yuri; ROSA, Alexandre Morais da. *Novas tecnologias de prova no processo penal*: o DNA na delação premiada. Florianópolis: Empório do Direito, 2016.

FERNANDES, Paulo Sérgio Leite; FERNANDES, Geórgia Bajer. *Nulidades no processo penal*. São Paulo: Malheiros, 2002.

FIORATTO, Débora Carvalho. *Teoria das nulidades processuais*: interpretação conforme a Constituição. Belo Horizonte: DePlácido, 2013.

GLOECKNER, Ricardo Jacobsen. *Nulidades no processo penal*: introdução principiológica à teoria do ato processual irregular. Salvador: JusPodivm, 2015.

HENDLER, Edmundo S. *Derecho penal y procesal penal de los Estados Unidos*. Buenos Aires: Ah-Hoc, 2006.

HOMMERDING, Adalberto Narciso. *Invalidades processuais*. Porto Alegre: Coli, 2009.

LEHR, Dick; O' NEILL, Gerard. *Aliança do crime*. Tradução de Cássio de Arantes Leite. Rio de Janeiro: Intrínseca, 2015.

LOPES JR., Aury. *Direito processual penal*. São Paulo: Saraiva, 2012.

LOUREIRO, Antonio Tovo. *Nulidades & limitação do poder de punir*. Rio de Janeiro: Lumen Juris, 2010.

MACHADO, Leonardo Marcondes. O amadorismo na investigação criminal cobra seu preço no jogo processual. *Conjur*, 26 jan. 2016. Disponível em: http://www.conjur.com.br/2016-jan-26/academia-policia-amadorismo-investigacao-cobra-precojogo-processual.

MORESO, José Juan. La doctrina Julia Roberts y desacuerdos irrecusables. *In*: MORESO, José Juan; PRIETO SACHÍS, Luis; FERRER BELTRÁN, Jordi. *Los desacuerdos en el Derecho*. Madrid: Fundación Coloqui Jurídico Europeo, 2010.

NASCIMENTO, Rogério José Bento Soares do. *Lealdade processual*: elemento da garantia da ampla defesa em um processo penal democrático. Rio de Janeiro: Lumen Juris, 2011.

OLIVEIRA, Eugênio Pacelli de. *Curso de processo penal*. São Paulo: Atlas, 2013.

PASCHOAL, Jorge Coutinho. *O prejuízo e as nulidades processuais penais*: um estudo à luz da jurisprudência do Supremo Tribunal Federal e do Superior Tribunal de Justiça. Rio de Janeiro: Lumen Juris, 2014.

PAULA, Leonardo Costa. *As nulidades no processo penal*. Curitiba: Juruá, 2013.

QUEIROZ, David. *A permeabilidade do processo penal*. Florianópolis: Empório do Direito, 2017.

ROBLES, Gregorio. *As regras do direito e as regras dos jogos*: ensaio sobre a teoria analítica do direito. Tradução de Pollyana Mayer. São Paulo: Noeses, 2011.

ROSA, Alexandre Morais da. *Para entender a delação premiada pela teoria dos jogos*. Florianópolis: EModara/EMais, 2018.

SILVA, Márcio Alberto Gomes. *Inquérito policial*: uma análise jurídica e prática da fase pré-processual. Campinas: Millennium, 2016.

SILVEIRA FILHO, Sylvio Lourenço da. *Introdução ao direito processual penal*. Florianópolis: Empório do Direito, 2015.

SOUZA, Alexander Araujo de. *O abuso do direito no processo penal*. Rio de Janeiro: Lumen Juris, 2007.

TROTT, Stephen S. O uso de um criminoso como testemunha: um problema especial. Tradução de Sérgio Fernando Moro. *Revista CEJ*, Brasília, ano XI, n. 37, p. 68-93, abr./jun. 2007.

WOJCIECHOWSKI, Paola Bianchi; ROSA, Alexandre Morais da. *Vieses da justiça*: como as heurísticas e vieses operam nas decisões penais e a atuação contraintuituva. Florianópolis: EModara-EMais, 2018.

Informação bibliográfica deste texto, conforme a NBR 6023:2018 da Associação Brasileira de Normas Técnicas (ABNT):

ROSA, Alexandre Morais da. O controle de nulidades na investigação preliminar com justiça negocial. *In*: PEREIRA, Eliomar da Silva; ANSELMO, Márcio Adriano (Org.). *Direito Processual de Polícia Judiciária I*. Belo Horizonte: Fórum, 2020. p. 293-309. (Curso de Direito de Polícia Judiciária, v. 4). ISBN 978-85-450-0619-0.

A INVESTIGAÇÃO CRIMINAL NOS TRIBUNAIS SUPERIORES

Márcio Adriano Anselmo

1 Introdução

O tema do foro privilegiado tem sido alvo de discussão nos últimos tempos, sobretudo em razão do grande volume de investigações criminais submetidas à tramitação perante o Supremo Tribunal Federal e sua ineficiência[1], já reconhecida inclusive por integrantes do Tribunal.

---

[1] Conforme aponta Danielle Cavalcanti, "Pesquisa divulgada pela Associação dos Magistrados do Brasil, no ano de 2007, revelou um diagnóstico da situação dos processos relativos aos detentores de foro por prerrogativa de função no Supremo Tribunal Federal e no Superior Tribunal de Justiça, tribunais estes submetidos a volumoso trabalho decorrente dos milhares de processos e procedimentos que, anualmente, são distribuídos a cada um de seus integrantes. Observou-se que, de 15 de dezembro de 1988 a 15 de junho de 2007, foram distribuídas 130 (cento e trinta) ações penais no STF, das quais apenas 6 (seis) tiveram julgamento do seu mérito por aquele tribunal, redundando em absolvição dos acusados/querelados. Os demais processos ainda estavam em tramitação ou haviam sido arquivados por causas diversas (entre elas a extinção da punibilidade decorrente da prescrição, o decurso da suspensão condicional do processo ou a perempção), ou remetidos a tribunal ou instância inferior. No STJ, foram distribuídas 483 (quatrocentas e oitenta e três) ações penais entre 23 de maio de 1989 e 6 de junho de 2007, sendo que apenas 16 (dezesseis) haviam sido objeto de julgamento por aquela Corte, redundando em 11 (onze) absolvições e 5 (cinco) condenações. Os demais processos ainda estavam em tramitação, ou se encontravam arquivados por causas diversas (entre elas a extinção da punibilidade decorrente da prescrição, o decurso da suspensão condicional do processo ou a perempção), ou remetidos a outro tribunal ou instância, ou estavam aguardando autorização legislativa para processamento" (CAVALCANTI, Danielle Souza de Andrade e Silva. *A investigação preliminar nos delitos de competência originária de tribunais*. Rio de Janeiro: Lumen Juris, 2011. p. 6).

Por óbvio, a fase de investigação criminal (ou investigação preliminar), entendida aqui como o *iter* que vai do recebimento da notícia do fato supostamente criminoso até a decisão do titular da ação penal quanto ao oferecimento de denúncia ou arquivamento, embora tida como administrativa, trata-se de fase de fundamental importância, tendo em vista a profusão de material probatório que é produzida nessa fase, a qual, apesar das críticas, compõe os elementos que, após o devido contraditório judicial, embasam as devidas sentenças condenatórias.

Ao tratar da investigação preliminar nos delitos de competência originária de tribunais, Danielle Cavalcanti[2] aponta quatro fatores que justificam o seu estudo: um, a inexistência de regras procedimentais no direito positivo na regência do tema; dois, a recorrente incidência de casos de inquéritos autuados nos tribunais superiores; três, a escassa literatura específica sobre o tema; e quatro, a perspectiva da eficiência da persecução penal desses crimes, cada vez mais colocada em xeque.

2   O estado da arte do problema

A investigação criminal busca verificar empiricamente se um sujeito cometeu determinado delito, que, conforme aponta Luigi Ferrajoli,[3] deve ser anteriormente estabelecido por lei com exatidão, de modo a identificar quais seriam esses fatos empíricos a serem considerados como delitos.

Nesse caminho, resta a passagem pela compreensão normativa do tipo como caminho indispensável que deve percorrer a autoridade policial no percurso da investigação criminal, uma vez que esta deve ter por objetivo – a partir de elementos primeiros que a subsidiaram, os quais, por meio da investigação criminal, apontam a prática de um crime – buscar tornar claros os limites da infração cometida e os elementos de autoria.

Eliomar da Silva Pereira[4] constrói sua definição de investigação criminal como uma

---

[2]   CAVALCANTI, Danielle Souza de Andrade e Silva. *A investigação preliminar nos delitos de competência originária de tribunais.* Rio de Janeiro: Lumen Juris, 2011. p. 4-7.

[3]   FERRAJOLI, Luigi. *Direito e razão*: teoria do garantismo penal. São Paulo: RT, 2002. p. 38.

[4]   PEREIRA, Eliomar da Silva. *Teoria da investigação criminal* – Uma introdução jurídico-científica. Coimbra: Almedina, 2010. p. 86-87.

pesquisa, ou conjunto de pesquisas, administrada estrategicamente, que, tendo por base critérios de verdade e métodos limitados juridicamente por direitos e garantias fundamentais, está dirigida a obter provas acerca da existência de um crime, bem como indícios de sua autoria, tendo por fim justificar um processo penal, ou sua não instauração, se for o caso, tudo instrumentalizado sob uma forma jurídica estabelecida por lei.

Deve o delegado de polícia, no curso da investigação criminal, pautar-se pelos conhecimentos angariados pela teoria do crime, que, ainda segundo o mesmo autor, "cumpre uma função operativa, em virtude de seu caráter metodológico, ao fazer a mediação entre o fato punível (como objeto da realidade) e o tipo penal (como hipótese legal normativa)".[5] Conforme argumenta André Nicollit, "o Delegado de Polícia é o primeiro a fazer um juízo de tipicidade da conduta".[6]

O inquérito policial é o instrumento, no direito processual penal pátrio, que legalmente materializa a investigação criminal, presidida pela autoridade policial, nos termos do art. 4º do Código de Processo Penal. Consiste numa fase anterior ao processo penal propriamente dito, destinada a subsidiar o início deste, atuando como um filtro, para, segundo Lopes Jr.[7], "purificar, aperfeiçoar, conhecer o certo". Por ora, nos ocuparemos da relação entre teoria das provas e inquérito policial. Usando-se a perspectiva de Alexandre Morais da Rosa[8], podemos, sem dúvida, compreender também a fase processual de investigação como um jogo, marcado pela estratégia e tática dele decorrentes. Assim, não se pode desconsiderar a fase da investigação preliminar, conforme o presente artigo se propõe.

Embora seja recorrente na doutrina a expressão de que não se produz prova no inquérito policial, tal expressão apresenta-se falaciosa, uma vez que a quase totalidade dos elementos probatórios carreados às ações penais são identificados ou produzidos no curso da investigação criminal na fase processual preliminar, ou seja, no curso do inquérito. Conforme destaca Danielle Cavalcanti:[9]

---

[5]   PEREIRA, Eliomar da Silva. *Teoria da investigação criminal* – Uma introdução jurídico-científica. Coimbra: Almedina, 2010. p. 229.

[6]   NICOLLIT, André Luiz. *Manual de processo penal*. 3. ed. São Paulo: Elsevier, 2012. p. 86.

[7]   LOPES JR., Aury. *Direito processual penal*. 10. ed. São Paulo: Saraiva, 2012. p. 280.

[8]   ROSA, Alexandre Morais da. *Guia compacto de processo penal conforme a teoria dos jogos*. Florianópolis: Empório do Direito, 2015.

[9]   CAVALCANTI, Danielle Souza de Andrade e Silva. *A investigação preliminar nos delitos de competência originária de tribunais*. Rio de Janeiro: Lumen Juris, 2011. p. 279.

A investigação preliminar é assunto crucial ao estudo do processo penal, na medida em que permite a reunião de elementos que justifiquem a instauração ou não da persecução judicial, além de impedir a formulação de acusações açodadas, exercendo assim relevantes funções preventiva e preparatória do processo.

Preliminarmente, é possível apontar aqui duas situações distintas de tramitação de investigação em tribunais superiores: inicialmente, as investigações *interna corporis* (como exemplo, a investigação de autoridades judiciárias, previstas no art. 33, parágrafo único da Loman ou no art. 41, parágrafo único da LOMP – cuja redação é idêntica);[10] no segundo caso, refere-se à investigação criminal de crimes que envolvam autoridades com prerrogativa de foro em razão da função, notadamente agentes políticos.

Nossa Constituição Federal, a título exemplificativo, atribui, no art. 102, ao STF, a prerrogativa de *processar e julgar* originariamente:

b) nas infrações penais comuns, o Presidente da República, o Vice-Presidente, os membros do Congresso Nacional, seus próprios Ministros e o Procurador-Geral da República;

c) nas infrações penais comuns e nos crimes de responsabilidade, os Ministros de Estado e os Comandantes da Marinha, do Exército e da Aeronáutica, ressalvado o disposto no art. 52, I, os membros dos Tribunais Superiores, os do Tribunal de Contas da União e os chefes de missão diplomática de caráter permanente.

Observa-se que somente nesses dois incisos temos um universo superior a seiscentas autoridades com prerrogativa de foro perante a Suprema corte. Ao tratar do tema recentemente, o Ministro Luís Roberto Barroso,[11] que já havia criticado anteriormente a situação,[12] foi enfático ao consignar:

---

[10] "Quando, no curso de investigação, houver indício da prática de crime por parte do magistrado, a autoridade policial, civil ou militar, remeterá os respectivos autos ao Tribunal ou órgão especial competente para o julgamento, a fim de que prossiga na investigação".

[11] BARROSO, Luís Roberto. Foro privilegiado deve acabar ou ser limitado aos chefes dos Poderes. *Conjur*, 23 maio 2016. Disponível em: http://www.conjur.com.br/2016-mai-23/roberto-barroso-foro-privilegiado-acabar-reduzir-impunidade. Acesso em: 27 abr. 2016.

[12] MINISTRO Barroso diz que foro privilegiado é "desastre para o país". *Conjur*, 31 maio 2016. Disponível em: http://www.conjur.com.br/2016-mar-31/ministro-barroso-foro-privilegiado-desastre-pais. Acesso em: 30 abr. 2016.

O foro por prerrogativa de função, apelidado de foro privilegiado, é um mal para o Supremo Tribunal Federal e para o país. É preciso acabar com ele ou reservá-lo a um número mínimo de autoridades, como os chefes de Poder. Há três ordens de razões que justificam sua eliminação ou redução drástica:

Razões filosóficas: trata-se de uma reminiscência aristocrática, não republicana, que dá privilégio a alguns, sem um fundamento razoável;

Razões estruturais: Cortes constitucionais, como o STF, não foram concebidas para funcionarem como juízos criminais de 1º grau, nem têm estrutura para isso. O julgamento da AP 470 ocupou o tribunal por um ano e meio, em 69 sessões;

Razões de justiça: o foro por prerrogativa é causa frequente de impunidade, porque é demorado e permite a manipulação da jurisdição do Tribunal.

Na mesma oportunidade, foram apresentados dados estatísticos que apontam o seguinte cenário:

(i) tramitam no STF, atualmente, 369 inquéritos e 102 ações penais contra parlamentares;

(ii) o prazo médio para recebimento de uma denúncia pelo STF é de 617 dias (um juiz de 1º grau recebe, como regra, em menos de uma semana, porque o procedimento é muito mais simples); e

(iii) desde que o STF começou a julgar efetivamente ações penais (a partir da EC 35/2001, que deixou de condicionar ações contra parlamentares à autorização da casa legislativa), já ocorreram 59 casos de prescrição, entre inquéritos e ações penais.

Segundo estudo do próprio STF,[13] somente em 2010 deram-se os primeiros casos de condenação por parte do órgão.

Outras estatísticas que retratam a situação de modo mais aprofundado podem ainda ser encontradas no estudo realizado pela Associação dos Magistrados Brasileiros,[14] que apresenta um quadro ainda mais alarmante.

---

[13] DADOS revelam que 165 pessoas respondem a ações penais e 339 são investigadas no STF. *Notícias STF*, 2 jan. 2009. Disponível em: http://stf.jus.br/portal/cms/verNoticiaDetalhe. asp?idConteudo=101385. Acesso em: 20 dez. 2016.

[14] ASSOCIAÇÃO DOS MAGISTRADOS BRASILEIROS. Juízes contra a corrupção. Diagnóstico do problema da impunidade e possíveis soluções propostas pela AMB. *Portal AMB*. Disponível em: http://www.amb.com.br/portal/docs/noticias/estudo_corrupcao.pdf. Acesso em: 27 abr. 2016.

Danielle Cavalcanti[15] ainda agrega:

> As dificuldades são potencializadas se direcionamos nosso foco às investigações preliminares nos delitos de competência originária de tribunais, cuja importância é sobressalente no sistema criminal, por representarem a persecução do Estado contra seus próprios agentes, aqueles que ditam muitas vezes os rumos da política, da segurança e da economia do país, com reflexo em toda a sociedade.

Observa-se, portanto, a relevância do tema, seja na perspectiva da carência de estudos que busquem sistematizar o tratamento dessas investigações preliminares, seja ainda na busca de alcançar maior eficiência nessas investigações, que, em última análise, colocam em risco o Estado Democrático de Direito, por estimularem uma casta de privilegiados que permanece fora de alcance da persecução criminal.

3 A investigação criminal nos inquéritos de competência originária dos tribunais

O Código de Processo Penal, no art. 1º, *caput*, define, como regra, sua incidência ao processo penal em todo o território brasileiro, trazendo algumas exceções. Vejamos:

> Art. 1º O processo penal reger-se-á, em todo o território brasileiro, por este Código, ressalvados: [...]
> *IV - os processos da competência do tribunal especial (Constituição, art. 122, no 17);* [...]
> *Parágrafo único. Aplicar-se-á, entretanto, este Código aos processos referidos nos nºs IV e V, quando as leis especiais que os regulam não dispuserem de modo diverso.*

Em regra, as normas do Código de Processo Penal não poderiam ser aplicadas aos inquéritos originários, conforme a excepcionalidade criada no inc. IV. Contudo, sua aplicabilidade é autorizada, por imposição do parágrafo único, no caso de ausência de tratamento diverso das leis especiais.

---

[15] CAVALCANTI, Danielle Souza de Andrade e Silva. *A investigação preliminar nos delitos de competência originária de tribunais.* Rio de Janeiro: Lumen Juris, 2011. p. 279.

No caso de inquéritos que tramitam no Supremo Tribunal Federal e Superior Tribunal de Justiça, as normas especiais existentes são a Lei nº 8.038/90 e os respectivos regimentos internos do STF (RISTF) e do STJ (RISTJ) – ambos tratam de forma mínima a temática. A Lei nº 8.658/93, por sua vez, estendeu a aplicação das normas do diploma anterior às ações penais de competência originária dos Tribunais de Justiça dos Estados e do Distrito Federal, e dos Tribunais Regionais Federais. Deveras, a Lei nº 8.038/90, que institui normas procedimentais para os processos de ação originária perante o Superior Tribunal de Justiça e o Supremo Tribunal Federal, apesar de ter tratado da ação penal originária, instituindo nuances específicas na tramitação processual, nada discorreu sobre os inquéritos que envolvessem investigados com prerrogativa de foro:

TÍTULO I
Processos de Competência Originária
CAPÍTULO I
Ação Penal Originária

Art. 1º - Nos crimes de ação penal pública, o Ministério Público terá o prazo de quinze dias para oferecer denúncia ou pedir arquivamento do inquérito ou das peças informativas.

§1º - Diligências complementares poderão ser deferidas pelo relator, com interrupção do prazo deste artigo.

§2º - Se o indiciado estiver preso:

a) o prazo para oferecimento da denúncia será de cinco dias;

b) as diligências complementares não interromperão o prazo, salvo se o relator, ao deferi-las, determinar o relaxamento da prisão.

Art. 2º - O relator, escolhido na forma regimental, será o juiz da instrução, que se realizará segundo o disposto neste capítulo, no Código de Processo Penal, no que for aplicável, e no Regimento Interno do Tribunal.

Parágrafo único - O relator terá as atribuições que a legislação processual confere aos juízes singulares.

Art. 3º - Compete ao relator:

I - determinar o arquivamento do inquérito ou de peças informativas, quando o requerer o Ministério Público, ou submeter o requerimento à decisão competente do Tribunal;

II - decretar a extinção da punibilidade, nos casos previstos em lei.

III – convocar desembargadores de Turmas Criminais dos Tribunais de Justiça ou dos Tribunais Regionais Federais, bem como juízes de varas criminais da Justiça dos Estados e da Justiça Federal, pelo prazo de 6 (seis) meses, prorrogável por igual período, até o máximo de 2 (dois) anos, para a realização do interrogatório e de outros atos da instrução, na sede do tribunal ou no local onde se deva produzir o ato.

O Regimento Interno do Supremo Tribunal Federal, vigente durante o advento da Constituição Federal de 1988, por sua vez, também não abordou a temática. Contudo, no ano de 2011, foram editadas emendas regimentais, inserindo algumas regras para a fase de inquérito. Vejamos:

Art. 230-C. Instaurado o inquérito, a autoridade policial deverá em sessenta dias reunir os elementos necessários à conclusão das investigações, efetuando as inquirições e realizando as demais diligências necessárias à elucidação dos fatos, apresentando, ao final, peça informativa.

§1º O Relator poderá deferir a prorrogação do prazo sob requerimento fundamentado da autoridade policial ou do Procurador-Geral da República, que deverão indicar as diligências que faltam ser concluídas.

§2º Os requerimentos de prisão, busca e apreensão, quebra de sigilo telefônico, bancário, fiscal, e telemático, interceptação telefônica, além de outras medidas invasivas, serão processados e apreciados, em autos apartados e sob sigilo, pelo Relator.

Art. 231. Apresentada a peça informativa pela autoridade policial, o Relator encaminhará os autos ao Procurador-Geral da República, que terá quinze dias para oferecer a denúncia ou requerer o arquivamento.

§1º As diligências complementares ao inquérito podem ser requeridas pelo Procurador-Geral ao Relator, interrompendo o prazo deste artigo, se deferidas.

§2º As diligências complementares não interrompem o prazo para oferecimento de denúncia, se o indiciado estiver preso.

§3º Na hipótese do parágrafo anterior, se as diligências forem indispensáveis ao oferecimento da denúncia, o Relator determinará o relaxamento da prisão do indiciado; se não o forem, mandará, depois de oferecida a denúncia, que se realizem em separado, sem prejuízo da prisão e do processo.

§4º O Relator tem competência para determinar o arquivamento, quando o requerer o Procurador-Geral da República ou quando verificar:

a) a existência manifesta de causa excludente da ilicitude do fato;

b) a existência manifesta de causa excludente da culpabilidade do agente, salvo inimputabilidade;

c) que o fato narrado evidentemente não constitui crime;

d) extinta a punibilidade do agente; ou

e) ausência de indícios mínimos de autoria ou materialidade, nos casos em que forem descumpridos os prazos para a instrução do inquérito ou para oferecimento de denúncia.

§5º Se o indiciado estiver preso, o prazo a que se refere o caput será de cinco dias.

§6º O inquérito arquivado por falta de indícios mínimos de autoria ou materialidade poderá ser reaberto, caso surjam novos elementos.

Constata-se que a única regra do RISTF que colide frontalmente com as normas do CPP seria o prazo para conclusão das investigações. No Código de Processo são exigidos 30 (trinta) dias; enquanto, na seara regimental, 60 (sessenta) dias. Na parte restante, não se identifica qualquer outro confronto entre ambos os corpos normativos.

O RISTJ, da mesma forma, ao tratar da ação penal originária, pouco dispõe sobre a fase de investigação preliminar:

Art. 217. Nos crimes de ação penal pública, o Ministério Público terá o prazo de quinze dias para oferecer denúncia ou pedir arquivamento do inquérito ou das peças informativas.
§1º Diligências complementares poderão ser deferidas pelo relator, com interrupção do prazo deste artigo.
§2º Se o indiciado estiver preso:
a) o prazo para oferecimento da denúncia será de cinco dias;
b) as diligências complementares não interromperão o prazo, salvo se o relator, ao deferi-las, determinar o relaxamento da prisão.
Art. 218. O relator será o juiz da instrução, que se realizará segundo o disposto neste capítulo, no Código de Processo Penal, no que for aplicável, e neste Regimento Interno. Parágrafo único. O relator terá as atribuições que a legislação penal confere aos juízes singulares, podendo submeter diretamente à decisão do órgão colegiado competente as questões surgidas durante a instrução. (Redação dada pela Emenda Regimental n. 2, de 1992)
Art. 219. Competirá ao relator:
I - determinar o arquivamento do inquérito ou das peças informativas, quando o requerer o Ministério Público, ou submeter o requerimento à decisão da Corte Especial;
II - decretar a extinção da punibilidade nos casos previstos em lei.

Assim, observa-se que a fase de investigação preliminar não é regida pelo RISTF ou RISTJ, de modo que devem ser aplicadas as disposições do CPP.

Inicialmente, cabe aqui destacar que a Constituição Federal é clara no sentido da atribuição dos tribunais para *processar* e *julgar*. Nada fala sobre *investigar*. Assim, não cabe aqui interpretação extensiva. Desse modo, nos parece absolutamente desarrazoada a forma como essa fase de investigação preliminar vem sendo interpretada na atualidade, com excesso de poderes na figura do relator ao qual, para além de atuar nas situações sujeitas à reserva de jurisdição, têm sido atribuídas verdadeiras funções de juiz-investigador, cabendo a este até mesmo deferir ou não diligências a serem cumpridas pela Polícia Judiciária, a quem compete constitucionalmente a investigação criminal.

Nesse sentido, imperioso aqui mencionar trecho da ementa da ADI nº 1.570/DF, relatada pelo Min. Maurício Corrêa, acerca da Lei nº 9.034/95: "3. Funções de investigador e inquisidor. Atribuições conferidas ao Ministério Público e às Polícias Federal e Civil (CF, art. 129, I e VIII e §2º; e 144, §1º, I e IV, e §4º. A realização de inquérito é função que a Constituição reserva à polícia".

4 Do indiciamento na investigação perante os tribunais superiores

Um dos problemas mais latentes no cenário da investigação preliminar de autoridades com prerrogativa de foro trata-se do ato de indiciamento, que deve ser compatibilizado com o modelo acusatório de persecução penal adotado pela Constituição Federal, com a tendência jurisprudencial da Suprema Corte de trazer para a fase investigatória garantias e direitos decorrentes do princípio do contraditório e da ampla defesa e com a Lei nº 12.830/2013.

Cabe destacar, preliminarmente, que a figura do indiciamento passou a ter tratamento legislativo somente com a entrada em vigor da Lei nº 12.830/2013. Em momento pretérito, inexistia descrição normativa sobre este modelo jurídico, apesar de figurarem, por décadas, em diversos corpos legais, a expressão "indiciado". Não obstante a omissão legislativa, a doutrina e jurisprudência já haviam traçado os contornos do instituto, tendo a lei apenas consolidado um posicionamento já adotado pela maioria dos intérpretes do direito. Nesse passo, a inovação legislativa estabeleceu que "o indiciamento, privativo do delegado de polícia, dar-se-á por ato fundamentado, mediante análise técnico-jurídica do fato, que deverá indicar a autoria, materialidade e suas circunstâncias".

O instituto é intrínseco e exclusivo da fase de investigação criminal, sendo a formalização do juízo de convencimento da autoridade policial. Nesse sentido, foi a manifestação em artigo jurídico já publicado:

> O ato de indiciamento é o ato do Delegado de Polícia, enquanto presidente da investigação, via de regra praticado ao término da mesma, ao considerar concluída a fase de coleta de elementos probatórios do delito

investigado, quando é possível concluir-se pela autoria de determinado crime, individualizando-se o autor.[16]

Enquanto o juízo de convicção do delegado de polícia sobre a prática delitiva se externaliza por meio do indiciamento, o convencimento do Ministério Público é retratado pela apresentação de denúncia e o posicionamento do magistrado é evidenciado quando da prolação de sentença. Trata-se de uma das etapas da formação da culpa na investigação criminal, no processo de filtragem apontado por Aury Lopes Jr.[17]

O indiciamento, a peça acusatória e a sentença judicial são reflexos do juízo técnico-jurídico de cada uma das autoridades envolvidas na persecução penal, sendo vedada a interferência nesse processo de formação de convencimento, sob pena de desconstrução do modelo acusatório, o qual sustenta divisões precisas entre as funções de investigar, de acusar e de julgar, a fim de que o Estado atue de maneira isenta e imparcial durante toda a persecução penal.

Em consonância com a posição consolidada na Suprema Corte, o Poder Judiciário, em razão do nosso modelo acusatório, deve atuar na fase investigatória somente para inibir violações à ordem legal e constitucional que possam trazer prejuízos às garantias do investigado como sujeito de direito. O reflexo da estrutura acusatória para a condução do inquérito policial é a impossibilidade de o magistrado se imiscuir no campo de discricionariedade do delegado de polícia quanto à necessidade, à oportunidade e à conveniência da realização de diligências investigatórias.

Da mesma forma, os efeitos desse modelo impedem o Poder Judiciário de interferir no convencimento técnico-jurídico externalizado pela autoridade policial no momento em que se indicia um investigado, concluindo-se, após o emprego de variados meios de investigação, pela ocorrência de prática delitiva, diante de fato típico, com materialidade e indícios de autoria.

Nada impede que vícios de legalidade presentes no despacho de indiciamento, como a ausência de fundamentação ou mesmo inexistência de materialidade ou de indícios de autoria, possam ser analisados *a*

---

[16] ANSELMO, Márcio Adriano. Ato do indiciamento deve ser devidamente fundamentado. *Conjur*, 13 out. 2015. Disponível em: https://www.conjur.com.br/2015-out-13/academia-policia-ato-indiciamento-devidamente-fundamentado.

[17] LOPES JR., Aury. *Direito processual penal*. 10. ed. São Paulo: Saraiva, 2012. p. 280.

posteriori pelo magistrado, desde que este controle seja exercido com o propósito de garantir a legalidade e constitucionalidade dos atos da autoridade policial. A função jurisdicional, contudo, não pode influir no mérito do indiciamento, no sentido de impor à autoridade policial que se posicione no mesmo sentido de eventual requisição ou autorização do magistrado, já que ambas são posturas judiciais incompatíveis com o modelo acusatório adotado em texto constitucional.

O Supremo Tribunal Federal, em decisão recente, firmou entendimento segundo o qual o indiciamento constitui atribuição exclusiva da autoridade policial, de modo que não pode ser requisitada pelo magistrado sob pena de afronta ao princípio acusatório. Eis a ementa da decisão:

> Ementa: HABEAS CORPUS. PROCESSUAL PENAL. CRIME CONTRA ORDEM TRIBUTÁRIA. REQUISIÇÃO DE INDICIAMENTO PELO MAGISTRADO APÓS O RECEBIMENTO DENÚNCIA. MEDIDA INCOMPATÍVEL COM O SISTEMA ACUSATÓRIO IMPOSTO PELA CONSTITUIÇÃO DE 1988. INTELIGÊNCIA DA LEI 12.830/2013. CONSTRANGIMENTO ILEGAL CARACTERIZADO. SUPERAÇÃO DO ÓBICE CONSTANTE NA SÚMULA 691. ORDEM CONCEDIDA. *1. Sendo o ato de indiciamento de atribuição exclusiva da autoridade policial, não existe fundamento jurídico que autorize o magistrado, após receber a denúncia, requisitar ao Delegado de Polícia o indiciamento de determinada pessoa. A rigor, requisição dessa natureza é incompatível com o sistema acusatório, que impõe a separação orgânica das funções concernentes à persecução penal, de modo a impedir que o juiz adote qualquer postura inerente à função investigatória. Doutrina. Lei 12.830/2013. 2. Ordem concedida.* (HC nº 115.015. Rel. Min. Teori Zavascki, Segunda Turma, j. 27.8.2013, divulg. 11.9.2013, public. 12.9.2013)

Da mesma forma, o indiciamento também não pode ser condicionado à prévia autorização do Poder Judiciário, uma vez que os efeitos dessa conduta também significariam ingerência indevida do Poder Judiciário em questões de natureza manifestamente inquisitorial. Sem delongas, caso autorizado o delegado de polícia a proceder ao indiciamento, o magistrado estaria antecipando juízo de valor, afirmando que houve prática delitiva, bem como estariam presentes a materialidade e indícios de autoria. Por outro lado, caso denegada a autorização, seu posicionamento já estaria firmado em sentido contrário.

Nas investigações que contemplam investigados com prerrogativa de foro, o tratamento dado ao indiciamento, independente de regramento específico de regimentos internos ou leis esparsas, deve ser idêntico àquele observado nos inquéritos policiais em que se verifica a incidência exclusiva do Código de Processo Penal, já que a vedação de interferência do magistrado quando a autoridade policial realiza um indiciamento não decorre de atos normativos primários, mas sim de mandamentos constitucionais, os quais estruturam nosso modelo acusatório penal. O próprio RISTF, no art. 231, trata da figura do indiciado:

§2º As diligências complementares não interrompem o prazo para oferecimento de denúncia, se o indiciado estiver preso.

§3º Na hipótese do parágrafo anterior, se as diligências forem indispensáveis ao oferecimento da denúncia, o Relator determinará o relaxamento da prisão do indiciado; se não o forem, mandará, depois de oferecida a denúncia, que se realizem em separado, sem prejuízo da prisão e do processo.

Necessário ainda destacar o posicionamento da lavra do Ministro Teori Zavascki, ao apreciar a Pet. nº 5.899-DF, em decisão de 2.3.2016, em que reconhece a função do Supremo Tribunal Federal, na fase investigatória, de atuar no controle da legitimidade dos atos e procedimentos de coleta de prova, autorizando ou não medidas submetidas à reserva de jurisdição:

3. Cumpre registrar, por outro lado, que, instaurado o inquérito, não cabe ao Supremo Tribunal Federal interferir na formação da *opinio delicti*. É de sua atribuição, na fase investigatória, controlar a legitimidade dos atos e procedimentos de coleta de provas, autorizando ou não as medidas persecutórias submetidas à reserva de jurisdição, como, por exemplo, as que importam restrição a certos direitos constitucionais fundamentais, como o da inviolabilidade de moradia (CF, art. 5º, XI) e das comunicações telefônicas (CF, art. 5º, XII). Todavia, *o modo como se desdobram as demais atividades investigativas e o juízo sobre a conveniência, a oportunidade ou a necessidade de diligências tendentes à convicção acusatória são atribuições do Procurador-Geral da República* (Inq 2.913-AgR, Min. LUIZ FUX, Tribunal Pleno, DJe de 21/6/2012), que, na *condição de titular da ação penal, é o "verdadeiro destinatário das diligências executadas"* (Rcl 17.649 MC, Min. CELSO DE MELLO, DJe de 30/5/2014), *bem como da autoridade policial, nos termos do art. 230-C do Regimento Interno do Supremo Tribunal Federal.* 4. Definido, assim, o nível de interferência do Poder Judiciário na fase de investigação, registra-se, todavia, ser do mais elevado interesse público e da boa prestação da justiça que a atuação conjunta do Ministério Público e das autoridades policiais se desenvolva de forma harmoniosa, sob métodos, rotinas de trabalho e práticas investigativas adequadas, a

serem por eles mesmos definidos, observados os padrões legais, e que visem, acima de qualquer outro objetivo, à busca da verdade a respeito dos fatos investigados, pelo modo mais eficiente e seguro e em tempo mais breve possível. Observadas essas circunstâncias, nada impede a instauração do presente inquérito.

O STF apreciou a questão no Inquérito nº 4.621-DF, tendo o ministro relator apontado:

1. De acordo com o Plenário desta Corte, é nulo o indiciamento de detentor de prerrogativa de foro, realizado por Delegado de Polícia, sem que a investigação tenha sido previamente autorizada por Ministro-Relator do STF (Pet 3.825-QO, Red. p/o Acórdão Min. Gilmar Mendes).
2. Diversa é a hipótese em que o inquérito foi instaurado com autorização e tramitou, desde o início, sob supervisão de Ministro desta Corte, tendo o indiciamento ocorrido somente no relatório final do inquérito. Nesses casos, o indiciamento é legítimo e independe de autorização judicial prévia.
3. Em primeiro lugar, porque não existe risco algum à preservação da competência do Supremo Tribunal Federal relacionada às autoridades com prerrogativa de foro, já que o inquérito foi autorizado e supervisionado pelo Relator.
4. Em segundo lugar, porque o indiciamento é ato privativo da autoridade policial (Lei nº 12.830/2013, art. 2º, §6º) e inerente à sua atuação, sendo vedada a interferência do Poder Judiciário sobre essa atribuição, sob pena de subversão do modelo constitucional acusatório, baseado na separação entre as funções de investigar, acusar e julgar.
5. Em terceiro lugar, porque conferir o privilégio de não poder ser indiciado apenas a determinadas autoridades, sem razoável fundamento constitucional ou legal, configuraria uma violação aos princípios da igualdade e da república. 6. Em suma: a autoridade policial tem o dever de, ao final da investigação, apresentar sua conclusão. E, quando for o caso, indicar a autoria, materialidade e circunstâncias dos fatos que apurou, procedendo ao indiciamento.

Desse modo, conclui-se que o indiciamento deve ser tratado, mesmo nos inquéritos originários, em conformidade com os ditames do modelo acusatório, do Código de Processo Penal e da Lei nº 12.830/2013, já que tanto a Lei nº 8.038/90 quanto o Regimento Interno se mostram silentes a respeito deste e de grande parte dos temas pertinentes à investigação criminal.

Isso posto, num Estado Democrático de Direito, a prerrogativa de foro apenas acarreta aos ocupantes dos cargos públicos contemplados o direito de ter como juiz natural, durante a instrução processual, a autoridade judiciária competente, não sendo admissível, sob este pretexto, a subversão da lógica acusatória de modo a legitimar a intervenção do Poder Judiciário em questões de natureza manifestamente inquisitorial.

Ademais, nada obsta sequer a aplicação do art. 17-D da Lei nº 9.613/98, que estabelece que "Em caso de indiciamento de servidor público, este será afastado, sem prejuízo de remuneração e demais direitos previstos em lei, até que o juiz competente autorize, em decisão fundamentada, o seu retorno", nos casos de lavagem de dinheiro, já aplicado, a título de exemplo, para ocupante de cargo de prefeito.[18]

Assim, nota-se que o indiciamento nos inquéritos originários independe de prévia autorização ou de requisição judicial, o que não impede nem prejudica a supervisão judicial do ministro-relator na sua função de garantidor de direitos fundamentais e de fiscalizador da legalidade da persecução penal. Ao revés, trata-se de construção necessária para compatibilizar o instituto em voga com os ditames constitucionais e legais regentes da investigação criminal.

5 E quanto às soluções?

Inicialmente, cabe reforçar aqui o texto constitucional que, no art. 102, estabelece que compete ao STF a prerrogativa de *processar e julgar* originariamente. Nada diz a Constituição Federal quanto à investigação. Assim, uma primeira interpretação razoável é admitir-se que a investigação nos casos de crimes praticados por autoridades detentoras de foro por prerrogativa de função se dê de acordo com as regras do Código de Processo Penal e apenas o processo e julgamento se dê perante o tribunal constitucionalmente previsto.

Como bem coloca Henrique Hoffman[19] no artigo já citado:

A competência *ratione personae* não desloca para o tribunal as funções de Polícia Judiciária. A remessa do inquérito policial em curso ao tribunal

---

[18] PREFEITO pernambucano é afastado com base na Lei de Lavagem de Dinheiro. *Conjur*, 8 out. 2015. Disponível em: http://www.conjur.com.br/2015-out-08/prefeito-afastado-base-lei-lavagem-dinheiro. Acesso em: 5 abr. 2016.

[19] HOFFMANN, Henrique. Interpretação sobre foro privilegiado atrapalha investigações policiais. *Conjur*, 17 maio 2016. Disponível em: http://www.conjur.com.br/2016-mai-17/academia-policia-interpretacao-foro-privilegiado-atrapalha-investigacao-policial.

competente para a eventual ação penal e sua imediata distribuição a um relator não o torna autoridade investigadora, mas apenas lhe comete as funções ordinariamente conferidas ao juiz de primeiro grau, na fase pré-processual das investigações (STF, HC 82.507, Rel. Min. Sepúlveda Pertence, DJ 10/12/2002; STF, RHC 84.903, Rel. Min. Sepúlveda Pertence, DJ 04/02/2005).

E, mais adiante:

A instauração e inquérito policial para a apuração de fato em que se vislumbre a possibilidade de envolvimento de titular de prerrogativa de foro não depende de iniciativa do chefe do Ministério Público. Tanto a abertura das investigações quanto o eventual indiciamento são atos da autoridade que preside o inquérito, a saber, o delegado de polícia (STF, Pet 3.825 QO, Rel. Min, Sepúlveda Pertence, DJ 11/04/2007).

Nessa linha, passível de implementação em curto prazo, uma vez que não demanda reforma no texto constitucional, trata-se da correção da interpretação equivocada da tramitação dessas investigações envolvendo autoridades com prerrogativa de foro. Em que pese o decidido pelo STF na ADI nº 1.750 no sentido de que o juiz brasileiro não pode investigar crimes, tem havido entendimento no sentido de que investigação preliminar relacionada a detentores de prerrogativa de foro (Inq. nº 2.963-RR) deve ter tramitação judicial, sob supervisão do relator, conforme críticas ao entendimento apontadas por Fábio Bechara.[20]

O tema foi analisado pela Ministra Ellen Gracie, em decisão na Pet. nº 3.248-DF, publicada em 23.11.2004:

Não parece razoável admitir que um ministro do Supremo Tribunal Federal conduza, perante a Corte, um inquérito policial que poderá se transformar em ação penal, de sua relatoria. Não há confundir investigação, de natureza penal, quando envolvido um parlamentar, com aquela que envolve um membro do Poder Judiciário. No caso deste último, havendo indícios da prática de crime, os autos serão remetidos ao Tribunal ou Órgão Especial competente, a fim de que se prossiga a investigação. É o que determina o art. 33, §único da LOMAN. Mas quando se trata de parlamentar federal, a investigação prossegue

---

[20] BECHARA, Fabio Ramazzini. Juiz deve controlar legalidade de investigação criminal, não ser protagonista. *Conjur*, 21 nov. 2015. Disponível em: http://www.conjur.com.br/2015-nov-21/fabio-bechara-juiz-nao-protagonista-investigacao. Acesso em: 27 abr. 2016.

perante a autoridade policial federal. Apenas a ação penal é que tramita no Supremo Tribunal Federal. Disso resulta que não pode ser atendido o pedido de instauração de inquérito policial originário perante esta Corte. E, por via de conseqüência, a solicitação de indiciamento do parlamentar, ato privativo da autoridade policial.

Ao observar o regimento interno do STF, não se identificam elementos que possam corroborar o entendimento atual no sentido de que a tramitação da investigação preliminar para apuração de infrações penais praticadas por autoridades com prerrogativa de foro perante aquele tribunal deva seguir rito diverso do previsto no Código de Processo Penal. Necessário novamente destacar o teor do art. 102 da CF, que atribui ao STF a competência para processar e julgar, não se fala em investigar. E mais, tal interpretação não se coaduna com o sistema acusatório, criando verdadeiros juizados de instrução, conforme conclui Danielle Cavalcanti:[21]

> O fato de ser o tribunal o órgão competente para o processo e o julgamento do agente público não implica admitir-se a sua titularidade também para a condução da investigação preliminar. A prerrogativa de foro é critério pertinente, de modo exclusivo, à determinação da competência jurisdicional originária do Tribunal respectivo, agindo seja no momento do oferecimento da acusação ou, eventualmente, antes dela, apenas se necessária alguma medida cautelar sujeita à prévia autorização judicial. [...]
> No que tange à condução da investigação preliminar, em consonância com sua natureza, os atos ordinários de investigação devem ser praticados pela autoridade policial.

Assim, a fase de investigação preliminar, desde sua instauração, não carece de qualquer autorização da autoridade judiciária, devendo simplesmente submeter-se aos ditames legais.

Eduardo Pereira da Silva,[22] ao tratar do tema, pontua que "ao permitir a realização de investigações criminais por seus Ministros [...] o Supremo Tribunal Federal coloca em xeque o sistema acusatório".

---

[21] CAVALCANTI, Danielle Souza de Andrade e Silva. *A investigação preliminar nos delitos de competência originária de tribunais.* Rio de Janeiro: Lumen Juris, 2011. p. 280.

[22] SILVA, Eduardo Pereira da. Investigação de autoridades deve ser conduzida pela polícia. *Conjur*, 23 jul. 2006. Disponível em: http://www.conjur.com.br/2006-jul-23/investigacao_autoridades_conduzida_policia. Acesso em: 27 abr. 2016.

No mesmo sentido é o entendimento de Rodrigo Carneiro Gomes,[23] para quem "os Tribunais pátrios não devem conduzir investigações criminais, exceção feita na hipótese de fatos relacionados a magistrado que figure na qualidade de investigado".

Ainda nesse sentido, Fábio Bechara,[24] ao tratar desse "inquérito originário", pontua que ele "se traduz numa indesejada ampliação do foro por prerrogativa de função na Constituição Federal, para além do processo e julgamento da ação penal".

Em outro aspecto, em que pese não seja diretamente o objeto do presente artigo, mas nos parece importante destacar a necessária revisão do texto constitucional quanto ao extenso rol de autoridades submetidas à prerrogativa de foro no Brasil, que teria sobretudo o efeito colateral de reduzir a sobrecarga dos tribunais superiores.

Como uma das alternativas, em matéria já citada, o Ministro Luís Roberto Barroso[25] sugere a criação de uma vara federal especializada no Distrito Federal, para julgar os casos que hoje desfrutam de foro privilegiado. O juiz titular seria escolhido pelo STF e teria um mandato de quatro anos, ao final dos quais seria automaticamente promovido para o 2º grau. Teria tantos juízes auxiliares quantos necessários, mas seria um único titular para dar unidade aos critérios de decisão. De suas sentenças caberia recurso para o STF ou para o STJ, conforme a autoridade.

Opinião semelhante também foi recentemente expressada por Ali Mazloum,[26] que sugere a criação do juizado de autoridades:

> Um juizado composto de cerca de 20 juízes federais, arregimentados das cinco regiões do país pelo Superior Tribunal de Justiça, pelo critério único da antiguidade (evitando escolhas subjetivas), instalado na capital federal, poderia com maior celeridade processar e julgar, em colegiados de três juízes, causas penais (até improbidade!) envolvendo ditas autoridades.

---

[23] GOMES, Rodrigo Carneiro. O inquérito policial na investigação de parlamentar. *Revista Brasileira de Direito Constitucional – RBDC*, n. 14, jul./dez. 2009. p. 23.

[24] BECHARA, Fabio Ramazzini. Juiz deve controlar legalidade de investigação criminal, não ser protagonista. *Conjur*, 21 nov. 2015. Disponível em: http://www.conjur.com.br/2015-nov-21/fabio-bechara-juiz-nao-protagonista-investigacao. Acesso em: 27 abr. 2016.

[25] BARROSO, Luís Roberto. Foro privilegiado deve acabar ou ser limitado aos chefes dos Poderes. *Conjur*, 23 maio 2016. Disponível em: http://www.conjur.com.br/2016-mai-23/roberto-barroso-foro-privilegiado-acabar-reduzir-impunidade. Acesso em: 27 abr. 2016.

[26] MAZLOUM, Ali. Uma proposta de criação do Juizado dos Crimes de Autoridades. *Conjur*, 23 abr. 2016. Disponível em: http://www.conjur.com.br/2016-abr-23/ali-mazloum-proposta-criacao-juizado-crimes-autoridades. Acesso em: 27 abr. 2016.

Perante esse juizado, atuariam delegados federais e membros do Ministério Público Federal com amplos poderes de investigação, ressalvadas matérias afetas à reserva de jurisdição. O juiz que atuasse na fase investigatória para decidir questões relacionadas a direitos fundamentais não poderia atuar nas turmas de julgamento (preserva-se, com isso, o requisito da imparcialidade).

Das decisões proferidas no âmbito desse hipotético Juizado dos Crimes de Autoridades, caberia recurso diretamente ao Supremo Tribunal Federal. Devolve-se à suprema corte, de conseguinte, o destino jurídico da autoridade processada. Estariam asseguradas a necessária celeridade na apuração de crimes, a igualdade entre todos e, ainda, o duplo grau de jurisdição. O mesmo modelo poderia ser adotado no âmbito dos estados.

Soluções para o problema existem e, em determinada escala, sequer demandam profundas alterações no texto constitucional, o que dificilmente se alcançará tendo em vista o interesse dos agentes políticos na ineficiência do sistema, que se lhes apresenta deveras benéfica, conforme fartamente observado empiricamente ao longo dos anos.

6   Conclusão

No presente capítulo, buscou-se tratar da fase de investigação preliminar nos casos de autoridades detentoras de foro por prerrogativa de função – foro privilegiado.

Entendemos que a expressão "processar e julgar" prevista no texto constitucional em nada justifica a existência dos inquéritos judiciais, instrumentos que contrariam frontalmente o sistema acusatório e têm impacto direto na imparcialidade do julgador, que deve ser chamado a se manifestar apenas na apreciação de medidas sujeitas à reserva de jurisdição.

Veja-se que recentemente se observou até mesmo o ajuizamento de Reclamação (nº 23.585-DF),[27] questionando ato privativo da autoridade policial que é o indiciamento, conforme expressa previsão legal.

Portanto, o que sugerimos aqui são dois pontos de reflexão: o primeiro, diz respeito à necessária revisão do quantum de autoridades detentoras de prerrogativa de foro por prerrogativa de função no Brasil;

---

[27] ANSELMO, Márcio Adriano; CARDOSO, Duilio Mocelin. Prerrogativa de foro não impede indiciamento pela polícia judiciária. *Conjur*, 5 abr. 2016. Disponível em: http://www.conjur. com.br/2016-abr-05/prerrogativa-foro-nao-impede-indiciamento-policia-judiciaria. Acesso em: 30 abr. 2016.

e, no segundo, a questão da interpretação do texto constitucional no que tange à condução dessas investigações. Assim, considerando o cenário atual, em que o foro privilegiado tem sido apontado como uma das grandes causas da corrupção política em larga escala, tendo em vista as dificuldades evidenciadas na persecução criminal que dificulta uma resposta estatal a esses crimes, é necessário que se busque a compatibilização daquele para que se alcance um verdadeiro Estado Democrático de Direito, sobretudo livre de privilégios sem razão de existir.

Referências

ANSELMO, Márcio Adriano. Ato do indiciamento deve ser devidamente fundamentado. *Conjur*, 13 out. 2015. Disponível em: https://www.conjur.com.br/2015-out-13/academia-policia-ato-indiciamento-devidamente-fundamentado.

ANSELMO, Márcio Adriano; CARDOSO, Duilio Mocelin. Prerrogativa de foro não impede indiciamento pela polícia judiciária. *Conjur*, 5 abr. 2016. Disponível em: http://www.conjur.com.br/2016-abr-05/prerrogativa-foro-nao-impede-indiciamento-policia-judiciaria. Acesso em: 30 abr. 2016.

ASSOCIAÇÃO DOS MAGISTRADOS BRASILEIROS. Juízes contra a corrupção. Diagnóstico do problema da impunidade e possíveis soluções propostas pela AMB. *Portal AMB*. Disponível em: http://www.amb.com.br/portal/docs/noticias/estudo_corrupcao.pdf. Acesso em: 27 abr. 2016.

BARROSO, Luís Roberto. Foro privilegiado deve acabar ou ser limitado aos chefes dos Poderes. *Conjur*, 23 maio 2016. Disponível em: http://www.conjur.com.br/2016-mai-23/roberto-barroso-foro-privilegiado-acabar-reduzir-impunidade. Acesso em: 27 abr. 2016.

BECHARA, Fabio Ramazzini. Juiz deve controlar legalidade de investigação criminal, não ser protagonista. *Conjur*, 21 nov. 2015. Disponível em: http://www.conjur.com.br/2015-nov-21/fabio-bechara-juiz-nao-protagonista-investigacao. Acesso em: 27 abr. 2016.

CAVALCANTI, Danielle Souza de Andrade e Silva. *A investigação preliminar nos delitos de competência originária de tribunais*. Rio de Janeiro: Lumen Juris, 2011.

FERRAJOLI, Luigi. *Direito e razão*: teoria do garantismo penal. São Paulo: RT, 2002.

GOMES, Rodrigo Carneiro. O inquérito policial na investigação de parlamentar. *Revista Brasileira de Direito Constitucional – RBDC*, n. 14, jul./dez. 2009.

HOFFMANN, Henrique. Interpretação sobre foro privilegiado atrapalha investigações policiais. *Conjur*, 17 maio 2016. Disponível em: http://www.conjur.com.br/2016-mai-17/academia-policia-interpretacao-foro-privilegiado-atrapalha-investigacao-policial.

LOPES JR., Aury. *Direito processual penal*. 10. ed. São Paulo: Saraiva, 2012.

MAZLOUM, Ali. Uma proposta de criação do Juizado dos Crimes de Autoridades. *Conjur*, 23 abr. 2016. Disponível em: http://www.conjur.com.br/2016-abr-23/ali-mazloum-proposta-criacao-juizado-crimes-autoridades. Acesso em: 27 abr. 2016.

MINISTRO Barroso diz que foro privilegiado é "desastre para o país". *Conjur*, 31 maio 2016. Disponível em: http://www.conjur.com.br/2016-mar-31/ministro-barroso-foro-privilegiado-desastre-pais. Acesso em: 30 abr. 2016.

NICOLLIT, André Luiz. *Manual de processo penal*. 3. ed. São Paulo: Elsevier, 2012.

PEREIRA, Eliomar da Silva. *Teoria da investigação criminal* – Uma introdução jurídico-científica. Coimbra: Almedina, 2010.

ROSA, Alexandre Morais da. *Guia compacto de processo penal conforme a teoria dos jogos*. Florianópolis: Empório do Direito, 2015.

SILVA, Eduardo Pereira da. Investigação de autoridades deve ser conduzida pela polícia. *Conjur*, 23 jul. 2006. Disponível em: http://www.conjur.com.br/2006-jul-23/investigacao_autoridades_conduzida_policia. Acesso em: 27 abr. 2016.

Informação bibliográfica deste texto, conforme a NBR 6023:2018 da Associação Brasileira de Normas Técnicas (ABNT):

ANSELMO, Márcio Adriano. A investigação criminal nos tribunais superiores. *In*: PEREIRA, Eliomar da Silva; ANSELMO, Márcio Adriano (Org.). *Direito Processual de Polícia Judiciária I*. Belo Horizonte: Fórum, 2020. p. 311-331. (Curso de Direito de Polícia Judiciária, v. 4). ISBN 978-85-450-0619-0.

SOBRE OS AUTORES

Alexandre Morais da Rosa
Doutor em Direito (UFPR). Juiz de Direito (TJSC). Professor Universitário (Univali e UFSC). *E-mail*: alexandremoraisdarosa@gmail.com.

Cleopas Isaías Santos
Mestre em Ciências Criminais pela PUCRS. Doutorando em Direito Constitucional pelo IDP. Professor Concursado de Processo Penal da Universidade Estadual do Maranhão – Uema. Professor da Academia de Polícia Civil do Maranhão. Delegado de Polícia.

Francisco Sannini Neto
Delegado de Polícia. Mestrando em Direitos Difusos e Coletivos. Pós-Graduado com Especialização em Direito Público pela Escola Paulista de Direito. Conteudista do Portal *Jus Navegandi* e do Portal *Jusbrasil*. Colunista do Canal *Ciências Criminais*. Professor da Graduação e da Pós-Graduação da Unisal/ Lorena. Professor Concursado da Academia de Polícia do Estado de São Paulo. Professor do Complexo Damásio de Ensino.

Franco Perazzoni
Doutorando (Universidade Nova de Lisboa, Portugal). Professor do Programa de Pós-Graduação da Escola Superior de Polícia (Sistemas Comparados de Investigação Criminal. Delegado de Polícia Federal.

Márcio Adriano Anselmo
Doutor em Direito pela Universidade de São Paulo. Mestre em Direito Internacional pela Universidade Católica de Brasília. Professor do Programa de Pós-Graduação da Escola Superior de Polícia (Direito Processual de Polícia Judiciária I e II). Delegado de Polícia Federal.

Marta Saad
Doutora em Direito Processual Penal pela Faculdade de Direito da Universidade de São Paulo. Professora Doutora de Direito Processual Penal na Faculdade de Direito da Universidade de São Paulo. Advogada.

Rodrigo Luís Ziembowicz
Mestre em Direito pela Universidade Católica de Brasília (UCB). Professor da Academia Nacional de Polícia. Delegado de Polícia Federal. Currículo *Lattes*: http://lattes.cnpq.br/4888618422908125.

Ruchester Marreiros Barbosa
Delegado da Polícia Civil do Rio de Janeiro. Professor de Processo Penal da Escola da Magistratura do Estado do Rio de Janeiro. Professor de Direito Penal do Complexo de Ensino Renato Saraiva (CERS) e de cursos preparatórios (Forum/RJ, Supremo/MG, Gran Cursos On Line/DF). Membro da International Association of Penal Law e da Law Enforcement Against Prohibiton. *E-mail*: ruchester.marreiros@gmail.com.

Esta obra foi composta em fonte Palatino Linotype, corpo 10
e impressa em papel Offset 75g (miolo) e Supremo 250g (capa)
pela Gráfica e Editora Laser Plus, em Belo Horizonte/MG.